事實即顛覆

無以名之的十年的政治寫作

提摩西・賈頓艾許 *Timothy Garton Ash* 著
于金權 譯

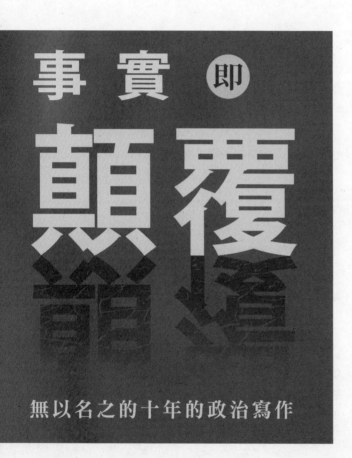

獻給拉爾夫·達倫多夫

目錄

【導讀】

老英國自由派的猶豫

梁文道

一

據說，今天的新聞就是未來的歷史。這句話簡單直接，似乎大家都能明白它的意思，甚至還能同意。但只要稍稍一想，就會發現這句話其實問題重重。例如，它似乎隱含了一個標準，一個什麼事情能被寫進歷史的標準；難道只有今天被新聞媒體報導過的事實才夠得上歷史的殿堂嗎？當然不，因為我們在報導新聞的時候，在判斷什麼事情才有新聞價值的時候，總是已經先有了一套預設，而這個預設又總是離不開我們這個時代的視界；明天的史學家憑什麼要全盤接受我們這個時代的視界呢？此所以重大的史學進展往往和新史料的發掘相關；那並不只是新發現了一批被人遺忘的文檔那麼簡單，而是更根本地把一些前人根本不看重也根本從未想過要入檔留存的東西當成史料。比方說樹木的年輪，前人可曾覺得這是訴說他們那個時代事實的重要線索嗎？可今天的史家已能學會在一片樹林的年輪裡判讀過去氣候變化的痕跡，從而掌握往昔人們生活勞作背後的自然條件。所以我們不妨大膽地說，今天的新聞固然可以是未來的歷史，但對今日新聞標準的疑問更有可能是未來歷史學者的重點。

事實，乃是現代史學的核心問題之一。不只是事實如何發掘，更是事實到底可以證明什麼的問題。自從海登．懷特（Hayden White）以降，一種忽略事實與證明之關係，轉而強調事實被詮釋被敘述的傾向（或者可以叫做後現代傾向），就漸漸又變成史學主流的趨勢了。因為什麼算是史料，什麼叫做事實，基本上是個看你把它們放在什麼框架之下敘說，又如何敘說它們的問題。畢竟，任何時代的人用以了解他們那個時代的視界及價值標準，都是一些可以說出來的敘事，並且還可以不斷重新敘說。所以今天當我們在談歷史的時候，講「故事」、「敘述」和「書寫」乃是一件很時髦的事情，幾乎恨不得把歷史看成是一套像小說似的純粹敘述技藝。相反，依舊堅守某種單純甚至天真的事實之力量，則是不合時宜的，令人打呵欠的。所以，提摩西．賈頓艾許（Timothy Garton Ash）的《事實即顛覆》不可能是一本很符合潮流的書，因為它連書名都很老派。就像他在是書序言裡所講的，他依然相信「事實具有顛覆性，能夠推翻民選領導人和獨裁者、傳記作家和自傳作者、間諜和英雄、拷問官和後現代主義者的斷言，能夠推翻謊言、半真半假的東西和神話，能夠推翻所有『為了安慰悲慘之人而脫口而出的演講』」。這是真的嗎？事實本身就具有這樣的顛覆性嗎？還是說編纂事實和安排事實的新敘事使得事實顛覆？

賈頓艾許在英語世界和歐洲可是一個響噹噹的名字，當過英國《觀察家》雜誌的編輯，後來在《衛報》有固定的專欄，而且還是牛津大學「歐洲研究」教授，曾經長年住在東德、波蘭和捷克，跟哈維爾與華勒沙變成了老朋友，也被人認為是英國前首相布萊爾身邊的顧問，穿梭於學院、政壇和大眾媒體之間，其著作讀者不計其數。老和他筆戰的新左派史學大師佩里．安德森（Perry Anderson），甚至（帶著貶義地）說他是冷戰末期推倒東歐共產政權最有力的一個聲音。但是直到今天，中文世界才譯出了他這部作品，算是和中文讀者的第一次接觸。雖然我不能同意他在很多問題上的看法，可我還是長年閱讀他的著述。且引一句當今左派大紅人齊澤克的話：「儘管他是我的政治對手，我也一直認為他那些豐富的精確觀察仍是值得閱讀的，可以作為東歐滄桑劇變的可靠材料來源。」的確，整個英語世界大概很少有人能比他更明白前東歐究竟發生了什麼事，那是他的本行領域。在他迄今最出色最動人的著作《檔案》（*The File*）當中，他回到德國翻查公開了的斯塔西檔案，發現不少當年圈子中的朋友原來都是祕密警察的線人，曾向當局報告他這個英國人的言行和心理，這個發現把他引向了一段充滿陰鬱氣氛的溯往旅程，讓我們看到了人間情誼的脆弱與極權社會最深處的祕密。這種經歷不是每個外國人都會有的；就算有，也不會有他那種專業史學訓練所賦予的識見和涵養，好把這個經歷寫成一部雖然體量不大但是分量十足的深度回憶。

為了方便理解，不妨拿中文讀者比較熟悉的伊恩．布魯瑪（Ian Buruma）作比。布魯瑪的對象是日本和東亞，而賈頓艾許則可說是東歐的布魯瑪。他倆都是記者型的學者，或者反過來說是學者型的記者。從歐威爾開始，記者就已經取代了那種會渲染異國風情和浪漫化自身經驗的傳統外遊作家（例如吉卜林，他可以把他從未去過的曼德勒寫成一首膾炙人口的名篇），成為比較可靠也比傳統學者有趣的外國知識來源。所以當前市面上介紹各國情況的非虛構書籍當中，那些駐外記者的作品總是最受歡迎的。他們曉得怎樣和公眾讀者溝通，又有長年的第一手經驗，有的甚至還具備了相當不錯的學養。賈頓艾許和布魯瑪就是這類人中的佼佼者，是二十世紀後期大眾傳媒國際化年代的新型知識分子。他們有點像人類學家，在祖家和他鄉之間迂迴，因此往往能在一段距離中清醒觀察本地人視而不見的事實，然後再把它們放在另一個框架之中考察省視。當然，賈頓艾許同時還是個歷史學家，他對德國史的了解要比許多德國百姓厚實得多，於是他在看待今日暗角的時候就有了一道從往昔深處照下來的微光。

然而，《事實即顛覆》並非典型的賈頓艾許。因為東歐在他這部文集所占的分量真是太少了；相反，他寫了很多他不熟悉的地方，例如伊朗、緬甸，甚至香港。於是問題出現了，他憑什麼去寫那些他沒有長住過的土地？又憑什麼去和當地人溝通（訪談是記者獲得事實的首要手段，因此通曉當地語言一向是學者型記者的基本要求。賈頓艾許會波蘭文、捷克文與德文，但他懂得波斯文嗎）？他甚至從來不是研究伊斯蘭的專家，他怎能寫那麼多關於歐洲穆斯林的評論呢？當所有通向事實的管道都不是那麼紮實，當事實本身都難以獲致的時候，事實還可能有顛覆的力量嗎？

二

雖然提摩西．賈頓艾許在牛津大學教書，是個有地位的歷史學家，但他對學院裡的理論發展似乎沒有太大興趣，所以他不會像卡洛．金茲伯格（Carlo Ginzburg）那樣，在史學方法論上細緻探討事實、證明與修辭的關係。他用心的事實問題，是種更接近新聞記者專業關懷，更貼近常識意義，或許因此也更容易為人理解——同時也更容易犯錯——的問題。比如在談到第二次波灣戰爭的時候，他似乎完全接受了時任美國國務卿鮑威爾的說法，真的相信伊拉克擁有傳說中的「大規模殺傷性武器」，把它當成事實。結果呢？他自然錯了。在整個伊拉克再度陷入分崩瓦解的今天，「大規模殺傷性武器」就像個不好笑的笑話一樣。不只如此，賈頓艾許在那篇文章裡頭竟還說道：「海珊政權是當今世上最令人厭惡的政權之一。他對庫德人進行了種族大屠殺，還讓自己的人民生活在恐懼中。推翻他對他的國家和該地區而言都是福音。無論戰後的伊拉克會多麼混亂——肯定會混亂，就像戰後的波士尼亞、科索沃和阿富汗一樣——它幾乎已經不能更糟糕了。」可今天的事實卻顛覆了他當年的判斷，這大概是所有時事評論家的尷尬。

《事實即顛覆》原書出版於二〇〇九年，賈頓艾許本來有機會刪掉這篇他自己都很後悔當時弄錯了事實的分析；可他沒有。一來，就像他所講的，錯了就是錯了，不掩過乃是道德義務。二來，我猜讓他可以稍稍放心的，是他毫不掩飾地在那篇文章題目裡頭就已經表達出來的態度；它叫做「為騎牆派辯護」。也就是說，儘管他相信「大規模殺傷力武器」是個事實，相信海珊政權垮台之後的伊拉克一定會更加幸福，但他仍然不敢輕言美國及其盟友入侵伊拉克就一定是對的。因為他覺得反戰派的主張也很有道理，也很說得過去。

那他究竟站在什麼立場？不要忘記，那可是個黑白多麼分明的時刻。布希聲稱：「你要不是站在我們這邊，就是站在他們那邊。」中國則有人一邊看著電視裡的世貿大樓倒塌一邊拍手叫好，同時又有一大群自由派知識分子連署宣布「今天我們都是美國人」。戰或不戰，義或不義，幾乎沒有任何灰色地帶，而賈頓艾許居然要為騎牆派辯護？沒有立場？那你寫這篇東西幹什麼？他的解釋是：「這並不意味著我們所有人都必須這樣做，熱情洋溢，過分簡單地相信複雜的兩難處境中的一面，即使這樣確實可以讓電視更好看。」他甚至認為，這不單是他個人的態度：「我的直覺是，如果你在黑夜中為東尼．布萊爾注射真相的血清，他將基本上坦承這種自由派的猶豫不決。」「自由派」，就是這裡頭的關鍵詞了。

自由派，或者自由主義者，尤其是老派的英式自由主義者，並不是像時下中國許多施密特及施特勞斯的信徒所以為的那樣，是批沒有價值傾向的虛無論者。最起碼，自由主義者要相信言論的自由。好比賈頓艾許，他可以同情歐洲穆斯林的處境，但他絕對不能接受因為信仰受到冒犯，於是就理直氣壯地跑去殺掉敢替先知造像的漫畫家。而且他還是老派的、洛克式的英國自由主義者，主張「所有神明的信奉者與那些堅持沒有神明的人，自由平等地在廣場上試一試」；所以他比較不贊成法式啟蒙運動的路子，乾脆不准任何神明的信奉者——不管你是佩戴頭罩還是十字架項鍊——出現在廣場之上。這樣的自由派會擁抱一些最基本的人權，所以當年他要和哈維爾等東歐異見分子站在一起，主張出版結社的自由。這樣的自由派還會看重一些最顯眼的事實矛盾，不屑於理會對那些矛盾的各種深奧辯解，所以他要說前東德禁止了自己國歌的歌詞（因為它歌頌「統一的德國」），是對自己覆滅的恐懼（因為它害怕會被西德統一）。我們知道，除了前蘇聯和前東德，這世上還真有些政權害怕人民過度認真對待國歌與執政黨的黨歌，而且居然有人辯說那是「複雜國情與時代的錯位，不能簡單判斷」（這到底是什麼意思？）。在賈頓艾許這種自由派看來，你擔心人民把國歌當真，這就是個非常簡單的事實問題，沒有什麼好解釋的。

老自由派的真正麻煩不是價值虛無，而是對付不了種種身分認同困擾背後的激情。在英國人算不算是歐洲人這個大題目上，懂得歐洲並且親近歐洲的賈頓艾許分析過其中各個應該考慮的條件之後，再度擺出了騎牆的態度：「我的結論？沒有結論，這是因為身分研究的本質很少會有明確的發現，也因為英國身分的特質。或許『沒有結論』的聲明本身就是一個結論，甚至還是一個重要又積極的結論。」身分認同也好，政治立場也好，大家通常要求的是明確的結論，可賈頓艾許這種老英式自由派通常卻只能提供傾向。他歡迎前波蘭和前捷克政權的倒台，但他也看到了整個轉型的困難。所以他當然不能像某些把「自由化」當成神祇來朝拜的人那樣，不顧現實地迷信明天一定更好；但更不能如另一些憤慨現實的人，走上懷念老日子，又或者保守國家主義的道路。像賈頓艾許這般的自由主義者，總是要在信念支撐的理想傾向與層出不窮且困擾理想的事實之間，進退猶豫。

由於《事實即顛覆》離開了賈頓艾許熟悉的安全地帶，因此他在這部文集裡頭變得更像那些什麼國家的事都能夠暢談一番的「國際問題專家」，這部書於是就更能考驗他身為記者、評論家和公共知識分子的能耐了。又由於他在事實材料的擁占上不具優勢，所以帶動他寫作的信念和傾向就會變得更為突出，但也更容易受到挑戰。他是個記者，把自己的寫作類型規定為「當下歷史」（history of the present；切勿誤會，這不是傅柯所說的那種「現在如何成為現在的歷史」，而是冷戰「圍堵理論之父」喬治．凱南推介的學術與新聞的混合寫作），所以他當然要發掘事實，最大程度地親近現場。但他究竟是個歷史學家，就算不愛談太過哲學化的史學方法論，卻也不能百分百地信任從現場帶回來的材料：

一九八九年，布拉格天鵝絨革命期間，瓦茨拉夫．哈維爾身邊的一群人在地下魔燈劇院一間奇特的玻璃牆房間裡會面，做重要的決定。大多數時候，我是唯一在場的外人，肯定也只有我一個人拿著一本筆記本，試圖記下他們說的話。我記得當初想：如果我不記下來，就沒有人記下來了。像大多數歷史一樣，它也像倒入下水道的洗澡水一樣一去不復返。但是這樣寫成的歷史，基礎是多麼脆弱……記憶問題就是見證人問題的核心所在……記憶是一個可以重新加工的CD，會受到不斷地加工，而且以一種特殊的方式重新加工，不僅讓我們理解故事，還讓我們感到更加舒服。

歷史學家賈頓艾許疑慮的，大抵就是這種舒服，把事實裁剪修整得較為合體，較為符應論點邏輯的舒服。老式英國自由派賈頓艾許所疑慮的，則是讓自己皈依某個既定立場的舒服。他寧願讓理想和傾向不停在現實上頭對焦，找不著安穩的落腳之處；他寧願讓現實持續地發出噪音，擾動理想世界的安寧。所以他總在猶豫、進退。在我看來，這樣的態度，或許就是這本書值得當今世人一讀的理由。

序言

事實具有顛覆性，能夠推翻民選領導人和獨裁者、傳記作家和自傳作者、間諜和英雄、拷問官和後現代主義者的斷言，能夠推翻謊言、半真半假的東西和神話，能夠推翻所有「為了安慰悲慘之人而脫口而出的演講」。

如果我們知道薩達姆．海珊（Saddam Hussein）所謂的大規模殺傷性武器的事實，或者知道相關情報是多麼站不住腳，英國議會或許就不會投票贊成參與伊拉克戰爭了，甚至美國也可能猶豫，這十年的歷史可能就會有所不同。二〇〇二年七月二十三日，在唐寧街十號召開了一次首相參與的高層會議，根據這次會議的官方紀錄，只能從慣用的代號「C」辨認出的英國祕密情報局局長概括「他最近在華盛頓的會談」：「布希想以恐怖主義和大規模殺傷性武器為名，通過軍事行動扳倒海珊。但是該政策正處於搜集情報和事實當中。」當時，正在搜集事實。

歷史學家和記者的首要工作是尋找事實：不是唯一的工作，或許也不是最重要的，但是首要的。事實像鵝卵石，有了它們，我們才能鋪就分析之路；事實像馬賽克瓷磚，我們將它們拼在一起，拼出過去和未來的畫面。對於道路通向何方，以及馬賽克畫面披露的現實或真相，人們會有分歧。事實本身必須接受所有現有證據的考驗。不過有些事實千真萬確，世界上最有權力的領導人也會因此栽跟頭。作家、異見分子和聖人也可能如此。

對於事實來說，曾有更糟糕的時期。在二十世紀三〇年代，面對大量極權主義有組織的說謊機構，德國人或俄羅斯人獲取信息的其他渠道比當今的中國人或伊朗人還要少，中國人和伊朗人可以使用電腦和手機。更早些時候，甚至有過更大的謊言，但人們顯然信以為真。作為不丹精神領袖和政治領袖的國父夏仲阿旺朗傑（Shabdrung）於一六五一年去世後，他的大臣們至少假裝了五十四年，稱偉大的夏仲仍然活著，不過是去靜修了，並且繼續用他的名義頒布法令。

在我們這個時代，主要可以在政治和媒體之間的邊緣地帶找到採集事實的資源。政客創造了日益成熟的方法，通過媒體來強加主流的報導。倫敦和華盛頓編故事大師的作品系統地模糊了現實和虛擬現實之間的界線，俄羅斯「政治技師」的作品更是如此。如果有足夠多的人相信這種報導，相信的時間又足夠長，你就將繼續掌權。其他又有什麼重要的呢？

與此同時，信息和通信的新技術及其帶來的商業影響正在改變媒體。我同時在大學和報社工作。在今後十年間，大學依然是大學。誰知道報社將怎麼樣呢？對於尋找事實的人來說，這就帶來了風險和機遇。

「評論是自由的，但事實是神聖的」，這是《衛報》（*Guardian*）傳奇編輯史考特（C. P. Scott）最著名的話。在當今的新聞界中，這話變成了「評論是自由的，但事實是昂貴的」。由於新聞採集的經濟原理發生了變化，許多新聞領域——體育、商業、娛樂、各種特殊的興趣——都找到了新的收入模式，但編輯仍在努力想辦法維持涉外報導和嚴肅調查性新聞報導的昂貴業務。與此同時，著名報紙的駐外機構正在關閉，如同值夜班的門衛正在關辦公室的電燈。

從光明的一面看，攝影機、衛星、手機、錄音設備、文件掃描儀，以及上傳它們作品到 Web 的技術簡單易行，為記錄、分享和辯論當前的歷史創造了新的可能——更不說為後代保存它了。想像一下，我們擁有奧斯特利茨戰役[1]的數位影音片段，查理一世在白廳宴會廳（Whitehall）外被砍頭的 YouTube 影音片段（「對那令人懷念的事業，他做出了卓越的貢獻」……或者說他是這樣嗎？），亞伯拉罕·林肯發表蓋茨堡宣言的手機照片，最好還有一份有關那些常常被歷史遺忘的所謂「普通」人生活的影音樣本。（但是不同地方和時代的氣息還是會被歷史幾乎完全湮沒，儘管你身臨其境時它是最深刻的那部分體驗。）

緬甸是地球上最封閉和專制的國家之一。二〇〇七年，在緬甸，佛教的僧侶發動了和平抗議。這次抗議通過簡訊將手機拍攝的照片發給朋友，然後上傳到網路，為世界所知。美國政客無法再在遙遠的競選舞台上胡亂說話而不用負責任。正如共和黨參議員喬治·艾倫（George Allen）發現自己所付出的代價那樣，一個上傳到 YouTube 上的影音片段可能斷送你競選總統的前程。（在該片段中，他輕蔑地稱競爭黨派的一名有色活動分子為「黑猴」，因此有了詞組「黑猴時刻」。）過去，要數十年甚至上百年，祕密文件才會被披露。如今，許多東西在幾天之內就可以在 Web 上找到副本，比如說法庭和議會的聽證、目擊證人的證詞副本，有關逮捕醉醺醺的梅爾·吉勃遜的警方原始報告，以及一位加州警察用手記錄下來

---

1 Austerlitz，位於捷克，拿破崙於一八〇五年在此擊潰俄奧聯軍。——譯注

的該演員的反猶太言論，還有千千萬萬的東西。

數量往往無法與質量相伴而行。記錄器的背後仍然還有人在進行這樣那樣的操控。攝影機的視角也表達了觀點。視覺說謊已經成為小孩子的把戲，現在只要輕輕敲擊鍵盤便可偽造任何數位照片，這麼精巧的技術，史達林的修圖師只能作夢想想。我們瀏覽網頁的時候必須當心，看上去是事實的東西結果未必是事實。由於那些海外分社關閉，當你沒有訓練有素的記者在當地通過屢試不爽的方法仔細檢查報導時，區分事實和似是而非的東西就會變得更加困難。然而，總的來說，這些都是抓住當下歷史的美好時期。

「當下歷史」是喬治．凱南（George Kennan）發明的一個術語，用來形容一種融學術與新聞於一體的混合法。這種混合法我踐行了三十年。因此，比如寫出一篇分析性報導的文章（這類文章是本書的重要組成部分）通常要經過三個階段。在初始的研究階段，我會利用兩所傑出大學（牛津大學和史丹佛大學）的資源：它們非凡的圖書館、各個領域的專家和來自全球各地的學生。因此，在去任何地方之前，我就有了一些筆記、帶注釋的材料和入門的東西。

在第二個階段，我會去自己想要報導的地方，比如去阿亞圖拉統治下的伊朗，去緬甸會見翁山蘇姬（Aung San Suu Kyi），去處於內戰邊緣的馬其頓，因為斯洛博丹．米洛塞維奇（Slobodan Milošević）倒台去塞爾維亞，去橙色革命期間的烏克蘭，去分裂出來的德涅斯特河沿岸地區。儘管有記錄的新技術，但身臨其境仍然是無可比擬的。通常，我會講一兩次課，從與學界同仁和學生的會面中學習，但是大部分時間我都是像一個記者一樣工作，起早貪黑，一邊觀察，一邊與各種各樣的人交談。「記者」有時被認為是新聞生涯中層次最低的，但在我看來卻是最高的。我會驕傲地戴上這個徽章。

身臨其境——在那個特定的地方，特定的時間，攤開你的筆記本——是大多數歷史學家無法實現的夢想。只有很久以前擔任記者的歷史學家才有可能。想像一下，能夠像一七八九年七月他們在巴黎那樣觀察、傾聽、觸摸甚至聞一聞會如何。如果與普通的新聞記者（我非常欽佩他們的報導）相比，我擁有優勢的話，那這一優勢就是圍繞一篇報導或者一個問題，我可能擁有更多的時間搜集證據。（在雜誌上發表長文的作家亨有同樣的待遇。）比如，在塞爾維亞，米洛塞維奇倒台後幾個小時內，我可以反覆詢問大量親眼目睹米洛塞維奇倒台的人。在烏克蘭橙色革命期間，我親眼目睹了這場革命發展的過程。

最後一個階段是回到我的牛津大學或者史丹佛大學研究所反思和寫作：靜靜地追憶情感。我也會在研討會上討論和提煉我的發現，與同事們交流。理想狀態下，整個過程是周而復始的，研究、報導和反思的過程要重複好幾次。在我上一部名為《當下歷史》（*History of the Present*）一書的引言中以及收入本書的〈事實文學〉一文中，有關於這種混合法更詳細的介紹。

您在本書中發現的篇幅較長的分析性報導大部分都首發在《紐約書評》（*New York Review of Books*）上，有關鈞特．葛拉斯（Günter Grass）、喬治．歐威爾（George Orwell）和以賽亞．伯林（Isaiah Berlin）等作家的評論文章也是如此。有些章節由演講整理而成，包括我對英國與歐洲錯綜複雜的關係的調查以及對歐洲力量（真正或據稱）的道德基礎的調查。大多數較短的文章都出自《衛報》的專欄。我將這些篇幅極短的隨筆稱為中歐新聞小品文的英文版：對一個主題自由發揮，發表個人見解，往往筆調輕鬆，圍繞一個細節闡述，像一粒沙子將牡蠣轉變成珍珠。或者說這是寫這種小品文的人夢寐以求的。

相比之下，每周我在《衛報》上定期發表的許多評論文章都是展望未來，敦促讀者、政府或者國際組織有所作為，尤其是督促政府不要做一些他們當前正在做或提議要做的有害或愚蠢之事。「我們必須……」或者「他們不能……」，在這些專欄中這樣大聲疾呼往往無濟於事。這類專欄文章具有自身價值，但未免過時。它們沒有收錄在本書中。預測和對策都要丟進垃圾箱。描述和分析可能會更持久一點。

全書我堅守一個立場，即我自認為可以被準確地形容成一個自由主義者。尤其在美國，這個被大量濫用的詞的內涵需要詳加說明（見〈自由主義〉一文）。作為一個歐洲人，我認為，在所有不時被拿來嘗試的各種版本的歐洲中，歐盟是最糟糕的一個。作為一個英國人，我常常對我們充滿好奇、合併而成的祖國（曾經是英格蘭和大不列顛）深感沮喪。

我的工作中心仍然在歐洲。然而，在這十年中，我走出歐洲，到我們經常稱之為「西方」（尤其是美國）的其他地方做報導和分析。目前，我每年要在美國待三個月。除了西方，我還去了一些別的地方，尤其是我們普遍稱之為「亞洲」和「穆斯林世界」的一些角落。

與研究更久遠時代的歷史學家相比，任何研究當下的歷史學家面臨的最大限制是不知道他或她所描述的事件較長期的影響。讀者在本書中讀到的文章稍有編輯，主要是刪掉了一些令人厭煩的重複內容和諸如「昨日」或者「上周」等一些不協調的東西，統一了拼寫和風格。我還糾正了一些事實錯誤。（如果還有錯誤，歡迎指出來。）除此之外，出版的文章保留了原來的風貌，首次公開發表的日期標在最後。因而，您可以看到我們當時不知道的東西，評論我的誤判。它們當中最令人痛苦的誤判是伊拉克戰爭。讀者將在〈為騎牆派辯護〉一文中覺察到，我不支持伊拉克戰爭，但也沒有從一開始就強烈反對，我本應該從一開始就強烈反對的。我過於相信唐寧街十號那些搜集事實的人了，過於相信我所尊重的美國人了，尤其是柯林・鮑威爾（Colin Powell）。我錯了。

由於這是我第三次將自己十年內的文章收集成冊，讓我用一個詞來形容這十年——二〇〇〇年一月一日至二〇〇九年十二月三十一日。以十年分段是對時間的隨意劃分。有時歷史與它們合拍，不過通常並非如此。我的第一部文集《災難的價值》（*The Uses of Adversity*）記錄了二十世紀八〇年代的中歐。二十世紀八〇年代在一九八九年——世界歷史轉向中歐事件的時刻——光榮謝幕。《當下歷史》記錄了二十世紀九〇年代更廣泛的歐洲，包括一些發生在巴爾幹半島的悲劇。與一九八九年相比，一九九九年並不是一個轉折點，但正是在這一年引入了歐元；北約擴張，三個先前身在鐵幕之後的中歐國家加入了北約；似乎在科索沃爆發了最後一場巴爾幹半島的戰爭。我們正在「進入千禧年」的不爭事實讓人感覺歷史告一段落，或許也讓人產生這樣的幻覺。

與「二十世紀八〇年代」和「二十世紀九〇年代」不同，這是難以形容的十年。我不會用「〇〇年代」來形容它，令它難堪。這壓根就不是一種好的嘗試。這好像給一位大汗淋漓的人穿上一件綴有許多褶邊的長禮服。不知道為什麼，不要為這十年取名似乎更加合適，這不僅因為其特點，還因為其持續的時間依然不明朗。它並不是開始的時候才開始，卻在結束之前已經結束了。經歷漫長的二十世紀九〇年代後，我們進入了我們可以任意命名的短暫時期。

得益於後見之明，我認為二十世紀九〇年代始於一九八九年十一月九日（柏林圍牆倒塌或者歐洲人所寫的9/11），結束於二〇〇一年九月十一日（世貿大廈倒塌或者說美國人所寫的9/11）。事後來看，二十世紀九〇年代似乎夾在兩個9/11之間，也夾在結束於一九八九年的二十世紀和開始於二〇〇一年的二十一世紀之間。如果讀者仔細閱讀我對二〇〇一年五月與布希（George W. Bush）漫長談話的描述（見〈總統先生〉一文），將會發現，當時這位世界上權力最大的人的擔憂，與即將出現的擔憂相當不同。伊斯蘭主義的恐怖分子則根本隻字未提。

二〇〇一年，九一一恐怖襲擊後，布希政府迅速得出結論——東尼·布萊爾（Tony Blair）也認同該結論，即一個新的時代已經開始，一個他們稱之為「全球反恐戰爭」的時代。新保守派作家諾曼·波德霍雷茨（Norman Podhoretz）稱之為第四次世界大戰。但在二〇〇八年十一月四日那個難忘的夜晚，我夠幸運，在華盛頓親眼目睹了一切（見〈與歷史共舞〉一文）。由於巴拉克·歐巴馬（Barack Obama）擊敗約翰·麥肯（John McCain）成為美國第四十四任總統，這個時代幾乎還未開啟就結束了。這不是因為我們不再面臨伊斯蘭主義的恐怖分子給我們的生活和自由帶來的嚴重威脅——我們過去面臨這樣的威脅，現在依然如此——而是因為其他的危險和挑戰出現了，或者說提到了議程的前列。正如一位資深的內部人士曾經說的：問題通常沒有被解決，只是被其他問題代替了而已。

在這個新的「新時代」中，非西方國家尤其是中國的崛起、全球暖化的挑戰（布希政府對燃油問題不屑一顧）、有人所謂的資本主義總危機（抑或只是資本主義的一種版本而已？）都是更為重大的問題。與此同時，歐巴馬主義溫暖人心的現象給世界帶來了希望，但是能持續多久呢？因此，其實這個十年看起來可能只持續了七年多一點，從二〇〇一年九月十一日至二〇〇八年十一月四日。

這是否高估了美國單方面的重要性？或許吧！然而，自從影響深遠的二十世紀四〇年代以來，與任何十年一樣，在這段時間內，美國的政策改變了世界。不過可惜這次主要是向更糟糕的方向改變了。此外，我大膽猜測，由於非西方國家的崛起，美國自身深陷金融困境（亞洲的存款資助美國的揮霍無度將兩者連在了一起），美國將無法像這十年一樣塑造下一個十年。

至於歐洲，我們這片古老大陸浪費了大部分這些難以形容的歲月，未能團結一致應對一個越來越非歐洲的世界。因此，歐洲沒有變好，也沒有變差，與二十世紀八〇年代（當時，歐洲仍然是全球冷戰的中心舞台）或者說二十世紀九〇年代的表現沒什麼兩樣。除非歐洲人幡然醒悟，認清所處的世界——但沒有表現出什麼這樣的跡象——今後其影響力將繼續減弱。

然而，這些只是根據歷史做出的猜測而已，真心希望事實將證明我是錯的。萬花筒從未停止轉動。所以我期待再記錄一個十年，我們大概會將它稱為二十一世紀一〇年代。事後的總結恐怕要等到二〇二〇年了。

提摩西．賈頓艾許

二〇〇九年三月於牛津

第一章

天鵝絨革命，綿延不絕

米洛塞維奇的奇怪倒台

二〇〇〇年十月五日，星期四，塞爾維亞人衝進位於貝爾格勒的議會大樓，從燃燒著的窗戶中揮舞著旗幟，並占領了國家電視台的總部（有一位反對派領導人曾經將它們稱為「電視巴士底獄」），這看起來像是一場真正的舊式歐洲革命。攻打冬宮！攻陷巴士底獄！

目前可以肯定的是，這個共產主義終結後繼續掌權的最後東歐統治者、「巴爾幹屠夫」會步上所有暴君的後塵。有激動人心的報導稱，三架飛機正在將斯洛博丹．米洛塞維奇及其家人送出國。也有報導稱他像希特勒一樣躲在地下掩體中。他會被私刑處死嗎？會像西奧塞古一樣被處死？還是會像他的父母一樣自殺？「拯救塞爾維亞，」人群喊道，「自殺吧，斯洛博丹。」革命的形象以及「巴爾幹半島人」讓人聯想到的所有血腥場面，引來了數百名記者，前來報導這一可怕卻適合上鏡的結局。

出人意料的是，十月六日，星期五晚上夜深的時候，米洛塞維奇出現在另一個國家電視台上，發表了和善的敗選演講。人們覺得美國總統或者英國首相才會發表這樣的演講。他說，他剛剛收到消息，沃伊斯拉夫．科什圖尼察（Vojislav Koštunica）贏得了總統大選。（這話竟然出自他之口，過去十一天，他一直在努力通過選舉舞弊、恐嚇以及操縱法庭來否認這一點。）他感謝了那些選他的人，同時也感謝了那些沒有選他的人。現在，他打算「多陪陪我的家人，尤其是我的孫子馬爾科」。隨後，他希望重建其社會黨，使它成為反對黨。「我祝賀科什圖尼察先生獲得勝利，」他總結道，「我祝願南斯拉夫的所有公民在今後幾年取得成功。」

他像往常一樣穿著整潔的西服、白襯衫，打著領帶，但卻僵硬地站在南斯拉夫國旗的旁邊，雙手交叉著，在身前放得很低，像一個作弊被抓的男學生一樣，或者說像在牧師前懺悔的人（他的父親曾經希望當牧師）。對不起，神父，我在選舉中作弊了，毀掉了我的國家，帶給了鄰國無盡的殺戮和痛苦，但是從現在起我將做一個好人。假裝這只是一次普通又民主的領導人換屆，既不協調又離奇可笑。

然而，這也正是新總統希望假裝的。科什圖尼察總統後來告訴我，米洛塞維奇曾打電話問他是否可以發表演講，他很高興，因為他希望讓塞爾維亞的所有人知道，權力的民主和平交接是可能的。同一天晚上早些時候，科什圖尼察曾出現在「解放」的國家電視台上，一如既往地穿著得體且嚴肅，回答公眾的電話提問，鎮定自如地談論投票制度，似乎這是世界上最正常的事情。

沒錯，當晚，我發現有年輕人在議會大樓前吹哨跳舞慶祝。但是與我交談過的大多數朋友——多年來一直致力於推翻米洛塞維奇的人——既沒有表現出欣喜若狂，也沒有表現出憤怒不已，而是在情不自禁的喜悅中略感疑惑。他真的完蛋了嗎？世界各地的記者都很明白。見鬼，這不應該是一場革命嗎？但這場革命似乎始於星期四晚上，而星期五早上就結束了。不再有壯觀的場面。沒有流血事件。塞爾維亞人沒有引發流血事件。他們讓美國有線電視新聞網（CNN）、美國廣播公司（ABC）、美國全國廣播公司（NBC）失望了。巴勒斯坦人和以色列人更會配合。他們正在互相拚殺。因此，第二天，一半攝影組奔向了以色列。那些留下來的人還在繼續琢磨這樣一個問題：這算怎麼一回事？

這是一種非常奇怪的混合體。同日早上，科什圖尼察搬進了有回聲的聯邦宮（Federation Palace），就在接待俄羅斯外長前幾分鐘，塞爾維亞克拉伊納叛亂中的傳奇老兵「德拉甘上校」（Captain Dragan）在他的手臂下面別著一把天蠍式自動武器，帶著一隊武裝人員向聯邦海關大樓走來。他去那是為了將米哈利．科特斯（Mihalj Kertes）驅逐出境，米哈利．科特斯是米洛塞維奇的親信，通過海關控制了許多見不得人的交易。德拉甘上校告訴我，科特斯在顫抖，苦苦哀求饒他不死。

星期六，科什圖尼察不得不在二十世紀七〇年代風格的薩瓦中心的簡陋接待室裡站了幾個小時，等待反對黨和米洛塞維奇的社會黨新當選的議員解決他們的分歧，讓他按照憲法正式宣誓就職。與此同時，一隊「紅色貝雷帽」國家安全特種突擊隊，包括參加過武科瓦爾（Vukovar）和科索沃（Kosovo）行動的塞爾維亞老兵，正在占領內政部。但是他們這樣做是為了表明反對米洛塞維奇，或者說至少部分原因是如此。

在政黨會面共同討論新聯邦政府之際，工廠和辦公室內自封的「危機委員會」以人民的名義解雇了他們先前的老闆。前一分鐘，我還在看準軍事部隊領導人、激進的民族主義者沃伊斯拉夫．舍舍利（Vojislav Šešelj）在塞爾維亞議會的會議上譴責這場革命。接下來，我就在仔細觀察德拉甘上校從可恨的科特斯那裡拿過來的手槍了。那把手槍相當輕便，紫檀木的槍托上刻有花紋，相當漂亮，裡面有五發軟頭子彈和一發普通子彈。

然而，米洛塞維奇一直靜靜地坐在德丁傑（Dedinje）郊區鬱鬱蔥蔥的山間別墅中，與他的舊黨在一起商討。在貝爾格勒的最後一天，我開車經過尤茲克卡（Užicka）大街上的這些房子，它們躲在高牆和防護籬笆後面。不知道怎麼回事，我連門鈴都無法找到。

一

這場塞爾維亞革命是什麼？顯然，有關塞爾維亞事件的許多事情尚不明朗，但這些事件不可避免地會被跟波蘭一九八〇—一九八一年間「自我約束」的革命和一九八九年歐洲的天鵝絨革命（velvet evolution）進行比較。我最初的解讀是，在塞爾維亞發生的一切是一個獨一無二又錯綜複雜的組合體，由四個要素組成：有點兒民主的選舉、自我約束的新天鵝絨革命、較古老的短暫革命政變和些許舊式的巴爾幹陰謀。

首先是選舉。許多外界人士不知道的是，與西奧塞古統治下的羅馬尼亞不同，米洛塞維奇統治下的塞爾維亞從來不是一個極權國家。這是他倒台與眾不同的一個主要原因。沒錯，他是一個戰爭犯，給前南斯拉夫中塞爾維亞的鄰國帶來了巨大的苦難。但在國內，他不是一個極權的專制統治者。相反，他的政權是民主和獨裁的奇怪混合體：民主專制國家。

在米洛塞維奇的統治下，黨派鬥爭不斷，多個黨派互相鬥爭。連執政黨也有兩個：他自己和他妻子各自所屬的政黨。他自己的後共產主義時代塞爾維亞社會黨與妻子的南斯拉夫左翼聯盟（Yugoslav United Left）之間的緊張關係，導致他的權力根基動搖。但是如今即將掌權的反對黨和反對派政客，包括沃伊斯拉夫．科什圖尼察，也已經參政十年了。沒錯，是有警察及祕密警察的鎮壓活動，甚至還包括政治暗殺，但是也有選舉，米洛塞維奇在選舉中獲勝了。

它們不是自由公平的選舉。他的政權最重要的單一支柱是國家電視台，被用來維持民族主義的受困心理，在居住於沒有什麼其他信息來源的鄉下和小鎮上的人們中間尤其是如此。因此，他最早的政治對手之一，武克·德拉斯科維奇（Vuk Drašković）稱之為電視巴士底獄。但是也有設防的獨立廣播電台和私營報紙。人們可以旅行，幾乎可以想說什麼就說什麼，還可以上街遊行。反對黨可以組織活動和競選，在議會和市議會中也有他們的代表。米洛塞維奇掌權的另一種方法是在他們中間巧妙周旋，分而治之。比如，上面提到的德拉斯科維奇受命接管了貝爾格勒市政府，人們都說他同時也接收了隨之而來的致富源泉。

在這個貧窮、目前深陷腐敗的國家，錢財在政壇中發揮了巨大的作用。我所指的錢財是指塞在黑色皮夾克口袋裡或裝在手提箱裡帶出國的大量德國馬克。政界、商界和有組織犯罪機構之間的邊界完全消失了。米洛塞維奇的可惡兒子馬可是一名商人，同時也是個強盜。他有眾多家產，其中一家位於貝爾格勒市中心的香水店叫斯康達（Skandal），這個名字真是再合適不過了（諧音 scandal，意為「醜聞」）。十月六日，星期五晚，我和一群人站在一起注視著這家被洗劫一空、燒焦的店。他帶著米洛塞維奇的孫子馬爾科逃到莫斯科。

從黑手黨的角度來理解，執政的家庭是更大家庭的核心。然而，這位「教父」還在表面上保留了憲法的形式，定期在選舉中尋求連任。他獲勝得益於電視巴士底獄和有些悄無聲息的投票舞弊，還因為他可以利用四分五裂的反對派，依靠真正相當高的支持率。

只有知道這些背景，才能理解為何七月初米洛塞維奇決定修改憲法，尋求直接連任南斯拉夫聯邦共和國的總統。現在我們知道這是一個致命的錯誤了。但當初，這樣認為的人寥寥無幾。

他自己呼籲在九月二十四日進行選舉，為什麼他會在選舉中敗北？最首要也最溫暖人心的部分答案無疑是：動員其他塞爾維亞人擊敗他。在「塞爾維亞人」都被妖魔化的情況下，再加上「他們」在波士尼亞和科索沃的所作所為，人們常常無法堅定地說總是還有其他塞爾維亞人。一開始就有塞爾維亞人發表演說、寫文章和組織活動來反對米洛塞維奇。他們的鬥爭與在蘇聯共產主義統治下的異見分子的鬥爭不同，但難度或者危險程度一點也不亞於他們。蘇聯的異見分子冒著被KGB逮捕入獄的危險。塞爾維亞的異見分子冒著在漆黑的小巷中被陌生的暗殺者槍殺的危險。他們人數不多，但總是有這麼一些人。

韋蘭·馬蒂奇（Veran Matić）是他們當中的一員，身材粗壯，留著大黑鬍子，性格沉著冷靜。你總可以在他的辦公室裡看到他在一台輕巧的手提電腦上打字。馬蒂奇有一個敬業的記者團，又有西方的大量金融資助，於是建立了一個獨立的廣播電台——B92電台，科索沃戰爭剛爆發的時候，當局控制了這個電台，但它仍然在網上提供新聞。他還開辦了一個叫ANEM的網站，為不受米洛塞維奇控制的省級廣播電台和電視台提供獨立的新聞和時事節目。目前，「電視巴士底獄」譴責科什圖尼察和反對派是北約的走狗、美國中央情報局（CIA）的特工，但該網站卻泰然自若地告知貝爾格勒外面的人這場競選活動的真相。此外，還有一些不太知名的記者因為報導他們自認為是真相的東西鋃鐺入獄。

同樣至關重要的是名為「奧特波爾」（Otpor）——意為「抵抗」——的學生運動。它成立於一九九八年，與一九九六年和一九九七年的抗議一脈相承，但更加激進。一名活動人士告訴我，在西方資助的非政府組織舉辦的研討會上，奧特波爾的成員學習了其他地方的權力運動和非暴力反抗是如何組織的，從馬丁・路德・金恩（Martin Luther King）到去年在克羅埃西亞的活動。這些都是「比較革命」專業的學生。但是他們自己添加了很多種創新的變化。比如，他們會穿著上面有「塞爾維亞的一切都不錯」字樣的T恤，出現在購買糖和石油的長隊中。他們舉著畫著緊握拳頭圖案的獨特橫幅，一而再再而三地對抗警察。在革命爆發前的一年裡，有一千五百多名奧特波爾的活動分子被捕。

在一九九八年的斯洛伐克選舉中，民間團體的活動分子推翻了弗拉基米爾・梅恰爾（Vladimir Mečiar），與此一樣，他們組織了運動來「搖動投票」。流行的搖滾音樂會與出去投票的信息相結合。他們設計了一個口號，「Vreme je！」即「時機已到！」或「現在是時候了！」而這恰恰是一九八九年人們在布拉格所喊的口號。隨後他們找到了一個更好的口號，「Gotov je！」即「他完蛋了！」作為這場革命的名言，塗在米洛塞維奇的海報上，寫在帽子和橫幅上，塗在這座城市的牆壁上，還被十萬人喊著。

在這個獨立活動的世界中，還有許多人——在斯洛伐克，他們被稱為「第三部門」——致力於該事業。獨立的民意調查者（其中一些人由美國資助）會定期作調查，調查表明科什圖尼察正在取得勝利。競選志願者和獨立的選舉監督人員數不勝數。在後共產主義時代的歐洲，西方在「民間團體」項目上浪費了數百萬美元。但是這次，在這裡，確實是物有所值了。

其次是意見迥異的反對黨最終團結起來的事實。可以肯定的是，並不是所有反對黨。最大的反對黨，即武克・德拉斯科維奇的塞爾維亞復興運動黨（Serbian Renewal

Movement），拒絕加入。此外，蒙特內哥羅總統米洛．久卡諾維奇（Milo Djukanović）呼籲抵制選舉，因而讓米洛塞維奇實際上拿到了所有留下來的蒙特內哥羅人的選票。但是還是有十八個黨一起加入了塞爾維亞民主反對黨（Democratic Opposition of Serbia）。其中最大的黨是民主黨，該黨黨首是反對派領導人佐蘭．金吉奇（Zoran Djindjić），他任職很久了，但容易妥協，不得人心。

米洛塞維奇敗北的第三個原因是，金吉奇和其他人徹底平息了他們內部的爭執，一致提名讓沃伊斯拉夫．科什圖尼察當候選人。科什圖尼察是小塞爾維亞民主黨的領袖，該黨在二十世紀九〇年代初從民主黨分離出來。科什圖尼察不太願意去競選——他自嘲道，自己是第一位猶豫不決的選民，但這是一個完美的選擇，因為他集反共產主義、民族主義、不腐敗和遲鈍四種品質於一身，獨一無二。

科什圖尼察從來都不屬共產黨。他是一名憲法律師和政治學家，一九七〇年的博士論文寫的是反對黨在多黨制中的作用。他後來翻譯了《聯邦論》（*The Federalist Papers*），還專門研究了托克維爾（Tocqueville）和洛克（Locke）。由於反對狄托（Tito）一九七四年頒布的憲法，稱該憲法對塞爾維亞人不公平，他被貝爾格勒大學開除。與大多數其他反對黨領導人不同，他竟然從未見過米洛塞維奇，直到十月六日，星期五，軍隊總司令內博伊沙．帕夫科維奇（Nebojsa Pavković）才給即將離任和上任的總統安排了一次簡短的會面。科什圖尼察自豪地告訴我：「因此我是在他垮台的時候第一次見到他的。」

他是個溫和的民族主義者，曾支持波士尼亞的塞爾維亞共和國，強烈批評北約在科索沃發動的戰爭。與德拉斯科維奇和金吉奇不同，人們從未看到他與馬德琳．歐布萊特

（Madeleine Albright）過從甚密。轟炸期間，他一直留在貝爾格勒，而金吉奇逃到了蒙特內哥羅，或許正是擔心自己的小命不保。

他不腐敗。我基本上還未見過比他的黨務辦公室還簡陋的辦公室。他和妻子還有兩隻貓一起住在一個小公寓裡，開的是一輛破舊不堪的南斯拉夫牌汽車。這又與其他反對派領導人（尤其是金吉奇和德拉斯科維奇）形成鮮明對比。他們穿著光鮮亮麗的西服，開著快車，人們普遍認為他們貪汙腐敗。在後鄂圖曼帝國時代的世界裡，大多數政客都是這樣做的，由來已久。

他的一大劣勢是他的遲鈍。不過在這件事上，連遲鈍也是一項優勢。人們一次又一次地告訴我，他們喜歡他慢條斯理、行動遲鈍的風格。他們說，遲鈍非常受歡迎，與米洛塞維奇悲壯的裝模作樣和他的許多對手，比如說武克・德拉斯科維奇的誇誇其談形成對比。一位首席獨立記者告訴我：「你懂的，我想要一位乏味的總統，還想生活在一個乏味的國家裡。」

話說回來，畢竟科什圖尼察也沒有那麼遲鈍。他發現自己成為祖國解放運動的領袖，備受鼓舞（誰會不受鼓舞呢），於是帶來了一些英勇無畏又令人難忘的時刻。他在議會和電視台被占領的那天晚上所說的「晚上好，解放的塞爾維亞」將載入史冊。

九月二十四日，星期日，至少有二百四十萬塞爾維亞人在沃伊斯拉夫・科什圖尼察的名字旁邊畫了一個圓圈。當然，我們永遠無法確切地知道讓他們這樣做的所有動機，但是有人給我提供了兩個引人注目的部分解釋。

一個解釋與北約的轟炸有關。我問政客和分析人士，他們認為革命是何時開始的。有幾個人表示，常常噘著嘴說：嗯，老實說，科索沃戰爭結束的時候。在戰爭期間和戰爭一結束後，都在國旗下舉行過愛國集會，米洛塞維奇也從中受益。但是這也太荒唐，太「歐威爾」（Orwellian）[1]了，國家電視台竟然聲稱這個歷史性的明顯戰敗是一次勝利：塞爾維亞的耶路撒冷——科索沃——輸得其所。在經濟方面，情況變得更加糟糕了，在轟炸的影響下，每一項勒緊褲腰帶的要求都是合情合理的。科盧巴拉煤礦的礦工——他們的罷工對這場革命起到了決定性的推動作用——告訴我，戰後他們的工資從平均每月一百五十德國馬克降到了七十德國馬克的低位。對此給出的解釋是為戰後重建交稅。但這讓他們怒不可遏。

正如韋蘭·馬蒂奇所說，當時米洛塞維奇「競選不是為了對抗我們，而是為了對抗北約」。然而，這沒有起作用，因為人們內心更深處認為：「不過，他對抗北約輸了，不是嗎？」如果馬蒂奇說得對，那麼科什圖尼察在不知不覺中成了他所譴責的轟炸的受益人。當然，這種解釋疑點重重，永遠無法證實。但戰爭推波助瀾引發革命在歷史上並不是第一次。

另一種部分解釋不那麼具有戲劇性，但也令人信服，至關重要。那就是許多過去選米洛塞維奇的人只是覺得受夠了而已。這位領導人脫離了現實。他執政這麼久，應該為當前的苦難負責。變革的時候到了。奧格年·普林彼斯維奇（Ognjen Pribičević）長期以來一直批評米洛塞維奇，他說，這與瑪格麗特·柴契爾（Margaret Thatcher）和赫爾穆特·柯爾（Helmut Kohl）分別掌權十一年和十六年之後發生的一切一樣。與柴契爾或柯爾作比較可能令人吃驚，甚至顯得無禮。但這是一個有用的提醒，提醒我們，對於許多塞爾維亞的選民

1 代指歐威爾在其作品《一九八四》中描述的情形：事實真相被掩蓋，宣傳信息遭到了控制等。——譯注

來說，米洛塞維奇不是一個戰爭犯也不是一個暴君。他只是一個國家領導人，做了一些好事，也做了一些壞事，但是現在必須下台了。

正是這些人最終選了沃伊斯拉夫．科什圖尼察，讓他的票數超過了五十%，在第一輪中當選。

這場選舉就是那樣。在九月二十四日，星期日晚上，一個成熟又獨立的選舉監督組織，即外國資助的「第三部門」的一部分告訴反對派，科什圖尼察已經獲勝，人們在貝爾格勒的大街上一直狂歡到凌晨。但所有人都知道，米洛塞維奇不會認輸。他可能試圖「偷走這場選舉」，聲稱從蒙特內哥羅和科索沃獲得了額外的選票，來欺騙人們。好戲才剛剛開始。

可以肯定的是，米洛塞維奇讓聯邦選舉委員會宣布科什圖尼察獲得票數比他多，但不足以在第一輪中勝出。必須要在十月八日舉行第二輪選舉。反對派當時沒有聽從許多西方政客和支持者的建議，豪賭了一把。他們表示：不行，我們不會進行第二輪選舉。相反，通過策畫和平的大眾抗議，他們將迫使米洛塞維奇承認他在選舉中敗北。他們還設定了截止時間：十月五日，星期四下午三點。

這場競選運動已經帶有革命動員的性質，與一九八九年夏季在波蘭團結工會發起的競選運動如出一轍。這就是所謂的反思。但是目前形勢更加明確地朝著新風格的和平革命發展。人們走上貝爾格勒以及其他城鎮的大街舉行大遊行。反對派知道這樣還不夠。畢竟，一九九六－一九九七年的那個冬天，米洛塞維奇挺過了三個月的大遊行。[2] 因此他們呼籲進行全面罷工。他們呼籲塞爾維亞的所有公民在十月五日星期四那天來貝爾格勒遊行，結束所有的遊行。

全面罷工一開始非常零散，但在一個重要的地方站穩腳跟：科盧巴拉的巨大露天煤礦場，大概在貝爾格勒向南三十英里的地方，該煤礦場提供的燃料發出了塞爾維亞一半以上的電。它不可避免地被比作了格但斯克（Gdańsk）的列寧造船廠——一九八〇年波蘭革命的發源地。探訪科盧巴拉的礦井確實感覺回到了二十年前波蘭的礦井和造船廠。同樣的塑料桌子、盆栽植物、透孔的窗簾、無數的茶杯，還有一台舊收音機中傳出的民樂。工人們穿著一身藍色的衣服，留著鬍子，臉上髒兮兮的，帶著失而復得的尊嚴。

與那裡一樣，在這裡，共產主義工業化的一大堡壘——此刻大約有一萬七千五百人受雇在科盧巴拉的基地工作——最終向其製造者倒戈。同樣，在這裡，更加熟練的工人和技術人員發揮了重要作用，他們都與民主反對黨有關係，是革命的半導體。像三十六歲的工程師亞歷山大·卡里卡自稱是科盧巴拉的萊赫·華勒沙（Lech Wałęsa）。他說：「但有許多萊赫·華勒沙，我們都是萊赫·華勒沙。」卡里卡坐在咖啡廳裡，穿著一身藍色的衣服，戴著一頂鮮橙色的棒球帽，喊著歐威爾《一九八四》中的英雄的口號：1+1=2。一個選舉監管組織把他挑了出來。卡里卡透露說，他最喜歡的流行歌曲非常紅，是由著名的南斯拉夫樂隊阿茲拉（Azra）演唱的，慶祝的是一九八〇年格但斯克罷工。

2 對於這些遊行的描述詳見我《當下歷史：二十世紀九〇年代發自歐洲的隨筆、小品文和報導》（*History of the Present: Essays, Sketches, and Dispatches from Europe in the 1990*，紐約：古典書局，二〇〇一）一書中的〈塞爾維亞的悲劇〉一文。

與在格但斯克一樣，經濟問題推波助瀾，引發了這場罷工，但工人立即犧牲了他們當地和物質上的需求來滿足全國和政治的需求。當軍隊總司令帕夫科維奇和與他隨行的政府部長答應如果他們復工便給礦工增加一倍工資時，他們堅持只要一樣東西：認可選舉結果。罷工工人也有團結，但力度不夠。十月三日至四日的晚上，煤礦場罷工的工人減少了，警方入駐了。因此罷工的領導者呼籲人們前來支持他們。附近的拉札雷瓦茨鎮和首都來了數千人。在一個礦井外面，警察警戒著，但有些躊躇。最終，三位老人開著一輛拖拉機，緩緩朝他們開去，警方的警戒線打開了一個缺口。這要麼是電影裡的場景，要麼是具有紀念意義的一刻。

不應該誇大與格但斯克的相似性，我可以說出許多不同點。但是科盧巴拉的罷工具有巨大的象徵意義。它增強了革命的勢頭，進一步破除了恐懼的壁壘。隨之而來的完全是塞爾維亞人。

十月五日，星期四凌晨，許多汽車和卡車車隊紛紛從省城、查查克（Čačak）和烏日策（Užice）、克拉古耶瓦茨（Kragujevac）和瓦列沃（Valjevo）出發，還有從位於北部的伏伊伏丁那（Vojvodina）的肥沃平原和位於南部的塞爾維亞中心地帶舒馬迪亞（Šumadija）出發。來自查查克的車隊由長期擔任市長的反對黨人韋利米爾．伊利奇（Velimir Ilić）領導。該車隊有一輛鏟車、一輛重型推土機和一些重型卡車，上面裝著大石塊、電鋸，沒錯，還有槍。他們差不多將強行堵在路上的警車推到了一邊。其他車隊也通過談判和武力打破了警方的封鎖。

許多趕到貝爾格勒的人都是來自反對黨控制的城市的普通民眾，由於當地有獨立的電視台和廣播電台，有時他們收到的信息要比住在首都的民眾多，但是生活常常沒有住在貝爾格勒的人好，因此更加憤怒。然而，在他們當中也有當過警察和士兵的，還有參加過克羅埃西亞、波士尼亞和科索沃戰爭的老兵。他們表情堅毅，光著頭，皮夾克下面夾著槍。他們知道如何戰鬥，決定取得那天的勝利。

他們從四面八方聚集到貝爾格勒，加入了成千上萬貝爾格勒人的遊行大軍中。憲法法院最近做出了荒唐又富有挑釁性的裁決——宣布這場總統選舉無效，這進一步激怒了他們。因此，他們聚在一起，舉著國旗，吹著哨子，拿著寫有「他完蛋了」的橫幅，站在壯觀的議會大樓（聯邦選舉委員會偽造了選舉結果，它的總部也在這裡）前。

三點鐘了——這是這場革命的截止時間。接著過了三點，人群中就有人對札爾科．科拉奇（Žarko Korać）（他是反對派的領導成員，設定了該截止時間）說：「哦，教授，已經七點多了……」

沒有人知道接下來會發生什麼。是這樣嗎？

二

十月五日，星期四下午大概在三點至七點這段時間內發生的事情改變了一切。一名穿著紅襯衫的男子不懼警察的警棍和催淚彈，帶領人群占領了議會大樓。緊接著不久，附近的國家電視台總部被燒毀。一些其他的重要媒體機構，包括國家電視台的演播室、傳送中心和韋蘭．馬蒂奇的B92電台也被接管，不過採用的方式更加和平。「晚上好，解放的塞爾維亞」，科什圖尼察向欣喜若狂的人群喊道，他們在街道上慶祝。

這些事件引發了對形象與現實之間關係的短暫反思。那些占領議會的人創造了一個令人難忘的解放形象，美國有線電視新聞網和英國廣播公司（BBC）將這一形象傳向了全世界。接著這一形象變成了現實。占領國家電視台本身又是一個具有說服力的電視形象：「電視巴士底獄」化為了灰燼。但這也意味著目前反對派控制了製造形象的地方。此外，軍隊和警方都不是現代政治的中堅力量。

我記得，一九八九年的時候，波蘭反對派領導人亞采克．庫龍（Jacek Kuroń）曾在華沙表示，如果他必須在控制祕密警察和電視之間選擇，他會選擇控制電視。我們的民主是電視民主。（在這場革命期間，我們停下腳步觀看了一場艾爾．高爾〔Al Gore〕與喬治．W．布希的電視辯論，這場辯論將決定一場更加正常的總統選舉。）米洛塞維奇的專制統治是電視的專制統治。電視對革命至關重要。通過電視革命，推翻了電視專制，走向了電視民主。

這是一個突如其來的大轉折，具有政變的影響。是誰負責的呢？我至少收集了十二名目擊者對占領議會情形的描述，他們的描述大相逕庭。邀功之人往往很多。那些做了英雄之舉或者策畫該行動的人像耶穌被釘死的那個十字架的遺跡一樣不斷增多。對於這類事件，完整準確又縝密的真相永遠無法為人所知，但是有大量證據表明，除了許多自發的行為外，還有精心策畫奪取權力的革命，它也是強有力的組成部分。

查查克的市長韋利米爾．伊利奇向我描述了他和他的組織是如何準備其貝爾格勒之行的，整個準備工作顯得這是一次軍事行動一樣。當我向他的一名先鋒（他身材魁梧，之前是精英第六三傘兵團的傘兵）詢問這次行動的目標時，他斬釘截鐵地說：「沃伊斯拉夫．科什圖尼察必須在下午七點三十分的時候出現在國家電視台上。」伊利奇在他們出發前告訴他們：「今天，我們要麼獲得自由，要麼犧牲。」

在這些描述中無疑有事後自我吹噓的成分，但其他目擊者也表示，來自查查克的人站在前面嚴陣以待，準備與警察戰鬥。一位在場的貝爾格勒的朋友回憶說，一位十五六歲的少年站在議會大樓前，向人群嘲弄道：「你們這些貝爾格勒人要我們查查克人展示怎麼拿下你們自己的市政廳嗎？」這位省城的少年對這幢大樓是什麼都不知道，但他還是衝了進去。

查查克並不是孤軍奮戰，還有許多來自其他省城的憤怒民眾。警方發動第一波猛烈的催淚彈時，貝爾格勒的知識分子基本上已逃到附近的公寓、辦公室或咖啡館了。另一位遇到熟人的朋友說：「這是最大的葬禮，史無前例。」她認為起義失敗了。但是來自各省的頑強民眾重新回到了廣場上。他們無法到附近的公寓躲避，來這裡是完成使命的。貝爾格勒市卓越的足球俱樂部「紅星」的粉絲挽回了該市的榮譽。據大家說，他們也奮戰在前線。他們已經在足球場上這樣做過，大喊「拯救塞爾維亞，斯洛博丹自殺吧」來嘲弄警察。他們對警方的手段瞭如指掌。後來，貝爾格勒的新市長、歷史學家、反對派領導人米蘭．聖．普羅蒂奇（Milan St. Protić）感謝了他們的英雄之舉。一位市長感謝他的足球小流氓鬧事恐怕只此一次吧。

也不是只有查查克制定了計畫。查查克的市長是聯合全國反對派領導層的成員，該領導層的其他成員也各自做了準備。佐蘭．金吉奇是民主黨領導人，這一頭銜要比科什圖尼察的「助選團長」這一平庸的頭銜重要得多。他告訴我，他和他的反對派同僚也有從後面拿下議會的計畫，但是「查查克比我們搶先了一步」。他的左右手切多米爾．約萬諾維奇（Čedomir Jovanović）（一名魅力十足的前學生領袖）在現場，穿著一件防彈背心。還有一輛推土機也是他們叫來的。德拉甘上校堅稱，他占領電視台的B演播室是受到金吉奇一名親密助手的指示。他奉命行事，護送警衛人員安全地穿過了憤怒的人群。有幾位反對派人士表示他們在警方那邊有內線，這些內線傳出消息給他們，告訴他們警方採取的手段。下午七點前，一名指揮官通過從警方手中奪取的無線電設備說：「放棄吧，他完蛋了。」

對於有計畫的行動和自發行動的事後說法和反駁，還有一百多種謎團沒有解開。但是基本要點是無疑的。塞爾維亞在經歷一九八〇年和一九八九年那樣的革命後，還短暫出現了一九一七年那樣的革命：有意但有克制地使用革命暴力。沒有這樣做，很難想像會有這樣的突破。但引人注目的是有多克制，該國回歸新式的和平革命有多迅速。在一星期內，奧特波爾的活動分子便開始組織行動鼓勵人們歸還他們從商店搶來的商品。儘管這是一個危險的詞組，但有人往往會說他們使用了最少的必要暴力，這不禁讓人想起奧登（Auden）那句臭名昭著的話——「必要的殺人犯」。

為什麼米洛塞維奇一手組建的軍隊、強大的警力和國家安全特種部隊沒有插手，而是讓一些普通的警察扔一些催淚彈，接著就放棄了？這仍然是一個問題。這些武裝力量裝備精良、身經百戰，可以輕而易舉地在貝爾格勒市中心引發一場大屠殺，不過這可能只會讓該政權以血腥得多的方式加速垮台。

現在，我們進入最模糊不清的領域。關於軍隊的說法中，有一種稱，先前以米洛塞維奇鐵桿盟友著稱的軍隊總司令帕夫科維奇將軍拒絕下令出動坦克。或許更加可信的說法是，帕夫科維奇與其高級指揮官商議後，發現他們不願冒險出動大部分是徵召來的士兵去對付自己人。（據報導，九月二十四日，軍隊和警察的大部分選票顯然都投給了科什圖尼察。）佐蘭·金吉奇告訴我，受驚的「紅色貝雷帽」——之前是塞爾維亞內政部下屬的國家安全服務的特別行動隊——接到直接命令進行轟炸並奪回議會大樓和電視台。他們沒有執行命令。相反，兩天後，這些「紅色貝雷帽」接到綽號「軍團」的米洛拉德·烏萊梅克將軍（Milorad 'Legion' Ulemek）（從他脖子上的紅玫瑰紋身可以認出他來[3]）的命令，為金吉奇接管了內政部，或者至少是與金吉奇合謀接管了內政部。[4]

貝爾格勒就是貝爾格勒，還有更黑暗的推測。在這裡，我所到之處都有人一直告訴我有關陰謀——有國內的，也有西方的，尤其是美國的——的奇妙故事。這是陰謀論的世界首都。但是，在這件事情上，我覺得可能並不是空穴來風。該推測是，這些不忠的軍隊、祕密警察和特種部隊前成員此前一直在想方設法推翻米洛塞維奇，現在推波助瀾確保米洛塞維奇無法獲得準確消息，部隊不做出反應。在軍隊方面，毫無祕密可言。米洛塞維奇的兩位前高級將軍莫姆契洛·佩里希奇（Momčilo Perišić）（一九九八年被解除了參謀長的職務）和伍克·奧布拉多維奇（Vuk Obradović）現在成了反對派的領導人，在公共場合和私下裡都

3 他名字中的「軍團」是因他參加過法國外籍軍團而得名。——譯注

4 這個故事還有血腥的後果。二〇〇六年，該「軍團」將軍因在二〇〇三年組織過暗殺佐蘭·金吉奇的行動而被判有期徒刑四十年。詳見《文明抵抗和權力政治：從甘地到現今的非暴力行動經歷》（*Civil Resistance and Power Politics: The Experience of Non-Violent Action from Gandhi to the Present*，亞當·羅伯特和提摩西·賈頓艾許主編，牛津：牛津大學出版社，二〇〇九）一書中伊萬·韋沃達（Ivan Vejvoda）撰寫的章節。

呼籲其前戰友不要對民眾採取行動。但是最值得一提的重要人物是前祕密警察指揮官約維察・斯坦尼斯奇（Jovica Stanišić），一九九八年他被米洛塞維奇解職，但據說在那些祕密警察、準軍事部隊、商人、政客和黑社會式歹徒混雜的陰暗的貝爾格勒邊境，他仍有很大的影響力。

這些躲在背後的人的動機是什麼？首先，正如政治分析人士布拉蒂斯拉夫・格魯巴季奇（Bratislav Grubačić）對我所說的，「就是對付米洛塞維奇」。這些曾受米洛塞維奇重用，接著又被其拋到一邊的人是在報復。其次，正如一位曾經與米洛塞維奇很親密的消息人士解釋的那樣，「保他們自己的命。還有錢，你懂得，大量的錢。可能還要保住他們的自由」。還有試圖與即將上台的政權達成一些和解。這裡似乎主要指佐蘭・金吉奇，一直有謠傳說之前他曾與前祕密警察指揮官會過面。當我問金吉奇為什麼在祕密警察的總部沒有出現像東德人占領斯塔西（Stasi，即國家安全部，東德的祕密警察）那樣的大規模遊行時，他慌亂地回答道：「不，我們認為那裡有寶貴的裝備，那些東西是每個國家都需要的。」我對此感到很吃驚。

僅此而已，我再重申一遍，僅僅是基於可靠消息的推測而已。進一步證實需要調查，但我無意調查。這根本不像一九八九年羅馬尼亞那樣，在羅馬尼亞，一群政府的前官員組織了政變，還把它偽裝成一場公眾革命。但是貝爾格勒是一座人與人之間存在最奇怪關係的城市。除了武裝部隊出於愛國心的克制與和平公眾抗議的天鵝絨力量外，要解釋沒有出現嚴重的鎮壓現象，似乎確實還缺點什麼。如果一點舊式的巴爾幹陰謀促成了這樣的結果，那麼為舊式的巴爾幹陰謀歡呼三聲吧。

十月五日，星期四的下午，一位婦女死在一輛卡車的車輪之下。一位老人死於心臟病。國家電視台的總編以及許多警察和遊行人員遭到了毒打。未經證實的報導稱有兩名警察死亡。就這些了。在這個表面上仍然由米洛塞維奇統治的國家，藏著大量的槍支，人們使用起來已經駕輕就熟，在這裡沒有什麼奇蹟。

這四個因素——基於先前多黨政治的選舉、新式的和平革命、短暫的革命性大轉折和一些陰謀——的結合有助於解除世界各地的記者抵達貝爾格勒時遇到的困惑。不同的反對派領導人喜歡用不同的手段：吉倫特派[5]的科什圖尼察總是希望採用和平、合乎法律和憲法的手段，按照自己設想的方式公開開始；雅各賓派[6]的金吉奇更傾向於採取直接行動；而其他人介於他們兩者之間。這一事實也有助於解除世界各地的記者抵達貝爾格勒時遇到的困惑。

三

從形式上來說，塞爾維亞的超級星期四過去四天後，反對派中掌權的只有總統一人。我們坐在聯邦宮的時候，科什圖尼察先生揶揄道：「沒錯，當時只有我一人。」他是這片土地上的法定繼承人。兩星期後，反對派與米洛塞維奇的前執政黨社會黨和武克．德拉斯科維奇的塞爾維亞復興運動黨在組建塞爾維亞共和國的過渡政府方面達成了一致，大部分真正的

5 吉倫特派（Girondin），法國大革命期間立法議會中溫和的共和派，這裡代指溫和派。——譯注

6 雅各賓派（Jacobin），法國大革命時期的政治團體，以極端激進主義和暴力聞名，這裡代指激進派。——譯注

行政權力都在該過渡政府手中。這似乎很可能包括一些舊政權中積極妥協的代表。

你可以到處看到悄悄叛變的人。在一個省城，奧特波爾的活動分子正在向叛變者分發象徵性的管裝凡士林。但是每一個新的民主國家都需要這些阿諛奉承的機會主義者。人們仍然擔心米洛塞維奇東山再起——吸血鬼從墳墓中出來，但他的社會黨的主要成員已經在呼籲他辭職。他的社會黨可能確實還有政治前途，就像後共產主義時代歐洲其他地方的後共產主義社會黨一樣，只是沒有了他而已。

以法國為首的世界各國紛紛前來道賀，提供幫助。法國是現任歐盟輪值主席國，希望與塞爾維亞建立特殊關係。當然，經濟重建任務艱巨：目前塞爾維亞的國內生產總值差不多是一九八九年時的一半。但是，按照一位經濟學家的說法，塞爾維亞擁有後發優勢。作為最後一個國家，它可以從所有其他後共產主義的過渡中學習經驗。姆拉詹·丁基奇（Mladjan Dinkić）是所謂G17+集團[7]經濟學家中的代表，他們已經在為民主過渡做準備。他告訴我，他們將結合波蘭式的休克療法和更加謹慎的私有化。他們還將接受西方的許多幫助。為什麼？因為，大體而言，塞爾維亞雖小，但很危險。（俄羅斯很危險，但卻是大國；保加利亞是小國，但不夠危險。）這是米洛塞維奇留下的一項間接的有用遺產。一項重要的考驗是，他們能否在一個犯罪率高的社會中建立法治，這是我們從其他過渡中學到的經驗。這將決定塞爾維亞會變成一個小俄羅斯，還是變成一個文明的歐洲國家。

還有兩大問題。第一個問題是：這是一個什麼樣的國家？科什圖尼察致辭的時候說是「解放的塞爾維亞」，但接著宣誓就職的卻是南斯拉夫聯邦共和國的總統。蒙特內哥羅並不這樣認可他，目前他提議將國家的名字改為「塞爾維亞與蒙特內哥羅」這不禁讓人想起一九九〇年的提議——帶有連字符的捷克—斯洛伐克，緊隨其後發生了「天鵝絨分離」。塞爾維亞新選舉之後，關於與蒙特內哥羅新關係的談判將開啟。科什圖尼察已經明確表示，他將尊重蒙特內哥羅公投的結果。在這個問題上，在塞爾維亞，塞爾維亞人無論如何都不想與蒙特內哥羅人組成一個不平等或者虛假的聯盟。

另一個問題是：如何處理過去？在西方看來，這通常變成了：如何處理米洛塞維奇？是在海牙（Hague）嗎？科什圖尼察曾接二連三地表示不會引渡。在塞爾維亞進行審判？塞爾維亞的許多人都希望能這樣做。「在荷蘭坐牢太便宜他了。」這是我聽到的一種評論。「讓他試試塞爾維亞的牢房」，還是讓他「多陪陪他的家人」就好了？佐蘭．金吉奇說：「我真的不關心他會怎麼樣，我們現在有別的任務要先去完成。」

但是過去的問題要大得多，也複雜得多，絕不僅僅是米洛塞維奇的命運問題。有許多人，包括反對派中的一些高層，之前都是米洛塞維奇政權的官員或者支持者。此外，大多數普通塞爾維亞人的片面觀點（他們認為自身是米洛塞維奇和北約的受害者），和許多外界人士幾乎同樣片面的觀點（他們認為「塞爾維亞人」只是波士尼亞和科索沃的受害者）之間存在巨大的衝突。塞爾維亞的真相委員會將面臨艱巨的任務。

這些問題以及許多其他問題仍然懸而未決。但是，事件已經過了兩星期，目前，我們可以自信滿滿地說什麼已然結束，什麼才剛剛開始。

如果波蘭團結工會的革命拉開了共產主義終結的序幕，那麼這場革命是共產主義終結

---

7 G17+，一九九七年成立的一家非政府組織，二〇〇二年變為一個政黨。——譯注

的閉幕式。它是二十年間中歐和東歐一系列新式革命中的最後一場，每場革命都借鑑了上一場革命，但也添加了新成分和變化。[8] 還不僅僅在歐洲是如此，在菲律賓或印尼也有響應。有人希望，信息能夠傳遞給其他國家。在當前全球化的政治中，我們已經超越了一七八九年和一九一七年那種舊式的革命模式。如果它可以在塞爾維亞發生，那麼為什麼不能在緬甸發生呢？為什麼不能在古巴發生呢？

解放是一個大詞，對於在米洛塞維奇統治下仍然享有一半自由的人來說尤其如此。現在除了執政結構和一些人員沒有變動外，還保留了許多舊政權的東西。但他們覺得更加自由了，並且這種自由感與日俱增。一位熟人告訴我：「我們呼吸起來更加自由了。」此外，他們至少可以規劃未來了。自由國家的一種定義是人們回歸而不是離開的地方。現在塞爾維亞將成為這樣一個國家。

正如一九五六年的匈牙利革命改變了匈牙利在世界的形象一樣，這次塞爾維亞的革命也將改變塞爾維亞在世界的形象。與一九四五年的德國人不一樣，塞爾維亞人是實現自我解放的。如果他們自己能夠繼續處理好過去的問題，那麼他們將獲得更好的聲譽。

這是巴爾幹戰爭的終結。科什圖尼察非常關心所有在克羅埃西亞（留在那裡的人非常少）、波士尼亞、科索沃（他希望看到更多塞爾維亞的難民從那裡回歸）和蒙特內哥羅的塞爾維亞人。但是他是一個主張和平的人，將通過談判爭取塞爾維亞的國家利益。目前唯一可能想發動一場巴爾幹戰爭的人是科索沃和馬其頓（Macedonia）的阿爾巴尼亞人（Albanian）。如果北約駐紮在科索沃的數千兵力無法阻止這場戰爭，那麼不如讓自己變成一個烹飪俱樂部算了。

這也是塞爾維亞帝國夢的終結。我在貝爾格勒與作家多布里察·喬西奇（Dobrica Ćosić）談過，他因在一九八六年塞爾維亞科學與藝術科學院的備忘錄上倡導這些夢想而受到許多人稱讚。他坐在塞爾維亞科學與藝術科學院的總部告訴我，目前的重點就是建設一個現代的塞爾維亞國家。如果蒙特內哥羅人想自行其是——不過他急忙補充說，「蒙特內哥羅性」是史達林主義國籍政策的產物——那也無所謂，隨他們去。塞爾維亞人必須繼續建設自己的國家。

如果真的是這樣，我的直覺告訴我，我們將接近一個更長、更大故事的尾聲：從鄂圖曼帝國的廢墟中形成現代歐洲國家的過程，持續了兩個世紀，曠日持久，時斷時續。

這反過來給西方帶來巨大挑戰，但最重要的是給歐洲尤其是歐盟帶來巨大挑戰。米洛塞維奇倒台後，建設一個自由共同體不再面臨任何外部障礙，這個自由共同體不再僅僅由十五個民主國家組成，而是由三十個民主國家組成。現在我們真的有了機會，但也面臨建設「一體化和自由歐洲」的艱巨任務（老布希在冷戰結束前夕提出這項任務，令人難忘）。

一個星期四下午三點至七點之間發生的事情真不少。

二〇〇〇年

---

8 說「最後一場」為時過早了。儘管在共產主義到後共產主義期間，米洛塞維奇一直執政，但烏克蘭的橙色革命和喬治亞的玫瑰革命可能也屬這個系列。

國家召喚我

這是一個天寒地凍的冬夜。革命的營地駐紮在基輔相當於倫敦攝政街的街道上，站在營地帳篷中間的是斯維亞托斯拉夫．施莫林（Svyatoslav Smolin）。他看上去相當硬朗，臉色蒼白，穿一件卡其布的夾克，平常的工作是檢測車諾比的輻射水平。他告訴我，在兩周多前那個至關重要的星期一，當他聽到據說反對黨候選人在總統選舉中敗選的消息時，他轉向妻子說：「我必須過去。」他來到基輔，加入獨立廣場上大批抗議民眾中，為之提供服務，而帳篷，眼看著一天天多起來。這座組織有序的「帳篷之城」，在城市寬敞的大道上延展了約莫半英里，他在其中的一個分區負責指揮保安人員。

在一個火盆旁邊燒木取暖的是瓦西爾．霍爾庫達（Vasil Khorkuda），他身體強壯，目光炯炯有神，來自喀爾巴阡山脈附近的農村，在當地經營一家小旅行社。他說，之前他從未積極參與過政治。但是那個星期一，他也確信自己必須去基輔。他來了以後一直待在這裡，將繼續待下去，直到「成功」，他解釋說，成功是指在自由公平的選舉中選出總統。

此外，在一棵純橙色的人造聖誕樹——這是橙色革命，因此連聖誕樹也與之相稱——旁邊咯咯傻笑的是埃琳娜．瑪雅丘克（Elena Mayarchuk）。她穿著皮衣，圍著應景的橙色圍巾，是烏克蘭中部一個小鎮一家玫琳凱美容院的老闆。又是那個同樣的故事：她聽到消息，知道自己必須過來並將堅持到底。還有沃瓦（Vova），他是東北部一座工業城市的工人，擺出一副英雄姿態——舉起兩隻戴著黑色手套火腿般粗細的雙手，比劃出V形勝利符號，鄭重地宣稱：「這個國家召喚我。」

十一月二十二日，星期一，這些自發行動起來的所謂普通人創造了歷史。一開始是基輔人控制了自己的城市。接著是外來人員。所有為反對黨候選人維克多·尤申科（Viktor Yushchenko）所做的資金充足的競選活動，所有精心準備參加抵抗運動波拉（Pora，意為「是時候了」）的學生活動分子，所有西方支持的非政府組織和選後民調等，所有國際選舉監督機構，所有來自華盛頓或者布魯塞爾的電話——所有這一切，如果沒有像斯維亞托斯拉夫、瓦西爾、埃琳娜和沃瓦這樣的人浩浩蕩蕩地來到基輔的街頭，改變了一切，都無法戰勝列昂尼德·庫奇馬（Leonid Kuchma）的邪惡政權。該政權操縱媒體，擁有俄羅斯的顧問，還製造選舉騙局。

烏克蘭政壇依然還有許多模稜兩可、腐敗不堪和弄虛作假的情況，但在這次變革的核心位置有一點非常真實的東西：人類希望掌控自己的命運。無論多麼短暫，歷史渺小的客體將成為活躍的主體。主體將成為公民。

外界最感興趣的是俄羅斯和美國爭奪歐亞大陸的控制權和塑造新歐盟，但你在街上和廣場上聽到的情況並非如此。連最支持歐洲的學者也承認，後蘇聯向歐盟轉變的吸引力在這場運動中只發揮了很小的作用。

的確並非如此，你聽到的情況是十三年前蘇聯解體後，烏克蘭變成了一個獨立的國家，只是到了現在才開始創造主權獨立、準民主國家的社會現實。還有列昂尼德·庫奇馬總統領導下的後共產主義政權一直玩弄手段、恃強凌弱、腐敗不堪，連謹慎的分析人士也將它形容成「強盜政權」。在他們所謂的「敲詐國家」中，總統控制著公共生活的大部分最高職位，通過抓住官員非法活動的「把柄」——人們用的是舊蘇聯祕密警察的術語kompromat——來確保其忠誠度。通過把柄來治理。

如果合作者真的踏出紅線，他們的企業會被封，或者他們會鋃鐺入獄，又或者被毒打一頓，也可能更糟糕。維克多·尤申科曾經帥氣的臉上那些可怕的瘢很可能是故意被人下毒所致。正如尤申科自己所說：他的臉反映了當今烏克蘭的面貌。

但是，掌權者希望，這不是烏克蘭未來的面貌。最終，他們玩得過火了。他們推選一名大政治機構的官員維克多·亞努科維奇（Viktor Yanukovych）當總統，他年輕的時候因偷竊和造成嚴重的人身傷害坐過兩年牢。（在基輔流傳的許多玩笑中，有一個玩笑說，與現任總統庫奇馬不同的是，亞努科維奇不會想連任三次。）主要電視台上的謊言和選舉舞弊變得過於明目張膽。接著莫斯科的教父弗拉基米爾·普京（Vladimir Putin）（據說他掌握著庫奇馬的把柄）像烏克蘭仍然是蘇維埃俄羅斯的一個轄區一樣行動。這是最後的救命稻草。

民主和國家進程齊頭並進，在烏克蘭歷史上可能尚屬首次。在波士尼亞、東帝汶或者伊拉克，西方占領者談論「國家建設」，令人難以置信。在這裡，你在呼喊人群的團結和揮舞的新象徵物中可以看到國家是如何建成的。一位俄羅斯籍的年輕人說：「與三周前相比，現在我覺得更像個烏克蘭人了。」這短短的一句話體現出真正國家建設的實質。在這個依然基本上說俄語的國家，在今年二月份一項全國調查的對象中，只有四十二%的人稱自己「終究」是烏克蘭公民。（令人驚奇的是，有十三%的人的回答是「蘇聯公民」。）一位該調查的設計者跟我打賭說，明年二月份，這一比例將達到五十%或者更多。

國家建設包括創造傳統。這些天，創造傳統的不是吟遊詩人和歷史學家，而是電視。我已經在這裡更加獨立的電視台上看到了在雪中戴著橙色飾品的示威人員的照片集，有靚麗的女孩、吶喊著的老奶奶和愛國歌曲。沒錯，還有獨立廣場上白色與金色相間的大石柱，看上去彷彿肯定是十九世紀初的傑作，其實立於二〇〇一年。

目前，議會已經為十二月二十六日腐敗的第二輪選舉不再重演鋪平了道路。我剛好回來，沒有聽到維克多．尤申科向在那根大石柱下面揮舞旗幟的人群宣布「經過漫長的十七天後贏得了勝利」。他說：「在這十七天中，我們讓這個國家變得民主。」但他甚至還沒有贏得選舉。前方還有很多的坎坷。即使他現在當選（這似乎最有可能），在總統尤申科的領導下，失望會隨之而來。令人感動的是，我看到布拉格天鵝絨革命之父、前總統瓦茨拉夫．哈維爾（Václav Havel）在其翻領上戴著一條橙色的裝飾帶，出現在了烏克蘭的電視上，警告的正是革命後不要抱幻想。

浪漫的理想化肯定不是我們應該在這裡給予的，但有眼光的尊重卻可以。在零下十度的情況下，你會離開你的工作和家庭數星期，去和陌生人住在髒兮兮大街上的擁擠帳篷中嗎？我待了兩個小時就冷得受不了，必須回賓館喝點熱茶來急救一下。他們在那裡待了兩星期。這些所謂的普通人現在正做著非凡之事，至少獲得了不被視為外界意識形態幻想或者臭名昭著的陰謀論對象的權利。相反，我們可以懷著敬畏之心，傾聽他們親自講述為何身在此處的故事。

二〇〇四年

烏克蘭的橙色革命[1]

去年秋天，在其歷史上，烏克蘭首次在世界政治意識中留下了自己的印記。在所謂的「橙色革命」中，大批圍著橙色圍巾的人在低於零度的氣溫下聚集在基輔的獨立廣場，要求一場公正的總統選舉。

觀察人士將烏克蘭的「橙色革命」歸入一系列和平的民主革命中，從一九八九年中歐的「天鵝絨革命」到二〇〇三年喬治亞的「玫瑰革命」再到黎巴嫩有些人所謂的「雪松革命」（Cedar Revolution）。這個引人注目的稱呼與過去他們基本上負面或者沒沒無聞的形象截然不同，許多烏克蘭人為這個稱呼感到高興可以理解。然而，我們必須透過新聞的頭版頭條，去發現這種變革是如何發生的，為何會發生，以及可能帶來什麼後果。

一

烏克蘭的歷史始於一千年前，當時建都基輔（Kiev）——或者說Kyiv，這是烏克蘭語的拼法——的一個貿易國的統治者皈依了拜占庭基督教（Byzantine Christianity）。蒙古入侵之後，當時波蘭—立陶宛合併在一起的國家吞併了基輔和周圍的土地，在該國，烏克蘭人受到文藝復興和反宗教改革運動的影響。隨著俄國的力量向西輻射，受過良好教育的烏克蘭人就為俄羅斯帝國提供服務。與波蘭語和俄羅斯語都相關的烏克蘭語讓他們輕而易舉地融入了其中。隨著十九世紀民族主義的興起，俄羅斯人開始把烏克蘭視為本國的一部分。與此同時，一場烏克蘭的民族運動開始清楚地傳達一種獨特的烏克蘭文化。

然而，一九一八年，烏克蘭沒有實現獨立。烏克蘭人建立國家的努力受到了布爾什維克和波蘭勢力的阻撓。伍德羅．威爾遜（Woodrow Wilson）認為烏克蘭不是一個國家，西方列強認同烏克蘭的土地由俄國白軍控制，希望他們能夠打敗布爾什維克主義。一九二一年，布爾什維克和波蘭瓜分烏克蘭。[2]布爾什維克在新蘇聯裡劃了一塊很大的地給烏克蘭，但是農業集體化讓蘇維埃烏克蘭的農民深受其害，與此同時，東正教低人一等，腐敗不堪，大批知識分子慘遭殺害。史達林犯下的最嚴重罪行之一是一九三二—一九三三年期間有組織的饑荒，該饑荒奪走了蘇維埃烏克蘭三百多萬人的生命。一九四一年，納粹分子推翻他的政權，認為烏克蘭人是低劣種族，因此對他們相當殘暴。烏克蘭中的猶太人在那場大屠殺中遭受了滅頂之災，在這個過程中，德國的占領者獲得了一小部分烏克蘭人的協作。一些烏克蘭的民族主義者攻擊並殺害了當地的波蘭人。成千上萬的烏克蘭士兵餓死在德國集中營裡。尤申科

1 本文是我與耶魯大學的提摩西．斯奈德（Timothy Snyder）共同撰寫的，他是研究現代中歐和東歐歷史首屈一指的專家。

2 如今烏克蘭的更小一部分地區陷入了羅馬尼亞和捷克斯洛伐克的內戰。

的父親在奧斯維辛集中營裡活了下來，是為數不多的幸運兒之一。

戰後蘇聯東山再起，烏克蘭土地聚集成一個政治實體。一九四五年，史達林吞併屬波蘭的烏克蘭西部，將來自不同政治背景的人帶入蘇聯。其中一些人來自加利西亞（Galicia），它在一七七二—一九一八年間是奧地利的一部分，後來併入波蘭。這些烏克蘭人基本上是希臘的天主教徒，他們的「東儀天主」（uniate）教會奉行東方的禮拜儀式，接受梵蒂岡的領導。在二戰期間，加利西亞人一直是波蘭的公民，儘管波蘭日益成為一個專制國家，但總體而言還是一個可以自由發表言論和接受法治的國家。一九四五年後，掌管烏克蘭的共產黨官員尼基塔．赫魯雪夫（Nikita Khrushchev）接管了其西部的蘇維埃和解工作。正是他於一九五四年將克里米亞半島劃給蘇維埃烏克蘭，讓該國有了現在的版圖。

蘇聯的力量削弱或者消除了烏克蘭文明社會中的那些要素——私有農場、教會和知識分子，這些要素曾為更加幸運的鄰國（比如波蘭和捷克斯洛伐克）的天鵝絨革命鋪平道路。不過，一九九一年，當蘇聯解體的時候，烏克蘭仍然有名字和首都，在地圖上也有一席之地。但是烏克蘭的獨立沒有經歷一場重要的全民運動[3]，其根基不牢。許多俄羅斯人不接受烏克蘭獨立的現實。

二十世紀九〇年代期間，烏克蘭從一個選舉的民主國家搖搖晃晃地過渡到後蘇聯時代的資本主義國家。一九九四—二〇〇四年間，列昂尼德．庫奇馬總統領導的政權採用了日益腐敗、殘暴和不民主的手段，總統幾乎任命所有重要人員。庫奇馬開創了所謂的「敲詐國家」[4]。腐敗不斷自我擴散，他的政權利用官員和普通公民不當之舉的證據來威脅進而敲詐他們。這些證據是祕密警察收集的，稱為「kompromat」（舊蘇聯術語，意為「把柄」）。

庫奇馬還與一些烏克蘭新興的工業大佬培養了親密的關係，讓他們接管國有資產——尤其是煤炭、鋼鐵和天然氣，還給他們其他好處，從而換取他們的政治支持。這個制度似乎挺有效。

第一次世界大戰後，烏克蘭保守派人士維亞切斯拉夫・里皮尼斯基（Vyacheslav Lypyns'kyi）有一個樂觀的想法：即便是一個腐敗的烏克蘭國，如果能夠持續的話，也能創造一個烏克蘭民族。富人將遵守法律，與國家官員套關係。如果他們在各個機構中有利益的話，那些與烏克蘭沒有文化淵源的人也會將把自己視為烏克蘭的公民。[5]二十世紀九〇年代考驗了這些想法。機敏的生意人接管先前的國有資產，創造並利用壟斷企業，進行有利可圖的投資。在靠近俄羅斯邊境的烏克蘭遠東地區，一名礦工的兒子雷納托・阿克梅托夫（Rinat Akhmetov）以煤炭和鋼鐵起家，現在大概積累了三十億美元的財富。這些寡頭——基本上是東部說俄語的人——通過資助政黨當選議會議員。其中許多人搬到基輔，向庫奇馬獻殷勤。其中有一位叫維克多・平丘克（Viktor Pinchuk）的人，娶了庫奇馬的女兒。這些寡頭在烏克蘭的倖存中有既得利益。而在擴大的俄羅斯或東山再起的蘇聯中，他們將只是大池塘中的一條小魚，其關係毫無價值。

---

3 一九九一年期間，支持獨立的運動「魯赫」（Rukh）確定了辯論的期限，但沒有贏得選舉。

4 基思・A・達登（Keith A. Darden），〈敲詐作為國家統治的工具：庫奇馬統治下的烏克蘭〉（Blackmail as a Tool of State Domination: Ukraine under Kuchma），《東歐憲法評論》（*East European Constitutional Review*）第十卷，二〇〇一年第二期，頁六七—七一。

5 詳見伊凡・L・魯登斯基（Ivan L.Rudnytsky），《現代烏克蘭史隨筆》（*Essays in Modern Ukrainian History*），埃德蒙頓：加拿大烏克蘭研究所，一九八七年，頁四四七—四六一。

庫奇馬的烏克蘭支持建設作為一個獨立國家應該擁有的機構和象徵。它有大使館、軍隊和自己的警察。一九九二年，重新啟用了第一次世界大戰後短暫獨立的烏克蘭人民共和國所使用的國歌，二〇〇三年對其進行了修訂。每晚，人們都可以在電視的天氣預報地圖上看到自己國家的版圖。烏克蘭語是國家的官方語言。外國記者被要求使用「Kyiv」而不是「Kiev」來表示基輔。精英學校的老師在課堂上要使用烏克蘭語，行政部門的文本和大學考試也都使用烏克蘭語。儘管許多政治精英私下裡還是用俄語，但在公共場合使用烏克蘭語成為這個國家已經成立的一個標誌。[6] 庫奇馬出版了一本名為《烏克蘭不是俄羅斯》（*Ukraine is Not Russia*）的著作。

二〇〇四年，庫奇馬的制度實現了升級。儘管維克多·平丘克和雷納托·阿克梅托夫的出價（八億美元）低於以美國鋼鐵公司為首的集團，但他們還是收購了私有化的克里沃羅格（Kryvyi Rih）鋼鐵廠。投桃報李，阿克梅托夫資助庫奇馬的總理、指定繼承人維克多·亞努科維奇的總統競選。如果亞努科維奇當選總統，烏克蘭依然會是獨立的國家，但其資源更加會被少數寡頭緊緊掌握在手裡。然而，庫奇馬的制度有兩大缺陷。第一大缺陷是，烏克蘭人有選舉權。庫奇馬政權及其候選人（一位年輕時判過兩次刑、超級沒有魅力的政客）不得人心。第二大缺陷是，並不是所有有權有勢的人都心滿意足了。

比如，尤莉婭·季莫申科（Julia Tymoshenko）就是一名有所不滿的寡頭。她是一名來自烏克蘭工業中心第聶伯羅彼得羅夫斯克東部的經濟學家，靠投機天然氣，利用國有企業可以用重新出售的商品而不是現金來支付能源的法律漏洞牟利。中間人可以按這種方法積累自己的財富。季莫申科以「天然氣公主」著稱。後來，一九九九—二〇〇一年擔任政府部長時，她堵住了這些法律漏洞，迫使能源業成為現金經濟的一部分。她與前中央銀行行長、時任總理維克多·尤申科一起對烏克蘭經濟進行改革。庫奇馬解雇他們二人，並將季莫申科送進監獄。她的勇氣和膽識讓她成為一個頗具魅力的人物。她很快被釋放。然而，尤申科成了烏克蘭最受歡迎的政客。他能夠吸引這樣的企業家：他們相信自己能夠在與政權的關係不那麼重要、法治更為重要的經濟中興旺發達。

二〇〇〇年九月，在基輔外面的森林中發現格奧爾基·洪哈德斯（Heorhiy Honhadze）的無頭屍，洪哈德斯是一名以批評庫奇馬著稱的記者。據稱，庫奇馬的一位保鏢洩露的錄音帶錄的聲音聽起來好像是庫奇馬在下令幹掉洪哈德斯。烏克蘭人走上街頭，要求一個「庫奇馬下台的烏克蘭」。抗議的學生在基輔建起一個帳篷城市。儘管他們的運動失敗了，但這次深得人心的動員運動對於數千名烏克蘭人來說是一種新體驗。

三年後，維克多·尤申科發起一場燭光禱告，紀念一九三二年和一九三三年在史達林政權統治下發生的饑荒的數百萬受害者。總統競選如火如荼，許多烏克蘭人敬重尤申科請公眾默默記住這個國家過去的方式，但他的對手、總理維克多·亞努科維奇有庫奇馬的支持、寡頭的金融資助，以及無休止的電視宣傳。尤申科幾乎無法上電視，於是親自到每個地方競選，親自訪問鄉村，與人握手，與人見面，以此來應對電視上對他的攻擊。

6 詳見奧克薩娜·謝維爾（Oxana Shevel）的〈烏克蘭的國籍：接觸的一些規則〉（Nationality in Ukraine: Some Rules of Engagement），《東歐政治與社會》（*East European Politics and Societies*）第十六卷，二〇〇二年第二期，頁三八六—四一三。

去年九月，選舉前幾星期，他中了二氧芑的毒。他與祕密警察的高級官員共進晚餐後首次出現了相關症狀，儘管這沒有與中毒扯上明確的關係。他重新開始競選時，原本英俊的臉已面目全非，上面有嚴重的粉刺和傷疤。他說，這是「當今烏克蘭的面貌」。庫奇馬政府暗中指示電視台宣稱，尤申科被蓄意下毒乃是「不要臉的謊言」，是一種競選伎倆。[7]維克多·梅德韋丘克是與庫奇馬關係密切的一名寡頭，他的電視台稱尤申科的病是其不良個人習慣所致。

二

儘管障礙重重，尤申科還是在十月三十一日第一輪總統選舉中贏得多數票。十一月二十一日，星期日，在第二輪選舉中，庫奇馬政權組織競選活動偽造了投票結果。那天晚上，該政權宣布亞努科維奇以三%的微弱優勢獲勝。弗拉基米爾·普京總統隨即對他表示祝賀。然而，獨立委託和西方資助的選後民調清楚地表明，尤申科贏得決定性的勝利。

於是橙色革命爆發了，抗議舞弊的選舉。儘管庫奇馬政權主導著電視，但自稱為「波拉」（意為「是時候了」）[8]的學生運動利用網路，在 Google 上查找有關從斯洛伐克到喬治亞等地其他抗議組織方式的信息。這樣利用網路在東歐天鵝絨革命的歷史上是前所未有的。一九九七年的時候，一名在貝爾格勒遊行示威的學生告訴我：「我不是網路時代的孩子，但我很想成為那樣的孩子。」[9]星期一凌晨，烏克蘭的學生開始在基輔的主要商業街上搭帳篷的時候，他們的網站在兩點三十三分十一秒用英語向世界宣布了這一事實。他們後來解釋，他們料到庫奇馬政權會在第二輪選舉中造假，早就提前準備好下一步行動。同日，許多在基輔和國外的外交官宣布他們「全力且無條件」支持尤申科。他們的聲明用郵件發給了全世界。

然而，改變一切的是普通民眾的回應。一開始，數千名基輔市民走上街頭，接著增加到上萬人，隨後，烏克蘭其他地方的民眾紛紛響應而來到基輔。這不禁讓人想起一九八九年的布拉格或者一九八〇年和一九八一年首次團結工會革命期間的波蘭。但是二十五年前，在波蘭，充當先鋒的是工人和農民，而這裡充當先鋒的是剛剛起步的中產階級——學生、旅遊中介、美容院老闆。

在這些革命的秋日裡，尤申科和季莫申科經常一起出現在獨立廣場的講台上：他高大魁梧、讓人安心，臉上因二氧芑中毒而留下的可怕痘疤現在已經成為國家英雄的聖痕；她小巧玲瓏、熱情洋溢，常常穿著烏克蘭的民族服裝，一頭金髮紮成了平民風格的辮子。儘管總是看起來更像瑪麗．安東尼（Marie Antoinette），但這位「天然氣公主」成為了「革命女神」。

橙色革命者的首要準則是：絕不使用暴力。這是天鵝絨革命與一七八九年雅各賓派和

---

7 詳見「Temnyk po khvorobi Iushchenka」，Ukrains'ka pravda，二〇〇四年十月一日。Temnyk是庫奇馬的助手給電視台的祕密指示，引導某些話題。

8 這出自詩人伊凡．弗蘭科（Ivan Franko）的著名詩句：「現在是時候為烏克蘭而活了！」但「現在是時候了」也是二〇〇〇年貝爾格勒和一九八九年布拉格的口號。

9 詳見提摩西．賈頓艾許的《當下歷史：二十世紀九〇年代發自歐洲的隨筆、小品文和報導》一書中的〈塞爾維亞的悲劇〉一文。

一九一七年布爾什維克的模式區別開來的最顯著特徵。與自一九八九年以來和其間的幾次其他革命一樣，安全部隊人員沒有動用武力對付抗議人員。[10]尤申科、季莫申科及其盟友占領了獨立廣場，維持了政府大樓周圍的和平封鎖狀態，靜待協商的機會。

最高法院命令中央選舉委員會不要發布任何勝選聲明，對欺騙行為展開了調查。十二月三日，最高法院發現，確實存在欺騙行為，宣布十二月二十六日重新舉行第二輪選舉。與此同時，在國際調解人的協助下，通過一系列「圓桌會議」，尤申科與即將離任的總統庫奇馬達成了協議，庫奇馬同意置身事外，不再支持亞努科維奇。尤申科同意削弱總統的權力。十二月八日，議會通過了相應的憲法修正案。

在十二月二十六日重新舉行的第二輪選舉中，尤申科獲得了勝利並於一月份宣誓就任總統。二月四日，確認季莫申科擔任總理。

原本反對新當選領導人的寡頭似乎勉強同意了新規則。二〇〇五年一月，平丘克在達沃斯世界經濟論壇上表示，如果新掌權者不做違法行為，他將支持他們，他還認為烏克蘭東部最大的寡頭雷納托．阿克梅托夫也將支持他們。平丘克說，他們只要求尊重法律。對於任何了解他們歷史的人來說，這可能聽起來像謊話，但這是有用的謊話。

三

該國說烏克蘭語的西部和說俄語的東部在宗教、歷史和語言方面的所謂巨大差異已經很說明問題。實際情況更加複雜。烏克蘭是一個有不同宗教信仰的國家，包括大量的希臘天主教徒，但是東正教的信奉者占絕大多數，他們的選票分給了兩位候選人。文化和歷史影響了當今的政治結果，但無法支配它們，這與塞繆爾．杭廷頓（Samuel Huntington）《文明的衝突》（*Clash of Civilizations*）一書中的觀點相反。一位烏克蘭的歷史學家評論道，蘇聯解體後，過去波蘭對烏克蘭某個特定地區統治的時間越長，該地區的選民就越有可能支持強調烏克蘭愛國主義的候選人。在一九九一年首次總統大選中，魯赫（Rukh）獨立運動的候選人在被波蘭統治了五百年的省份贏得選舉。一九九四年，親西方的候選人拿下被波蘭統治了三百年的省份。二〇〇四年，尤申科還拿下只被波蘭統治了一百年的省分。[11]烏克蘭西部不斷向東部擴張。

在橙色革命期間，顯然憤怒不已的弗拉基米爾．普京總統說：「整個國家都說俄語。」[12]其實，該國說兩種語言。蘇聯的政策確保了受過教育的烏克蘭人都說俄語，這是一種同源但相當獨特的斯拉夫語。如今，在烏克蘭西部，有年輕人不會拼俄語，在南部和東部的許多烏克蘭人和俄羅斯人不會說烏克蘭語。但是大多數人兩種語言都說，其中許多人都會根據心情或者情況在兩種語言之間轉換，常常為了消除敵意，說半句就會換。決定選舉結果的不是語言而是政治傾向。尤申科在俄語為主要語言的省份獲得絕大多數選票：在切爾尼戈

10 詳見奇弗斯（C. J. Chivers）的〈烏克蘭的高級間諜如何改變國家的路線〉（How Top Spies in Ukraine Changed the Nation's Path），《紐約時報》二〇〇五年一月十七日。

11 這稍微糾正了一下雅羅斯拉夫．赫次卡（Iaroslav Hrytsak），〈修正：烏克蘭的誕生〉，Krytyka（《基輔》），一一二（二〇〇五）。

12 《真理報》在線版，二〇〇四年十二月三日。

夫，他贏得七十一%的選票，在波爾塔瓦獲得六十六%的選票，在蘇梅獲得七十九%的選票，在基輔獲得七十八%的選票。

基輔是一個說俄語的城市，這裡的人們知道何時說烏克蘭語。基輔人即使在說俄語的時候，也總是用烏克蘭語的發音來說「獨立廣場」。在競選期間，尤申科和季莫申科在公共場合都說烏克蘭語。十二月八日，尤申科宣布革命勝利的時候，他的手放在胸前，帶領人群一起唱國歌。這是最近才養成的一個習慣，顯然是從美國總統那邊學來的。在廣場上，說俄語的基輔人把他們的手放在胸前，也用烏克蘭語唱起了國歌，或者說至少試著去唱國歌：

烏克蘭的光榮和自由還沒有逝去
命運將會再次向我們的同胞微笑
我們的敵人將會像朝陽下的露珠一般消失
同胞們，我們將統治屬我們自己的領土……

尤申科和季莫申科說的烏克蘭語要比庫奇馬和亞努科維奇好。尤申科和季莫申科說的俄語也比他們好。他們都是東部人，證明並不是只有西部說烏克蘭語。然而，他們知道，必須向東部的礦工和鋼鐵工人說明一下。革命之後，他們兩人立即前往頓涅茨克－阿克梅托夫的東部基地，去應對懷疑者。「革命女神」出現在了阿克梅托夫的電視台上。面對充滿敵意的俄語提問，她應對自如。「整個國家都說俄語」，這句話可能並沒有像普京總統似乎認為的那樣令人欣慰。

普京政府憤怒地指責美國和歐盟在國外策畫了橙色革命。荷蘭的外交部長——荷蘭當時擔任歐盟的輪值主席國——幾乎每天都接到俄羅斯外交部長的憤怒電話。

尤申科明確表示，他希望自己的國家成為歐洲的一部分。在獨立廣場上，他說：「世界已經看到，烏克蘭可以稱為歐洲國家了。」在達沃斯上，他說：「在不久的將來，我們打算申請成為歐盟成員國。」歐盟對該革命推波助瀾靠的不過是其作為一個許多國家希望加入的俱樂部的吸引力而已。這是戰後歐洲政治的一個長期特徵。德意志聯邦共和國建國之父康拉德·艾德諾（Konrad Adenauer）早在二十世紀五〇年代就提到了「歐羅巴磁鐵」（Magnet Europa）。

歐盟的一些成員國——一位烏克蘭活動人士提到英國和荷蘭——給選舉監督人員、烏克蘭學生、專業人士以及來自民間的其他團體提供巨大的直接支持。二〇〇四年五月，歐盟增加其成員國，讓八個中東歐國家加入，其中包括波羅的海國家（它們與烏克蘭一樣，一九九一年之前一直屬蘇聯共和國）和鄰國波蘭。這將這塊磁鐵帶到烏克蘭邊境。荷蘭擔任主席國的歐盟一反常態，猛烈譴責十一月份的選舉舞弊。當時，歐盟的外交政策「高級代表」哈維爾·索拉納（Javier Solana）（相當於歐盟的集體外交部長）在基輔與烏克蘭領導的圓桌談判中發揮了主導作用。參加談判的還有立陶宛總統。然而，談判的非正式主席是波蘭總統亞歷山大·克瓦希涅夫斯基（Aleksander Kwaśniewski），波蘭在一九八九年首創通過圓桌談判實現政權更迭。

波蘭人早早地參與了這場革命。第一周，一個龐大的波蘭代表團就抵達了獨立廣場，大聲呼喊，在空中揮舞著紅白相間的波蘭國旗和引人注目、襯在藍色背景上的黃色星星的歐盟旗幟。波蘭人出現在基輔是持續戰略的最新例證。在二十世紀七〇年代，當時波蘭仍然是蘇聯的衛星國，富有影響力、總部位於巴黎的流亡者月刊《文化》（*Kultura*）在共產主義終結後向波蘭提議了一個新政策。儘管史達林奪走了該國的一半領土，但波蘭人必須接受戰後新的東部邊境。如果波蘭人提前接受這些邊境，不要求歸還他們之前的領土，那他們就可以與鄰國立陶宛、白俄羅斯和烏克蘭蘇維埃共和國的民主反對派運動更好地合作，當蘇聯解體時，就能與它們建立友好關係。

二十世紀八〇年代，反共產主義的波蘭反對派接受了這些條件，一九八九年後，它們成為團結工會領導的波蘭政府的外交政策重心。[13] 一九九一年蘇聯解體前，華沙就將蘇維埃烏克蘭視為獨立國家了。後來波蘭迅速與獨立的烏克蘭簽訂協議，協議認可當前的邊境並保護了兩國國內的少數民族。

一九九五年後，波蘭總統、前共產主義者亞歷山大·克瓦希涅夫斯基採用由團結工會首創、《文化》進行完善的戰略。克瓦希涅夫斯基與庫奇馬總統一起紀念波蘭人和烏克蘭人的國家悲劇。在革命最關鍵的時刻，克瓦希涅夫斯基能成為雙方接受的調解人，一個原因是他與庫奇馬建立了密切的關係。波蘭不停地遊說歐盟，讓它為烏克蘭放寬條件。除了老牌的歐盟成員國不太願意接受較貧窮的東歐國家外，主要問題在於庫奇馬政權。現在克瓦希涅夫斯基可以用更大膽的語調了。克瓦希涅夫斯基在達沃斯與尤申科站在同一個講台上，熱情洋溢地為烏克蘭加入歐盟造勢，「這個非凡的國家……一個擁有偉大領導人的偉大國家」。

美國在這場選舉中做了什麼？美國政府以及以個人名義捐贈的美國人為烏克蘭民主人士提供的支持比西方的歐洲人還多。美國國務院表示，二〇〇三—二〇〇四年，它在烏克蘭的開支高達六千五百萬美元。二〇〇四年十月二十日，喬治·索羅斯（George Soros）在烏克蘭的基金會——國際復興基金會（International Renaissance Foundation）的報告稱，它向非政府組織「選舉相關的項目」分配了1,201,904美元。美國的大部分資金（與中西歐的基金一樣）都流向非政府組織，包括為學生活動分子提供培訓和為獨立媒體與電視台提供支持的組織，以及選舉監督機構和兩項獨立的選後民意調查。正如我們已經指出的那樣，這些選後民意調查在激起這場革命中發揮了巨大的作用。

舊蘇聯會說這些活動是「干涉該國內政」，是這樣嗎？確實是如此。俄羅斯方面給亞努科維奇的競選投入大量資金，俄羅斯媒體估計投入的資金高達三億美元左右。俄羅斯政治顧問幫忙設計對付尤申科的不正當競選。俄羅斯當局傳喚季莫申科，要求她接受犯罪指控的審訊。（她回應說：「請不要阻礙爭取烏克蘭國解放的鬥爭。」[14]）普京兩次出現在烏克蘭的總統競選中，支持亞努科維奇。這些活動也是干涉該國內政。毒害尤申科的調查還在繼續，初步證據表明這種毒素最有可能來自俄羅斯。

13 該主題更全面的闡述，詳見提摩西．斯奈德：《國家重建：波蘭、烏克蘭、立陶宛、白俄羅斯，1569—1999年》（*The Reconstruction of Nations: Poland, Ukraine, Lithuania, Belarus, 1569-1999*），紐海文：耶魯大學出版社，二〇〇三。

14 詳見《共和報》（*Rzeczpospolita*）二〇〇五年一月二十七日第六版。

外國人的有些「干預」是情有可原的，但有些顯然並非如此。應該對外界干預，主要是金融干預推動民主的基本原則展開公開的辯論，就像已經對基於人道主義或者其他原因進行軍事干預的標準展開過深入辯論一樣。[15]但是美國和歐洲在烏克蘭的政策在道德層面上肯定站得住腳。橙色革命並不是華盛頓製造或者布魯塞爾逼迫發起的。西方幫助烏克蘭公民做了他們自己想做的事情。

維克多．尤申科獲選後，就與米哈伊爾．薩卡什維利（Mikheil Saakashvili）一起到喀爾巴阡山脈度假了。薩卡什維利在喬治亞的玫瑰革命之後成為該國的總統。他們兩人發布了〈喀爾巴阡宣言〉（Carpathian Declaration），稱他們兩國的變革是「歐洲新一波解放運動的開端，最終將帶來歐洲大陸自由和民主的最終勝利」。薩卡什維利總統在《金融時報》上撰文明確表示，這「第三波也是最後一波歐洲解放運動」應該囊括「整個後蘇聯地區」。[16]一廂情願？或許吧。然而莫斯科的一些保守人士似乎同意該看法。在烏克蘭革命期間，親克里姆林宮的《俄羅斯報》這樣寫道：

> 俄羅斯在爭奪烏克蘭的戰鬥中輸不起。別的不說，輸了將意味著今後兩年，白俄羅斯、摩爾多瓦、哈薩克、吉爾吉斯還可能包括亞美尼亞，將成為基輔的變體，爆發天鵝絨革命。[17]

烏克蘭的橙色革命也將對普京日益不民主的國家產生直接影響。不出意外的話，一個說俄語的鄰近大國的自由媒體和電視將對他的政權控制信息帶來挑戰。在一項俄羅斯新聞服務委託的民調中，俄羅斯人被問道：「您認為在俄羅斯會爆發像烏克蘭那樣的政治危機嗎？」大約四十二%的人的回答是「永遠不會」，三十五%的人的回答是「會，但不是現在」，還有十七%的人的回答是「會而且即將發生」。[18]在二〇〇五年的一次交談中，維克多．平丘克稱，他的俄羅斯生意夥伴、兄弟寡頭羨慕其烏克蘭同仁享受到的世界尊重。接著他講了一個最近在莫斯科聽到的笑話：「列昂尼德．庫奇馬寫了一本名為《烏克蘭不是俄羅斯》的著作。現在普京也在寫一本書，名叫《俄羅斯不是烏克蘭》（*Russia is Not Ukraine*）。」

二〇〇五年

15 詳見二〇〇四年十二月十六日《衛報》提摩西．賈頓艾許的「六千五百萬美元的問題」和邁克．麥克福爾（Michael McFaul）的〈民主援助是什麼……不是什麼〉，《胡佛文摘》（*Hoover Digest*），二〇〇五年第一期。

16 詳見《金融時報》二〇〇四年十二月二十日。關於較早的解放工程，詳見提摩西．斯奈德的《祕密戰爭的素描：一位波蘭藝術家解放蘇聯烏克蘭的使命》（*Sketches from a Secret War: A Polish Artist's Mission to Liberate Soviet Ukraine*），耶魯大學出版社，二〇〇六。

17 理查德．派普斯（Richard Pipes）在二〇〇四年十二月二十七日的《國家評論》上引用了這段話。

18 RBC新聞，二〇〇五年一月十日至十一日，六一三〇條回覆。

這不是革命

我呼籲《衛報》「自由評論」網站上的讀者和發帖者對白俄羅斯發表看法，有一位網名「thedacs」的網友回應說：「不，仍然毫不在乎。」但是大量的其他回應表明，許多人確實關注在俄羅斯和歐盟之間那個深陷困境的嚴寒地帶發生的事情。他們的看法有太大的不同，但所有人對於如何處理這種情況都不甚了了。

顯然我們必須從在白俄羅斯出現的實際情況入手。問題在於，對白俄羅斯發生的事情在其現實的定義甚至本質上出現了爭論。各方的發言人和媒體對現實的說法各執一詞，他們的目的是創造現實。

正如研究後蘇聯時代的專家安德魯·威爾遜（Andrew Wilson）在其優秀的作品《虛擬政治》（*Virtual Politics*）中所表明的那樣，白俄羅斯總統亞歷山大·盧卡申科（Alexander Lukashenko）是後蘇聯時代的新式政權通過威爾遜所謂的「偽民主」獲取權力的一個例子。至少與KGB（在白俄羅斯仍然這樣稱呼）等逮捕、恐嚇或者迫害反對派領導人的國家權力機構同等重要的，是所謂的「政治技師」和私人的俄羅斯管轄機構（Russosphere agencies），這些機構有的稱為Nikkolo-M，其中M代表馬基維利（Machiavellian），有的稱為Image-Kontakt。它們創造了殘忍而狡詐的選舉戰略，讓阿拉斯泰爾·坎貝爾（Alastair Campbell）看起來像是母親聯合會（Mothers' Union）中一名更有教養的成員。接著由前俄羅斯內政部長領導的前蘇聯選舉監督小組，宣布舉行的選舉「自由、公開和透明」。黑色是白色，或者用後蘇聯時代的話說黑灰色是淺灰色，就是不是橙色。

另一方面，獲得歐洲和美國顧問幫助的反對派領導人努力創造一個鼓舞人心的故事，講述一個國家正在崛起擺脫獨裁統治。在網路時代，你可以在網站上，比如九七憲章組織（Charter 97 group）的網站上跟讀這類故事，該網站的建立有意指向捷克斯洛伐克的七七憲章運動（Charter 77 movement）。在那個充滿舞弊選舉的星期日晚上，你每分鐘都可以在www.charter97.org上看到「成千上萬」的人不畏冰天雪地和警察而遊行示威的報導。到星期日早上四點五分，一支「一萬人的強大隊伍」變成「四萬人」（這一估計數字比所有外國記者的估計數字都要大得多）。那天早上晚些時候的頭條，呼籲人們在十月廣場聚集，宣稱：「如今，我們出生在一個不同的國家，一個更加勇敢和自由的國家。叫上你的親戚、朋友、同事和家人一起過來。我們是多數群體，我們應該能夠獲勝！」

但他們不是多數群體。大多數獨立的觀察機構一致認為，這些選舉毫無公平公正可言，在九二·六%的有效選票中，盧卡申科其實不可能獲得他所說的八二·六%的選票。大多數人還認為，雖然選票的實際情況無從知曉、富有爭議，但投給他的實際票數可能遠遠低於五十%。這並不只是來訪記者的粗略印象。比如，白俄羅斯作家斯韋特蘭娜·阿列克謝耶維奇（Svetlana Alexeyevich）（她聲稱盧卡申科是獨裁者，他的時代已經一去不復返）也表示：「這個社會的很多人都認同在該國正在發生的一切。這意味著他們可以在某個地方謀生，他們在高等教育機構中有一些名額，還有一些免費的教育和醫療保健。」顯然還有靠從俄羅斯進口廉價能源而繁榮的經濟。

儘管如此，如果反對派領導人同樣擁有相對獨立的大眾媒體（他們沒有），我們不知道大多數會是什麼樣子。因此，本著十九世紀美國總統安德魯．傑克遜的精神——「若有勇氣，即使是一個人，也可比得上千軍萬馬」，他們正在試圖通過街上的人群創造一種「人民力量」的多數群體。不過，在明斯克的街上持續遊行需要勇氣。

我寫這篇文章的時候，看起來他們似乎並沒有取得成功，不像他們烏克蘭、喬治亞和塞爾維亞的先行者們。遊行示威的人數似乎一天天減少而不是增加，而在烏克蘭的橙色革命中，卻是一天天增加的。據報導，有兩百名抗議人員在十月廣場上安營紮寨，儘管有警察威脅，反對派呼籲下星期日再次舉行大集會，但國際媒體的報導已經聲稱「這不是革命」。或許革命仍會爆發。或許盧卡申科認為白俄羅斯抵制了「顏色革命的病毒」得意得太早了，但他的聲明也是在創造現實。

讀到這裡，一些了解我以前作品的讀者可能懷疑，我受到令人不快的後現代相對論的影響。一點也沒有。盧卡申科和他的對手在道德上無法相提並論。但是我堅持認為，恰恰是我們這些最關注歐洲自由傳播的人必須最小心，不要將我們的願望和現實混淆起來。比如，當自由歐洲廣播電台和自由廣播電台的網站（www.rferl.org）不斷用「克服恐懼」作為大標題報導白俄羅斯時，我必須指出，它們忘了在後面加個問號。最重要的是，我們堅持，即便在這樣一個虛擬或者潛在現實的爭論中，無論事實多麼難找，都還有潛在的事實基礎，我們必須堅持這些事實。有太多的人，也只有這麼多人被關起來了。有太多的人，也只有這麼多人走上街頭。

這是我們的首要職責：實事求是。接著再解讀。三條衝突的主線在白俄羅斯這個支點上相遇了。有民主與獨裁之間的衝突線，後蘇聯時代的政治技師，比如 Nikkolo-M，已經將模糊這條線作為其任務；發達的西方自由帝國——歐盟和美國領導的北約——和衰落的俄羅斯帝國之間的衝突；當下有關更自由市場的優勢或者「新自由主義」經濟與更加中央集權的計畫經濟對立的爭論。限於篇幅，我將另選時間論述。除了事實和解讀，總是還有列寧同志的疑問：怎麼辦？

在此，我一刻也沒有混淆願望與現實，知道該做什麼。自從冷戰結束後，白俄羅斯東西邊的鄰國採用不同的方式——波蘭的方式和俄羅斯的方式——有許多原因，但最根本的原因之一是：波蘭人希望加入歐盟，歐盟明確表示，如果波蘭人能滿足民主、法治和市場經濟等方面的標準，就可以加入。目前，正是作為歐盟新成員的波蘭人、斯洛伐克人、捷克人、立陶宛人以及其他最近自我解放的歐洲人在說，我們必須在維持白俄羅斯等地的自由事業方面做更多努力。除了直接支持獨立媒體、民間團體和民主反對派，給該國的領導人施壓外，我們能做的最重要的事情是提供這個長遠的歐洲前景。

他們說得沒錯。這是我們能夠直接並合理改變的白俄羅斯現實困境。所以如果你關注白俄羅斯又是歐盟公民的話，就向你的政府發文吧，直到它注意為止。這包括你，「thedacs」。

二〇〇六年

1968和1989

在一九八九年天鵝絨革命期間，我在布拉格的一家商店櫥窗上發現了一張臨時廣告。該廣告顯示，「68」旋轉一百八十度就變成了「89」，有箭頭指示旋轉。一九六八年和一九八九年：雙革命記。或者至少說，兩波當時許多人所稱的革命。一九六八年的革命今年是四十周年，一九八九年的革命明年是二十周年。這兩個，哪個將最值得紀念呢？又是哪個帶來的實際變化更多呢？

從紀念的意義上來說，一九六八年將很難被打敗。在回憶一九六八年上所費的筆墨已經超過一七八九年後巴黎斷頭台上所流的鮮血。據報導，單單在法國，有關一九六八年五月革命的著作就出版了上百種。德國也有大批的學者，華沙和布拉格重溫了各自喜憂參半的模糊春天，連英國的《展望》（*Prospect*）雜誌也用了一期加以回顧。

出現這種出版潮的原因不難發現。六八一代是全歐洲獨特又明顯的一代人，或許是有人可能會稱之為三九一代以來最稜角分明的一代人，三九一代青少年時期的二戰經歷塑造了他們的人生。一九六八年時是學生的那一代，現在大約六十歲，在大多數歐洲國家都占據了文化生產的制高點。想想他們會放過談論自己青春的機會嗎？你肯定在開玩笑。我不重要嗎？

一九八九革命的階層是無與倫比的。這一神奇之年的主角更加多樣化：資深的異見分子、政府官員、教會領袖和中年的男女職工耐心地站在街上，終於喊出受夠了。學生在一些地方發揮了作用，二十年過去了，現在其中一些人已經成為國家公共生活中的傑出人物。但是一九八九年革命中的領導人基本上更老一些，許多人其實是六八一代。連蘇聯米哈伊爾．戈巴契夫身邊的「撤退英雄」也受到一九六八年記憶的影響。

通常，我們記憶最深的是那些我們年輕時經歷的事情。你二十歲時見到的曙光可能並不是真正的曙光，你在五十歲時見到的曙光可能永遠改變世界。但是記憶這狡詐的東西總是喜歡先入為主。此外，一九六八年，在歐洲東西部，巴黎和布拉格都爆發了革命，而一九八九年，其實只在東部爆發革命。

從政治上來說，一九八九年帶來的變革要多得多。一九六八年的華沙和布拉格之春以失敗告終，巴黎、羅馬和柏林之春以部分重建或者只是以逐漸變革告終。或許一九六八年五月在巴黎街上最大規模的遊行示威是政治權利的表現，接著法國選民重新掌權了十年。在西德，一九六八年的一些精神更加成功地傳到了威利．布蘭特（Willy Brandt）的改良主義社會民主中。在西方各地，資本主義倖存下來，進行自我改革並實現繁榮。相比之下，一九八九年的事件結束歐洲的共產主義、蘇聯帝國、德國的分裂以及曾影響世界政治達半個世紀的意識形態和地緣政治鬥爭——冷戰。在地緣政治的成果方面，一九八九年所取得的成果與一九四五年或者一九一四年一樣大。相比之下，一九六八年的地緣政治顯得微不足道。

如今重溫起來，一九六八年許多馬克思主義者、托洛斯基分子、毛主義者或者無政府解放論者的言論確實顯得可笑、幼稚並且在道德上不負責任。這用喬治．歐威爾的話來說是玩火的人甚至不知道火是燙的。通過開啟「文化大革命的過渡期」——毛主席的「文化大革命」因此成為了歐洲效仿的模式，還將越共形容成對抗美帝國主義的「革命解放力量」，魯迪．杜奇克（Rudi Dutschke）在西柏林告訴越南國會，這些解放的真相是通過「學生生產者生產的特殊關係」發現的。這是胡說八道。在倫敦政治經濟學院，他們反覆說：「我們想要什麼？什麼都要。我們什麼時候要？現在。」真是披著紅旗的水仙。

六八一代在一些其父輩一代（三九一代）走過的道路上艱難前行，他們曾經一直與法西斯主義和史達林主義的恐怖者同流合汙，在這周年之際，他們可能只希望對自己與他們知之甚少的遙遠國度的恐怖者掉以輕心地同流合汙做一點反省。但是許多六八一代的主要代表還是從這些錯誤和輕浮的行為中吸取了教訓。在接下來的數十年中，他們參與了爭取自由、社會民主或者綠色「新進化論」（借用波蘭六八一代亞當．米奇尼克〔Adam Michnik〕的詞組）等更加嚴肅的政治活動，包括推翻一系列從葡萄牙到波蘭的歐洲專制政權，以及在他們了解較多的遙遠國度促進人權和民主。

因此，只是將一九六八年形容成嚴肅不足、轉瞬即逝、無關緊要，而將一九八九年形容成嚴肅認真和至關重要，這樣的比對過於簡單了。典型的六八一代丹尼爾．科恩—本迪特（Daniel Cohn-Bendit）指出了必不可少的一點：「我們在文化和社會方面取得了勝利，但不幸的是，我們在政治方面輸了。」一九八九年，在沒有出現暴力的情況下，出人意料地實現了國內和國際政治和經濟結構的轉型。在文化和社會方面，一九八九年更具復原的特徵，或者至少說是重建或效仿現存的西方消費社會。一九六八年沒有實現無與倫比的政治和經濟結構轉型，但確實促進了中西歐文化和社會的深遠變革。（這裡的「一九六八」其實代表一種更加廣泛的現象，「六〇後」，推廣口服避孕藥比任何遊行示威或者路障都更為重要。）

這樣大規模的變革從來都不會只有積極的一面，如今我們可以看到一些消極影響了，但總體而言，這讓人類解放向前推進了一步。在我們所處的大多數社會中，大多數時候，對於如今的婦女、許多來自少數民族和之前受到令人窒息的等級制度限制的社會階層的人們來說，他們的生活機會要比一九六八年前多得多。連一九六八年的批評者，比如尼古拉·沙柯吉（Nicolas Sarkozy），也是那場變革的受益者。（在一九六八年前他想像的保守環境中，移民的兒子同時又離異的人能成為總統嗎？）

儘管兩場運動截然不同，但正是烏托邦的六八革命和反烏托邦的八九革命的共同作用給歐洲大部分國家和世界的許多國家帶來了社會和文化自由、政治社會民主、全球化的改革資本主義。然而，在六八革命周年紀念之際，我們正在發現這個改良資本主義的發動機房裡的問題。如果正好在明年八九革命周年紀念之際，問題進一步惡化，將會怎麼樣？現在看來，可能會出現一場革命。

二〇〇八年

第二章

歐洲和其他令人頭痛的問題

機器中的鬼魂

萬聖節那天，波蘭人會紀念逝去的人。這是一片令人吃驚的景象。正午的時候，波茲南市中心非常冷清，就像聖誕節那天午餐時間的一個英國小鎮。但在波茲南市郊區秋季樹林中的主要公墓裡，有許多人沿著小徑緩慢移動，家家戶戶都帶著鮮花和裝在防風罐裡的特殊蠟燭，將它們放到他們所愛之人墓前。到吃午飯的時候，幾乎每個墓前的石板上都有鮮花和燃燒著的蠟燭，視野所及之處可以看到一個一閃一閃的花園。

這種流行的節日紀念，我在波蘭親眼看到過好幾次，每次都令人難忘。傍晚的時候，由於霜的出現，一萬支蠟燭在墓碑和樹木的黑色影子中變成了火焰島。在遠處的某個地方，一個唱詩班唱起古老的愛國聖歌。你幾乎可以看到親愛的逝去之人的幽靈。此時此刻，如果你的脊梁骨沒有顫抖，那就是你的脊梁骨有問題。

這就是一個歐洲國家的寫照：一種稱之為記憶的黏合劑將一群想像出來的死者、活著的人以及尚未出生的人連在一起。這就是讓波蘭人挺過近兩個世紀的分離和外國占領的力量。根據一九九五年所做的一項民調，在萬聖節那天，九十八%的波蘭人會去掃墓。由於波蘭成了一個更加「正常」、現代和西方式的消費國家，或許如今這一比例稍微小一些了。

年輕的波茲南人不去掃墓，反而可能待在家裡看ＤＶＤ，或者到當地的樂購（Tesco）購物（樂購在波茲南的業績相當不錯）。

從一定程度上來說，這是一種健康的正常化，但這只是在一定程度上。因為如果你不知道你來自哪裡，你就不會知道自己是誰。任何人如果看到過某個年老的親戚逐漸失去記憶，就會明白沒有記憶的人就是一個孩子。沒有記憶的國家不是一個國家。歐洲如果沒有記憶，將不會長存。

其實，這是歐洲當前最根本的問題之一，不那麼起眼，但與我們的經濟問題或者我們的福利國家危機一樣影響深遠。歐洲六十年前的樣子仍然是繼續建設歐盟最強有力的理由之一，或許是所有理由中最強有力的。但是如果沒有人記得歐洲六十年前是什麼樣子，這個理由就沒有說服力。

以我過去幾年從柏林到波茲南遊歷的歐洲範圍為例。透過火車車窗向外看，你可以看到木穀倉、牢固的磚塊砌成的農舍，以及可愛的松樹叢、歐洲山毛櫸叢和白樺樹叢。在陽光明媚的秋日，這看起來像一個田園。但是如果你知道一些歷史，那你就會知道這些樹的根扎在屍體演變而來的豐富堆肥中。有波蘭人的屍體，他們在抵抗德國占領中陣亡。有猶太人的屍體，他們因為試圖逃脫納粹將他們轉移到死亡集中營而死。有德國人的屍體，他們在紅軍的進攻下向西逃亡時身亡。至少還有成千上萬俄羅斯年輕士兵的屍體，他們在進攻柏林的過程中被殺。這些你看到的房子幾乎都曾被強制從一個房主轉到另一個房主。沿途還有柏林圍牆（其界線現在已難以追尋）、鐵幕、斯塔西和戒嚴令。

太多的記憶也會帶來問題。這發生在單獨的男男女女身上，我稱之為創傷後壓力。過去纏繞著你。但是與歐洲其他國家一樣，在波蘭和德國，大趨勢是遺忘。人們只考慮當前的不滿。一些德國人指責波蘭人搶走他們的工作。一些波蘭人感覺受到了德國公司的剝削。由於高失業率、犯罪和社會不安全，德國人和波蘭人一致指責其政客。他們缺乏只有歷史能帶來的視角。

所以，除了歷史教訓，我們需要紀念物。在柏林，我和妻子在大屠殺紀念物的深灰色混凝土板或者石碑中漫步，這些紀念物占據勃蘭登堡門南邊的整個街區。當你沿著鵝卵石鋪成的狹窄走道在這些黑色、高大的石塊中間走動時，會有一種令人不安的威脅感，但接著你會因咯咯傻笑的孩子在這迷宮中玩捉迷藏的遊戲而感到振奮。你的思緒會由死者轉向活人，接著又會回到死者身上。

然而，這種公共、國家支持的紀念物也會帶來危險。如今，德國和波蘭之間為數不多的主要爭議來源之一是建立紀念驅除事件的博物館的計畫，該計畫的靈感來自二戰結束的時候，德國的組織被驅除出如今屬波蘭的領土。在各種情況下，問題變成了：為什麼國家要紀念這次悲劇而不紀念那次悲劇？以受害者自居的其他民族、宗教組織或者不同性取向的人也要求認可他們的「浩劫」。

在英國，快到十一月十一日榮軍紀念日（Remembrance Day）的時候，許多人都會佩戴罌粟花。主要的紀念儀式是在白廳的陣亡士兵紀念碑前放花圈，傳統的理解是，這紀念所有為了維護我們的自由而犧牲的士兵、水手和飛行員。最近，為紀念戰爭中受害的動物，在公園街（Park Lane）上立起了一塊巨大的紀念碑。還是在最近，紀念二戰中身亡的婦女的紀念碑出現在了白廳，就立在陣亡士兵紀念碑前面。在我看來，紀念的順序似乎頗具英國特色：首先是戰士，接著是動物，再接著是婦女。

通常效果最好的是小紀念物，與特定的當地社區甚至只與一座房子有關。在柏林東部曾經是猶太人住地的一個小廣場上，有一個紀念受到驅除的猶太人的紀念物，不過由一張簡單的飯桌和兩把椅子的青銅雕塑組成，其中一把椅子倒在地上。在漢堡，人行道的鵝卵石上刻著曾在某個特定的房子中住過的猶太人的名字和日期。

如今，只要稍微挖掘一下，你就可以用自己的方式紀念。我在波茲南拉姆斯基酒店（Hotel Rzymski）——即羅馬飯店（Rome Hotel）中寫這篇文章。該酒店的外觀、大廳和樓梯展現了毫無生氣的新古典主義，它可以代表二十世紀三〇年代的波蘭、二十世紀四〇年代初的納粹或者二十世紀四〇年代末的史達林主義。在第一層的樓梯平台上，我發現了建築師法蘭茲·博默（Franz Böhmer）關於波森（Posen，波茲南的德文名稱）「羅馬飯店」的一些結構計畫。上面的日期是一九四一年。該酒店中有後現代風格的縮短的羅馬圓柱，我坐在該酒店翻修過的咖啡館中，通過無線網路用我的手提電腦谷歌一下法蘭茲·博默。原來他是希特勒的建築師之一，還奉命將這條街上的一座皇宮改造成元首的指揮部，以監視其東部領土。我的手提電腦顫了一下。這機器中有鬼魂。

二〇〇五年

英國屬歐洲嗎？

最近幾年，我們關於英國的身分和歐洲進行了廣泛又無規則的德國式辯論。什麼是英國？什麼時候是英國？英國仍然存在嗎？英國會倖存下來嗎？安德魯·馬爾（Andrew Marr）已經宣布英國「不復存在」，而彼得·希欽斯（Peter Hitchens）則「廢除」了英國。數十年來，人們一直把英國當作一個典型的民族國家。現在諾曼·戴維斯（Norman Davies）告訴我們，英國從來都不是一個民族國家。安東尼·巴奈特（Anthony Barnett）表示，儘管英格蘭是一個民族，但英國從來不是一個民族。但是羅傑·斯克魯頓（Roger Scruton）在其關於英格蘭的傑出著作中告訴我們，英格蘭——他認為也不復存在了——也不是一個民族，只是一個國家、一片土地、一個家園。有人開始渴望像德國那樣就身分進行簡單明瞭的辯論，以民族（Staatsvolk）和文化民族（Kulturvolk）等的基本區別為基礎。

更加顯而易見的是，如果考慮到如今有時古怪地稱之為「自治領土」（the devolved territories）的蘇格蘭、威爾斯和北愛爾蘭，「英國屬歐洲嗎？」這一問題的答案可能會截然不同。實際上，安東尼·巴奈特在他的書《當今時代》（*This Time*）中稱，英國人反對歐洲其實是英格蘭人反對歐洲。

對於一些人來說，我們更加歐洲化，才可以拯救英國；對於其他一些人來說，我們去歐洲化，才能拯救英格蘭。不過，對於兩者而言，這個問題都至關重要。雨果．揚（Hugo Young）在《這一片幸福的國土》（*This Blessed Plot*）中表示，過去五十年根本的問題在於「英國……是否能夠真正接受其現代命運而成為一個歐洲國家？」但是，這是什麼意思呢？如果「英國」這個名詞難以理解，那麼「歐洲的」這個形容詞更是如此。這在所有歐洲語言中都是如此，在英語中尤其如此。

我們可以輕而易舉地指出歐洲的六種可能含義。有兩種含義已經鮮為人知，但對後世有巨大的影響：成為歐洲人意味著成為基督徒，成為歐洲人還意味著成為白人。接下來是三種互相交叉的含義，人們更加熟悉。第一種是地理學上的含義：歐洲是第二小的大陸，是歐亞大陸向西擴展的產物。我們是歐亞大陸的一部分嗎？地理學家的回答是肯定的。許多英國人對此持懷疑態度，這三種互相交叉的含義中的第二種，正如《柯林斯英語詞典》告訴我們的那樣，是「除大不列顛群島之外的歐洲大陸」。（有人納悶那把愛爾蘭放哪兒了？）這是一種常用用法。我們說「傑姆去歐洲了」或者「弗雷德從歐洲回來了」。歐洲是其他地方。第三種含義是，歐洲指歐盟。

在當代英國，人們在使用的過程中常常不會在意這三種含義，但第三種含義在政治辯論中占主導地位。從這個意義上來說，「英國屬歐洲嗎？」這一問題歸根結柢就變成了：英國完全加入歐盟了嗎？英國會支持歐洲大陸人稱為歐洲項目之類的東西嗎？

然而，最後，關於歐洲還有第六種含義，這種含義更加崇高，更加神祕。這第六種含義是在《國際先驅論壇報》最近的一個標題中體現出來的：「小組建議歐盟結束對『歐洲』

奧地利的制裁。」三名「智者」組成的小組經過長時間的商討剛剛得出結論，奧地利屬歐洲。不過，這聲明聽起來挺可笑的。他們認為奧地利還能屬哪個洲？非洲？但我們知道他們的意思。他們有一套所謂「歐洲標準」或者「歐洲價值觀」的東西，他們用這些東西來衡量奧地利。換言之，衡量的依據不是描述性的，而是標準、規範和理想化的歐洲，或者就是岡札格．雷諾（Gonzague de Reynold）所謂的符合歐洲標準的歐洲（l'Europe européenne）。在符合歐洲標準的歐洲中，阿道夫．希特勒（Adolf Hitler）和約爾格．海德爾（Jörg Haider）不是歐洲人，或者至少說是非歐洲人。這如同一個非歐洲活動的內務委員會。

從這個意義上來說，英國屬歐洲嗎？你可以記下歐洲價值觀的清單，然後在每一條上打勾、打叉或者打問號。但是如果我們認為用這種理想的方式來問這個問題至關重要的話，那也只不過是有那麼一點意義而已。

一

在將這些有關歐洲的相互矛盾的含義銘記於心的同時，我希望以一種更加通俗、經驗主義——我能斗膽說英國式或者英格蘭式嗎？——的方式來問這個問題。在哪些方面，英國與歐洲大陸國家之間的差異要大於歐洲大陸國家自身之間的差異？在哪些方面，英國與其他國家——美國、加拿大或者澳大利亞——的相似度要高於其與那些歐洲國家的相似度？

第一個問題的答案通常是「歷史」。我們的歷史長期以來一直是以英國——或者說英格蘭？——例外主義的故事加以講述的。這是一個分離的故事，從近海岸的島嶼從大陸分離開始，但是接著百年戰爭結束後出現了政治分離。這是一個溫暖人心的故事，組織機構、普通法、議會和獨特的主權觀念緩慢又穩步的自然發展，授予了議會權力。休・蓋茨克爾（Hugh Gaitskell）認為，如果英國和法國、德國一樣加入歐洲大陸的共同體，這「一千年的歷史」會受到威脅。屈維廉（G. M. Trevelyan）、阿瑟・布萊恩（Arthur Bryant）、溫斯頓・邱吉爾（Winston Churchill）和費希爾（H. A. L. Fisher）在優美的散文中講述了這個故事。最初的歷史觀可以追溯至維多利亞時代晚期的英國，但是在我們這個時代仍然具有重大的影響。

比如，在一九九七年一月，一個對歐洲持懷疑態度的讀者在致《每日郵報》的信中寫道：「我們似乎離喪失主權、喪失獨立、喪失不止一千年乃至從第一次有人爭取保護該國不受侵略算起的歷史，只有一線之差。」或者聽聽亞裔英國人湯姆・帕特爾（Tom Patel）怎麼說吧，他是一名同性戀，剛剛和愛人約翰・史密斯從科孚島度假回來，他對亞斯明・阿里巴海－布朗（Yasmin Alibhai-Brown）說：「你懂的，我們英國人太不容易了。他們與我們不一樣。我和約翰悄悄擁吻的時候，與我們在英格蘭擁吻的感覺完全不一樣，我們周圍的空氣中瀰漫著那種敗壞道德的氣息。我們是一個島嶼上的民族，我們與這些農民不一樣。」

所以說，英國或者英格蘭例外主義的信念深入人心。現在歷史學家的問題肯定是：英國例外主義有多例外？實際上，如果你關注其他歐洲國家的歷史編纂學，你會發現例外主義是正常現象。每個國家的歷史編纂學關注的都是該國獨特的東西。大多數歐洲國家的例外主義與一些理想化的「西方」或者「歐洲」常態進行比較，在這方面，經常提到的例子是法國和英國。每個東歐國家的歷史編纂學也都有這些要素。

這也取決於你拿哪個歐洲與我們進行比較。如果你就是拿英國與歐洲經濟共同體（EEC）的最初六個成員國（繼承了羅馬和神聖羅馬帝國——即加洛林王朝——大批共同遺產的國家）進行比較，那麼英國的確顯得例外。但是如果你拿英國與目前歐盟的其他十四個成員國或者即將成為成員國的二十個國家又或者在今後十到十五年內可能成為成員國的三十個國家進行比較，那麼英國一點也不顯得例外，因為這些國家的歷史本身就有巨大的差異。

此外，在過去二十年間，休．科爾尼（Hugh Kearney）、傑若米．布萊克（Jeremy Black）、琳達．科利（Linda Colley）和諾曼．戴維斯等歷史學家對於英國或英格蘭例外主義的重大論述作了大量的解構。大多數這類解構都不是在過去中尋找新東西，而只是促進關注點的雙重轉變。首先，它使關注點轉向了大不列顛群島的整個歷史。其次，它在更大的歐洲框架中審視我們的國家歷史。傑若米．布萊克的工作特別有助於系統地比較歐洲大陸各國的經歷。比如，他提醒我們一些歐洲的民族也信奉新教（Protestantism）——實際上是其中的一兩個民族開創了它。

最重要的是，這種解構向我們表明，重大論述所提出的連續性要少得多，如果你關注威爾斯、蘇格蘭或愛爾蘭歷史的話尤其如此。在《群島》（*The Isles*）中，諾曼．戴維斯列出了十六個在這些島嶼的歷史上出現過的不同國家，其中十個國家是在過去五百年出現的。傑若米．布萊克表示，英國「具有出現連續性的天賦」。費迪南．曼特（Ferdinand Mount）在其有關英國憲法的著作中稱此為「連續性神話」。我們發明了《傳統的發明》（*The Invention of Tradition*）——不僅僅是這本書，還有傳統。彼得．史考特（Peter Scott）說，「英國是一個新發明的國家，歷史沒有比美國長那麼多」，一語中的。

儘管有這種比較性的解構，但毫無疑問的是，一九三九年的英國仍然是一個特別的地方。喬治·歐威爾在《向加泰羅尼亞致敬》（*Homage to Catalonia*）一書的最後一頁引發了這種例外主義，令人難忘。當時他從西班牙內戰回來，乘坐火車穿越英格蘭南部去倫敦，書中寫道：

> 髒兮兮河流上的駁船、熟悉的街道、發布板球比賽和皇家婚禮消息的海報、戴著圓頂禮帽的男子、特拉法加廣場上的鴿子、紅色的公車和穿著藍色衣服的警察——這一切都在深深沉睡的英格蘭（當然，他特意指出了英格蘭）長眠，我有時擔心，我們將永遠沉睡，直到炸彈的巨響將我們喚醒。

現在有人告訴我們一個新故事，這是與解構或者重構我們國家歷史相伴而生的。正是在英國被炸彈的巨響喚醒以來的過去六十年中，英國變得更加歐洲化，變得不那麼與世隔絕、不那麼跨大西洋和後帝國主義。然而，在我看來，這個故事似乎只有一半是真實的。沒錯，英國變得不那麼與世隔絕和自成一體了。但是我們身分中的跨大西洋或者後帝國主義成分，特別在與邱吉爾所謂的說英語民族的關係中，真的減弱了嗎？

我們見證了英國擺脫與世隔絕。但是代替它的是歐洲化、美國化還是只是全球化尚不清楚。如果我們從非常高層面的主權、法律和政府來看，顯然英國變得更加歐洲化。從《羅馬條約》到《阿姆斯特丹條約》再到現在的《尼斯條約》，英國主權一直被共享和限制。我們英格蘭的普通法與蘇格蘭法律一樣常常要服從歐洲的法律。我們甚至還有歐洲大陸那奇怪的成文法，將《歐洲人權公約》（*European Convention on Human Rights*）寫入英國的法律。在政府的實踐方面，與歐盟夥伴的親密合作是無與倫比的。另一方面，如果關注政策的內容並詢問過去二十年間英國政策最追求的對象是哪個國家，答案肯定是美國。這是柴契爾政府和布萊爾政府的共同之處：對美國政策和美國解決之道著迷。

沒錯，在國防政策方面，自從一五五八年在加來戰敗後，時隔將近四百年，我們再次做出了歷史學家麥可．霍華（Michael Howard）所謂的「大陸承諾」。英國軍隊永久駐紮在歐洲大陸上。但以什麼名義呢？以北約的名義：跨大西洋組織。哪怕計畫好的歐洲快速反應部隊會改變這種情況，也只能緩慢改變。沒錯，在外交政策方面，我們與歐洲夥伴有非常密切的合作。但看看巴爾幹半島：過去十年，歐洲外交政策面對的最大挑戰。關鍵政策是在哪裡做出的？不是在歐盟，而是在由四個主要歐盟大國加上俄羅斯和美國組成的聯絡小組，後來是所謂的「五胞胎」（Quint），還是那個聯絡小組，只是少了俄羅斯。誰是關鍵夥伴，第一個電話通常打給誰？美國。

我們的資本主義怎麼樣？在《資本主義對抗資本主義》一書中，米歇爾．亞伯特（Michel Albert）將我們歸為盎格魯－美利堅模式的一部分，與萊茵河－阿爾卑斯模式相反。威爾．赫頓（Will Hutton）在其《我們所在的國家》（*The State We're In*）中將我們界定在兩者之間。我們的經濟和美國經濟一樣，優勢都在於金融服務或者媒體領域。我們沒有那麼多法國和德國那種小農民和大生產商的特色，在結構上從歐盟中受益。沒錯，我們的大部分貿易都是與歐盟做的，但是我們最大一部分投資的目的地和來源國都是美國。

社會呢？哈爾西（A. H. Halsey）在二〇〇〇年的《社會趨勢》（*Social Trends*）概要中

寫了一篇序言，他在序言中引用了另一段喬治．歐威爾對英國獨特性的著名描述，這次是引自《獅子與獨角獸》（*The Lion and the Unicorn*）：「大鎮上的人們臉上有點疙瘩，牙齒差但彬彬有禮，與歐洲的人們不一樣。」哈爾西說，如今不同了。他根據社會現實的各類資料總結出，「英國的生活已經與歐洲和北美其他發達工業化國家的生活融合在一起」。實際上，在社會現實的測試中，倫敦與多倫多的相似程度肯定要高於倫敦與基輔的相似程度。因此英國所屬的歐洲「類型」並不是這類歐洲國家，而是常常所說的「西方」。

另外，許多「親歐人士」喜歡援引生活方式來證明英國的歐洲化：「看看我們喝的基安蒂葡萄酒（Chianti）和卡布其諾咖啡，在西班牙或者義大利度過的假期，在法國擁有的房子。」現在「我們常常掛在嘴邊、家喻戶曉」的名字不再是英王亨利（Harry the King）、培福（Bedford）和埃克塞特（Exeter），而是阿爾塞納．溫格（Arsène Wenger）、熱爾博（P. Y. Gerbeau）和斯文—戈蘭．埃里克森（Sven-Göran Eriksson）（英格蘭足球隊的新主帥）。[1]但是每個這樣的歐洲化例子都至少有一個相對應的美國化例子。有一個卡布其諾咖啡吧就至少有一家麥當勞或者星巴克。美國電影、美劇和美語是我們流行文化的主要甚至是主導部分。

你可能會說，在二十一世紀初，這只是歐洲化的一部分。這種美國化也是一種所謂的

1 英王亨利、培福、埃克塞特是莎士比亞戲劇《亨利五世》中的人物；溫格是英超阿森納隊的主教練；熱爾博是法國冰球運動員，曾入選法國國家隊，退役後在英國從事商業活動；埃里克森，瑞典人，曾任英國國家足球隊主教練。——編注

歐洲現象。從許多方面來說，確實如此。但是在英國特別嚴重，我們美國化的方式與歐洲大陸不一樣。這也不單單是我們與美國的關係所致。在一九九〇年的一次哈里斯民調中，英國人被問到他們喜歡到哪個其他國家住。五十%以上的人提到了澳大利亞、加拿大、美國或者紐西蘭。法國、德國和西班牙分別只獲得三%。這絕對是某種態度的證明，多了一個小小的語義指示。談到美國的時候，許多英國人會用一個詞組：「池塘的那一邊。」——「池塘的那一邊」——似乎大西洋就像一個放鴨子的池塘，美國就在鄉村草坪的另一邊。從某種語義上來說，英吉利海峽比大西洋還寬。

雨果．揚堅持認為這都太過時：依然與邱吉爾所謂的「說英語的民族」相提並論的身分正在變淡，畢竟在美國，西班牙裔的人越來越多，盎格魯血統不再那麼純正。他寫道：「盎格魯—美利堅主義必須在這個歐洲國家停止阻礙歐洲意識的興起。」在我看來，這種說法站不住腳、不現實，可能也不可取。我贊同羅伯特．坎昆斯特（Robert Conquest）的看法，他寫道：「在西方，幾個世紀以來，在無政府狀態和專制統治之間開闢並保持中間道路的還是說英語的國家。」這話聽起來有點沾沾自喜，但是在我看來，作為一種歷史概述似乎相當真實。這是我們的身分重要而積極的一部分。

二

那麼，在「英國是全身心地致力於歐盟和一些歐洲項目的嗎？」這一最熟悉——也是最膚淺——的意義上，我們回到「英國屬歐洲嗎？」這個問題吧。不過，又要問我們所指的由英國決定是什麼意思？如果我們指的是當前選舉產生的政府，那麼答案顯然是響亮的「是」。如果我們指的是民意，那答案是響亮的「不是」。

二〇〇〇年十月，「歐洲晴雨表」（Eurobarometer）針對與歐盟的同一性提了一些常規問題。英國位於圖表的底部。歐盟成員國的身分對您的國家有利嗎？只有二十五%的英國人說「有利」。歐盟成員國的身分對您的國家帶來過好處嗎？二十五%。信任歐洲委員會嗎？二十四%。支持歐元嗎？二十二%。只有在支持共同的安全政策和擴張方面，英國不是墊底。

根據自己的看法，你可以對這種情況描述一番——令人沮喪或者鼓舞人心。首先，這些英國的答案特別多變。以第一個問題作為歐盟成員國是否是一件好事為例，相關數據如下：一九七三年，三十一%；一九七五年，五十%；一九八一年，二十一%；一九九一年，五十七%；一九九七年，三十六%。可謂大起大伏。羅伯特．伍塞斯特（Robert Worcester）堅持認為，英國對歐盟的看法堅定不移但並非根深柢固。伍塞斯特區分了「輿論」、「態度」和「價值觀」。他稱，這些只是輿論而已，並受到最近媒體普遍對歐盟負面報導的影響。態度是指更加固定的看法，伍塞斯特尤其在「中產階級、偏老的人」當中找到了態度。然而，我一點點收集來的證據和每天與所謂的「普通人」交談的經歷表明如下事實：還存在更深的態度，絕不僅僅限於仍然主導政治和媒體辯論的中產階級、偏老的人當中。所以，再援引一項民意調查，一九九五年英國廣播公司莫利民意調查問道：「您覺得歐洲怎麼樣？」只有八%的受訪者說「非常好」，十五%的受訪者說「一般」，但是四十九%的受訪者說「很差」。

人們常說，將歐洲說成其他地方是英國的專利。其實不然。在歐洲，有幾個國家的人們也將歐洲說成其他地方，至少有一段時間是如此。西班牙人、葡萄牙人、波蘭人、希臘人和匈牙利人都是這麼說的。區別在於，對於他們來說，歐洲可能是其他地方，但他們想成為那樣的地方。我認為，歐洲只有兩個國家不僅把歐洲說成其他地方，而且還不確定它們是否想成為那裡的一部分。它們是英國和俄羅斯。

一九七一年十月，愛德華・希思（Edward Heath）在下議院說過一句著名的話：「我們正走向一個節點，如果本院今天做出決定的話，我們的共同體就將等同於他們的共同體。」三十年過去了，我們沒有向那個節點靠近一點。

當然，我們都知道我們的精英分子在這個問題上分歧很大。但是連最支持一體化的英國「歐洲人」也不像歐洲大陸精英分子那樣，把歐洲說成理所當然的問題。我們不像從事於公共事業的歐洲人那樣單純地談論歐洲。這在一定程度上是因為我們感受到虛偽。我們懷疑歐洲思想的國家工具化。記住哈羅德・麥克米倫（Harold Macmillan）對戴高樂（de Gaulle）的評價：「他說的是歐洲，其實指的是法國。」自麥克米倫以來，可能每位英國首相都很想在私下裡對當任法國總統做出這樣的評價（希思對龐畢度的評價可能是個例外）。這部分是事實，而且不僅僅只有法國如此。我寫了整整一本書（《以歐洲的名義》）來描述德國如何以歐洲的名義來追求其國家利益。但這只是部分事實。對於一個更大的歐洲共同工程還有一種真正的情感認同，在德國基本上是如此。政治中的情感總是位於靠近真實與虛假之間、真誠與虛偽之間邊緣的某個地方，但這裡有一份真實的情感。

這與我的第六種、也是最後一種歐洲含義有關：符合歐洲標準的含義。歐洲是一個理想，是一個神話，政治身分就是由這些東西造就的。似乎在我看來，甚至在英國「歐洲人」當中幾乎完全缺失的正是這第六種含義。近幾年，我只看到過一點點苗頭。就是當初「八八憲章組織」（Charter 88）和中左翼的其他人在「歐洲化」英國方面主張憲法改革。這個語境中的「歐洲」意味著更加民主、更加現代、公正、開明，這是最佳現代歐洲慣例的精華。但是接著喬納森・弗里蘭德（Jonathan Freedland）站出來表示，不，我們真正需要的是美國化的英國；我們需要，正如他的著作所宣示的那樣，《給祖國帶來革命》（*Bring Home the Revolution*）。這是指美國革命。由於這是英國，理想化的美國勝過理想化的歐洲。

我的結論？沒有結論，這是因為身分研究的本質很少會有明確的發現，也因為英國身分的特質。或許「沒有結論」的聲明本身就是一個結論，甚至還是一個重要又積極的結論。

毫無疑問，歐洲身分可以成為英國的一種身分。如果我們想選擇建立一種歐洲身分，說「我們」而不是「他們」的話，這裡有大量的材料。但英國不能接受這個身分。我們不能做出雨果・揚似乎希望做出的聲明：「英國是一個歐洲國家，句號。」我們也不能說我們採用的是美國化的方式，就加句號。

其他身分也太強烈了——海島的身分沒有那麼強烈，但是西方和跨洋的身分以及不僅僅與美國還有所有說英語民族的身分一致性都太強烈。此外，還有所有內部身分，蘇格蘭、威爾斯、愛爾蘭和英格蘭。對於「英國屬歐洲嗎？」這一問題的答案必須是「屬，但不只屬歐洲」。英國的歐洲身分只能是部分身分，因為只要有英國存在，英國一直以來都是，也將繼續是一個擁有多重、重疊身分的國家。

然而，說「部分身分」並不意味著膚淺的身分，目前英國的歐洲身分就是膚淺的身分。畢竟，在我們的歷史中，我們擁有部分身分也可以很深刻的例子：英格蘭身分、蘇格蘭身分。如果英國要全身心有效地參與以歐盟為中心的歐洲項目，無論歐盟隨著擴張會變成什麼樣，這種身分必須變得更加深刻。對於共同的事業必須要有更多的情感認同，或許一點點理想主義，甚至我所說的第六種含義就行。

這不僅對我們在歐洲的地位至關重要，對項目本身也至關重要。英國人比其他任何人都更清楚，如果沒有情感認同的紐帶、沒有一些共同的神話、一些神祕感或者白芝浩（Bagehot）在描寫英國憲法時直接稱之為「魔法」的東西，人為創造的政治結構就無法倖存。當然，代指歐盟的歐洲目前就是一個人為創造的脆弱政治結構，英國曾經也是如此，可能現在又這樣了。

二〇〇一年

歐洲實力有道德基礎嗎？

我一開始到牛津大學學習歷史的時候，對德國抵抗希特勒特別感興趣。我曾站在柏林前德軍司令部的可怕庭院中，克勞斯·施陶芬貝格上校（Claus Count Stauffenberg）及其同黨就是在此被槍決的。我也曾親眼目睹了一九七四年七月二十日炸彈計畫的三十周年紀念活動。在牛津大學學完第三帝國的歷史後，我回到柏林開始著手我的畢業論文，研究納粹統治給柏林帶來的痛苦。讓一個人成為抵抗的戰士、另一個人成為助紂為虐者的東西是什麼？抵抗的戰士是指施陶芬貝格，助紂為虐者是指亞伯特·史佩爾（Albert Speer）。我對這個問題著迷不已。亞當·馮·特羅特（Adam von Trott）是這方面特別有趣的一個例子，因為他的抵抗之路既漫長又複雜。特羅特深愛自己的祖國，同時又痛恨統治祖國的獨裁者，愛恨交織，備受折磨。[1]

事與願違，我最終並沒有寫德國抵抗希特勒的故事。我發現，在柏林圍牆的另一邊，

1 本文由亞當·馮·特羅特紀念講座的內容整理而成，該講座由牛津大學貝利奧爾學院和曼斯菲爾德學院主辦，在曼斯菲爾德學院的小教堂內舉行，因此第一部分中提到了小教堂裡的彩色玻璃窗。

在共產主義的東德，人們同樣面對著抵抗還是配合的兩難困境，儘管形式要溫和一些。因此，我沒有寫一篇有關希特勒統治下的柏林的論文，而是寫了一部有關昂納克（Honecker）統治下的柏林的著作。我還研究了共產黨統治下的中歐的異見分子，陪伴他們在艱難的解放之路上前行。這些共產主義統治下的異見分子與德國的納粹主義抵抗者有兩點共同之處：一點是總糾纏於道德和政治之間的關係，另一點是總擔心戰後（對於反共產主義的異見分子來說，這是指冷戰後）可能出現的任何歐洲新秩序的道德基礎。

在實力和道德之間存在一種明顯的緊張關係。阿克頓勳爵（Lord Acton）建議我們多懷疑實力而不是相反。正是這個原因，歷史上的政治理論家針對該問題為我們提供了豐富的思想——從亞里斯多德堅持認為美德是良政之因亦為其果，到當代國際關係方面的學術研究著作，解決人道主義干預、人權、合法性和正當性等問題。（我希望，如果我基本上互換使用道德和倫理的術語，哲學家們能夠原諒我。）

我應該把這些學識和思想應用到我所謂的「歐洲實力」中。這也需要解釋一下。我這裡所說的「歐洲」主要「指歐盟或者與歐盟相關」。我很清楚，歐洲和歐盟有著巨大的差異，但在此我確實主要指歐盟，作為各國的獨特共同體，外交政策的獨特參與者。這個名詞「實力」一直被簡潔明瞭地定義為「達到任何預期效果的能力」，或者換句話說，你想讓他們做什麼，他們就得做什麼的能力。

「歐洲擁有什麼樣的實力？」這個問題引人入勝。美國新保守主義者給出的一種答案是「沒什麼」。羅伯特．卡根（Robert Kagan）將其有關美國人來自火星和歐洲人來自金星的著名文章題為《強權和弱勢》（*Power and Weakness*）。美國強大，歐洲弱小。如果你像許多新保守主義者一樣，對實力只有一維的定義，即簡化為軍事實力的單一維度，這種立場才站得住腳。即便在當時，歐洲也不乏潛在的軍事實力。畢竟，歐盟的成員國擁有一百多萬武裝人員。然而，歐盟缺少可以部署和運作的軍事實力，也缺乏動用軍事實力的意願。有人可能會補充說，對於許多歐洲人而言，不願動用軍事實力正是歐洲實力的道德基礎之一。可能是如此，但還必須考慮實力的另外兩個維度：經濟實力（在這方面，歐盟基本上與美國旗鼓相當）和約瑟夫．奈爾（Joseph Nye）所謂的「軟實力」（經濟、社會、文化甚至還可能是大學的吸引力）。

然而，歐洲實力還有第四個維度，這是歐盟特有的。我稱之為誘導力。這種誘導力首先可以按磁鐵的誘導力來理解：通過磁力影響附近物體行動的力量。歐盟很大程度上就具有這種力量。但這種磁力取決於另一種意義上的誘導力的大小：該過程結束的時候，我們的鄰國將被誘導加入歐盟，就像有人被誘導加入俱樂部或協會一樣。可以看到目前這種誘導力正在土耳其和烏克蘭發揮作用。在與鄰國的關係中，這種實力是美國所不具備的；這是歐洲的第四個維度。

除了美國或許還有聯合國外，與其他任何政治共同體的實力還有道德基礎的說法相比，歐洲實力還有道德基礎的說法更加廣泛。二十世紀二〇年代，阿里斯蒂德．白里安（Aristide Briand）在倡導歐洲一體化時，將其工程形容成「一個道德的歐洲聯盟」。這種說法以許多不同的方式發展，我準備對其中的十種說法審視一番。我的「十誡」並不是由戒律組成，而是由問題組成的。

一

第一種說法顯示在牛津大學曼斯菲爾德學院小教堂的彩色玻璃窗上。它們呈現了歷史人物，從奧利金（Origen）和奧古斯丁（Augustine）到阿奎那（Aquinas）、安瑟倫（Anselm）、威克里夫（Wycliffe）、路德（Luther）、加爾文（Calvin）、茨溫利（Zwingli）、格勞秀斯（Grotius）和威廉・佩恩（William Penn），一直到利文斯通博士（Dr. Livingstone）。唯一缺了尚・莫內（Jean Monnet）。簡而言之，這是一種有關歐盟精神和知識遺產的說法。我最近聽到歐盟委員會主席若澤・曼努埃爾・巴羅佐（José Manuel Barroso）引用了保羅・瓦萊里（Paul Valéry）對於歐洲實力基礎的著名描述：「耶路撒冷、雅典和羅馬。」然而，巴羅佐立即補充說：「我們不應該忘記阿拉伯－伊斯蘭的貢獻，以及斯拉夫和凱爾特的資源。」

更加頻繁的是會提到猶太基督教的傳統。一九四八年五月在海牙的歐洲大會上，泛歐洲運動的創始人理查德・尼古勞斯・馮・康德霍夫－卡利吉伯爵（Count Richard Nikolaus von Coudenhove-Kalergi）提供了另一種配對：「如果歐洲再次崛起，我們必須將其未來奠定在過去兩種最高貴的基礎之上：希臘的個人主義和基督教的社會主義。」但是他還引用了威廉・富布賴特（J. William Fulbright）參議員的一封信，盛讚歐洲工程是對抗蘇聯威脅的壁壘，以及該工程對「推進西方基督教文明」的貢獻。如今，我們很少能聽到這樣的話。

真相是，像以往一樣，基於該學院顯示歐洲身分的彩色玻璃的說法主要是關於基督教，明確地說是關於西方的基督教。從歷史上來看，這種說法沒有什麼依據。首次提到歐洲人是在記錄七三三年普瓦捷戰役[2]——這是一場對抗入侵的阿拉伯穆斯林人的戰役——的編年史中。教皇庇護二世繼承了基督教的觀念，他的筆推進了「歐洲」這個術語的廣泛使用。「歐洲」被有意定義為應對土耳其人入侵和伊斯蘭發展的辦法。庇護二世給君士坦丁堡的征服者、蘇丹穆罕默德二世寫了一封非凡的信。在信中，他首次引出了歐洲各國：「西班牙堅如磐石，法國驍勇善戰，德國人多勢眾，英國強大無比，波蘭勇猛過人，匈牙利積極進取，義大利資金雄厚、士氣高漲、久經沙場。」接著他對穆罕默德二世說，實際上，你不可能打敗我們，所以加入我們吧。「然而，能造就你，穆罕默德，成為你這個時代最偉大、最強大和最著名之人的是一樣小小的東西。你問是什麼。這東西並不難找。它在世界各地都能找到。一點點水，有了它，你就可能被洗禮，皈依基督教。」這是自知、自我定義的新歐洲發出的第一條信息。

十五世紀六〇年代至二十世紀六〇年代期間，這種西方基督教的觀念——天主教或者新教但不是東正教——都是歐洲工程某種論述和自我定義的核心，無論對於信奉基督教的民主人士還是社會主義者都是如此。然而，現今顯然並非如此。出現了一個嚴肅的問題：從什麼意義上來說，歐洲仍然是一個信奉基督教的大陸？在二〇〇〇年的《世界價值觀調查》中，當被問到「宗教是否對您非常重要」的問題時，五十七%的美國人說「是」。在英國，

2 通常認為是七三二年，但兩位法國學者認為實際上是在七三三年；詳見羅伊（J. H. Roy）和戴沃塞（J.Deviosse）的《普瓦捷戰役——七三三年十月》（*La Bataille de Poitiers-Octobre 733*），巴黎：伽利瑪出版社，一九六六。

這一數字為十三%；在法國為十一%，在德國為九%。現在歐洲或許是地球上最世俗的大陸。在我們的領導人當中，東尼．布萊爾在這方面是一個特例——我認為可以說，這是他要比別人跟喬治．布希相處得更好的原因之一。西班牙首相何塞．路易斯．薩帕特羅（José Luis Zapatero）或許更加典型。最近有人引用他的話：西班牙人想少看到一些宗教，多看到一些運動。

儘管約翰．保羅二世和保守天主教徒的波蘭人付出了最大的努力，但在提議的歐洲憲法條約前言中並沒有明確提到上帝或基督教。如果在歐洲，我們信奉宗教是按照遵守宗教儀式來理解，那如今我們最有可能是伊斯蘭教徒而不是基督徒。在柏林，目前宗教勢力大小的順序是：首先是新教，其次是伊斯蘭教，最後是天主教。歐盟境內可能有一千五百萬伊斯蘭教徒。由於移民和歐盟的不斷擴張，將波士尼亞、阿爾巴尼亞和土耳其等國納入其中，歐洲將變得更加伊斯蘭化。因此，歐洲將自我定義為積極地象徵著西方基督教的價值觀，在我看來站不住腳。

二

歐洲實力的道德基礎的第二種說法稱，該工程的關鍵歷史基礎無法在西方的基督教中找到，但可以在啟蒙運動中找到。如果你是一位富有思想的歷史學家，你可能馬上會問：哪次啟蒙運動？英國的啟蒙運動還是法國的啟蒙運動，德國的啟蒙運動還是波蘭的啟蒙運動？但是，與歐盟價值觀和教皇庇護二世的價值觀的匹配程度相比，這些啟蒙運動中任何一次運動的價值觀和歐盟如今聲稱的價值觀的匹配程度一定更高。然而，這正是我們與美國的共同之處。拉爾夫·達倫多夫（Ralf Dahrendorf）寫過一部有關美國的精采著作（是用德文寫的），名為《應用啟蒙運動》（*Applied Enlightenment*）。也可以用同樣的標題來形容歐盟。然而，從一方面來說，我們跟在美國的後面，從另一方面來說，我們又超越了美國。我們的「落後」體現在涇渭分明的政教分離上，它寫入美國的憲法裡，此後在美國得到踐行。英國還有一個國教。瑞典，先進、進步的瑞典在二〇〇〇年之前也有一個國教。在德國，你還要交所謂的「教會稅」，在你的年度稅收申報表中還有這個稅種。

另一方面，從伏爾泰「踩死敗類」（écraser l'infame）的精神上來說，我們超越了美國。伏爾泰會為自己在當今歐洲社會看到的許多東西感到高興，該東西是指盛行的世俗主義：世俗主義是一種積極、具有攻擊性的意識形態。世俗主義可以說是法國的國教。實際上，前幾天，有人引用一位法國外交官的話。該外交官在提到提議的歐洲憲法時說，「我們不喜歡上帝」。前西班牙外交部長安娜·帕拉西奧（Ana Palacio）補充說，「我們高舉的唯一旗幟是世俗主義」。

如果你看看九一一事件後的討論，你會發現歐洲的世俗主義甚至比美國還要多，歐洲的一些反應確實表明了與伊斯蘭恐怖主義有關的問題在於伊斯蘭本身，而不在於對伊斯蘭的曲解。言外之意顯而易見，伊斯蘭的問題並不在於它是一種不正常的宗教，或者甚至說是一種錯誤的宗教，而僅僅在於它是一種宗教。

這種富有攻擊性的世俗主義會增強歐洲的實力嗎？或許不會。一方面，顯然，歐洲吸引年輕的伊斯蘭教徒有很多方式。另一方面，他們來到這裡生活的時候，他們在歐洲社會發現的一些東西有力地排除他們：咄咄逼人的世俗主義、無神論、道德相對論和享樂主義。其中一些年輕的伊斯蘭教徒受到了這種富有攻擊性的世俗主義的嚴重排斥，而他們正好是在歐洲，而不是在自己的國家，也不是在美國遇到這種世俗主義的，因此他們在此地變成了恐怖分子。協助在紐約發動九一一襲擊的基地組織漢堡分支是如此；二〇〇三年三月十一日，轟炸馬德里的摩洛哥人肉炸彈是如此；在荷蘭謀殺提奧．梵谷的人也是如此。所以有人甚至稱，歐洲社會富有攻擊性的世俗主義並不是一種資產，反而是歐洲軟實力的一種負擔。

三

其三，有人可能以傳統的形式稱，歐盟的合理性在於它是一個外交政策的參與者。但是接著我們不得不問：當哈維爾．索拉納去烏克蘭斡旋，他為歐洲說話的權利是什麼，獲得了什麼授權？答案似乎是：尚未批准的憲法條約賦予的預期權力。實際上，我們呈現給世界的是一種混亂合併起來的權力。烏克蘭發生橙色革命期間，代表「歐洲」坐在圓形談判桌上的是歐盟公共外交和安全政策的「高級代表」索拉納，但是還有歐盟輪值主席國荷蘭的一名代表、波蘭的總統和立陶宛的總統。那些作為國家政府的成員、具有直接民主合法性的人只是間接負責歐洲的外交政策。那些直接負責歐洲外交政策的人只有間接的合法性。

我認為，在此得出的結論似乎很清楚：至於傳統的合法性，目前歐盟外交政策展示的歐洲實力比包括美國在內的任何民主國家都不合法。如果你問「這種實力的代表憑藉什麼權力使其有權讓年輕的士兵為了一項政策冒生命危險」，那麼像歐盟這樣給出的答案會更加不清楚。實際上，哈維爾．索拉納作為指定的外交部長，在提議的憲法條約中並沒有賦予他這樣的權力。正如簡─維爾納．米勒（Jan-Werner Müller）在一篇有關歐洲愛國主義的好文章中所說，「為國捐軀甜蜜又光榮」的格言不太令人信服。

四

接下來這種說法當前在歐洲相當流行，是關於道德價值觀，實際上是關於歐洲「社會模式」的優越性：體現社會公平、團結和平等等優於美國的品質的一系列內部安排。對了，順便提一下，我們沒有死刑。因此，比如德國總理格哈特．施洛德（Gerhard Schröder）最近說：「我們歐洲人很清楚，我們的社會模式是一種獨特的文明成果。」他說，只有歐洲形成了這種特殊的工作方式、特殊的經濟生產方式和團結生活在一起的特殊方式。

這反過來又與一些獨特的「歐洲價值觀」有關。我們還可以在伊拉克危機期間由尤爾根．哈貝馬斯（Jürgen Habermas）撰寫、雅克．德里達（Jacques Derrida）聯合署名的宣言中看到這種爭論。這是歐洲道德基礎的一種定義，將社會公平作為一系列價值觀的核心並將歐洲定義為非美國。

這種說法禁不起更嚴密的實證調查研究。首先，我們的社會模式從兩方面來說並不是獨一無二的。第一，它並不是單一的：事實上，在歐盟的二十五個成員國（本文寫作時的歐盟成員國數量）中，有大量的社會模式，更不用說更廣泛的歐洲了。在其傑出的著作《資本主義的多樣性》（*Varieties of Capitalism*）一書中，彼得．霍爾（Peter Hall）和大衛．索斯吉斯（David Soskice）指出，在如今的歐盟中至少有三種不同的民主資本主義。他們將它們稱為「市場」、「協調的」和「地中海的」。尋找歐洲社會模式的外界人士，像中國人那樣，最後意識到不是只有一種而是有許多社會模式。因此，他們一點點地吸收，將斯堪地納維亞模式、法國模式和德國模式等拼湊在一起。

第二，歐洲社會模式並非獨一無二的原因是它根本不僅限於歐洲。我們所謂的歐洲社會模式可以在加拿大、紐西蘭、澳大利亞甚至在美國一些更加以福利為導向的州找到相應的版本。我認為，歐洲社會模式顯然在道德上占據高地也不可能令人信服。可以肯定的是，在收入平等和福利服務方面要更勝一籌，但通常在就業和創造就業崗位方面要略遜一籌。關於即將稱為的「第三種方式」，正如比爾·柯林頓（Bill Clinton）在一次國際對話中一針見血地指出，失業本身也是社會不平等的一種形式。歐洲在福利待遇方面更好，這是我們能夠吸引大量移民的原因之一。歐洲讓移民感覺賓至如歸的能力不及美國，這在一定程度上也是因為他們獲得太多的福利待遇，這使已經生活在這些社會中的窮人、無依無靠的人和失業者產生了怨恨情緒。當然，就最近幾年的經濟增長而言，尤其在法國和德國這兩個核心國家，我們的社會模式也很難說創下了良好的紀錄。我們可能更善於重新分配財富，但我們並不擅長創造財富用於重新分配。目前，有流行的說法稱，歐洲實力的道德基礎基於我們獨一無二、勝人一籌的社會模式。但綜上，這種說法也相當有問題。

五

有人會稱，歐洲對有人所謂的國際社會公平做出獨特的貢獻：即富裕的北方和貧窮的南方之間的公平。目前，所有歐盟成員國提供的官方發展援助是美國的三倍多。我們更加關注環境問題和《京都議定書》（*Kyoto Protocol*）等。但是我們在貿易保護主義和農業補貼方面超差的紀錄徹底撕破了這張皮。

總部位於牛津的國際慈善機構樂施會（Oxfam）關注貿易保護主義的問題，制定了其所稱的「雙重標準指數」（Double Standards Index）。歐盟因貿易干預和農業補貼而位居雙重標準名單的榜首。比如，二〇〇〇年，歐盟對每頭歐洲乳牛的平均補貼為九一三美元；我們給非洲撒哈拉沙漠以南地區的每個人的援助為八美元。給一頭歐洲乳牛九一三美元，卻只給一個非洲人八美元！與此同時，共同農業政策（CAP）進行了一些改革，我們還有「武器之外的一切」（Everything But Arms）的計畫，鼓勵從發展中國家進口。但事實依然是，二〇〇三年，共同農業政策仍然占到歐盟預算的四十六％，是其分配給援助的預算的七倍。世界銀行稱，如果沒有貿易壁壘和農業補貼，世界上發展中國家本可以出口到發達國家、事實卻在出口中損失的金額估計達一千億美元。這是整個經合組織提供的發展援助的兩倍。所以說，基於致力於國際社會公平的說法也難以為繼。

六

據說，歐洲政策因其尊重國際法律和國際組織，包括聯合國而在全世界獨樹一幟。實際上，與美國相比，歐盟在程序的合法性方面確實擁有良好的紀錄。這從一定程度上來說，原因很簡單，歐盟本身就是一個國際組織或者說一系列國際組織，建立在一部跨國法律之上。由於其性質，它往往會更加尊重國際組織和國際法律。（我將單個成員國代表本國所作所為的問題放到了一邊：比如，法國在其非洲的前殖民地採取了單邊行動。）

更深層的道德問題在於，這種謹慎地尊重國際法律和國際組織不論利弊，反而阻礙我們防止在我們的大陸上——一九九二年至一九九五年在波士尼亞——出現種族大屠殺。一九九九年，當我們著手防止科索沃變成「另一個波士尼亞」時，我們的干預卻沒有獲得聯合國安理會的明確授權。在一份優秀的報告中，獨立的干預和國家主權國際委員會（International Commission on Intervention and State Sovereignty）總結說，對科索沃的干預「非法但合理」。對於這類干預可能非法但合理的情況，歐洲人需要解決許多艱難又嚴肅的問題。

在這個問題上，亞當・馮・特羅特和一九四四年七月二十日對抗希特勒的炸彈計畫的記憶可能有所幫助。誅殺暴君在國際法律中沒有明文規定。無論如何，很難想像，誅殺暴君會提前得到聯合國安理會決議的授權。然而，一九四四年，試圖誅殺暴君是一項具有深遠道德意義的行為。

七

歐盟是一種和平解決國際衝突的模式。它將數百年來互相爭鬥的國家聚在一起，它們現在決定只通過和平手段解決其衝突和分歧。這使來自歐洲許多不同的國家、歐洲反法西斯鬥爭的許多前成員在一九四五年後成為歐洲工程的創始人。他們的座右銘是「絕不重蹈覆轍」。或者正如溫斯頓．邱吉爾所說，「動口不動手」。

在我看來，這似乎是歐洲實力的道德基礎最有力的一種說法。如果我們厭煩布魯塞爾那些沒完沒了的談判和官僚妥協，我們應該提醒自己，布魯塞爾的口水是和平的代價。如果我們要向我們年輕的公民講述歐洲的故事，要回答他們完全合理的問題——為什麼是歐洲、歐盟到底是幹什麼的，必須面對的一個問題是，最佳的單一答案必須基於一項有關如果歐盟不存在可能發生什麼的反面陳述。很難擺出這個論點，因為這種情況永遠無法證明。

然而，在我看來，這絕不僅僅是哈貝馬斯關於我們社會模式的看法，而是歐洲在這方面確實獨一無二，是一種模式。目前，在地球上還沒有其他這樣的國家組合。北美自由貿易區（NAFTA）、南方共同市場（MERCOSUR）和東盟（ASEAN）都無法相提並論。這也是歐洲軟實力（吸引力）的重要部分。比如，非洲國家組織（Organization of African States）更名為非洲聯盟（African Union）絕非偶然。這直接受到歐盟的影響，不過當然非盟的行動方式無法與歐盟相提並論。這種模式的吸引力有力地向我們的鄰國擴散，其中大多數國家希望加入我們，不僅僅是經濟方面的原因，也不僅僅是要獲得民主，而是因為，按照卡爾・多伊奇（Karl Deutsch）的說法，歐盟是一個安全共同體。

八

第八種說法：歐洲創造了一種政權和平更迭的模式。這種說法與其說適用於歐盟現有成員國，還不如說適用於那些位於歐洲大陸但不屬歐盟又希望成為歐盟成員國的國家。歐洲政權和平更迭的模式融合了如下元素：第一是來自基層的和平社會壓力，包括大規模的非暴力反抗——所謂的「人民力量」；第二是政府和反對派精英之間的談判，常常在圓桌上進行；第三是支持性的國際框架。這是一種天鵝絨革命的模式，它於一九八九年代替了一七八九年的雅各賓－布爾什維克模式。這種模式在一九八九年之前已有淵源。人們可以追溯到一九七四年葡萄牙的「康乃馨革命」以及西班牙和希臘的轉型。二〇〇〇年，它席捲了塞爾維亞，二〇〇四年席捲了烏克蘭。

在此，對於這種政權和平更迭的模式，我只想說明兩點。第一點是道德問題，也是政治問題。在討論波蘭的團結工會運動導致共產主義終結時，波蘭反對派領導人和歷史學家亞當・米奇尼克表示，他們從歐洲歷史吸取的教訓是，那些以攻占巴士底獄起家的人最終建造了他們自己的巴士底獄。與雅各賓－布爾什維克「只要目的正當，可以不擇手段」的原則相反，這種新歐洲模式堅持認為手段也決定目的。因為你選擇的手段可以非常腐敗，所以它們確保了預期的目的其實永遠無法達到。在我看來，這確切地說是歐洲二十世紀的遠見卓識。這種遠見卓識可以成為跨大西洋的艱難對話的重要部分，談論更廣泛的中東轉型。歐洲和美國對該對話的真正貢獻是：我們完全贊同你們的目的，我們的問題在於你們選擇的手段。

第二點，可以毫不誇張地說，在三十年間，從一九七四年的葡萄牙到二〇〇四年的烏克蘭，民主的希望和歐洲的希望攜手並進。無論歐盟內部的民主缺陷如何，在外界看來，對於鄰國而言，歐盟一直是民主的催化劑和倡導者。那些和平革命的口號一直是「回歸歐洲」。有的國家走向民主就是為了「回歸歐洲」，確切說是為了加入歐盟。加入歐盟，你也就獲得了脆弱的民主。歐洲和民主是同一個硬幣的兩面。

九

因此歐洲是一種規範力量。在其有關中國人權政策的著作中，羅斯瑪麗．弗特（Rosemary Foot）將美國和歐盟描述成世界兩大「規範企業家」——規範的創造國和出口國。這是描述歐洲所作所為的另一種方式，參考了一些或多或少禁得起歷史考驗、有關什麼是歐洲人的說法。但是，在不渴望成為歐盟成員國的國家和渴望成為歐盟成員國的國家（這些國家我稱之為歐元候選人〔europapabile〕）之間，歐盟為在經濟關係和尊重人權之間創造聯繫方面所做出的努力具有巨大差異。對於一些遙遠的國家，歐盟還是相當不一致。不一致體現在對於緬甸和中國採用不同的標準。不一致還體現在我們利用這些標準的方式上，特別是因為每個歐盟成員國都堅持採用自己的方式。有人認為，在與中國關係的處理上，法國和斯堪地納維亞的所作所為形成了對比。因此，我們的政策支離破碎、不一致、不斷變化。

相比之下，我們對待那些渴望加入歐盟的鄰國和已經成為歐盟成員國候選人的方式，非常行之有效和引人注目。當我們提及「干預」國際關係時，我們往往會想到軍事干預，像在科索沃或者伊拉克那樣。但事實是歐盟在中歐和東歐大規模干預了鄰國的內政，現在還干預土耳其的內政。從「赫爾辛基進程」（Helsinki Process）到歐盟成員國的「哥本哈根標準」（尤其是第一條哥本哈根標準：民主、法治和人權），歐盟大規模參與了這些國家的經濟、社會和政治制度轉型。這種轉型實質上與美國在占領伊拉克時所作的一樣——但在這裡，政權更迭是以同意為基礎的。這是歐洲獨特的誘導力：歐洲實力的第四個維度。

在某個特定的國家體現歐洲實力——從歐盟的實力意義上來說——的最偉大時期是在該國加入歐盟後不久那段時間。一旦你成為成員國，你可以得到更多的東西。比如，西爾維奧．貝魯斯科尼（Silvio Berlusconi）近乎壟斷了義大利的地面電視，這在歐盟成員國的候選人中是無法接受的。如今的義大利可能無法成為歐盟成員國，但是，一旦你成為歐盟成員國，歐洲力量的限制效力要小得多，如果你是一個較大的成員國，更是如此。

無論如何，這種誘導力的問題在於，它只適用於那些顯然希望加入歐盟且歐盟準備接受其成為成員國，或者至少準備用一定程度的確切口吻表示希望接受它們成為成員國的國家。我在此特別想到土耳其。土耳其成為歐盟成員國的前景一消失，我們的規範力量就會蒸發，或者至少說大大削弱。即便在地中海所謂的「巴塞隆納進程」中，歐洲的規範力量也大大減弱了。

十

一九四八年五月，在海牙的歐洲大會上，康德霍夫－卡利吉伯爵說了如下令人難忘的話：「朋友們，我們千萬不要忘記，歐洲是一種手段，沒有目的。」歐洲是一種手段，沒有目的。這麼說，歐洲不僅以其關注手段和目的為特色，還以其本身只是實現更高目的的一種手段的事實為特色。許多現代的歐洲人忘記了這位歐盟創始人的遠見卓識。對於他們來說，手段成了目的。但是歐盟像德國統一一樣本身並不是一個目的。歐盟應該是建造自由世界的基礎材料，是走向伊曼紐爾．康德在其精采的論文《世界公民觀點下的普世史觀念》（*Idee zu einer allgemeinen Geschichte in weltbürgerlicher Absicht*）中所說、我引用的「die vollkommene bürgerliche Vereinigung in der Menschengattung」──大意為「一個完整的人類文明聯盟」──的墊腳石。

然而，如果我們認真地將歐洲工程看作普世規範的倡導者，那麼有一種邏輯會導致歐盟不斷地擴張。按照這種邏輯，每次擴張會帶來下一次擴張。一種超凡的模式已經出現，按照這種模式，許多國家從歷史上來看是彼此最大的仇敵，在擴張的過程中變成了彼此最親密的盟友。因此，德國曾是波蘭成為歐盟成員國最強有力的倡導者；希臘變成土耳其成為歐盟成員國最有力的倡導者之一；另外，現在波蘭是烏克蘭成為歐盟成員國最有力的支持者。正如我所說，有一種強大的邏輯引導著一步走向另一步，總是認為達到「哥本哈根標準」。因此，到二〇二四年，我們可能不僅要面對烏克蘭是否成為歐盟成員國的問題，還要面對土耳其其的鄰國伊拉克是否成為歐盟成員國候選人的問題。當然，還有以色列。有人可能會有點誇張地說，歐洲是康德意義上的世界政府不斷擴大的核心。

為什麼不是如此？因為這個核心不會是硬的。它是軟的且會日益變軟。這樣擴張會導致歐盟完全不一致，毫無基於一些共同文化、共同歷史和共同政治身分要素的團結可言，當前成員國之間的團結顯然基於此類要素。如果哪兒都是歐洲，那就哪兒都不是歐洲。然而，我不相信，康德的這一絕對律令如果獲得恰當理解，還會必然導致一種無限擴張的前景。它反而應該引導我們迫切考慮一下，歐盟可以為不是其成員國候選人並且在可預見的未來不太可能成為候選人的鄰國做些什麼，這樣一來，在處理與這些國家的關係時，歐洲就無法使用其獨特的誘導力了。其次，如果本著康德霍夫—卡利吉伯爵的精神——歐洲是一種手段不是一種目的，我們把歐洲當作建造自由世界的基礎材料，那麼我們需要問問自己，這種建造自由世界的基礎材料和其他建造自由世界的基礎材料——從美國算起，但是還包括其他說英語的民主國家，再到所有其他自由民主國家，當然還包括聯合國——之間應該是什麼關係。

現在，你可能覺得這個結論正在迅速接近我們在英語中所說的「天上的餡餅」（pie in the sky），或者德語中更有禮貌、更加詩意的說法——Zukunftsmusik（遠在天邊的幻想）。對此，我沒什麼可辯解的。我們可以從德國抵抗希特勒和中歐異見分子對抗共產主義中吸取的一個教訓是，現實主義還不夠。以一九四四年的德國、一九八四年的波蘭或者二〇〇四年的烏克蘭為例，自稱的現實主義者最終都不現實，理想主義者反而是更好的現實主義者。在國際事務中，要既符合道德又實際有效地思考和立即行動，其面臨的挑戰是恰當地融合理想主義和現實主義，因地制宜。我們要雙腳腳踏實地，也要仰望星空。

二〇〇四年

孿生兄弟的新波蘭

民族可以比人民更幸運。人民只能年輕一次。他們抓住機會或者錯過機會，接著慢慢變老死去。儘管浪漫的民族主義者喜歡用擬人的手法——「年輕的義大利」、「年輕的德國」，從某些重要意義上來說，民族能夠「活」上百年，甚至上千年，由真正或者設想出來的政治地理學和共同經歷的連續性維持。它們可以「病怏怏」或者「老態龍鍾」數百年，但接著還可以煥發活力和青春。

如今的中國是一個例子，西班牙是另一個例子，波蘭是第三個例子。兩百年來，從十八世紀末第一個波蘭「共和國」（其實是一個選舉產生的君主專制政體）像聖誕節的火雞一樣被普魯士、俄羅斯和奧地利帝國瓜分，一直到二十世紀末波蘭實現完全獨立（邊界截然不同），波蘭人在一個單獨的國家只有二十年的脆弱自治：即他們的「第二個共和國」，從一九一八年到一九三九年。

波蘭的常態似乎是被占領、落後、沮喪和力求擺脫外國控制。它開始以忍耐力、文化的生命力和英勇但不屈不撓的抵抗的美德著稱。其白鷹被外國的箭射中，流出的鮮血讓紅白兩種國家顏色煥然一新。其英雄是烈士。連像諾曼・戴維斯這樣同情波蘭事業的歷史學家也在一九八三年寫道：「波蘭通常政治失敗，經濟混亂，落於人後。」[1]

關注今日波蘭的任何人肯定會得出該國的基本形勢已經轉變的結論。如今，波蘭是一個自由國家。與這片親密無間的大陸上任何其他歐洲國家一樣，波蘭是一個主權國家，自一九九九年以來在北約獲得了前所未有的安全保障，二〇〇四年五月一日後成為歐盟的正式成員國。一些分析人士已經將波蘭列為歐盟二十五個成員國中的「六大國」之一，其他五國分別為德國、法國、英國、義大利和西班牙。波蘭的國內生產總值自一九九〇年恢復獨立以來增長了五十%左右。年輕的波蘭人——超過四十%的人口在三十歲以下——在世界各地自由旅行。其中成千上萬的人現在在英國等歐盟成員國內尋找新的工作機會。如果我踏出牛津大學的前門，很可能會遇到一名在這裡學習或者在當地咖啡館打工的波蘭學生。[2]

一九七九年，我首次去波蘭的時候，納粹黨人占領和史達林迫害的記憶仍然縈繞著該國。一天晚上，我從華沙的一家餐廳出來發現，有人故意放掉了我汽車前輪的氣。我的房東說：「他們一定認為你是德國人了。」在如今十幾歲的波蘭人當中，這些記憶已經遠去，因此手機上要求簡訊服務的俚語詞組是「給我派個保鏢（SS man）」（譯按：SS man是指納粹德國時期政府高官的保鏢）[3]。

一

如果你問波蘭的歷史何時開始向好的方面轉變，一個答案是一九八〇年八月十四日星期四九點左右。當時一名叫萊赫・華勒沙的年輕失業電工，跳出位於波羅的海格但斯克港口的列寧造船廠圍牆，搶到一場職業罷工的領導權，該罷工誕生了一場稱為團結工會的運動。華勒沙自己給出了一個不同的答案：一九七八年十月，當時克拉科夫的紅衣大主教卡羅爾·沃伊蒂瓦（Karol Wojtyła）被選為教宗若望·保祿二世，抵抗精神不僅在波蘭增強，而且在整個中歐也增強。讓米哈伊爾·戈巴契夫憤怒的是，華勒沙將歐洲共產主義統治終結的歷史功績分配如下：五十％歸功於波蘭教宗，三十％歸功於團結工會運動和其他中歐的解放運動，二十％歸功於戈巴契夫和改革。

「Kurcze, panie！」（禮貌點可以翻譯為「真該死，先生！」）他告訴我，「我在這些事件中看到了上帝之手！」[4] 如果那個八月的早上像他及同伴原本計畫的那樣，試圖早幾個小時在早上六點的時候到達造船廠，那麼祕密警察可能已逮捕他了，但他遲到了。他不記得遲到的原因了。罷工差點泡湯，但這也是好事，因為最終成立了好得多的罷工委員會。他一邊用整隻手臂富有激情地做手勢，一邊發出他富有特色、爆炸性的驚歎。「後來，在鬥爭

---

1 詳見諾曼·戴維斯，《歐洲的心臟：與波蘭當代有關的歷史》，牛津：牛津大學出版社，一九八四，頁四六二。序言寫於一九八三年。

2 英國一直特別歡迎來自中歐和東歐所謂的「歐盟新成員國」的工人。自從二〇〇四年五月一日它們加入歐盟以來，在逾二十九萬正式申請在英國工作的人當中，大約有十七萬人來自波蘭。詳見二〇〇五年十一月二十三日《衛報》的報導。如果二十九萬人真的在英國工作，這相當於該國總勞動力的一％。

3 這是我華沙的朋友在談到他們自己年輕的孩子時告訴我的。這在一本富有吸引力的波蘭年輕人新俚語使用指南中得到了證實，用的是波蘭的發音「esesman」，詳見鮑爾泰克·查茨斯基（Bartek Chaciński），Wypasiony: Słownik Najmłodszej Polszczyzny，Kraków：Znak，二〇〇五，頁三十六。

4 引自二〇〇五年十一月十日在倫敦的對話。下文華勒沙的話也引自該對話。

中，處境多麼尷尬……這個世界上誰能這樣扭轉乾坤？……只有上帝之手！」

六十二歲的華勒沙精力充沛、身材魁梧、面色紅潤，嘴角兩側仍然留著粗長的鬍子，與該國首次嘗試民主時期的古老畫像中胖胖的、揮舞著軍刀的十八世紀波蘭貴族越發相像。前波蘭團結工會運動的領袖、前波蘭總統仍然滔滔不絕，他的語言一如既往地生動形象、無法模仿，幾乎無法翻譯。在言語中不僅有精采的幽默片段，還閃耀著腳踏實地的智慧和敏銳的政治判斷。它們提醒你，萊赫·華勒沙可算是屈指可數、天賦異稟、受人歡迎的領導人。

無論對於歐洲共產主義終結的歷史功績的公平分配是怎麼樣的，一九八〇年八月團結工會運動的開創性貢獻巨大，因此二十五年後，二〇〇五年八月，乘坐飛機的前政治領導人和現任政治領導人在格但斯克的萊赫·華勒沙國際機場走下飛機慶祝周年活動。前來慶祝的人包括瓦茨拉夫·哈維爾、烏克蘭總統維克多·尤申科、喬治亞總統米哈伊爾·薩卡什維利、詹姆斯·貝克三世（James Baker III，代表大小布希兩位總統）、茲比格涅夫·布里辛斯基（Zbigniew Brzezinski）、德國總統、塞爾維亞總統和歐洲委員會主席若澤·曼努埃爾·巴羅佐。

他們在一張巨大的蒙太奇照片前演講，在照片中可以看到一副多米諾骨牌，第一張骨牌是一張一九八〇年他的工友高舉萊赫·華勒沙的照片，推倒的多米諾骨牌代表一九八九年的波蘭（蘇聯集團中第一個非共產黨政府成立）、布拉格的天鵝絨革命（瓦茨拉夫·哈維爾在塞斯拉斯搖他的鑰匙）、烏克蘭的橙色革命（尤申科），最後一張基本上隱藏的多米諾骨牌描述的是另一個革命群體，我無法認出他們的國籍，但可能代表白俄羅斯。許多演講者都表達了與白俄羅斯（歐洲最後一個獨裁國家）受壓迫的人們的團結之情，並且希望在那裡也發生類似的變革。

這個過去二十五年的「多米諾骨牌理論」的版本，不像隨附的口號「今天誕生於格但斯克」那樣只體現了波蘭以救世主自居的情結。實際上，像戈巴契夫和其他人會指出，這一系列的成功有許多開創者。然而，事後一想，我們可以說，波蘭一九八〇年至一九八一年的革命是第一場天鵝絨革命。儘管一九八一年十二月沃伊切赫・雅魯澤爾斯基將軍（General Wojciech Jaruzelski）實施了戒嚴令，但團結工會倖免於難——不過只是沒全軍覆沒而已，許多領導人都被逮捕了，後來一九八八年通過更進一步的一波罷工東山再起。它的捲土重來讓波蘭成為一九八九年中歐和平革命中的第一場，還有第一次隨之而來的圓桌談判，在那次談判中，共產黨統治者和反對派領導人談判，實現了向民主的和平過渡。薩卡什維利和尤申科肯定了一九八九年革命的重要性，它推進了最近一波革命（有時被稱為「顏色革命」），從二〇〇〇年在塞爾維亞推翻米洛塞維奇，到二〇〇三年喬治亞的玫瑰革命，再到二〇〇四年烏克蘭的橙色革命。

所以二〇〇五年八月在格但斯克可以慶祝一番。但在慶祝的背後和場外，新波蘭對其近期的情況喜憂參半，對未來憂心忡忡。我從格但斯克（不再是列寧）造船廠附近慶祝的人群中離開，回到了二號門，華勒沙過去常常在這扇門的上面給人群發表風趣幽默又鼓舞人心的演講。這扇藍灰色的門再次裝飾上了若望・保祿二世的肖像、琴斯托霍瓦的黑聖母、紅白色的國旗和鮮花，與記憶中我一九八〇年八月抵達這裡目睹歷史性罷工時的情況差不多。但有三個地方不同。現在在入口的右側是自動提款機。在門的後面是一片破舊的大樓、瓦礫和雜草組成的景象，現在在這家造船廠（目前由一家叫EVIP的公司擁有）工作的工人還不到三千人，在共產黨鼎盛時期，雇傭的工人超過一萬五千人。在這扇門的前面一個巨大的木製枷，過去用於枷罪犯。其三個枷頭的三個孔上枷著穿著黑色制服、白色襯衫和照片作為臉的稻草人。下面寫著「馬克・羅曼（Marek Roman），EVIP公司的總裁——盜賊」、「雅努什・斯蘭塔（Janusz Szlanta），前總裁——盜賊」、「耶日・萊萬多夫斯基（Jerzy Lewandowski），現任總裁——騙子」。後面慶祝的人群合唱著歌頌和平、寬容和愛情的歌曲。

二

在團結工會運動周年活動後兩個月內，波蘭人選出新議會和新總統。二〇〇五年四月，選舉的投票率剛好超過四十%，他們將大部分選票投給名為法律與公正黨（Law and Justice）的中右翼政黨，更加自由的公民綱領黨（Civic Platform Party）位居第二。十多年來，主要由共產黨的前成員——自一九八九年來以「後共產主義者」著稱——領導的民主左派聯盟黨（Left Democratic Alliance）一直是執政黨，在九月的選舉中，其在議會中的席位從二一七席大幅降到五十五席。一個月後，在總統大選的第二輪選舉中，選舉的投票率剛好超過五十%。大部分參加投票的選民選擇了法律與公正黨的候選人萊赫・卡欽斯基（Lech Kaczyński），而不是公民綱領黨的領導人唐納德・圖斯克（Donald Tusk）。

這兩大中右翼政黨（公民綱領黨和法律與公正黨）接著並沒有就聯合政府達成一致，之前它們都表示將組成聯合政府。相反，法律與公正黨創建了一個少數派政府，該政府將依賴兩個更加極端、民粹主義的、信奉天主教的政黨（即所謂的自衛黨和波蘭家庭聯盟黨）在議會的支持，它們都反對經濟和社會自由主義，對歐盟抱有深深的懷疑。總理是相當一本正經、之前當過老師的卡齊米．馬辛基維茨（Kazimierz Marcinkiewicz），但是所有人都知道總理寶座的幕後掌權人是法律與公正黨的黨魁雅羅斯瓦夫．卡欽斯基（Jarosław Kaczyński）——新總統萊赫．卡欽斯基的孿生兄弟。

因此，我們看到了一個歐洲大國由一對孿生兄弟有效掌管的奇觀，這對孿生兄弟幾乎一模一樣，很容易認錯（萊赫的鼻子一側有一顆明顯的痣）。他們出生於一九四九年。在二戰期間和二戰結束後不久，他們的父母在反納粹主義和反共產主義的抗爭中戰鬥過，並將這種愛國運動的巨大遺產傳給他們的兒子。十二歲的時候，這對金髮孿生兄弟就在一部名為《偷月亮的兩個人》的兒童電影中擔任主演。這部電影的DVD在波蘭成為暢銷品。我在華沙的時候買了一張，亞切克（Jacek）和普拉切克（Placek）（他們在影片中的名字）確實是一對魅力十足的「淘氣包」。

從二十世紀七〇年代開始，兩兄弟就認真地加入波蘭反共產主義的反對派。留在華沙的雅羅斯瓦夫參加了一個主要的民主反對派「保衛工人委員會」（KOR）。萊赫搬到格但斯克，在那裡學習法律，並幫助波羅的海沿海的工人組織獨立的貿易工會，對抗共產主義國家。一些朋友叫他萊謝克（Leszek），從而與他們當中的另一個萊赫——電工萊赫．華勒沙——區別。

萊赫．卡欽斯基獲得法學博士學位，是團結工會在格但斯克的活躍分子，一九八一年實施戒嚴令後，在祕密抗爭的那些年裡，他仍然相當活躍。我記住他是在一場一九八八年的罷工中，該罷工占領了格但斯克造船廠。這為一九八九年的圓桌談判鋪平了道路，他也參加了那次談判。共產主義終結後，一九九〇年，他支持萊赫．華勒沙成功競選總統，但是後來因為在個性和立場方面的嚴重分歧而與萊赫．華勒沙分道揚鑣。自那以後，他和他的孿生哥哥一直活躍在波蘭後團結工會時代的右翼政壇，努力組建一個能夠勝選的政黨。華勒沙輕蔑地稱：「他們一生都致力於獲取權力！」現在他們成功了。

雅羅斯瓦夫．卡欽斯基比弟弟早出生四十五秒，是一名技藝超群、毫不妥協的幕後政治戰略家。據說，他那總體上較溫和的弟弟對他敬畏有加。弟弟當選總統後，在其勝選演講中向他的兄長暨黨魁致謝，並以一位士兵向指揮官報告的形式作結。他說：「主席先生，報告：任務完成。」

關於他們的名字縮寫（kaczor，意思為「鴨子」，嚴格地說是「公鴨」）的文字遊戲帶來許多關於鴨子的笑話，尤其在較年輕、更加自由或者左翼的波蘭人中間，他們透過電子郵件或者手機上的簡訊傳播這些笑話。有人可能會說，現在的波蘭就是《鴨湯》[5]的翻版。它從馬克思變成了馬克斯兄弟。德國媒體的一些評論人士評述這一輪轉變卻沒有那麼幽默，表示這位新總統不僅是一位信奉天主教的民族主義者，強烈反對墮胎和同性戀，還受到反猶太主義的不良影響。我的一些猶太朋友，他們自從萊赫．卡欽斯基早年當異見分子時就認識他，已經三十年了，他們強烈反對那種舊式反波蘭模式的復興。他們說，就卡欽斯基來說，事實絕非如此。實際上，他們表示他接受天主教的民族主義，至少在基於任何深刻的個人信仰的同時，體現了戰術性和戰略性，將此視為在波蘭成立有效右翼政黨的唯一方法。

然而，公允地說，新總統一貫都對德國和俄羅斯持懷疑態度，更不用說歐盟了。他不會說任何外語，在當華沙市長期間非常不願意尋找外國人簽協議。此外，他深受有關國內和國際政治陰謀論的薰陶，能夠看到安全服務中看不見的手，這是其他人發現不了的。正如美國學者大衛・奧斯特（David Ost）所說，與理查德・霍夫施塔特（Richard Hofstadter）的著名分析一致，卡欽斯基及其盟友代表波蘭政壇中的「多疑風格」。[6]

一九八〇年「八月波蘭」過去二十五年後，波蘭最終由一對孿生兄弟領導，他們是團結工會右翼傳統的真正代表，但卻通過利用某些人的不滿上台，這些人對一九八九年團結工會勝利以來所發生的一切感到不悅。他們將這些不滿串成了一種論述，這種論述與後團結工會時代和後共產主義時代的自由人士（過去十六年，波蘭基本上由這些自由人士領導）講述的富有說服力的成功故事截然不同。[7] 比如，傑出的歷史學家、前團結工會顧問、一九九七至二〇〇〇年擔任外交部長的布羅尼斯瓦夫・蓋萊梅克（Bronisław Geremek），以及談吐清晰、穩紮穩打的後共產主義時代的自由派總統亞歷山大・克瓦希涅夫斯基（Aleksander Kwaśniewski）等人，他們能夠說流利的英語、法語或者德語，不厭其煩地向世界解釋，波蘭如何開創共產主義向自由民主和平轉型的先例，如何在用繁榮的自由市場代替舊計畫經濟

5 《鴨湯》是一部由馬克斯兄弟主演的喜劇片。——譯注

6 詳見大衛・奧斯特，《團結工會運動的失敗：後共產主義歐洲的憤怒和政治》（*The Defeat of Solidarity: Anger and Politics in Postcommunist Europe*），伊薩卡：康奈爾大學出版社，二〇〇五，頁一八七、二二九。

7 當然，現在「自由」這個詞在歐洲和北美不同的背景中具有截然不同的含義。但大多數政客都普遍支持經濟自由主義（堅信自由市場，有時又稱為「新自由主義」）、政治自由主義（與「左翼自由」差不多）和文化自由主義（有關信仰和生活方式）的某種組合；因此「自由」似乎是一個恰當的簡便詞。

的同時，達到歐洲尊重人權的標準。無論有什麼不足之處，這個成功的故事本身大大促進了波蘭加入北約和歐盟、吸引外國投資的外在成功。

然而，連最樂觀的波蘭自由人士也不得不承認，向資本主義過渡在人力方面所付出的代價高昂。國有企業的私有化、市場價格的引入，以及來自西方進口商品的競爭導致許多波蘭人失去工作。目前，失業率在十八％左右。在歐盟，波蘭的就業率創下了最低紀錄，在十五歲到六十四歲這個年齡段中，只有一半人（五一．七％）就業。[8] 其中損失最慘重的人就是那些對團結工會運動的勝利貢獻最大的人：工人。一九八〇—一九八一年的波蘭革命可能是我們最近看到的真正「工人」革命。布羅尼斯瓦夫．蓋萊梅克在紀念活動的演講中表示，波蘭十八世紀爭鬥不休的貴族摧毀了該國自己締造的「貴族民主」，而二十世紀的工人也摧毀了蘇聯強制實施的「工人國家」。但是如今，如果你與工人和失業的格但斯克造船廠前工人交談，其中大部分人都相當憤怒和失望。

儘管一些波蘭人變富裕了，但更多波蘭人變窮了。世界銀行的一份最近報告顯示，日益嚴重的不平等導致生活在貧困線之下的人數增多。[9] 華勒沙非常言簡意賅地表示：當時，人們有安全保障但沒有自由，現在他們有自由但缺乏安全保障。當時，他們擁有強制的平等，現在有人是百萬富翁，但其他人貧困交加。此外，他補充說，「那個百萬富翁的賺錢方式可能並不是最乾淨的……」

與後共產主義世界的其他地方一樣，如今波蘭的財富常常始於法律不清楚的時期，當時，共產主義的計畫經濟被廢除，許多野心勃勃的人，其中一些是後共產主義者或者與安全服務部門有良好的關係，獲得了商品。如果現實通常是黑暗的話，那觀念，尤其是過渡中的

「輸家」的觀念更加黑暗。正如格但斯克造船廠前那些新中世紀的木製枷（「現任總裁——騙子」）所示，許多普通的波蘭人堅信，任何富裕的人都是盜賊或者騙子。

這與卡欽斯基兄弟指出的另外兩種普遍的不滿有關。第一種不滿是感覺在一九八九年之後在如下方面做得還不夠：讓公眾反思共產主義的過去、清除安全服務機構、讓共產黨政權中參與鎮壓的人退出公眾視野。波蘭沒有南非或者拉丁美洲式的「真相委員會」。相當於德國「高克管理局」（Gauck Authority，為受害者提供祕密警察的檔案）的機構，五年前才剛剛運行。與此同時，公共視野中的重要人物被指控早前曾與共產主義的安全服務機構狼狽為奸，這動搖了波蘭尚年輕的民主。後共產主義時代的總理約瑟夫・奧萊克西（Józef Oleksy）就因這種指控而辭職。

第二種相關的不滿是波蘭的國家危機，人們覺得整個國家弱小、臃腫、缺乏效率，很可能走向腐敗。新總理義正詞嚴地談到「百慕達四邊形」（Bermuda quadrangle），即腐敗的政客、祕密警察操作者、生意人和罪犯。在這方面主要的政治目標是後共產主義者，他們在國際關係中表現得理智而負責，但在國內身陷一系列見不得人的錢權交易醜聞。最臭名昭著的就是所謂的「雷溫事件」或者說「雷溫門」，在這起事件中，一位電影製片人承諾，拿一千七百五十萬美元來，「集體控制權」（該詞組在波蘭已經臭名昭著）將修改管理大眾媒體的預定法律。

8 真正的就業數字，包括黑色經濟和那些在國外工作的人，可能要更高一些。

9 世界銀行，《增長、貧窮和不平等：東歐和前蘇聯》（二〇〇五），基於世界銀行，《加入歐盟前的波蘭的增長、就業和生活水平》（二〇〇四）。

卡欽斯基及其顧問巧妙地結合了這些普遍的不滿，進而呼籲在波蘭發起一場「道德革命」。萊赫·卡欽斯基是法學教授，擁有輝煌的履歷，擔任過司法部長和國家審計局局長，其政黨的名稱——法律與公正黨——也暗示著這對兄弟將重整波蘭的法紀，為波蘭社會帶來公正。實際上，他們更進一步。他們最成功的一份競選海報的內容是，萊赫·卡欽斯基展現出一副慈祥、年長、專業的形象，在堆滿書籍的書房中揮舞著一枝筆。下面寫著「第四共和國的總統」。

這是一份政治營銷的優秀作品，但是一名真正的保守人士本應該更加清楚的。大多數波蘭人將一九八九年之後出現的主權民主國家描述成「第三共和國」，從而否認了一九四五年後共產主義的波蘭人民共和國作為真正波蘭共和國的尊嚴。人們對於第三共和國到底何時開始意見不一，是一九八九年六月四日，該國首次半自由的選舉導致波蘭的共產主義有效終結的時候嗎？是一九八九年九月，團結工會顧問塔德烏什·馬佐維耶茨基（Tadeusz Mazowiecki）成立自一九四五年以來首個非共產黨政府的時候嗎？是一九九〇年一月修改憲法，重新使用舊名稱——波蘭共和國的時候嗎？是一九九〇年十二月，新共和國的新總統萊赫·華勒沙，選擇從一九一八年成立的第二共和國的合法繼承人、位於倫敦的流放政府的總統那裡，而不是從戒嚴令的設計師和波蘭人民共和國的最後一位總統、事實上的前任總統沃伊切赫·雅魯澤爾斯基將軍那裡，接受官銜的時候嗎？

不論確切的成立日期是哪天，一九九七年頒布並通過全國公投的新憲法稱，第三共和國已經存在並將持續存在。現在卡欽斯基兄弟想修改該憲法，但是在其提出的修改中，即使假設他們能夠讓這些修改被議會通過，也無法證明這將成立一個新共和國的說法合情合理。

然而，作為贏得選舉的工具，「第四共和國」的口號能夠非常有效地與對整個第三共和國的政治體制和掌權的「政治階層」的普遍不滿遙相呼應。民調組織民調研究中心（CBOS）表示，超過三分之二的受訪者表示他們對波蘭民主的運作方式不滿意。現在高達四十％的人同意「強人掌權要比民主政府好」的說法──這是自恢復獨立以來的最大比例。[10]低選舉投票率也反映出了這種幻想的破滅。

卡欽斯基及其政治盟友面臨的一個問題是，儘管他們稱將改頭換面，但他們本身一開始就是波蘭第三共和國這個名譽掃地的政治體制的一部分。他們一上台就開局不利，爭吵不休、失敗的聯合談判，正好體現了他們宣稱要擯棄的、不光彩的爭權奪利。首篇有關他們屬下腐敗醜聞的報導正出現在波蘭媒體中。同時，他們承諾的「道德革命」被期望通過清除警察和安全服務機構、公布與共產主義的祕密警察狼狽為奸的官員名單和在十年內自動解除那些合謀者的公務員身分來進行。很有可能對更多的共產黨高官進行審判。我與現年八十二歲的雅魯澤爾斯基將軍交談時，他心酸地告訴我，他預計要在「被告席上」度過餘生。[11]在選舉中，他一針見血地指出，法律與公正黨做出的實質性改善的承諾無法兌現，「如果人們無法獲得麵包，他們必須有馬戲」。他希望成為馬戲的一部分。

這種「道德革命」的另一面，對於那些了解美國的人來說，似乎更為熟悉。波蘭保守人士特別看重宗教和社會問題，尤其反對墮胎和同性戀。作為華沙市市長，萊赫．卡欽斯基

10 CBOS所作的調查詳見www.cbos.pl和二〇〇五年十二月十六日的《選舉報》。
11 二〇〇五年十一月五日，華沙的對話。

禁止男女同性戀「平等遊行」，其他市長現在也採用同樣的做法，這引起抗議。格但斯克造船廠的團結工會組織出面守護該市的「平等遊行」，另外在波蘭西部城市波茲南，一名法官做出裁決稱，這一地方禁令不合法。與此同時，波蘭歐洲議會的保守成員在布魯塞爾的歐洲議會大廈舉辦的一場展覽，將墮胎比作納粹集中營的屠殺，讓一些同僚震驚不已。

美國有著名的「紅色」州和「藍色」州之分。在總統選舉的地圖上，波蘭可以分為「橙色」和「藍色」區。橙色代表該國更加自由的區域，更加喜歡唐納德．圖斯克；更加保守的藍色區域偏向卡欽斯基。該國的西北部，包括德國邊界上的什切青和波羅的海上的格但斯克，主要是橙色區。除了首都華沙是個主要的特例外，波蘭的中部、東部和東南部基本上是藍色區。從一定程度上來說，這是一種社會經濟的劃分，因為東部和東南部較貧窮。但歷史學家指出，波蘭被瓜分期間，現在該國的橙色區主要由德國統治，而藍色區主要由俄羅斯和奧地利統治。在後共產主義時代的歐洲，非常古老的分界線再現於新政治版圖上並不是第一次，好像是用看不見的墨水畫著似的。

與美國的紅藍之分一樣，現實在地理和社會方面都更加複雜。但是經歷這些選舉之後，出現了前所未有的「兩個波蘭」的感覺：一個更加自由、都市化、包容和對外開放，另一個更加保守、宗教化、褊狹和內向。

三

在卡欽斯基兄弟的領導下，這個第三多一點的共和國會怎麼樣呢？這對孿生兄弟及其陣營最多能在加強國家管理和法治方面有所作為。他們可以解決共產主義過去的頑疾，只要表現得現在對此做不了什麼。他們可能從不穩定、魚龍混雜的右翼集團中成立穩定的波蘭版基督教民主黨，而不是像何塞・瑪麗亞・阿斯納爾（José María Aznar）在西班牙人民黨中做的那樣。他們最好還能提高該國的經濟活力，稍微降低稅收，同時控制龐大的預算赤字，如果在社會方面保守的話，可以繼續保持波蘭作為歐盟現實和建設性的成員。

最糟糕的情況是，他們會掌管一個虛弱的少數派政府，迅速帶來新一輪的醜聞；進行不公平的政治迫害，而不是謹慎地審視共產主義的過去；導致經濟增長放緩，通過民族主義的保護主義讓外國投資望而卻步；毀掉波蘭成為塑造歐盟未來「六大」成員國之一的機會。他們遲早會步前任執政者的後塵，眾叛親離，接著受到不滿選民的懲罰。

根據波蘭過去兩個世紀的歷史標準，這些也算不上巨大的選擇。即使卡欽斯基兄弟表現出現最差的情況，該國的獨立、政治自由和安全，也會像義大利和西班牙那樣，不會受到任何威脅。年輕的波蘭人對此了然於心，這就是他們的反應各式各樣的原因：抗議、用腳投票、開「鴨子」玩笑等。

民族要比人民幸運。但在特定的時間，最重要的是組成國家的每個人的幸福。誠實需要坦然地承認，對於數百萬波蘭人來說，尤其是工人、窮人和老人以及那些生活在南部和東部的人，一九八九年以來的這些年一直充滿痛苦和失望。對於他們來說，自由的現實與夢想截然不同。

然而，還有另外一面。團結工會運動周年活動的再聚首帶來的一個驚喜是，不僅可以遇到新老朋友，還可以遇到他們的孩子——現在像我自己的孩子一樣，他們已經二十歲出頭了。早在一九八〇年，我和我的波蘭朋友生活在兩個不同的世界。從最廣泛的意義上來說，那時年輕的波蘭人的政治可能性和生活機會受到的限制要比年輕的英國人多得多，簡直無法比較。在我們的孩子一代，情況已經不再如此。如今，正如我每天在牛津大學看到的波蘭學生和打工的學生那樣，積極進取的年輕波蘭人的生活機會可以與年輕的英國人相提並論，絕不僅僅是那些擁有優越背景的人才享有。總有些東西贏了。

二〇〇六年

帝國的變遷

在蒂拉斯波爾（Tiraspol）列寧大街的一個咖啡館裡，我坐在三位穿著深綠色ＫＧＢ制服的靚麗女軍官邊上，有了這種不可思議的想法：蘇聯會加入歐盟嗎？

超現實的準國家德涅斯特河沿岸地區（Transnistria）從摩爾多瓦德涅斯特河的東岸分離出來，乍一看像是舊蘇聯的一個縮影。在首都的中心，一尊巨大的列寧紅石像自豪地矗立在最高蘇維埃面前。在十月二十五日大街（以一九七一年的俄國革命命名）上有一輛放在底座上面的服役坦克。在「先鋒館」內，展板上展示著飽經風霜、掛著勳章的蘇聯老戰士向如饑似渴的年輕人解釋「沒有戰爭多美好」！不僅在列寧大街上，在蘇聯大街、共產主義大街、和平大街上，每三個人中似乎就有一個人穿著制服。這些女軍官精緻的化妝、油光發亮的染髮、高跟皮鞋與她們原始的制服相得益彰，她們的肩章表明她們隸屬於國家安全部（MGB），但人們還是非正式地稱她們為ＫＧＢ。在每個政府辦公室裡都有一名悶悶不樂的祕書、一株盆栽和一幅裝在鏡框裡的領導人畫像。

這讓我懷舊之情油然而生。但是再稍微仔細一看，情況並非它們表面看上去那樣。在先鋒館的地下室裡，孩子們在玩西方的電腦遊戲：古墓麗影（Tomb Raider）、坦克賽車

（Tank Racer）。十月二十五號大街上的商店包括愛迪達專賣店和一家裝飾著放大的美國摩天大樓巨型照片的快餐店。沿著大街，有一個龐大的新建體育館，該館由當地最大的公司建造，名字為「縣治安官」（Sheriff），以向拓荒前的美國西部邊境的執法官致敬。在蒂莫蒂酒店（Hotel Timoty），接待員塔妮亞（Tania）穿著有彈性的白色運動服，上面印著杜嘉班納（Dolce e Gabbana）的商標。當然不是真品。她向我解釋，這個酒店的名字——蒂莫蒂——在俄語中代表蒂拉斯波爾—莫斯科—蒂拉斯波爾（TIraspol-MOscow-TIraspol），表明了與俄羅斯首都的重大關聯。

連底座上的坦克也講述著一個新故事，它紀念的並不是蘇聯一九四一—一九四五年偉大的衛國戰爭，而是一九九二年的英雄「之戰」，在這場戰鬥中，這片嚴重蘇聯化、基本上說俄語的土地上的當地部隊，在俄羅斯第十四軍的協助下，從摩爾多瓦當局獲得了實際自治。摩爾多瓦當局將拉丁語而不是西里爾文字作為摩爾多瓦／羅馬尼亞的官方語言，正試探性地將德涅斯特河以西的領土重新向羅馬尼亞、歐洲和西方靠。自那以後，該實體在英語中最為方便地稱為德涅斯特河沿岸地區（即德涅斯特河以西地區），其俄語的名稱可以直譯為「德涅斯特河沿岸摩爾多瓦共和國」。它擁有自己的國旗、國徽（錘子鐮刀形）、國歌、總統、議會、穿著制服的邊界守衛、安全服務機構、警察、法庭、學校、大學和憲法——大多數國家的特質，但沒有得到國際認可。

其總統伊戈爾．斯米爾諾夫（Igor Smirnov）看上去像是浮士德博士和臨時牙醫的結合物，掌管著充滿壓迫和腐敗的政權，靠實際上由俄羅斯天然氣工業股份公司提供的免費能源、一小部分俄羅斯軍隊和一些當地工業——包括軍工廠，據說還有不少非法的武器走私和人口販賣——來維繫。儘管最近有人向祕密從事的《星期日泰晤士報》記者出售一枚裝備「髒彈」彈頭的後蘇聯火箭導彈（post-Soviet Alazan missile）的事情可能是騙局，但西方相關專家認為，無賴政權和潛在恐怖分子的武器確實是從或者通過德涅斯特河沿岸地區獲得的。

然而，目前，斯米爾諾夫的政權備受壓力。在其西面，國際認可的摩爾多瓦總統（儘管他自己是一名共產主義者）正在努力向歐盟和美國靠攏。它的另外三面是烏克蘭，在那裡，橙色革命帶來了一位更加親西方的總統，對填補這種黑洞更加感興趣。歐盟和美國正在再次尋找可能的協商解決方法。斯米爾諾夫在國內也面臨一些反對勢力，該反對勢力受到了強大縣治安官寡頭的部分支持。連在德涅斯特河沿岸地區，也有最微弱的橙色氣息。

坐在維護人權基金會簡陋又寒冷的辦公室裡，亞歷山大·拉琴科（Alexander Radchenko）告訴我，斯米爾諾夫「擁有史達林或者薩達姆·海珊擁有的權力」。他和其他議員想修改憲法，從而允許他們彈劾總統和加強憲法法庭等。他接過威脅電話：「你會葬身於德涅斯特河。」然而，更進一步的詢問發現，矮小而強壯的紅軍前政治委員真正喜歡的與其說是「回歸歐洲」，還不如說是回歸蘇聯。他微笑的時候露出了幾顆金牙，稱：「當然，在蘇聯，有和平、人與人之間有友誼還有福利。沒有人失業，沒有人無家可歸，沒有人吸毒上癮，沒有妓女，沒有人口販賣。」他說，史達林死後不久，情況便開始變壞。這是德涅斯特河沿岸地區式的橙色。

像我一樣，對於不是丁丁迷[1]和神祕東歐衝突行家的任何人來說，德涅斯特河沿岸地區有什麼重要性？或許沒有什麼重要性——除了生活在那兒的人們，從那兒殘忍販賣過來的婦女，以及那些被出自那兒的武器殺死的人。然而，它還凸顯了一種歷史發展，我們當中的大多數人只覺察到了一半，這種歷史發展促進了過去二十五年我們在歐洲目睹的許多變革，如今依然在促進歐洲的變革。

這種發展是俄羅斯帝國的興衰。首先，有可能相信，這只是蘇聯帝國而不是俄羅斯帝國的衰落。當你到達喬治亞、烏克蘭和德涅斯特河沿岸地區，這已經不再可能。在蒂拉斯波爾的市中心有一尊陸軍元帥亞歷山大・蘇沃洛夫（Alexander Suvorov）的巨大雕像。這標誌著在十八世紀末，這位偉大的沙皇將軍征服了這片土地並建立了這座城市。在此，不僅蘇聯帝國正在衰落，沙皇帝國也在衰落。

如今，我們歐洲人有三種選擇。我們可以把這類領土當作黑洞，置之不理。我們可以讓美國成為新的帝國力量。或者我們可以決定，與美國擁有安全合作夥伴關係的歐盟應該逐漸擴張，進而給前蘇聯的這些地區帶去更多的自由、尊重人權和長期的繁榮前景。當然，前提是生活在那裡的人們希望這樣。

然而，歐盟是人類歷史上最不主動的帝國。我們到目前為止的擴張已經導致像法國這樣的核心國家投了反對票。如果歐盟不擴張吸收前蘇聯的更多地區，像德涅斯特河沿岸地區這樣的地方將依然是黑洞。如果這樣做，歐盟將有步前蘇聯後塵的風險。德涅斯特河左岸像紅軍的火箭光芒一樣，這是我們透過它看到的兩難困境。

二〇〇五年

1 艾爾吉在比利時的《二十世紀報》副刊創造了他的丁丁世界，丁丁是一名小記者，身處每一個現實世界的衝突地：蘇聯、剛果、美洲、遠東等。——譯注

為什麼英國在歐洲

根據歷史、學術傳統和相關國家的語言，「為什麼『某國』在歐洲」這一問題會以截然不同的方式回答。比如，如果我們問為何法國在歐洲，一名法國的學者可能會回答：「因為不在歐洲的法國就不再是法國了，沒有法國的歐洲也不再是歐洲了！」現在，這個答案可能無法讓我們完全滿意，但是如果它似乎可以讓他及其足夠多的同胞滿意，那麼從某種非常重要的意義上來說，這是對上述問題的一個令人滿意甚至是完滿的答案。如果我們問為什麼德國在歐洲，有人可能會像赫爾穆特·柯爾的顧問沃夫岡·伯格道夫（Wolfgang Bergsdorf）那樣回答：「統一的德國存在的理由就是融入歐洲。」或者正如資深的德國外交部長漢斯—迪特里希·根舍（Hans-Dietrich Genscher）有一次所說：「我們的外交政策越是體現國家性就越體現歐洲性。」這些答案可能顯得公式化，有點令人眼花撩亂，但是如果它們同樣能讓足夠多的德國人相信，那麼從某種重要意義上來說，它們是令人滿意又完滿的答案。至於為什麼波蘭在歐洲的問題，答案必須富有詩意——這是波蘭的風格。用偉大的浪漫詩人尤利烏斯·斯沃瓦茨基（Juliusz Słowacki）的話來說：「如果歐洲是一名妙齡少女，那麼那不勒斯是這名妙齡少女明亮藍色的眼睛；華沙則是她的心臟。」約翰·梅傑（John

Major）告訴我們英國應該位於歐洲的中心是一回事，一位偉大的浪漫詩人說你位於歐洲的中心又是另一回事。

簡而言之，對於這樣一個問題，沒有一個客觀、科學或者說哪怕完全合理的答案。各國都有根植於國家歷史、經歷特別是語言的答案。所以關於「為什麼英國在歐洲」這一問題，我們尋找的答案肯定是英國的答案，根植於我們的國家經歷、我們的學術傳統和歷史。在本文中，我探討了四種可能的答案：從地理、歷史或者更準確地說是從我們一九四五年前的歷史觀、當代歷史，尤其是一九四五年至一九七五年間，英國加入現在所謂的歐盟，以及在全民公投中決定繼續留下去的歷史等角度，還有最後政治的角度，提出如今這是否對我們有利和我們為何還在那裡的問題。[1]

一

首先是地理學，或者更準確地說是歷史製圖學。為何我們在歐洲，一個明顯的英國答案是：我們在這兒，故我們在這兒。或者，正如許多英國人也許會說的那樣：我們在那兒，故我們在那兒。這可以從菲利浦學校地圖冊開始算起的任何地圖上看到，年輕的瑪格麗特・柴契爾——瑪格麗特・希爾達・羅伯特（Margaret Hilda Roberts，柴契爾的全名）一九三九

1 本文由二〇〇五年班・平洛特紀念活動的開幕詞整理而成。原演講還配有提到的地圖幻燈片。

年和一九四〇年上學的時候幾乎肯定用過菲利浦學校地圖冊中的地圖。無論我們怎麼看世界，倒著看還是正著看，英國都在歐洲。如果我們從中國的地圖上來看，英國在歐洲。最近，在霍梅茵鎮，我在阿亞圖拉．柯梅尼（Ayatollah Khomeini）外面的一個書刊亭裡買了一份伊朗版的歐洲地圖。同樣，英國仍然堅定地在歐洲內——不像土耳其，一半在歐洲內，一半在歐洲外。我特意詢問了大英圖書館的地圖圖書管理員，他是否知道任何以某種形式不包含大不列顛群島但具有重要歷史意義的歐洲地圖。他的回答是不知道。

地圖不僅僅表明了有形的現實。它們是看待方式、思維方式的體現，人類分類和人類想像的產物。但是這種特別的人類分類相當古老和持久。到目前為止，歐洲和亞洲之間的差別是世界上最古老的連續性地緣政治差別。當然，這可以追溯到古希臘，從製圖方面來說至少可以追溯到公元前二世紀。如果我們根據公元前二三世紀生活在亞歷山大市的古希臘地理學家埃拉托色尼（Eratosthenes）重新繪製的世界地圖，會發現儘管歐洲的形狀相當古怪，但可以看到歐洲的位置與現在歐洲的位置一模一樣，左上的大島是大不列顛群島。

在中世紀許多對托勒密（Ptolemy）地理學的重建中，英國都非常堅定地在歐洲內。實際上，在托勒密地理學中，第一部分總是歐洲，而這一部分的第一張地圖總是英國。隨後還有中世紀的「T和O」地圖，以其三分世界而著名。有歐洲，在歐洲內，有大不列顛群島。在歷史製圖方面，土耳其的位置在還是不在歐洲內備受爭議；俄羅斯和馬格里布（Maghreb）的位置也有爭議。但是歷經二十三個世紀，如今從世界任何其他地方來看，英國都是歐洲的一部分。

當然，通過地圖還可以體現出其他的看待方式。比如，在所謂的「初級地圖」

（Elementary Map，這是十九世紀初展現有形地理要素的地圖），我們將熟悉的島嶼作為一種地理要素，與洲或者大陸相對。此外，我們還有帝國地圖，英國位於中心，歐洲實際上根本不復存在。在一張體現最近、非常嚴肅的大英帝國歷史的帝國地圖中，當你關注歐洲大陸的時候，所有標注都寫著「法蘭西帝國」。這或許是英國對歐洲相當獨特的看法。

所以說思維地圖差異很大。二〇〇三年，我參加了辯題為「英吉利海峽比大西洋更寬」的倫敦辯論，那是一次有趣的經歷。正方是保守的疑歐派約翰・雷德伍德（John Redwood）等人，論證充分。大多數富裕的倫敦聽眾認為，英吉利海峽比大西洋更寬。我們裝著這種思維地圖從地理走向歷史，因為這些相對距離的觀念是由歷史觀塑造的。

二

我們如何看待我們一九四五年前的歷史？在《就業、利息和貨幣通論》接近尾聲的地方，約翰・梅納德・凱恩斯（John Maynard Keynes）寫了這樣一段著名的話：「許多實踐家自以為不受任何學理之影響，卻往往當了某個已故經濟學家之奴隸。狂人執政，自以為得天啟示，實則其狂想之來，乃得自若干年以前的某個三流學者。」務實者更是一些過世歷史學家的奴隸。像柴契爾這樣的務實女性在一九九九年政策研究中心發表的演講中說：「上帝將英國從歐洲大陸分離出來是有目的的。」這是民族主義歷史觀的絕妙濃縮，要麼預示著歷史從地理向前推進，要麼預示著倒退回地理。

這一簡單句子的背後，隱藏著一種最初源自維多利亞女王時代的、對於英國歷史的完整論述，從大不列顛島嶼走向帝國，從技術上向傳播自由的目標邁進。經典的論述可以在約翰．西利（John Seeley）的劍橋演講中找到，這些演講已於一八八三年出版，名為《英國的擴張》（*The Expansion of England*）。約翰．西利問：「英國歷史的總體趨勢或者目標是什麼？」（也許只有在英國才可以把「趨勢」和「目標」當同義詞用。）他自問自答道：「我們脫口而出的答案是自由、民主。」接著他講述了英國擴張的故事，首先囊括不列顛群島成為了大不列顛（他將大不列顛看作一種內部帝國），接著成為他所謂的更大的不列顛，即海外帝國。

這種重大論述更富影響力的版本是馬歇爾（H. E. Marshall）的兒童讀物《我們小島的故事》（*Our Island Story*）。該書的序言標題為「本書是如何寫成的」，信上的地點和時間為澳大利亞墨爾本，一九〇五年。書是這樣開頭的：

斯彭（Spen）看著剛剛送到的狹小信封，聽著薄紙發出的清脆響聲說：「爸爸，這封信真有趣。」

爸爸說：「是嗎？它是從國內寄來的。」

斯彭大笑說：「國內寄來的！爸爸，為什麼，這就是國內啊。」

「我是指舊國家，斯彭。」

薇達（Veda）放下洋娃娃，靠到她爸爸的膝蓋上說：「爸爸，舊國家？舊國家？什麼意思？」

爸爸說：「我是指西邊的那座小島，我們屬那裡，我過去生活在那裡。」

斯彭問道：「但這是一座島，一座很大的島，媽媽說是澳大利亞。所以我們怎麼會屬一座小島呢？」

「呃，我們確實屬一座小島——至少這座大島屬那座小島，那座小島又屬這座大島。」

薇達說：「哦，爸爸，解釋一下嘛。你根本沒有解釋。」

爸爸歎了一口氣說：「好吧。很久很久以前……」

「哦！」斯彭說，「是一個故事。」於是他便開始坐下來傾聽。

「對，」爸爸說，「是一個故事，而且還是一個非常長的故事。我覺得我應該請另外一個人來告訴你們。」

而這個人就是馬歇爾女士。這篇序言完美地概括了這種論述的來源，具體而言是源於帝國的經歷，這裡特指源於澳大利亞。

費舍爾在一九三五年出版的《歐洲歷史》中寫道，英國痛惜其在十四世紀和十五世紀喪失的法國領土，並沒有意識到「一名善良的仙女正準備將他們遙遠的島嶼放到可居住地球的中心」。思維中的地理也是：「位於可居住地球的中心」。

這種著名的論述在二戰期間，尤其在一九四〇年的上升時期，得到了大大提升：英國獨自屹立著——正如在大衛．羅（David Low）的卡通中，英國士兵英勇無畏地站在差點被海浪吞沒的海岸上，向布滿納粹飛機的天空揮舞拳頭——那位陸軍上尉說：「一個人，很好！」那段時間，最偉大的作家、推廣者之一是屈維廉（G. M. Trevelyan），大衛．坎納戴恩（David Cannadine）為他寫過一部富有啟蒙意義的傳記。屈維廉的《英國社會史》（*English Social History*）第一版於一九四四年在英國出版，到一九四九年，售出了將近四十萬冊；正如普魯姆（J. H. Plumb）所評論的那樣，它不僅是一部社會歷史，還是一種社會現象。屈維廉在書中寫到，百年戰爭（Hundred Years War）後，「英國變成了一座奇怪的島，與大陸脫離」。他接著探討了英國的例外主義，補充說，「如果法國的貴族階級能夠與農民打板球，那麼他們的城堡就不會化為灰燼了」。一直到亞瑟·布萊恩特（Arthur Bryant）——窮人的屈維廉，他在其戰時的冗長文集《忍耐的歲月》（*The Years of Endurance*）和《勝利的歲月》（*Years of Victory*）中描述了他所謂的「自由的小島……進入銀色的海洋」。

需要強調的是，這一有力又能引起回憶的重大論述在我們這個時代仍然具有重大的影響力。還有一些人在寫它，比如保羅·約翰遜（Paul Johnson）。他的《近海島民：從羅馬占領到進入歐洲的英國人民》（*The Offshore Islanders: England's People from Roman Occupation to European Entry*）出版於一九七二年，在封面上印著一九六二年——英國首次申請加入歐洲共同體的時間——休·蓋茨克爾所說的名言，這將是「一千年歷史的終結」。但最重要的是，這一「小島故事」的論述具有影響力是因為我所謂的「教科書時間差」。正常情況下，要花多年才能將傳統的史料編纂智慧選入教科書中。接著這些教科書要在教室裡用好多年，或者說像《我們小島的故事》這樣的兒童讀物，要在家裡用好多年，家長常常喜歡在家給他們的孩子讀他們自己喜歡的故事。而你兒時讀的歷史通常是對你影響最大的，深深刻在你的記憶中。所以教科書時間差很容易變成四五十年。凱恩斯表示，人們是一些「若千年前」三流學者的奴隸，但是這時間可能是好幾十年前。

一九三九年和一九四〇年，柴契爾女士在學校學習和吸收的是這樣的歷史就不足為奇了。或許有點更加令人吃驚的是，我們非常現代和自由的坎特伯雷大主教前幾天在一場有關歷史的公眾角色討論後竟然提到，《我們小島的故事》一直是他小時候最喜愛的圖書之一。這種重大的論述是我們這代人（二十世紀五〇年代和六〇年代的時候在學校學習）的論述，伴隨著我們成長。這是東尼．布萊爾在預備學校和公共學校學習吸收的論述（只要他學過歷史），你在他關於歐洲的演講中可以找到相應的痕跡。比如，二〇〇〇年在華沙發表的演講中，他這樣描述英國：「英國是二戰中的戰勝國，美國的主要盟友，一個具有自豪感和獨立思想的島嶼民族（不過我們的血管中流淌著許多歐洲血液）。」「島嶼民族」——亞瑟．布萊恩特，你應該活到現在！這種歷史深入人心，我們小報的報導不斷地反覆講述這種歷史，正如《太陽報》受到提議的歐洲憲法條約的刺激，在一篇令人難忘的頭版中說：「一五八八年：我們趕走了西班牙人；一八〇五年：我們趕走了法國人；一九四〇年：我們趕走了德國人；二〇〇三年：布萊爾讓英國向歐洲投降了。」

自英國加入歐洲共同體以來，不像《太陽報》的記者，專業的歷史學家一直在做一些有意義的工作糾正這種歷史觀。首先，他們做了有人所謂的史學的史學。他們向我們展示了民族身分是如何構建的，傳統是如何發明的，讓人想起埃里克．霍布斯鮑姆（Eric Hobsbawm）和特倫斯．蘭格（Terence Ranger）合著之書的著名書名（即《傳統的發明》，*The Invention of Tradition*）。琳達．科利（Linda Colley）在其富有影響力的《英國人》（*Britons*）一書中引用了如下論斷：英國是一個「發明的國家，歷史並不比美國長多少」。

當然，「發明的」與在法國的說法不同，按照身分研究的可怕術語，我聽說在法國就是所謂的「對立的」。謝默斯．迪恩（Seamus Deane）寫道：「英國為了定義自己對它的理解，必須在法語中創造其反面意義。」「對立的」這個法語詞的創造非常有效，因此柴契爾的父親、也就是市參議員阿爾弗雷德．羅伯特（Alderman Alfred Roberts）等人認為法語「自上而下都有錯誤」。

這種史學的史學一直是更廣泛的比較國際訓練的一部分，在比較國際實踐中，許多歐洲國家都批判性地審視了自己的史學。這也常常受到國家例外主義說法的影響。比如，戰後德國所謂的「特殊道路」（Sonderweg）的史學，德國現代歷史的「特殊道路」。沃爾夫岡．蒙森（Wolfgang Mommsen）曾評論說，從很大程度上來說，「特殊道路」的史學依靠的是一種反事實的模式，這是英國走向自由民主的一種理想化模式。因此，德國例外主義的定義照搬了英國認為的英國例外主義，並將此作為現代西方常態的標準，如果你願意的話，可以將此作為歐洲標準。我們國家的例外主義成為了他們歐洲常態的標準。

此外，在過去三十年，尤其是過去十五年，專業的歷史學家所做的努力主要是通過強調我們與其他歐洲國家的共同而不是不同之處，來幫助我們在更加廣泛的國際環境下看英國歷史的全貌。這方面的經典例子是諾曼．戴維斯的著作《群島》，該書為我們提供了我們國王用原始語言寫成的名字，同時還提供了大約公元前八千年——即在所謂的「英吉利海峽」的水帶出現之前，當時我們確實是「一片大陸，是大陸的一部分」——英國的第一張地圖。這與現代歷史的關係尚不清楚，但其意義在於這是書上的第一張地圖，試圖給我們英國是歐洲一部分的感覺。

其他歷史學家探索了英國現在成為跨英吉利海峽政治組織一部分的方式，就其大部分歷史而言，英國都是跨英吉利海峽政治組織的一部分。他們稱，在十六世紀和十七世紀的大斷裂期，從亨利王改革（Henrician Reformation）到十七世紀的革命，連續性要比以前認為的多得多。他們還探索了英國歷史與被稱為盎格魯勢力範圍（Anglosphere）的其他部分還有什麼共同之處。因此，這種新史學並不僅僅是用英國只是另一個歐洲國家的說法，來代替英國是一個創造帝國的特殊島嶼的說法。準確地說，它描述了傑若米．布萊克（Jeremy Black）所稱的「海洋與大陸的雙重性」，他的這種說法恰如其分，定義了我們的歷史。英國是一個歐洲國家，但不僅僅是一個歐洲國家。

最後，在過去三十年，專業歷史學家對我們所爭辯的分離及分離的現實所作的研究，提醒我們，像屈維廉那樣將一個小島稱為英國，可笑至極。我們必須談談群島，它們包含了四個國家。休．科爾尼的書叫《群島：四國的歷史》（*The Isles: The History of Four Nations*）。如果將蘇格蘭、威爾斯和愛爾蘭的歷史包括其中，那麼與歐洲大陸的歷史就有了更多的共同之處和交流互換。許多在英國開車閒逛的蘇格蘭人，在車上用法語寫上自己國家名字：Ecosse，這並非偶然。

所以有大量的專業編史學可以研究。但是，這是如何影響——用麥考萊（Macaulay）那個著名的詞來說——每個學生所知的東西呢？恐怕事實是對於每個學生所知的東西影響微乎其微。我們從對於「我們小島的故事」的民族主義史學的必要、健康解構走向了另一個極端，在我們的學校課程中刪除任何連續國家歷史的意義。目前，大多數英國孩子在學校體驗的是戈登．馬斯登（Gordon Marsden）所謂的「呦！壽司」（Yo! Sushi）式學校的歷史指導，就像在「呦！壽司吧」一樣，一只只小塑膠盤裝著的壽司從傳送帶上運過來。首先學了點希特勒，接著又學了點史達林——每個人都學了點希特勒和史達林。接著又可能學了點工業革命，或許還學了點都鐸王朝和斯圖亞特王朝。最終，無論多麼批判性地審視，你都沒有一點英國歷史連續性的感覺。我們從一個簡單、誤導性的虛構故事——「我們小島的故事」走向了一種沒有任何故事可言的境地。

三

我的第三種探討途徑是當代歷史，尤其是一九四五至一九七五年之間的相關時期。在這方面，為何英國在歐洲這一問題進一步縮小，變成為何英國加入並決定留在現在的歐盟；更準確地說，為何英國的執政精英在三個不同政府的領導下選擇申請加入歐盟，不僅僅是一次而是三次，接著向民意推銷這個決定。在這方面，我們擁有非常豐富的資源：私人和公共的文件，接受系統訪談的目擊者，從邁克．查爾頓（Michael Charlton）的開創性工作開始，再到現代英國歷史研究所收集的口述歷史。我們還有亞倫．米爾沃德（Alan Milward）、大衛．雷諾茲（David Reynolds）、班．平洛特（Ben Pimlott）、彼得．亨尼西（Peter Hennessy）、約翰．揚、雨果．揚、安德魯．格迪斯（Andrew Geddes）、安妮．戴頓（Anne Deighton）、史蒂芬．喬治（Stephen George）和皮爾斯．勒德洛（Piers Ludlow）等歷史學家、政治學家和記者做出的豐富的自主分析。

在編纂這部分歷史方面，目前依我看，沒有太大的爭議：情況相當清楚，意見基本一致。我想從這浩如煙海的資料中選出幾個顯著的要點。首先，毫無疑問的是，這些加入的申請是對衰落的觀念和現實做出的反應。大衛·雷諾茲用四個單詞概括了其有關英國二十世紀外交政策《被否決的大不列顛》（*Britannia Overruled*）一書的觀點：「英國已經失勢。」這也是對可感知的經濟衰退所作出的反應，最初歐洲經濟共同體的六個成員國的經濟表現超過了英國，歐洲工業化國家之間的貿易增長比大英國協內部快得多。但是，如果我們回頭看當時的辯論，令人吃驚的是政治和經濟方面的理由是多麼的顯著，尤其是如下理由：在冷戰的背景下，穩定、團結的西歐是英國一項重要的國家利益。如果你閱讀一九七一年和一九七五年全民公投期間下議院的演講，會發現演講人一次又一次地提到了安全問題——西歐與前蘇聯集團的安全。同時，一個重要的因素是我們最親密的盟友美國不斷地敦促我們加入歐洲經濟共同體。

最重要的是，當時私下和公共辯論令人吃驚的地方在於它們圍繞著英國世界角色的觀念。保羅·夏普（Paul Sharp）恰當地堅持認為，可以說，我們必須在不列顛前保留那個「大」字，我們必須保留一個世界角色，讓其本身成為英國精英定義國家利益的核心部分。比如，一名外交部的前常務次官回顧申請決定時說，思路是這樣的：「如果我們不抓住這次機會，我們將淪為一個邊緣的歐洲小國。」他反思說：「我們加入是為了防止自己淪為一個真正較低端的聯盟。」

這種後帝國時代的憂慮是這些辯論的永恆主題，你已經可以在丁尼生（Tennyson）十九世紀末的詩歌中聽出來。丁尼生寫道，沒有帝國，我們應該是「某種三流的島，一半淹沒在我們北面的汪洋中」。有趣的是，在二十世紀五〇年代初，我們決定不加入的一個主要原因正好是二十世紀六〇年代初我們決定加入或者試圖加入的原因。一九五〇年，恩尼斯．貝文（Ernest Bevin）對美國歐洲一體化的支持者抗議道，「英國不是歐洲的一部分，她可不是什麼盧森堡」。安東尼．艾登（Anthony Eden）反思我們不是帝國和聯邦會怎麼樣時說，「我們應該不過是最多幾百萬人生活在歐洲一個離岸的島上而已，沒有人會有特別的興趣」。正是這種擔憂促使我們在二十世紀六〇年代和七〇年代加入歐洲共同體。目標沒變，只是手段改變。這在一九七一年的《白皮書》中非常清楚地反映出來，該《白皮書》稱，如果我們不加入歐共體，「僅僅一代人的時間，我們將放棄帝國的過去，拒絕歐洲的未來」。這種世界角色的觀念與英國一直著迷的「領導者」觀念緊密地聯繫在一起。你可以在東尼．布萊爾的演講中一次又一次地發現這種觀念，即英國在歐洲必須處於領導地位。據維利．勃蘭特（Willy Brandt）回憶，一九六七年時任外交大臣喬治．布朗對他說的話幾近荒謬地表達了這種看法：「維利，你必須讓我們加入，這樣我們就可以領導了。」

當然，「我們」總是指精英們。這引出了我對現代歷史的最後一點看法。在分析、反思和決定的整個過程中，幾乎沒有考慮民意，直到民意變成一個問題。一九六二年九月的內閣會議紀要上記著，「民意正表現出懷疑的態度，非常危險，需要糾正」。「糾正」——像刑法修正。因此展開了一陣猛烈的宣傳攻勢，接著又將民意拋到了腦後。二十世紀七〇年代，同樣的一幕再次上演，當時蓋洛普（Gallup）的調查顯示，大多數人都支持收回申請。一九七五年一月，政府發動了一場規模更大、更為有效的運動，獲得其想要的「支持票」，接著再次將民意拋到了腦後，沒有向英國的民眾做出系統的告知，更別提說明英國在歐洲的原因。這是英國歐洲政策的一個永恆特徵。因此，如果我們問當今的每個學生對一九四五—

一九七五年期間這段完好記載的英國與歐洲的關係史知道多少，答案是：一無所知。

四

這直接將我引到我的最後一部分：當代政治。如果我們問為何英國還留在歐盟、歐盟成員國的身分是否一直對英國有利、如今留在歐盟的原因是什麼，那麼顯著的事實是，儘管我們有一個沒完沒了的東西叫英國「歐洲辯論」——這種形式讓人想起聖燭節（Groundhog Day），你一覺醒來又聽到一名親歐人士和一名疑歐人士在英國廣播電台第四頻道《今日》節目中爭吵不休，重複我們已經聽過無數次的同樣觀點——但是我們還無法對這些問題給出任何合理充分的判斷。英國人自己在接受民意調查時表示，他們對歐盟不太了解；他們既不信任歐洲組織，也不信任英國媒體告訴他們有關歐洲組織的信息；他們根本不關心。一無所知、毫不信任、漠不關心。

令人吃驚的是，對於歐盟成員國的身分是否有利，以及代價和好處是什麼，很難找到一份沒有偏見的分析型資產負債表。我所知的最後一次認真嘗試，是由西蒙・布爾默（Simon Bulmer）編輯並於一九九二年出版的一本書做出的。但連基本事實也富有爭議：比如，所謂三百萬英國人的工作依靠我們與歐洲的貿易的事實。

此外，連判斷我們仍然留在歐盟是否有利的基本標準也富有爭議，比如，英國應該擁有世界角色是否重要有很大的影響。對於從東尼・布萊爾到大多數高級官員等支持留在歐盟的人來說，這是一個決定性的考慮因素：因此，我們可以「有所作為」，我們可以影響有關氣候變化、非洲或者大規模殺傷性武器的全球議程。但是，有一個非常一致的立場稱，「為什麼我們應該這樣？」疑歐派的領軍人物、《每日電訊報》（*Daily Telegraph*）的查爾斯・摩爾（Charles Moore）有一次對我說：「你知道的，所謂的世界角色是外交辭令。我們不需要什麼角色。重要的是這個國家應該富裕和自由。」一個近海的瑞士？為什麼不呢？

除非你決定了判斷該資產負債表的標準，否則你根本沒有機會做出合適的判斷。此外，如果你更進一步審視關鍵理由，你會發現它們依靠的是反事實的東西。歐盟倡導者一個關鍵的反事實的東西是：沒有歐盟，歐洲會怎麼樣？當然，這完全沒法知道。世界還會有最大的單一市場嗎？歐洲的絕大多數國家仍然會是民主國家嗎？歐洲大部分地區還會有和平嗎？然而，這是支持歐盟的核心理由。激進的英國疑歐人士（那些希望退出歐盟的人）關鍵的反事實的東西是：英國沒有加入歐盟會怎麼樣？同樣，答案也完全無法知道。挪威和瑞士等國是我們唯一可以參照的例子，但是這些國家要比英國小得多，歷史也截然不同，他們實際的立場也富有爭議。

在一九七五年我們舉行全民公投和二〇〇六年我們沒有舉行全民公投期間，歐盟顯然在不經意間發生了明顯的變化。英國的辯論在如今歐盟的現實背後至少持續了十年。與此同時，「英國在歐洲」這個詞組中的主語也發生了變化。由於分權，這已經不是那個英國。現在冷戰已經結束，因而那個出於西歐安全要求、具有說服力的理由已經站不住腳——至少就應對蘇聯的安全而言是如此。因此，美國不再熱情地支持歐洲一體化或者英國成為歐洲一體化的一部分。[2]法德兩國和英國之間的經濟關係基本上徹底改變了；目前比我們還苦苦掙扎的是他們。已擴展至二十五個成員國、很快將有二十七個或更多成員國的歐盟，永遠不可能成為一個聯邦的超級大國。實際上，法國「否決」歐洲憲法條約後，法國首屈一指的思想家迪阿梅爾（Alain Duhamel）評論說，二〇〇五年五月九日星期日的全民公投日可能成為英國或者大不列顛歐洲的生日：龐大、鬆散、自由貿易、開放、深深地非法國式。歐洲大陸上的許多人都持這種看法。這在很大程度上導致了「否決」一票，在法國尤其如此。然而，英國的大多數人甚至幾乎都沒有注意這種看法，因為我們既沒有必要的歷史知識水平（我們學校的錯），也沒有現代的報告和分析（我們媒體的錯）。

五

為了回答為何英國在歐洲的問題，我們從四種探討途徑進行了簡要探討：地理、史學、當代歷史和政治。我們從中發現，牢固、毫無爭議的事實要比你可能認為的少得多，更多的是選擇、解讀和反事實的問題，看待方式（包括地圖）、思維方式、感覺方式的問題，以及最重要的是有意識和無意識的選擇問題。在我們開始回答為何英國在歐洲的問題之前，我們首先必須問：我們自認為是一個什麼樣的人？我們想成為什麼樣的人？我們想講述什麼

2 本文寫於布希執政期間，喬治．W．布希第一個任期時尤其如此。

故事？如果可以的話，我們希望英國在更廣泛的世界裡扮演什麼角色？如果沒有上述探討（在我們的公開辯論中就是沒有探討），其實根本不可能提出這個問題，更不用說回答了。

可惜的是，與五年、十年或者十五年前相比，現在更不可能探討了。在二十世紀九〇年代，約翰·梅傑執政期間、一九九七年布萊爾選舉前期以及布萊爾執政前期，確實提出了這個問題。英國的重要性在很大程度上通過英國在歐洲的重要性來衡量。在出版於一九九六年的《希望與榮耀：一九〇〇－一九九〇年間的英國》（*Hope and Glory: Britain 1900–1990*）一書的最後一段，歷史學家彼得·克拉克（Peter Clarke）寫道，英國政治的所有難題日益圍繞我們與歐盟的關係。他寫道，「這些問題到二十一世紀應該可以解決了」。可是，我們早就進入二十一世紀了。這些問題還沒有解決，我猜在未來相當長一段時間內仍然無法解決。

不管我們願意與否，對歐盟憲法條約進行全民公投，是迫使我們對「為何英國在歐洲」的問題展開辯論的一種方法，我們沒有進行公投，因此我們不會對此展開辯論。如果不舉行全民公投，東尼·布萊爾根本不會試圖引導我們展開這樣的辯論。與東尼·布萊爾相比，戈登·布朗對歐盟更加謹慎，對美國更加著迷；他肯定不會帶我們展開辯論。戴維·卡梅倫從很多方面來說是一名自由的現代主義者，但是對於一名自由的現代主義者而言，歐洲工程顯得有點過時，另外，他是通過向其疑歐派的同僚做出承諾而當選黨魁的。他們當中沒有人有興趣將這個問題放到英國公開辯論的風口浪尖。別的不說，這樣做將有分裂自己黨派的風險。因此，未來許多年，這個問題似乎不會直接被放到英國公眾的面前，自從一九七五年那短暫一刻起，它就沒有被放到英國公眾面前過。據說，尚－保羅·沙特（Jean-Paul

Sartre）曾說過，沒有決定也是決定。無論是否如此，這是英國在可預見的未來可能做出的唯一一種決定。

二〇〇五年

歐洲的新故事

歐洲瘋了。在我們慶祝已經變成歐盟的歐洲經濟共同體成立五十周年之際，歐洲已不知自己想講述什麼故事。對於戰後西歐一體化的工程，一個共同的政治故事支撐了三代人，但冷戰結束後，一體化變得四分五裂。現在大多數歐洲人都不知道我們來自何方，我們也沒有共同的追求目標。我們不知道為何我們擁有歐盟，也不知道它有什麼用。因此我們急需一個新故事。

在《羅馬條約》五十周年之際，我提議我們的新故事應該從六條線來編，每條線都代表一個共同的歐洲目標。這些線是自由、和平、法律、繁榮、多樣性和團結。這些並不是歐洲獨一無二的目標，但大多數歐洲人都一致認為，追求這些目標是當代歐洲的特色。然而，我們的表現常常與該理想差一大截。這差的一大截本身就是我們新故事的一部分，必須加以講述。因為當今的歐洲還應該有能力不斷地自我批評。

在這份提議中，我們的身分不會以歷史性歐洲國家的形式構建。我們的身分曾經幽默地被定義為因共同憎恨其鄰國、共同誤解自己的過去而團結起來的一群人。我們甚至不應該試圖將歐洲歷史重新講述成那種頗富十九世紀國家建設特色的目的論神話。像神話一樣編造我們的歷史毫無好處（「從查理曼大帝到歐元」），也不會有任何作用。歷史學家恩尼斯·勒南（Ernest Renan）明智地將國家分析成擁有共同記憶和失憶的共同體，但是一個國家希望忘記的東西，另一個國家希望記住。歐盟的成員國越多，國家記憶的大家庭就越多樣化，對於共同的過去構建一個共同的神話就越難。

消極地套用敵人或者「對立面」（身分研究中的專業術語）也無法給我們帶來歐洲的團結感，比如十八世紀和十九世紀構建的「英國」與老套的法國形成對比。共產主義蘇聯的「東方」（從二十世紀四〇年代末開始一直到一九八九年，西歐一直以它的對立面定義自己）崩潰後，目前一些政客和學者試圖在美國或者伊斯蘭中找到歐洲的「對立面」。這些嘗試愚蠢又自找麻煩。它們分裂了歐洲人而不是團結了他們。消極地套用對立面和像神話一樣編造我們自己的共同過去是我所謂的歐洲民族主義（Euronationalism）——試圖在歐洲層面上複製建立政治身分的民族主義方法——的典型。

在這份提議中，歐洲唯一明確的「對立面」是過去的自己：更加具體地說，歐洲文明歷史中不愉快、自我摧毀、時而完全野蠻的篇章。南斯拉夫的一系列戰爭，科索沃未遂的種族大屠殺，這一不愉快的歷史一直延續到上世紀的最後一年。這並不是遙遠的過去。歷史知識和意識在這方面具有重要的作用，但必須是真實的歷史，展現所有細節，而不是編造的故事。

與許多傳統歐盟論述相比，統一和實力在此都不是歐洲工程的明確目標。無論是國家還是大陸的統一本身並不是目的，只是實現更高目的的手段。實力也是如此。歐盟確實需要更多的能力施展其實力，尤其在外交政策方面，以便保護我們的利益，實現一些美好的目標。但要認為歐洲實力本身是一個目的，或者只是為了與美國的實力媲美，這是歐洲民族主義而不是歐洲愛國主義。

因此，我們的新故事將真誠、自我批評式地講述從不同的過去向可以構建共同未來的共同目標邁進的進步（非常不完美的進步，但終究是進步）。就其本質而言，這些目標無法完全實現（至少這個世界上沒有完美的和平和自由），但一起朝這些目標努力本身可以構建一個政治共同體。下面是編寫這樣一個故事的要點，本身就具有批判性。如果這些內容中的一些東西無法吸引足夠多的歐洲人，再繼續下去就沒有任何意義。如果吸引到了足夠多的歐洲人，或許還有意義。

自由

過去六十四年的歐洲歷史就是傳播自由的故事。一九四二年，歐洲只有四個充滿危險的自由國家：英國、瑞士、瑞典和愛爾蘭。到一九六二年，除了西班牙和葡萄牙，西歐的大多數國家都是自由的。一九八二年，像希臘一樣，伊比利亞半島加入了自由國家的行列，但是大多數我們所謂的東歐國家在共產黨的獨裁統治之下。如今，在可能明確算歐洲國家的國家中，只剩下了一個令人厭惡的小專制國家——白俄羅斯。大多數歐洲人都生活在自由的民主國家。這是前所未有的，兩千五百年來都沒有過。這值得慶祝。

歐盟當前的大多數成員國都曾是獨裁國家，這還記憶猶新。義大利總統喬治·納波利塔諾（Giorgio Napolitano）清晰地記著墨索里尼（Mussolini）的法西斯政權。歐洲委員會主席若澤·曼努埃爾·巴羅佐在葡萄牙薩拉薩爾（Salazar）的獨裁統治下長大。歐盟的外交政策負責人哈維爾・索拉納還記得躲避佛朗哥將軍(General Franco)的警察。不到二十年前,二〇〇七年春相聚在歐洲理事會會議桌上的二十七位政府首腦中,包括德國總理梅克爾在內的十一位政府首腦還在共產黨的獨裁統治下。他們知道自由是什麼,因為他們知道什麼是不自由。

可以肯定的是,生活在獨裁統治下的人們想要自由,主要是因為他們想要自由,並不是因為他們希望成為歐盟人。但是進入現在所謂的歐盟的前景,促使一個個國家,從三十年前的西班牙和葡萄牙到如今的克羅埃西亞和土耳其,轉變其國內政治、經濟、法律、媒體和社會。歐盟是有史以來最成功的政權和平更迭的引擎。幾十年來,爭取自由的努力與動人地稱為「回歸歐洲」的努力攜手並進。

缺陷

進一步地仔細審視表明,許多歐洲的新民主國家充滿缺陷,腐敗盛行,尤其但絕不僅限於東南歐。像美國一樣,金錢也在我們牢固的民主國家的政治、法制和媒體中發揮了太大的作用。無論理論是什麼,實際上富裕的歐洲人比貧窮的歐洲人更加自由。歐盟大大促進了民主,但其本身並不是非常民主。歐盟的規章制度是以《羅馬條約》「四項自由」——商品、人員、服務和資本的自由流動——的名義來證明其合理性,但這些規章制度本身就侵犯了個人自由。無論如何,歐盟不能獨享所有的稱讚:美國、北約和歐洲的安全與合作組織(Organization for Security and Cooperation)在獲取歐洲自由方面也發揮了重要作用。直到最近,為個體人權和公民自由辯護的與其說是歐盟,還不如說是歐洲理事會及其歐洲人權法院（European Court of Human Rights）。

和平

上百年來，歐洲是一個戰爭的舞台。現在它是一個和平的舞台。我們在足球上而不是在戰場上展現我們的國家實力。歐洲國家之間的爭議通過布魯塞爾沒完沒了的談判而不是武力衝突解決。歐盟是一個固定、機制化的衝突解決體系。如果你厭煩了布魯塞爾的胡說八道和敷衍了事，好好想想其他選擇。對你來說，法國和德國再次互相交戰似乎無法想像，但塞爾維亞人和阿爾巴尼亞人就在前天還在互相廝殺。你無法僅僅依靠善意來維護歐洲的和平。這可能是歐洲一體化一個古老而熟悉的理由，但它依然很有說服力。有時，古老的理由依然是最好的。

缺陷

我們無法證明，正是歐洲一體化維護了一九四五年後西歐的和平。有人會說，是北約、冷戰的霸權制度和美國作為「歐洲的撫慰者」維護了和平；有人還會引用如下事實：西歐已經成為一個自由民主的區域，自由的民主國家不會互相開戰。幾件事情同時發生，歷史學家可以評論它們的相對重要性。無論如何，一九四五年後，中歐和東歐並沒有生活在和平中：蘇聯的坦克開進了東柏林、布達佩斯和布拉格，一九八一年波蘭宣布進入「戰爭狀態」。此外，歐洲——從歐盟的意義和更加廣泛的歐洲牢固的民主國家的意義上來說——在冷戰結束後並沒有防止戰爭重歸歐洲大陸。美國曾兩次干預阻止巴爾幹半島的戰爭。所以我們有什麼好自豪的？

法律

大多數時候，大多數歐洲人都生活在法制之下。我們享有受法律保護的人權和民權，我們可以上法院保障這些權利。男人和女人、富人和窮人、黑人和白人、異性戀者和同性戀者，在法律面前都是平等的。我們基本上可以認為，警察是維護我們的，而不是為那些掌權的人謀取利益，對當地的黑社會唯命是從，為自己撈錢。我們忘記了這是多麼不尋常。對於大部分歐洲歷史而言，大多數歐洲人都沒有生活在法治之下。如今，至少三分之二的人類依然如此。一名非洲的官員在收取霸道的「罰款」之前，站在路障旁邊對我認識的一名記者說：「我有槍，我決定什麼是法律。」

歐盟是一個法治的共同體。歐洲法院將《羅馬條約》和後續的條約轉變成一部累積型的憲法。一位學者將歐洲法院形容成「世界歷史上最有效的超國家司法機構」。歐盟的法律超越國家法律。連最強大的政府和企業最終也必須服從歐洲法官的判決。為什麼歐洲一流的足球隊充滿其他國家的隊員？因為一九九五年歐洲法院的一項判決。得益於歐洲法律對「四項自由」的司法實施，現在大多數歐洲人可以到他們喜歡的大部分歐洲國家旅遊、購物、生活和工作。

缺陷

實際上，一些國家比另一些國家更加平等。看看西爾維奧．貝魯斯科尼。此外，還有大片沒有法治的區域，尤其在東歐和東南歐。在牢固的民主國家，包括未經審訊便拘留的安全部門權力得到了加強，以「反恐」的名義侵犯公民的自由權利。當然，歐洲法律和法官權力的至高無上正是疑歐人士——尤其在歐洲——所討厭的。他們將此視為剝奪主權國家民選議會的權力。

繁榮

大多數歐洲人都比他們的父母富裕，要比他們的爺爺奶奶富裕得多。他們住在更加舒適、溫暖和安全的房子裡，吃著更加豐富、多樣化的食物，擁有更多的可支配收入，可以享受更加有趣的假期。我們從沒有這樣幸福過。看看亨利．卡蒂埃－布列松（Henri Cartier-Bresson）精采絕倫的攝影集《歐洲人》，你會想起二十世紀五〇年代，許多歐洲人還是多麼貧窮。如果你根據國內生產總值在世界地圖中標注出來，再根據人均國內生產總值標注為陰影部分，你會發現歐洲是世界上最富裕的集團之一。

缺陷

班德街（Bond Street）和庫弗斯坦達姆大街（Kurfürstendamm）並不是歐洲的典型。即便在歐洲最富裕的國家也有個別非常貧窮的地方，另外在歐洲東部還有一些非常貧窮的國家。也很難確定這種繁榮多少是由於歐盟的存在。在《歐洲重生》（*Europe Reborn*）一書中，經濟歷史學家哈羅德·詹姆斯（Harold James）製作了一張圖表，展示了二十世紀法國、德國和英國人均國內生產總值的增長情況，二戰期間銳減，二戰後快速增長實現了復蘇。總體而言，二十世紀前半葉（當時我們還沒有歐洲經濟共同體）的繁榮增長率基本上與後半個世紀（那時我們已經有歐洲經濟共同體）相同。詹姆斯表示，這樣穩步增長的主要原因是科技的發展和應用。

歐盟的單一市場和競爭政策幾乎肯定提高了我們的繁榮程度，像共同農業政策和由於歐盟法規和社會政策帶來的額外成本機會肯定沒有。像瑞士和挪威等國在歐盟外表現相當好。無論如何，歐洲增長的光輝歲月已遠遠離我們而去。在過去十年，更加發達的歐洲經濟體的增長比美國還慢，比亞洲新興的大國更是慢得多。

多樣性

在《與歐洲小不點為伍》（*Among the Euroweenies*）一文中，美國幽默作家奧魯爾克（P. J. O'Rourke）曾經抱怨歐洲「遲鈍小國」的擴散。他抱怨說：「連語言也是小語種，有時要用上兩三種語言才能吃上午飯。」但這正是我喜歡歐洲的地方。你可以在早上享受一種文化、城市景觀、媒體和烹飪，接著乘一會兒飛機或者火車，在同一天晚上便可以享受另一種方式。此外，第二天還可以換一種。我說「你」時，我並不只是指一位小小的精英。乘坐廉價航班旅行的學生和乘坐通宵長途汽車的波蘭水管工也可以享受它。

歐洲是一塊複雜的彩色拼接板。每種國家（和次國家）文化都有其特色和動人之處。每一種小語種都揭示著生活和思考方式的細微差別，歷經幾個世紀才成熟。英國人說：「大地啊，這到底是什麼意思？」德國人會說：「老天啊，這到底是什麼意思？」哲學經驗主義和理想主義融入了日常用語。Awantura在波蘭語是指聲響大但祕密進行、相當愉快的爭吵。Bella figura在義大利語中是一種無法翻譯的觀念：在有其他男人和女人的陪伴下，一個男人或者女人應該怎麼做。

這不僅僅是一種多樣性，而是一種和平、可控和培養出來的多樣性。美國有富人，非洲具有多樣性，但是只有歐洲將富人和多樣性緊密地融合在一起。

缺陷

我在這條線上看到的可靠批評是最少的。疑歐人士詆毀歐盟是一種霸權力量，消除了舊式的國家特色，比如手工義大利奶酪（加美味的調料）或者以標準磅和品脫計量的英國牛肉和啤酒。但是，這樣的例子不多，因歐盟法規每消失一種舊式多樣性中的成分，就會出現兩種新成分，從英國大街上的尼路咖啡（Caffè Nero）到布拉格的廉價周末行。總體而言，歐洲化與其說是全球化的霸權版本，還不如說是美國化的霸權版本。

團結

這不是今日歐洲最富特色的價值觀嗎？我們相信，在經濟增長的同時應該有社會公正、自由企業與社會安全相互平衡——我們通過歐洲法律和全民福利國家來做到這一點。歐洲的社會民主人士和基督教民主人士一致認為市場經濟不應該意味著市場社會。在歐洲一定不能有美國式、社會達爾文的資本主義叢林，讓窮人和弱者死在貧民區。

我們還相信較富裕的國家和較貧窮的國家之間的團結和歐盟內地區之間的團結，因此愛爾蘭和葡萄牙等國在過去二十年裡從歐盟基金中明顯受益。此外，我們還相信世界富裕的北部和貧窮的南部之間的團結，因此我們有慷慨的國家和歐盟援助預算並承諾放緩全球變暖（這將不相稱地傷害一些世界最窮的人）。

缺陷

在這條線上，歐洲的現實與其追求的目標差一大截。在國家的調和下，較富裕的歐洲國家具有很大程度的社會團結，但是即便我們最繁榮的城市，還是有乞丐和無家可歸的人露宿街頭。在東歐較貧窮的國家，福利國家基本上是一紙空文。歐洲荒涼東部的窮人、老人和病人像美國荒涼西部的窮人、老人和病人一樣難熬。沒錯，有大量金融援助轉給葡萄牙、愛爾蘭和希臘，但給當前歐盟新成員國的金融援助要少得多。二〇〇四年至二〇〇六年間，十五個「老」成員國給歐盟用於擴張的預算投入了平均每個公民每年二十六歐元，因此我們跨歐洲的團結的價格達到每個月一杯咖啡的價格。至於與世界其他地方的團結：我們的農業保護主義不比任何國家好，歐盟和美國還要為世界多哈回合貿易談判可恥的停滯不前負責。

我重申一下，這些只是編寫新歐洲故事的要點。或許我們需要添加或者提煉一兩個主題。接著必須要讓骨架變得有血有肉。列出六個抽象的名詞無法引起普通的關注，更不用說熱情了。一切取決於個性、事件和軼事，讓敘述變得生動有趣、多姿多彩。這些將因地制宜。歐洲自由、和平或者多樣性的故事在華沙和馬德里、左翼和右翼可以也應該以不同的方式講述。我們不需要千篇一律的故事，不需要像歐元區利率一樣統一的故事。實際上，在稱讚多樣性的同時要求統一將自相矛盾。然而，鑒於骨架相同，芬蘭、義大利、瑞典或者法國講述的有血有肉的故事將擁有強烈的相似性，就像歐洲的城市一樣。

六條線交織在一起將講述我們來自何方和我們追求的目標。然而，不同的線將對不同的人產生更大的吸引力。對於我來說，最感興趣的故事是那些講述自由和多樣性的故事。我真誠地感謝其他幾點，但這兩點能讓我心跳加速。我可以毫不誇張地說，它們是我愛歐洲的原因。當然，這與我愛家人的感覺不同，無法相提並論。甚至也不是我愛英國的感覺，儘管下雨天的時候，歐洲和英國很像。但是，我可以說，從某種有意義的意義上來說，我愛歐洲——換句話說，我是一名歐洲愛國者。

我們新的歐洲故事永遠不會帶來一九一四年前國家特有的愚忠。幸運的是，如今的歐洲並非如此。我們的企業不需要甚至不想要這種情感之火。歐洲性仍然是更吸引人的二級身分。如今，歐洲人並沒有受到號召去為歐洲犧牲。我們當中的大多數人甚至沒有受到號召為歐洲而活。只需要我們讓歐洲活著。

二〇〇七年

國歌

二〇〇八年一個冬日的星期一，普萊西多．多明哥（Placido Domingo）本應該站在馬德里，唱為西班牙國歌提議的新歌詞。西班牙奧委會組織的一場比賽的勝者——它們至少從英譯版來看極其平庸：

長存的西班牙！
綠色的山谷
浩瀚的海洋
歌頌兄弟情誼

如此等等。但是在一個居民對其有多少個民族尚意見不一的國家裡，這一刪改文本的洩露引發了一陣爭議。一名首席評論員說：「這完全是扯淡。」無論如何，難道不應該用巴斯克語（Basque）和加泰隆尼亞語（Catalan）演唱嗎？抑或像南非的國歌一樣，融合五種語言嗎？繼續使用只有曲沒有歌詞的歷史性〈皇家進行曲〉（Royal March）——當西班牙成為民主國家的時候，佛朗哥將軍批准的歌詞便被棄用，此後該國歌便只有曲沒有歌詞——是不是反而更明智呢？因此，西班牙奧委會剛好提前五天突然收回了該提議，不過堅稱還在繼續尋找新歌詞。

與此同時，在歐洲的另一個角落，據說一個科索沃國歌遴選委員會（Committee for the Selection of a Kosovo National Anthem）正在運作，為預期中的宣布獨立做準備。如果這個新小國不採用與鄰國阿爾巴尼亞完全相同的國旗和國歌，國際將會對此表示讚賞。科索沃前總統易卜拉欣．魯戈瓦（Ibrahim Rugova）曾親自嘗試寫新國歌：「當作戰口號降臨科索沃。」一作戰口號！這正是我們需要的。可是，由於還有一些塞爾維亞人生活在科索沃，新國歌的部分歌詞是不是應該用塞爾維亞語呢？或許吧，本著激進多元文化主義的真正精神（「你們有你們的文化，我們有我們的文化」），國歌中阿爾巴尼亞語的歌詞可以誓言消滅他們的敵人（未言明但顯然是塞爾維亞人），接著塞爾維亞語的歌詞可以誓言消滅他們的敵人（未言明但顯然是阿爾巴尼亞人）。

國歌的歷史是一部尷尬的歷史。像X射線一樣，它們展現了國家這個身體中所有的弱點和裂痕。一般情況下，當一個國家唱不起國歌時，這個國家肯定遇到麻煩了。史達林逝世下台大約二十年後，蘇聯沒有唱其國歌的歌詞，因為歌詞上宣布（按照保羅．羅伯遜易記的譯文）：

我們的領袖史達林相信人民
激勵我們建設我們深愛的土地

東德預見到自己的覆滅，於是禁止其國歌的歌詞，因為它們歌頌「德國，統一的祖國」（該歌詞寫於二十世紀四〇年代，理想是祖國將在共產黨的統治下統一）。最近，波士尼亞的憲法法院宣布舊塞爾維亞的民族主義國歌（該國歌被波士尼亞內所謂的塞爾維亞共和國採用）違憲。

擁有統一、單一語言國歌的國家罕見又幸福，這種國歌音調和諧、毫無爭議、不同尋常。就其平庸而言，那些生命力短的西班牙歌詞面臨激烈的國際競爭。比如，我記得，我們在雪梨街上散步的時候，一名年輕的澳大利亞人用輕蔑嘲笑的曲調向我的家人演唱〈前進澳洲美之國〉（Advance Australia Fair）的歌詞。但是巴哈馬人（Bahamas）實在可笑：

面向朝陽抬起頭來，巴哈馬；
走向光榮，你明亮的旗幟高高飄揚。
看全世界注視著你！

坦白地說，〈天佑女王〉的第一段也相當沉悶。其實到第二段才有感覺：

保王室，殲敵人，
一鼓滌蕩。
破陰謀，滅奸黨，

現在這才值得演唱，但通常我們不這樣做。

然而，連平庸的國歌也能引發瞬間的共鳴，讓你鬚眉倒豎。當它是為數不多的幾首偉大國歌之一時，更是如此。一位南非的朋友描述了自己首次看到一個白人組成的南非橄欖球隊演唱〈天佑南非〉（Nkosi Sikelel' iAfrika）時的感動之情。人們幾乎不敢提歐洲的猶太人在納粹滅絕集中營的籠罩下演唱〈希望〉（Hatikvah），情況相當慘烈。〈星條旗〉（The Star-Spangled Banner）肯定也算是偉大的國歌之一，但最偉大的國歌是〈馬賽曲〉（La Marseillaise）。希望成為法國人有多個好理由，演唱〈馬賽曲〉是最好的理由。如果你問「國家意味著什麼」，哲學家會將此稱為一種實物定義。每個人都知道《北非諜影》（*Casablanca*）中的情景，當時維克多·拉茲洛（Victor Laszlo）讓里克酒吧中的管弦樂隊演奏〈馬賽曲〉，以淹沒德國人演唱的〈保衛萊茵河〉（Die Wacht am Rhein）。

我早就堅信，《北非諜影》的編劇盜用了尚·雷諾瓦（Jean Renoir）的《大幻影》（*La Grande Illusion*）——在我看來，這是一部更偉大的電影——的思想，該電影比《北非諜影》早五年拍攝。在這部影片中，法國的戰俘正在表演一場時事諷刺劇，有的穿著女人的衣服，在他們的戰友和一些德國軍官組成的觀眾面前表演，這時一名表演者突然說，「我們奪回了杜奧蒙」。管弦樂隊立即提高了曲調，那些「女人」摘掉假髮，立正站著，所有法國戰俘開始高唱「拿起武器，公民們／排好你們的隊伍」，盯著抓他們的人，要求侵略者的「不潔之血」灌溉法國的戰壕。

國歌不僅僅是國家的象徵，它們至多還可算是現存政治共同體神經系統的一部分。從這方面來看，令人吃驚的是成功的國際歌是多麼少。馬德里的試驗顯然受到了北京奧運會的推動。奧運會實際上有其自己的會歌，但很少有人知道這一點，其歌詞是最純潔無瑕的。人們在奧運會上——更不用提在足球比賽或者戰爭中——真正期待的是他們國家的曲調。

歐盟有一首偉大的曲調，即貝多芬〈歡樂頌〉（Ode to Joy）的曲調，但沒有正式的歌詞。聯合國也沒有。非正式的抗議歌曲〈我們要戰勝一切〉（We Shall Overcome）享有一定的國際流行度，但現代歷史中最成功的國際歌曲（宗教歌曲除外）或許是全球共產主義的集結歌曲〈國際歌〉（Internationale）。連那些討厭共產主義現實的人也有時喜歡唱它。有多種語言、激動人心的版本。為什麼它最能與偉大的國歌競爭呢？因為它威武、暴力，展現了英勇的「我們」戰勝了邪惡的「他們」。

結論顯而易見。如果世界要擁有一首名副其實的歌曲，我們需要一個強大的共同敵人。恐怕氣候變化、愛滋病或者流星這些沒有生氣的挑戰都不行。我們需要的是一些要真正回擊的可怕侵略者。當火星人入侵的時候，世界將擁有自己的〈馬賽曲〉。

二〇〇八年

啊，裂縫，屬你的牆在哪裡？

記住，請記住，十一月九日。但是誰記住了呢？看到這個日期，你會立即知道我指的是一九八九年柏林圍牆倒塌的那天晚上嗎？詩人羅伯特．洛威爾（Robert Lowell）說，日期比我們老得快，大多數確實如此。對於中歐較老一代的人來說，十一月九日是指「水晶之夜」，即一九三八年的「碎玻璃之夜」，當時納粹的暴徒打碎了猶太店家的窗戶，讓柏林的街道上鋪滿了碎玻璃。對於那些更老的人來說，它讓他們想起一九二三年十一月八日至九日希特勒未遂的暴動。每個十一月九日都替代了上一個十一月九日。或許——但願不要——在幾年內，在十一月九日，在柏林發生一場未遂的恐怖襲擊，德國人將不得不決定稱之為歐洲版的9/11還是美國版的11/9。

本周早些時候，我和一位東歐的老朋友花了一個下午，帶我小兒子（一九八九年的時候才三歲）參觀了柏林圍牆的所在地。那裡已經沒剩下多少東西：幾塊凝固的傾斜舊沙地（曾經是「死亡地帶」，準備從前東德逃走的人在此被射殺），粒狀的博物館照片，一塊顯眼、生鏽的紀念碑。波斯波利斯遺跡更加生動形象。對於我們這些到過那裡的人來說，那種經歷——我們的朋友長期監禁的滋味和解放的神奇時刻——令人難忘，改變人生；要將這種經歷解釋給那些沒有到過那裡的人聽，需要像小說家那樣努力渲染。當地一家報紙刊登了一張圖片，上面畫著孩子們伸出手指去碰一座內部明亮、彩色的柏林圍牆塑膠複製品（一位韓國藝術家將該牆立在勃蘭登堡門前），配圖文字為「感覺一下怎麼回事」。準確地說，怎麼也不是那麼回事。

這種遙遠的感覺不僅僅是歲月和有形距離的原因。晚飯時，我問我東德朋友最大的兒子（一九八九年夏天，二十一歲的他從匈牙利穿過有孔的鐵幕逃到了奧地利，現在是西柏林的一名牧師），如果本周日他根據自己的經歷布道，他的教區居民會理解多少。他說，不會太多。西柏林的會眾可能會認為：他又來講述自己東德的舊事了，令人厭煩。他們就像父親開始不斷地重複講述自己參加越戰或者第二次世界大戰時厭煩的家人一樣。

但是想像一下，一名年輕的女子生於一九八九年十一月九日早上的東德，那麼本星期五便十八歲了。她會如何慶祝和反思自己成年？我的朋友說：「就像西班牙人或者英國人那樣。」西班牙或許是更好的比較對象。人們普遍認為，在一個人出生之前，那兒的某個地方有陰暗的過去，就像對於馬德里的一名年輕女子來說，有佛朗哥獨裁統治下的陰影。但是這與你自己的人生只有微乎其微的關係。

那麼許多歷史學家認為標誌著「掐頭去尾的二十世紀」（一九一四—一九九一）終結的劃時代事件為什麼如此迅速地淡出生活體驗呢？或許是因為，比如不像七月四日，它並沒有開創一個龐大的新事物，仍然與我們在一起（比如美國）。它與其說是偉大的開始還不如說是偉大的結束。

那天早上後，許多大問題瀰漫在空中。德國可以（並且應該）和平統一嗎？共產主義實際上已經廢除了所有私人財產、削弱了法治並用「無產階級的專政統治」以代替民主，它能重新轉變成資本主義嗎？當時有一個笑話：我們知道可以將一個養魚缸變成魚湯，可是能將魚湯重新變成一個養魚缸嗎？十八年過去了，這些問題得到了答案。是的，可以。我開車到東德的中心，注意到一家嬉皮風格的特色商店，該商店的門上貼著一句模仿冷戰時期柏林著名的標語，當初那個標語上說「你現在正在脫離美國的陣營」（對於西柏林來說，即加入蘇聯陣營或者東柏林）。這個模仿的標語上寫著「你現在正在脫離資本主義陣營」。但事實並非如此。即便在這家特色商店門後的香氣和珠簾中，資本主義也統治著，是吧。

資本主義勝利的最終證據可以在一份引人注目的全彩廣告中看到，該廣告最近幾周出現在《經濟學人》和《金融時報》的頁面中。廣告上顯示，一副沉思表情的戈巴契夫坐在汽車後座，通過該車的後窗，你可以清晰地看到一段為數不多殘留的柏林圍牆。他的邊上放著一個路易．威登（Louis Vuitton）的皮包，這個世界的歷史人物、我們那個時代的英雄現在正在為該奢侈品製造商做廣告。十八年過去了，在我看來，這似乎是我們所在時代的完美偶像。

那麼那個難以置信的十一月的夜晚（當時人們穿過那座牆跳舞而創造了自己的歷史）留下了什麼呢？正如東德的小說家克里斯塔．沃爾夫（Christa Wolf）悲哀地問道：「留下了什麼？」我認為，除了我們淡去的記憶，至少還有一樣東西將流傳於世。柏林圍牆的倒塌或許是世界上、我們在英語中所說的「平民抵抗」——即公眾的非暴力行動——最著名的勝利形象。它緊隨萊比錫和東德其他城市的大規模和平遊行之後。正如當時的一名東德工人對我所說：「你看，這表明列寧錯了。列寧說，只有暴力的革命才能成功，但這是一場和平的革命。」

東德的「蠟燭革命」（當時有人這樣稱）有先例，從甘地和馬丁．路德．金的非暴力運動到波蘭的團結工會運動。它還有許多繼承者，從幾天後在布拉格發生的天鵝絨革命到南非、斯洛伐克、塞爾維亞、烏克蘭以及最近緬甸佛教和尚領導的抗議——被過於草率地稱為「番紅花革命」，還有今天巴基斯坦的那些律師（估計一些記者還沒有趕到現場，預計會有「律師」革命的名稱）。

我參與了我牛津大學的同事亞當．羅伯特（Adam Roberts）主持的一個研究項目，該項目正在研究許多利用「平民抵抗」的案例，試圖研究出有些案例成功而其他案例失敗的原因。[1]如果其他力量因素——軍隊和警察、殖民力量、鄰國、國際媒體和經濟力量——沒有充分呈現、不利或者禁不起考驗，勇氣、想像力和熟練地組織和平抗議就還不夠。你需要你的戈巴契夫、赫爾穆特．柯爾、西方電台的攝影機，特別是你的政黨領導人在憤怒中不開槍就放棄。但是你還需要公民站在街上，帶著蠟燭、旗幟、口號，以及完全和平的力量。沒有他們就沒有革命。有了他們，即使面對擁有核武器的超級大國，你也可以改變世界歷史的軌道。因此，那個日期可能淡去，但那個例子永存。

二〇〇七年

1 詳見亞當．羅伯特和提摩西．賈頓艾許主編，《文明抵抗和權力政治：從甘地到現今的非暴力行動經歷》，牛津：牛津大學出版社，二〇〇九。

完美的歐盟成員國

開車穿過多倫多，我看到一輛閃閃發光的黑色四×四汽車，一邊的窗戶外插著英國國旗，另一邊窗戶外插著德國國旗。估計是一個有著英國和德國混合血統的加拿大家庭，對世界盃中的兩個球隊都非常支持。稍遲一點，我看到一輛一邊插著葡萄牙國旗，另一邊插著義大利國旗的汽車。我突然想到，這正好基本上概括了自二戰以來我們一直試圖在歐洲實現的目標。歡迎來到加拿大的歐盟。

實際上，為什麼歐盟不立即邀請加拿大加入呢？在大多數方面來說，加拿大要比烏克蘭，更不用說土耳其容易符合條件得多。加拿大一直不遺餘力地滿足歐盟所謂的成員國的「哥本哈根標準」，包括民主政府、法治、受到良好監管的市場經濟和尊重少數民族的權利。加拿大富裕，因此在歐盟招收大量較貧窮的國家之際，它可以成為歐盟預算急需的純粹貢獻者。歐洲令人苦惱的一大弱點是英國和法國意見不一，但是在這點上，兩個歷史性對手將立即意見一致。說英語的加拿大將加強歐盟中說英語的集團，而魁北克將加強歐盟中說法語的集團。

我可以羅列一下許多歐洲人認為我們與美國相比最具特色的東西。我們歐洲人認為自由市場應該信奉社會公正、團結和包容的價值觀，並通過一個強有力的福利國家來實現。我們沒有死刑。我們認為軍事力量應該只能作為最後的手段並與國際法的制裁一起使用。我們支持國際組織。我們喜歡多邊主義，厭惡單邊主義。我們往往認為男人和女人應該基本上能隨心所欲地與他們喜歡的人在一起，無論性別和性取向。我們為我們的多樣性感到自豪。檢驗，檢驗，再檢驗。歡迎來到加拿大。

再更近一點審視民調，有幾個顯著的特徵。加拿大人還是往往比大多數歐洲人更看重一點自食其力和林中居民的進取精神。加拿大人往往要比大多數歐洲人更加信奉宗教一點，不過沒有波蘭人和烏克蘭人那樣信奉。最重要的是，他們對於移民和少數民族的態度要比大多數歐洲人更加積極。但是這些態度上的差異能夠輕而易舉地在當今歐盟廣闊的範圍內消化，同時加拿大對待移民和少數民族的態度還有利於歐洲。

好吧，我知道這不會發生。接受土耳其後，歐盟很難找到清楚一致的理由拒絕其他更加遙遠的候選成員國——但是在歐洲附近似乎確實還是一個要求。現在，我猜，一名敏捷的加拿大因紐特人可以穿越正在融化的浮冰到達格陵蘭島（Greenland），這個島十二年來一直歸歐盟所有，現在與歐盟有特殊的條約關係。再從格陵蘭島出發，做一次相對較短的乘船旅行便可到達冰島，冰島通常被認為是一個歐洲國家。

但是很難一本正經地稱加拿大在歐洲。此外，由於大約八十五%的出口面向美國，大量貿易、能源和人員穿過邊境在南北之間往來，加拿大日益融入了美國的經濟。歐盟要求其內部邊境向新成員國開放的代價是他們必須收緊與非歐盟成員國的鄰國的邊境。加拿大與世界上最強大的鄰國擁有世界上最長的邊界線，這對於加拿大來說將是很高的要求。

這個有點令人發笑的思想實驗——加拿大作為歐盟成員國——具有重要的意義。關注加拿大及其價值觀，是為了理解試圖通過據稱一套獨特的「歐洲價值觀」來定義歐洲是多麼愚蠢。價值觀重要，但與許多歐洲人相比，大多數加拿大人更信奉這些歐洲價值觀。生活在推崇自由的藍州[1]的美國人也信奉其中的許多價值觀。

另外，加拿大人和歐洲人的另一點共同之處是著迷於美國，著迷於通常通過生搬硬套讓自身與美國區別開來。一位加拿大作家稱，他的同胞「喜歡高喊我們多麼謙遜」。就像當今的歐洲人一樣。加拿大人和歐洲人沉浸在相對於超級帝國的道德優越感中，但在自己的邊境之外卻鮮有作為。加拿大的國防開支大約為國內生產總值的一．二%，按照歐洲的標準來說也算是低的。（在北約成員國中，只有盧森堡和冰島的國防開支更少。）其對外援助預算也是如此，二〇〇四年只占到了國內生產總值的〇．七%——儘管三十多年前正是加拿大的政治家萊斯特．皮爾遜（Lester Pearson）提議發達國家拿出國內生產總值的〇．七%用於對外援助（現在這已經成為聯合國的目標）。有力量的傲慢，也有無能的傲慢。

然而，這種無能是自己造成的。美國之外牢固的自由民主國家的潛在力量——軍事、經濟和軟實力——巨大。最大的三股力量是歐洲的民主國家，大部分但不是所有都集中在歐盟；說英語或者大英國協的民主國家，包括澳大利亞、紐西蘭、加拿大（與法語區交叉）、南非和印度（世界上最大的民主國家）；拉丁美洲說西班牙語和葡萄牙語的民主國家。我們加起來的國內生產總值要比美國大得多，還有自然資源和具體的優勢都是這個超級大國無法匹敵的。我們不應該像一幫表兄弟姊妹坐在一起，總是抱怨富裕的美國大叔的所作所為，而是應該想想在我們的海岸之外，我們可以做些什麼來讓這個世界有所不同。

比如，加拿大有維和的傳統，目前正富有爭議地擴展到阿富汗更加富有戰鬥性的維和工作。由於其自然資源豐富，擁有世界上超大份額的冰雪，加拿大可以在制定國際環境政策和對抗氣候變化的影響方面做出獨特的貢獻。

加拿大擁有微妙平衡的聯邦模式，在雙語框架下獲得了多元文化社會的權利，對於世界許多正在努力避免未成熟的民主制度變為多數人暴政——進而引發新一輪的種族衝突——的多民族國家，加拿大可以提供獨特的立憲經驗。為什麼加拿大不以其獨特的民主推廣方式分享這份經驗呢？還是我們認為推廣民主應該由布希政府全權負責，而我們坐在一邊嘲笑？

因此，至少在這方面，我從多倫多回來就希望加拿大人少像一點歐洲人。但同時，在這方面，我也希望歐洲人少像一點加拿大人。

二〇〇六年

---

1 藍州（Blue States），在美國大選中主要支持民主黨，集中在西部和東北部；與之相對的紅州（Red States），支持共和黨，集中在美國中部、南部和東南部。——編注

第三章

伊斯蘭、恐怖和自由

有好的恐怖分子嗎？

「有聽說奧薩瑪．賓拉登來馬其頓嗎？」

「沒有。為什麼？」

「因為我們已經宣布大赦恐怖分子。」

最近在斯科普里（南斯拉夫東南部城市）有人告訴我的這個馬其頓笑話引導我們反思「九一一事件」後世界最重要的問題之一：誰是恐怖分子？對於這個問題，國際社會急需一個答案。

斯拉夫馬其頓的民族主義者堅持認為他們面臨自己的奧薩瑪．賓拉登，即阿爾巴尼亞族馬其頓的游擊隊領導人阿里．阿赫麥提（Ali Ahmeti）。[1]然而，他們說，美國和北約一直在與這位恐怖分子做交易並向馬其頓政府施壓特赦他。當然，世界民族主義的政權總是打這種語義牌——俄羅斯指責車臣人是「恐怖分子」，以色列指責巴勒斯坦人是「恐怖分子」等——具有廣泛不同程度的合理性。然而，就這個例子而言，並不僅僅是當地的民族主義者對阿里．阿赫麥提先生持悲觀看法。

二〇〇一年六月二十七日，喬治．布希簽署了一項「行政法令」，凍結了一些人（這些人參與或者支持「前南斯拉夫馬其頓共和國和西巴爾幹半島其他地方的極端暴力行動」）的在美資產並阻止向他們捐款。該總統法令表示：「我發現這種行動對美國的國家安全和外交政策構成了非同一般的威脅，因而宣布了國家緊急狀態來應對這種威脅。」在那份人員名單接近榜首的位置醒目地寫著：「阿里·阿赫麥提，民族解放軍（NLA）成員」，一九五九年一月四日生於馬其頓的基切沃（Kičevo）。該總統法令實際上並沒有使用「恐怖分子」一詞，但卻把他當作恐怖分子來對待。二〇〇一年五月，北約祕書長喬治·羅伯遜勳爵把阿赫麥提領導的民族解放軍形容成「一群殺人不眨眼的暴徒，他們的目標是摧毀民主的馬其頓」。

然而，八月中旬，在美國、北約和歐洲談判人員的巨大壓力下，斯拉夫和阿爾巴尼亞族馬其頓的代表簽署了一項和平協議。為了取得憲法和新政變革，為馬其頓國家中的阿爾巴尼亞族馬其頓人爭取公平權利，民族解放軍將停戰並將其許多武器交給北約。作為協議的一部分，馬其頓總統特拉伊科夫斯基（Boris Trajkovski）承諾特赦叛亂人士，這實際上是北約給阿赫麥提作出的承諾。正如特拉伊科夫斯基總統對我解釋，「我與北約祕書長簽訂了一份協議，祕書長的總代表與恐怖分子簽訂了一份協議」，令人難忘。

我從駐紮在斯科普里的西方代表對阿赫麥提的專門描述中發現一些困惑。一位英國的高級軍官曾在北愛爾蘭與愛爾蘭共和軍作戰多年，他富有激情地向我強調，阿赫麥提及其民族解放軍中的同僚是恐怖分子。他說：「如果按照北約對於恐怖主義的定義，他們完全符

1 這個觀點是馬其頓議會外面的一群民族主義的示威者向我提出的。馬其頓的一家網站製作了一個表格對比這兩個人（職業：恐怖組織的領導人；恐怖組織的領導人；伊斯蘭？是；是；等等）。詳見www.realitymacedonia.org.mk.

合。」[2]其他北約的高級文官和軍官代表將民族解放軍的行動形容成「叛亂」，並對阿赫麥提及其屬下在為期七個月出奇成功的行動中表現出的克制表示敬意。在文件中，國際組織特意採用委婉說法並用一個首字母的縮略詞來加以掩飾。文件上寫道：「EAAG」——「阿爾巴尼亞族武裝集團」（Ethnic Albanian Armed Group）的縮寫。

我覺得問問阿赫麥提本人或許有用。因此，帶著一名阿爾巴尼亞族的司機和口譯員，我驅車進入馬其頓西部美麗的深山老林中，沿途經過馬其頓警察的檢查站、建築優美的山村、閃閃發光的尖塔，在西普科維卡村（Šipkovica）的入口有一個臨時的標語寫著：「不得入內：民族解放軍。」騾子馱著大量的稻草沿著陡峭、狹窄的鵝卵石街道往上爬，我們在一群穿著牛仔褲、戴著墨鏡的年輕人的帶領下一路給騾子讓路，艱難地來到了一座大房子前。我們等待的時候，他們自豪地指了指從馬其頓議會的副議長那裡「繳獲」的一輛黑色奧迪車。屋內，阿赫麥提一副疲倦的樣子，一頭銀灰色頭髮，手指上黏著不少尼古丁，坐在一把破舊的扶手椅上，蹺著個二郎腿。他給了我一杯他所謂的「非常好的」威士忌——來自蘇格蘭艾萊島（Islay）的十五年的波摩威士忌。他也喝了一些。（在巴爾幹半島，艾萊島勝過伊斯蘭。）

經過幾分鐘的寒暄後，我對阿赫麥提說，「九一一」事件後，對於恐怖主義的討論很多，「一些人會說你是一名恐怖分子」。他會怎麼回答這些問題？

當我的問題被翻譯後，他的保鏢在座位上稍微動了一下。阿赫麥提泰然自若地做出回答。我想他大概會說，「不，我是一名自由戰士」，但是他的回答更加有內涵。他說：「那個人不可能是恐怖分子，他戴著軍章，有自己的奮鬥目標，遵守《日內瓦公約》，尊重海牙國際法庭，實名實姓地公開行動，回應自己所做的一切……他致力於該國良好的改革和民主、在法律面前人人平等。」

現在當然無法再簡單地說，「哦，那好吧！」人們必須看看民族解放軍到底做了什麼以及可能還會做什麼。我們也不應該回到過去幾周我在歐洲聽了無數次、令人厭煩的詞組的相對主義：「一個人的恐怖分子是另一個人的自由戰士。」可以肯定的是，對於這個問題，世界各地顯然有雙重標準。庫德人在伊拉克是自由戰士，在土耳其是恐怖分子，反之亦然，取決於你的立場。此外，沒錯，我們在西方政策和言辭中經常看到的那種突然轉變會招致批評。遭到排斥的恐怖分子阿赫麥提在和平進程中變成了寶貴的夥伴。中情局資助、反蘇聯的英勇戰士賓拉登變成世界的頭號恐怖分子。前恐怖分子（還是自由戰士？）梅納赫姆．貝京（Menachem Begin）獲得了諾貝爾和平獎。

然而，人們改變也是事實。他們總結出，像前德國恐怖分子霍斯特．馬勒（Horst Mahler）、愛爾蘭新芬黨（Sinn Fein）的領導人格瑞．亞當斯（Gerry Adams）和納爾遜．曼德拉（Nelson Mandela）所做的那樣，武裝鬥爭是達到政治目的的最好方式，因此他們像康拉德（Conrad）筆下的庫爾茨（Kurtz）那樣迅速變得殘暴起來，或者重新走出了黑暗。有許多不同的恐怖主義，並非把所有使用暴力達到政治目的的行為描述成恐怖主義都是合適的，這也是事實。如果我們不想輸掉布希總統在「九一一」事件後所稱的全球「反恐戰

2 但是北約對恐怖主義的定義是什麼呢？這位軍官記不大清楚了。隨後的詢問表明北約沒有相關定義，至少是因為其成員對此意見不一——這又表明了困難。可能這位軍官想的是英國軍事理論中對「恐怖主義」和「叛亂」之間的有效區別。

爭」，我們需要深入地理解差異。

確定某個人是不是恐怖分子，下面是需要關注的四樣東西，如果他們是，那是什麼樣的恐怖分子：生平、目標、方法和背景。只有結合這四樣東西才能得出答案。我將以阿赫麥提和民族解放軍為例，但這個模板適用於任何地方。

一

生平

他們是誰，來自哪裡，到底想要什麼？為什麼「九一一」事件的十九名暗殺者中有十五名來自沙烏地阿拉伯？奧薩瑪．賓拉登是真的想摧毀西方、淨化伊斯蘭、推翻沙烏地王室，還是只想改變沙烏地的皇位繼承而已？情報工作中的經典問題也是有關任何可疑恐怖分子最明智的問題。生平可能並不是位於所有歷史的中心位置，但是在該領域肯定是。

對於任何在科索沃和馬其頓待過一段時間的人來說，對我們所知道的阿里．阿赫麥提的人生故事都相當熟悉。他來自馬其頓西部山區基切沃鎮附近的扎雅斯（Zajas）村，住在那裡的大都是阿爾巴尼亞人，但是他在科索沃的普里什蒂納大學學習過。（當時，那裡都算狄托統治下的南斯拉夫。）他是一名激進的學生。與當時許多其他學生一樣，他融合了阿爾巴尼亞的民族主義和馬克思列寧主義。他坐過幾個月的牢。他二十二歲的時候積極參與一九八一年發生在普里什蒂納的阿爾巴尼亞學生起義。接著他逃到了瑞士。由於無法接觸到機密的情報，我不知道他在瑞士的「研究」和「工作」是什麼，但他在政治上依然活躍。據報導，在流放期間，他加入南斯拉夫阿爾巴尼亞族社會主義共和國運動，並組成科索沃馬列主義者的馬其頓分會。在我們漫長的談話中，他花了好幾個小時在煙霧瀰漫的房間裡與我辯論革命性的政治。他告訴我，他讀過很多書，「比如，有關心理學和游擊戰的書」。

儘管他控制的農村人口基本上是穆斯林，但在我們的談話中一字未提伊斯蘭，更不用說暗示性地表露對於基地組織等伊斯蘭恐怖組織的感受了。喝威士忌、前馬列主義的阿爾巴尼亞民族主義者並不將自己視為任何穆斯林國際的一部分，這是一個合理的假設。

他在二十世紀九〇年代期間的活動並不清楚。他告訴我，一九九三年，他回到馬其頓，但是他發現他的阿爾巴尼亞族同胞仍然希望在新獨立的馬其頓內部和平爭取他們的權利。一篇未經證實的報導稱，一九九七年，他在阿爾巴尼亞的首都地拉那試圖組織游擊隊。對他產生巨大影響的是他的叔叔法茲利．維流（Fazli Veliu），以前是扎雅斯村的一名老師（並且也在布希總統六月七號發布的排斥名單中）。阿赫麥提加入一個名為ＬＰＫ的小政黨，法茲利叔叔幫助成立該政黨。ＬＰＫ是科索沃解放軍（KLA）的主要前身。[3] 他們還組織了「祖國召喚基金」（Homeland Calling fund），在海外生活的阿爾巴尼亞人中為科索

3 關於這個問題，詳見提姆．猶大（Tim Judah），《科索沃：戰爭和復仇》（*Kosovo: War and Revenge*，紐黑文：耶魯大學出版社，二〇〇〇）和我在二〇〇〇年九月二十一日的《紐約書評》上關於科索沃戰爭發表的評論文章。我引用了一九九八年二月美國特使羅伯特．格爾巴德（Robert Gelbard）的話將科索沃解放軍形容成「毫無疑問是恐怖組織」。

沃的武裝鬥爭籌集資金。[4]其中多少錢是通過毒品交易、賣淫或者收取保護費獲得，我們不得而知，但是其中一些錢是普通阿爾巴尼亞人的愛國捐獻。

顯然，對他來說，一九九八至一九九九年，在科索沃的科索沃解放軍的軍事行動是一次具有深遠影響的經歷。阿赫麥提告訴我，當時他在科索沃，但其實並沒有參加戰鬥。其他報導稱，他參加戰鬥了。無獨有偶，馬其頓民族解放軍與科索沃解放軍的阿爾巴尼亞語首字母縮寫一模一樣：UCK。[5]民族解放軍的一些領導人物來自科索沃解放軍。一些武器也是如此。最重要的是有現成的例子。我問阿赫麥提，他是否認為阿爾巴尼亞族馬其頓人在一九九八年已經為爭取自己的權利做好準備。他說，不這樣認為，「因為科索沃的情況」。但是西方介入科索沃——大部分阿爾巴尼亞族馬其頓人都看到了——科索沃解放軍最終「獲勝」後，今年初馬其頓已有足夠的人準備接受武裝鬥爭的號召。民族解放軍中的大多數普通戰士都是阿爾巴尼亞族馬其頓人，其中許多人都是自己買的槍。

通過概括他對我說的一切，我覺得現年四十二歲的阿赫麥提從科索沃戰爭中得出了兩個主要結論。第一個結論是，幾個月的武裝鬥爭比阿爾巴尼亞族的政客近十年的和平政治獲得的東西要多。在科索沃是如此，在馬其頓也是如此。第二個結論是，西方介入才能做到這一點。這是偉大的戰術目標，也是最大的祕訣。他告訴我，二月叛亂開始的時候，「我知道沒有西方的幫忙，我們無法獲勝。但是我們不知道他們會幫多少忙……」所以他必須竭盡全力讓西方介入。這意味著限制他們的目標和手段。這是阿爾巴尼亞族馬其頓的機會。這也是阿里·阿赫麥提的機會。

無論自身經歷引發的動機多麼混亂——人類動機常常連我們自己都不清楚——人們還必須關注一個恐怖組織或者運動所宣稱的目標。有時，比如基地組織或者德國的「紅色軍團」（Red Army Faction），它們的總體目標太模糊、具有災難性和包羅萬象，因此這些目標在現實世界中永遠無法實現。但有時它們清楚明瞭——儘管我們譴責傷害無辜之人的戰術——並且從某種意義上來說是合理的目標，可能遲早會在現實世界中實現。科索沃解放軍想要科索沃獨立，愛爾蘭共和軍想要統一的愛爾蘭，埃塔（ETA）想要巴斯克國獨立，等等。

民族解放軍所宣稱的目標相當清楚並且相對適中。從一開始起，其領導人便堅稱，他們只想要阿爾巴尼亞族馬其頓的政客自從一九九一年馬其頓獨立以來一直在爭取的東西：給予阿爾巴尼亞族馬其頓人平等地位和權利。阿爾巴尼亞人應該被公認為馬其頓共和國的一個基本民族。阿爾巴尼亞語應該作為議會和公共行政部門的官方語言。阿爾巴尼亞人應該有權用自己的語言接受高等教育。阿爾巴尼亞人應該在官僚機構、法院，尤其是警察局（警察應該停止騷擾他們）有相應的任職比例。更多的權力應該下放到對阿爾巴尼亞人占大多數的那些地區具有明顯影響的當地政府，但是馬其頓應該仍然是一個統一的多民族國家。

4 祖國召喚基金可能能夠與總部位於美國的北方援助基金相提並論，在美國為愛爾蘭共和軍籌措資金——不同的是美國當局早就容忍北方援助基金。當然，阿爾巴尼亞裔的美國人選票要比愛爾蘭裔的美國人少得多。

5 科索沃解放軍是Ushtria Çlirimtare e Kosovës（UÇK）；馬其頓民族解放軍是Ushtria Çlirimtare Kombëtare（UÇK）。因此，當我的司機問阿赫麥提的總部位置時，他問道：「UÇK的總部在哪裡？」

與科索沃解放軍、波士尼亞的塞爾維亞人和克羅埃西亞人、愛爾蘭共和軍或者埃塔的要求相比，這些要求看上去似乎是由國際特赦組織（Amnesty International）擬定的。大多數西方代表認為這些要求合情合理，馬其頓政府在幾年前就應該答應其中的大多數要求了。現在，你可能會說：但是這些要求都是戰術性的，旨在吸引西方。當然是這樣。總體而言，我發現阿赫麥提警惕、躲避甚至迴避這些政治問題，也就是說，他像一個政客一樣說話。像舊馬列主義的同志一樣，他堅定不移地堅持黨的路線：統一多民族國家中的平等權利，僅此而已！但是，似乎在我看來，他這樣做靠的是某種個人信仰，並且有充分的理由。

我問道，為什麼沒有人為馬其頓設想出一種聯邦解決方法？他微笑著說：「在一個只有二百萬人和兩萬五千平方公里的國家？」這會非常可笑。聯邦主義意味著各聯邦國之間有新的領土邊界和競爭。在一個阿爾巴尼亞族和斯拉夫族馬其頓人如此混居在一起的國家，如何劃分邊界線？「要麼我們生活在二十一世紀，想想融入歐洲，要麼我們像他們在一百年前所做的那樣採取行動……」他將手放到心的位置說，「我的祖國是馬其頓。」

並不是他所有同僚都這樣認為。我和另外一位民族解放軍的指揮官阿里提（Rafiz Aliti）談過，他被稱為「導師」，因為在春季起義之前，他是該村的體育老師。他告訴我，他支持聯邦化和「區劃化」馬其頓。一個單一的國家無法運作。如果馬其頓方面不實施八月中旬的「框架協議」（它從名義上滿足了阿爾巴尼亞族的適中要求），那麼他們將再次發動戰爭。這次將變成領土戰爭。什麼領土？「阿爾巴尼亞人居住的領土。」

然而，大量的證據表明，大多數科索沃和馬其頓的阿爾巴尼亞族政治精英已經一致認為，兩個地方的中期戰略目標應該不同：在科索沃是獨立，在馬其頓是平等權利。湊巧的是，兩個目標都不是更偉大的阿爾巴尼亞。在可預見的未來都不會是。

阿爾巴尼亞族馬其頓人採用這種漸進式的途徑有一個非常充分的理由。根據馬其頓當局的統計，大約二十三%的馬其頓人口是阿爾巴尼亞人，但是非官方估計這一數字高達三十五%。「框架協議」將提供一次全新的、受到國際監督的人口普查，看看這次人口普查會是什麼結果將很有趣。無論結果如何，所有人都知道阿爾巴尼亞族馬其頓人的孩子比斯拉夫族馬其頓人多。按照目前的出生率，大約到二〇二五年，阿爾巴尼亞人可能將占人口大多數，到時這大多數人可能選舉六十六歲的阿里．阿赫麥提擔任馬其頓的總統。

方法

這是最重要的單一標準。一個下雨的星期六下午，一位老人站在倫敦「演說角」（Speakers' Corner）的臨時演說台上，要求國王將所有馬莎百貨商店（Marks & Spencer）夷為平地，這位老人不是恐怖分子。他是演說角裡的一個瘋子。蘇格蘭民主黨的目標要比民族解放軍的目標宏偉得多——它想要蘇格蘭完全獨立，但它完全通過和平、符合憲法的手段。

個人或者組織是否通過使用暴力來實現其個人或者政治目標？暴力專門針對國家的武裝力量，還是恐怖組織也針對無辜的平民？在努力限制平民傷亡的同時散布恐慌和不斷侵擾——就像愛爾蘭準軍事組織有時通過電話發布轟炸警告那樣，還是像基地組織在「九一一」事件中明顯所做的那樣，大規模地屠殺無辜平民？

阿赫麥提和民族解放軍故意選擇暴力。他們從科索沃吸取的教訓是：如果牌打得不錯，一點精心策畫的暴力能夠獲得多年非暴力政治無法獲得的東西。故技重施成功了。阿赫麥提和其他人稱，他們從不針對平民。他們遵守《日內瓦公約》和看重海牙國際法庭等。大多數國際觀察人士一致認為，民族解放軍給斯拉夫族馬其頓的平民造成的傷害，要比科索沃解放軍給科索沃內塞爾維亞的平民造成的傷害少得多。最直接受到阿赫麥提指揮的地區尤其如此。但是人權觀察組織（Human Rights Watch）和國際特赦組織記錄了幾個民族解放軍成員綁架、實施酷刑和虐待的案例。

我與一群從馬其頓西部村莊逃出來的年輕的斯拉夫族馬其頓人談過。然而，連他們自己也說，他們在拿起武器對抗民族解放軍後，也這樣做過。他們講述了可怕又熟悉的故事：曾經一起和平生活和工作多年的鄰居如何突然變成槍口相向（就像在科索沃、波士尼亞、克羅埃西亞那樣）……根據馬其頓政府的統計，大約七萬人由於戰鬥而流離失所。國際觀察人士表示，這一數字要低得多。他們還表示，平民受到的最嚴重傷害是由馬其頓軍隊和安全力量造成的。一支不夠格軍隊的槍枝會不加區別地重創叛亂的村莊——不鎮壓叛亂是最合理的方式。與在米洛塞維奇統治下的塞爾維亞一樣，內政部領導下的準軍事組織「獅子」暗中襲擊阿爾巴尼亞人。另外，毫無疑問的是，多年來，普通的阿爾巴尼亞人一直受到斯拉夫族馬其頓人占大多數的警察的騷擾。

我與阿赫麥提會面後從山上下來，我們的車被一名穿著警長制服的男子和一名脖子上掛著一個木製大十字架的準軍事組織的士兵攔住。這位警長辱罵了我的口譯員。但我試圖介入（相當傲慢地）說，早上我和特拉伊科夫斯基總統談過，我敢肯定總統希望我們安然通過，他對我的口譯員說：「告訴你的人，我他媽的才不管總統。」當我微笑時，他說：「告訴他不要微笑。」這位馬其頓的警察就是阿爾巴尼亞事業的絕佳宣傳者。

隨後，我的阿爾巴尼亞司機憤怒得身體發抖。他用蹩腳的德語喊道：「你看到他們如何對待我們了。如果我沒有看到那個警察在路邊向我們揮手示意停下來，他們就向我們開槍了啊。這樣不對。」確實不對。

這是一場有點混亂低級的內戰，根據巴爾幹半島的標準，雙方都不是非常正確，也不是非常殘暴。民族解放軍發起這場戰爭，但斯拉夫族馬其頓方面在此期間的行為更加糟糕。這引導我們進入我們的最後一條標準：背景。

背景

馬其頓框架協議的第一條基本原則上說，「完全無條件地禁止採用暴力追求政治目標」。值得讚揚的原則。但是不能太過於按表面意思來理解。畢竟，轟炸阿富汗，美國和英國就是通過採用暴力追求政治目標。你可能會說：但是經久不衰的「正義之戰」的標準證明了它的合理性，國際聯盟、組織和法律賦予了其合法性。無論如何，從內部實施政治暴力對付一個合法的國家是完全不同的一回事。但是誰決定一個特殊的國家是否合法呢？

即便在國際公認的國家中，只要有壓迫，武裝抵抗便有可能被認為是合法的。弗里德里希·席勒（Friedrich Schiller）在其劇作《威廉·退爾》中借一名叛亂分子之口用無與倫比的強有力語言表達了這種說法。[6] 施陶法赫爾說，當受壓迫的人沒有其他方法找到公正的時

6 我情不自禁地想全部引用這些精采的句子：不，暴君的權力有其限度：／倘若被壓迫者無處找到公道，／倘若沉重的高壓已無法忍受——／那他就理所當然地向天空伸手，／從天上取下他永恆的權利，／這些權利如日月星辰高懸天際，／不可轉讓，不會摧毀——／大自然的原始狀況重又恢復，／人和人直面相對——／倘若手段全都無效，／那就採取最後一招，給他一把劍。（《威廉·退爾》，張玉書譯）

候，他便鎮定地伸向天空，從天上取下那無法剝奪、就像星星一樣不滅的永恆權利。當沒有其他手段時，他必須拿起劍。十八世紀和十九世紀波蘭爭取自由的起義可能就是如此。美國的獨立戰爭也是如此。

因此，你所在的是什麼樣的國家至關重要。像愛爾蘭共和軍在英國或者艾塔組織在西班牙等國利用政治暴力是一回事，在這樣成熟的民主國家，所有人都平等擁有爭取和平變革的手段。巴勒斯坦組織利用政治暴力對付加薩走廊或者西岸受壓迫的軍事占領是另一回事。黑人民族議會（ANC）對抗南非的種族隔離政權又是另一回事。受到暴力鎮壓的科索沃阿爾巴尼亞人拿起武器對抗塞爾維亞的米洛塞維奇政權也是另一回事。我們可能想支持普世原則「無暴力」，但我們都知道從政治事實和道德內容上來說，這些是完全不同的東西，我們應該說，一些暴力的政治行動沒有另一些暴力的政治行動那樣具有正當性。

特拉伊科夫斯基總統微笑著告訴我：「目前據我所知，世界領導人都在稱讚馬其頓。」哦，我有消息要告訴特拉伊科夫斯基總統——他是一個善良、體面、自己並不腐敗的用心良苦之人，但是或許沒有擁有世界上最強大的智力或個性。他們並沒有稱讚馬其頓。他們當中有許多人私下都在咒罵馬其頓。我對一位與馬其頓頗有淵源的資深西方談判員說，我從未遇到過比斯拉夫族馬其頓的政治精英更加固執己見、目光短淺的精英分子。這位談判員說：「除了我質疑你所用的『精英』一詞外，同意你所說的一切。」正如他們與民族解放軍的作戰方式傷害自身一樣，寫本文時，他們還是固執己見，堅持反對修改憲法，而大多數國際觀察人士都認為修改憲法完全合理。

一個特別有爭議的地方是前言中指代（在我的官方英譯本中為）「馬其頓是以馬其頓

民族的民族國家形式成立的歷史事實……」的措辭。阿爾巴尼亞人不喜歡民族國家的說法，特別是因為在這種語境下「people」是指 narod，暗指民族，而不是更加廣泛和更加文明的民族（nacija）。斯拉夫族馬其頓方面在夏季簽訂的和平協議中同意修改措詞，但是現在議會正威脅違背協議。

超大的西方壓力——歐盟的外交政策代表哈維爾・索拉納和北約祕書長喬治・羅伯遜幾乎每周訪問一次，他們的腦海中可能還想著其他幾件事，比如在修正案通過前，停止對癱瘓的馬其頓經濟提供國際援助——似乎無法讓他們改變態度。大錘難以敲開堅果。在更低的層面，官僚機構、軍隊和警察似乎和他們的政客一樣頑固、腐敗和無能。

這一切都有原因。回顧過去十年，有人肯定也會同情斯拉夫族的馬其頓人。有嚮往州的地位的民族，也有州的地位強加給他們的民族。一九九一年，前南斯拉夫解體的時候，州的地位便強加給了馬其頓人。進入二十世紀後，該國的四個鄰國都宣稱對其享有主權：在兩次世界大戰期間，塞爾維亞把它當作塞爾維亞南部的一部分，保加利亞把它當作自己的一部分（馬其頓的語言只是保加利亞的一種方言），阿爾巴尼亞的民族主義者希望馬其頓的大片土地都是更偉大的阿爾巴尼亞的，希臘人說馬其頓其實是希臘的。

一九九一年的時候，這些說法都還沒有完全明確地塵埃落定。該國已然千瘡百孔的經濟，因西方制裁米洛塞維奇的塞爾維亞和希臘阻撓國際承認馬其頓（因為希臘人說，在希臘已經有一個馬其頓），而支離破碎、一落千丈。（因此該國在國際上有一個相當彆扭的名字——前南斯拉夫馬其頓共和國，不過直接自稱為馬其頓共和國。）當時，它必須應對從科索沃湧入的大量阿爾巴尼亞難民。西方承諾的經濟援助和投資基本上依然是承諾而已。哦，對了，斯拉夫族馬其頓人在本國將很快成為少數派。有點生存的憂慮是可以理解的。這可以成為理由，但不能成為藉口。目前在民族解放軍和西方壓力之下做出的（或者未做出的）大多數變革在幾年前就該做出了。

儘管如此，事實仍然是，馬其頓阿爾巴尼亞人今年年初的立場與席勒《威廉．退爾》中表明的難忘立場一點都不像。仍有可能和平變革。過去，牢固的阿爾巴尼亞政黨分布在政府和議會中（它們現在依然如此），施壓推動大多數同樣的改革。它們無法很快地實現目標（部分原因是斯拉夫族馬其頓和阿爾巴尼亞族馬其頓的政黨都有相當高程度的腐敗），但是在西方尤其是歐洲的壓力之下，它們將及時實現目標。無論民族解放軍的目標和方法相對是多麼克制，在仍有其他途徑的情況下，民族解放軍仍然固執地選擇了暴力之路。結果，這加速名義上的必要改革，但也可能阻撓實際的改革。因為這場戰爭導致阿爾巴尼亞族和斯拉夫族馬其頓社區的進一步疏遠，以及雙方政治的激進化。

二

那麼，我在和一名恐怖分子喝威士忌嗎？呃，當然是在與一名前革命政客和游擊隊領導人喝威士忌，他在還有其他方法可以選擇的情況下故意拿起了槍。或許是他所宣稱的目標的適當性和他努力不針對平民的事實剛好將他推向對的陣營。剛好。或許吧。當然，他繼續努力成為一個令人難忘的堅定變革倡導者，通過一個統一的多民族國家內的政治談判推動變革。因此，或許與一名改良的恐怖分子喝威士忌沒有什麼問題？如果不是這樣，世界領導人在過去十五年喝掉的威士忌恐怕只有寥寥數瓶了。

聯合國在這個問題上會給我們提供一些進一步的指導嗎？長期以來，聯合國一直迴避定義恐怖主義。最近，它已經向定義恐怖主義邁出一小步。二〇〇〇年十一月，聯合國第六委員會發布的一份報告接近一個大致的定義，該報告稱：

> 由於政治原因打算或者設法在普通大眾、一群人或者特定人群中引發恐慌狀態的犯罪行為在任何情況下都是不正當的，無論是政治、哲學、意識形態、種族、民族、宗教還是其他考慮因素可能用於證明它們的正當性。[7]

但是這太寬泛。我們希望在塔利班中引發恐慌狀態，難道塔利班不是「一群人」嗎？誰決定什麼是犯罪行為？

九一一事件後，召開有關恐怖主義的聯合國大會的呼聲越來越高。有人不禁想聯合國給出的定義能有多大用處，一方面因為成員國對什麼應該算恐怖主義將會有廣泛的不同意見，另一方面因為其自身的難度，連最中立、獨立的分析人士也很難給恐怖主義下定義。實際上，能夠希望獲得的最好情況可能是，盡可能廣泛的不同國家，包括不同「文明」的國家（按塞繆爾·杭廷頓的理解來說）對盡可能多特例的描述達成意見一致。最差的情況是，歐

7 我要將這段引用和對聯合國所做一切的概括歸功於我的牛津大學同事亞當·羅伯特。

洲和美國應該意見一致——這根本無法保證，比如，如果有一方認為對伊拉克或者巴以問題要採取不同的手段。即使如此，可能也不會帶來一個共同的政策，但至少可以從一項共同的分析入手。

為了達到這個目的，我的四個小標題——生平、目標、方法、背景——或許可以作為一個折衷的樣板，但是每種情況的內容將截然不同，也沒有判斷結合情況的普遍指導。正如偉大的巴特勒主教曾經意味深長地評論道，凡事要具體問題具體分析。

二〇〇一年

阿罕布拉

「我是你的選擇，你的決定：沒錯，我是西班牙。」詩人奧登（W. H. Auden）這樣回應一九三七年的西班牙內戰。六七十年後，西班牙成為另一場戰爭的舞台，這場戰爭影響每個歐洲人，所有民主國家的每個公民。這是一場持槍的人和空中的人肉炸彈無法獲勝的戰爭。這是一場為了避免另一場戰爭的戰爭。

在馬德里一條寬敞的城市街道一邊，你可以在索菲亞王后藝術中心（Queen Sofia Art Centre）中看到畢卡索的〈格爾尼卡〉（Guernica）。這或許是現代世界中描述戰爭的最著名的單一藝術畫，這幅紀念西班牙內戰期間遭轟炸小鎮的畫，用黑、灰和白三種分明的顏色描繪了扭曲和支解的身體部位——腿、胳膊，大部分都是人頭，每個人頭都張著嘴，痛苦地嚎叫著。就在幾米之外，街道的另一邊就是阿托查（Atocha）火車站。二〇〇四年三月十一日，在這裡，格爾尼卡的一幕重演了。由於安在上下班列車上的炸彈的引爆，在短短幾秒內，活生生的男男女女們——父母妻兒——的身體被撕成一塊塊。我們肯定可以想像，他們還張著嘴發出最後一聲痛苦的嚎叫。

畢卡索並沒有來紀念阿托查火車站的受害者。乍一看，紀念物可能是兩台自助售票機。走近仔細一看，原來是裝金屬鍵盤的，你可以在鍵盤上打紀念或者表達團結的語句，它能與你手的掃描像連接在一起。在這兩台記憶機器的中間懸掛著巨大的白色圓柱體，人們可以在這些上面想寫什麼就寫什麼。「永遠不要再發生」有好幾處。「阿茲納爾、布希和布萊爾是暗殺者。」還有不合語法的波蘭樂觀主義的動人心聲：「不要繼續深陷在絕望中。波蘭。」

阿托查火車站的紀念物缺少藝術的壯觀。然而，其極致的平庸似乎也是恰當的——因為這場戰爭不會以某種大決戰而是會以無數次日常的小小遭遇戰（就像天天乘坐近郊列車上下班的人一樣）的方式取勝或者輸掉。

如果你往回走，從格爾尼卡博物館到達拉瓦皮耶斯（Lavapiés）區，你便能更好地理解這一點。許多北非移民都住在這裡，好幾個「三一一」爆炸案的製造者過去經常在這裡出沒。在特里布雷特大街（Tribulete Street）上，你可以看到小電話店（稱為「展位」），鬥著的鐵門，移民可以在這裡給家裡打便宜的電話。但是這個展位的主人左格姆（Jamal Zougam）利用自己電信方面的專業技能準備了幾部手機，通過遠程控制引爆列車上的炸彈。現在他的房子已經出租，但是門上還有「新世紀展位」的圖案。確實是新世紀了。

拉瓦皮耶斯區並不像是一個貧民區。在狹窄的街道上，西班牙和北非的商店仍然混在一起。人們也是一樣。但我感覺這個社區可能向其中一個方向發展：要麼加強和平共處，要麼急速陷入低層次的城市內戰。

或許西班牙人在「三一一」襲擊後所做的最令人印象深刻的事情是他們沒有做的事情。他們沒有回擊，沒有讓任何國籍的摩洛哥人或者穆斯林當替罪羊。人權觀察組織的最近報告謹慎地對此表示讚賞：「據我們所知，沒有任何記錄在案的種族暴力事件可以直接歸結於『三一一』的爆炸事件。」該報告還援引西班牙摩洛哥工人和移民組織主席的話說：「所作出的反應總體而言可以作為楷模，這個社會知道如何區別少數恐怖分子和一個共同體。」

然而，與拉瓦皮耶斯區的人們交談，你會發現一個接近引爆點的社會。一位西班牙的酒吧老闆告訴我，他多麼討厭像他之前的鄰居左格姆（手機操控炸彈的人）那樣的人，顫抖的聲音中透著憤怒和酒意。他說：「如果我三月十一日那天有把槍，我會在這裡自己打死他們。」穆罕默德·賽德是一名手上畫著蛇的摩洛哥人，今年十九歲。他抱怨爆炸案後，警察對他們的騷擾越來越多。為什麼，就在三天前，由於他朋友的手機中有一張奧薩瑪·賓拉登的照片，警察就打了他一頓並沒收了他的手機！那麼賓拉登是他這位朋友的英雄嗎？沒錯，當然是。但賽德正在學做水管工，他說自己的老師對他一直很好。這麼說，一個人正處在融合和疏遠的風口浪尖。

我又問了一位能言善辯、十六歲的穆罕默德（「叫我穆罕默德就行了」），問他對去年發生在路那邊阿托查火車站爆炸事件的看法。他說，他不想看到有人死掉，「即使他們是基督徒和猶太人」。但是這次是因為阿茲納爾在伊拉克戰爭中所做的一切……

後來，在該市近郊一個戒備森嚴的會議中心，我在一次旨在討論「民主、恐怖主義和安全」的紀念高峰會上與一群傑出的政客、國際官員和思想家坐在一起。這次精心組織的會議的主題是「民主政府是抗擊恐怖主義唯一合法並且也是唯一有效的方法」，旨在一份馬德里議程裡制定在應對恐怖主義的民主回應中從未見過的最完整行動計畫。

我期望研究結果。國家和國際組織的下一步行動顯然至關重要，從協調的警察和情報工作到移民政策，從使更廣泛中東民主化的競爭戰略到防止大規模殺傷性武器擴散。正如兩位穆罕默德的評論明確表示的那樣，相應的政策會對我們自己阿拉伯的街道產生直接影響。

但是，如果歐洲的普通民眾能夠通過與不同膚色和信仰的人頻繁的互動來有意識地參與這場戰爭，才能贏得這場避免更大戰爭的戰爭。這些體驗將決定已經大量生活在我們當中的穆斯林移民是走向伊斯蘭極端主義，最終走向恐怖主義，還是遠離它。這不是「反恐戰爭」，在反恐戰爭中，強國強大的軍隊和安全設備屢屢被幾個準備犧牲自己、技術精湛的人挫敗。這是一場防止這類人想成為恐怖分子的戰爭。

一位偉大的法國歷史學家曾經說過，一個國家就是「每天一次公民投票」。這場防止在普通男女遭疏遠的腦海中出現恐怖主義的和平戰爭也是如此。這是一場應對小事、瑣碎日常行為的戰爭。

回到特里布雷特大街上，有一家名為「阿罕布拉」的阿拉伯飯店，受到指控參與「三一一」爆炸事件的人過去經常來這裡。我到那裡的時候，遇到兩名西班牙婦女正在學習阿拉伯語，熟悉他們鄰國的文化。儘管她們是沒有裹著頭巾的西班牙婦女，她們也受到阿拉伯飯店老闆的熱情招待。這，也體現了馬德里議程。

二〇〇五年

歐洲的伊斯蘭

二〇〇六年一個晴空萬里的夏日，我參觀了巴黎近郊著名的聖丹尼教堂。我欣賞了法蘭克王國國王和王后壯觀的墳墓和墓碑，包括查理．馬特（Charles Martel，「鐵錘查理」）的墳墓和墓碑。人們普遍認為，西元七三三年，在普瓦捷附近，查理．馬特擊退穆斯林軍隊的入侵阻止了歐洲的伊斯蘭化。（詳見〈歐洲實力有道德基礎嗎？〉）走出教堂，我走了約一百公尺穿過維克多．雨果廣場便來到主商業街，街上到處都是阿拉伯和非洲裔的當地購物者，包括許多戴著頭巾的女子。我突然想：這樣看來穆斯林終究還是贏得普瓦捷戰役！不是靠武力取勝，而是靠和平的移民和繁衍後代。

從國王的教堂出來沿著道路往下走，在「一神論協會」（Tawhid association）不起眼的後院辦公室裡，我會見了阿卜杜拉齊茲．伊加尤哈里（Abdelaziz Eljaouhari），他是摩洛哥柏柏爾移民的兒子，是一名口才出眾的穆斯林政治活動人士。他用完美的法語流利又富有激情地講述了巴黎周圍貧窮住宅區的苦難——這正如我們所說又是抗議造成的——和對移民及其後代長期的社會歧視。他憤怒地說，法國所謂的「共和國模式」實際上是指「我說法語，叫讓．丹尼爾，藍眼睛，金髮」。如果你叫阿卜杜拉齊茲，皮膚較黑，還是穆斯林，法蘭西共和國就不像其所宣揚的那樣做了。「我們有何平等可言？」他問道。「什麼自由？什麼博愛？」後來他給強硬的內政部長、繼承席哈克的右翼主要總統候選人尼古拉．薩科齊發了一封私信，信中的措辭我永遠都忘不了。伊加尤哈里大聲說：「我，是法國人！」

此外，他可能還會補充說，歐洲人。嚴重疏遠許多穆斯林人——尤其是移民家庭的第二代和第三代人，那些自身出生在歐洲的年輕男女——是當今歐洲面臨的最令人煩惱的問題之一。如果形勢還像現在這樣惡性發展，那麼這種疏遠和對主流白人、基督徒或者後基督徒歐洲人的怨恨互相推動的方式，可能會摧毀歐洲最牢固民主國家的公民網。它已經促進了民粹主義反移民政黨的崛起，非常直接地導致了二〇〇一年美國的「九一一」恐怖襲擊事件（穆罕默德．阿塔等劫機人員就是在歐洲期間被激進化的）、二〇〇四年馬德里的「三一一」爆炸事件、二〇〇四年十一月二日謀殺荷蘭電影製片人提奧．梵谷的事件、二〇〇五年七月七日的倫敦爆炸事件，還有二〇〇六年八月十日試圖炸毀多架英國飛往美國的客機但被英國當局挫敗的事件。

歐洲與其穆斯林之間的困境也是過度簡單化的主題，在美國尤其如此，懦弱、反美、反猶太的「歐拉伯」（Eurabia）[1]這套固有思維，日益束縛著阿拉伯／伊斯蘭占支配地位的地區，目前似乎正在加劇。作為歐拉伯的一分子，我必須堅持幾點基本的區別。首先，我們是在談論伊斯蘭、穆斯林、伊斯蘭主義者、阿拉伯人、移民、皮膚較黑的人還是恐怖分子？這可是七種不同的東西。

在我住的地方——歐拉伯的牛津，我幾乎每天都與大英博物館聯繫。他們的家族血統源自巴基斯坦、印度或者孟加拉國。與我熟悉的土生土長的英國人相比，他們是更加和平、守法和勤勞的英國公民。正如一項有關法國伊斯蘭的傑出新研究的作者們所指出的那樣，大多數法國穆斯林都相對較好地融入了法國社會。[2]伊加尤哈里抱怨的歧視在大多數歐洲國家都以不同的形式和程度存在著，對非穆斯林的移民也同樣存在這樣的歧視。可以說，對皮膚較黑、用外國名字或有口音的人都同樣歧視，這是赤裸裸的舊式種族主義或者仇外，而不是現在稱為「伊斯蘭恐懼症」（Islamophobia）的更加具體的偏見。

在歐洲大陸，對於伊斯蘭，儘管有交叉的問題，但也有許多截然不同的問題。俄羅斯聯邦有一千四百多萬人口——至少占到其迅速減少的人口的十％——可以被認為是穆斯林，

---

1 最初是一份深奧期刊的名稱，一位名叫貝特．耶厄（Bat Ye'or）的作家將「歐拉伯」這個詞推廣開來。她的《歐拉伯：歐洲——阿拉伯軸心》（*Eurabia: The Euro-Arab Axis*, 紐澤西麥迪遜：費爾利迪金森大學出版社，二〇〇五）一書的書封上概括了其觀點：「本書寫的是歐洲向『歐拉伯』的轉變，歐拉伯成為阿拉伯／穆斯林世界的文化和政治組成部分。歐拉伯徹底反基督教、反西方、反美和反猶太主義。」耶厄女士的觀點有陰謀論的強烈因素，深受一個叫作歐洲—阿拉伯對話（EAD）組織所謂的祕密指導的影響。如下是她公平公正語調的一個例子：「歐盟通過其巴勒斯坦的阿拉伯盟友對以色列發動祕密戰爭祕密實現間斷性的大屠殺是不是幸災樂禍？」她把聯合國形容成「國際反猶太法庭，試圖將伊斯蘭的『齊米心態』（dhimmitude）強加給以色列」。布魯斯．巴韋爾（Bruce Bawer）在《歐洲沉睡的時候：激進的伊斯蘭正在如何從內部摧毀西方》（*While Europe Slept: How Radical Islam is Destroying the West from Within*，紐約：雙日出版社，二〇〇六）一書中不加鑒別地重複耶厄的觀點，還繼續表示「歐洲可能以其被動的方式繼續，甘心讓自己向專制的伊斯蘭教法和純粹穆斯林逐漸轉型。」儘管先前有這些令人懷疑的東西，「歐拉伯」最近還是獲得跨大西洋的尊重——出現在《經濟學人》的封面上。詳見二〇〇六年六月二十四—三十日那一期的《經濟學人》。

2 強納森．勞倫斯（Jonathan Laurence）和賈斯汀．韋斯（Justin Vaisse），《融合伊斯蘭：當代法國面臨的政治和宗教挑戰》（*Integrating Islam: Political and Religious Challenges in Contemporary France*），華盛頓特區：布魯克林研究所，二〇〇六。

但是大多數歐洲人認為他們不是歐洲問題的一部分。[3]相比之下，以土耳其來說，將近七千萬穆斯林人居住在這個世俗國家，歐洲人激烈地辯論了這樣一個主要是穆斯林的大國（在大多數傳統的文化、歷史和地理定義中，它都不是歐洲的一部分）似乎應該成為歐盟的成員國。在巴爾幹半島，有數百年歷史的歐洲穆斯林社區，總共有七百多萬人，包括基本上是穆斯林的國家阿爾巴尼亞、遲早穆斯林將占多數的另一個實體科索沃、穆斯林占多數的脆弱國家波士尼亞和穆斯林占不少人口的馬其頓、保加利亞、塞爾維亞和蒙特內哥羅。

這些巴爾幹半島的穆斯林是老歐洲人，不是歐洲的移民。然而，像土耳其人一樣，他們確實組成了德國、法國和荷蘭等西歐國家穆斯林移民少數民族的一部分。在十年內，要麼由於他們自己的國家加入了歐盟，要麼由於他們在另一個歐盟成員國獲得了國籍，大多數巴爾幹半島的穆斯林可能將成為歐盟的公民。二十世紀九〇年代，西歐對塞爾維亞和克羅埃西亞迫害波士尼亞穆斯林的回應虛弱無力（對克羅埃西亞的回應相對有力一些），令人恥辱，這加深了穆斯林在歐洲受傷害的更廣泛認識。西歐人（和美國人）軍事干預科索沃，防止信奉基督教的塞爾維亞人試圖屠殺穆斯林阿爾巴尼亞人，常常就沒有那麼讓人記憶深刻。

人們隨意談論「歐洲穆斯林問題」的時候，他們通常想到的是來自移民家庭的一千五百多萬穆斯林，他們現在生活在歐洲西部、北部和南部歐盟成員國內，以及瑞士和挪威（生活在波蘭等歐洲中部和東部歐盟新成員國內的數量很少）。法蘭西共和國在理論上不管膚色、宗教和民族，但並沒有真實的統計數據，這一事實使統計變得複雜，儘管如此，或許法國大概有五百萬穆斯林——超過總人口的八％。德國可能有四百萬人——主要是土耳其人，荷蘭將近有一百萬人，超過總人口的五％。

其中大多數人都生活在城市，一般在城市的特定區域，比如聖丹尼周圍的行政區域，它包含了巴黎近郊一些最臭名昭著的住宅區。每四個馬賽市民中估計就有一個是穆斯林。在其引人入勝的新書《阿姆斯特丹的謀殺案》（*Murder in Amsterdam*）中，伊恩·布魯瑪（Ian Buruma）引用了一份官方統計數據：一九九九年，阿姆斯特丹大約有四十五%的人口有外國血統，到二〇一五年，這一數字預計將上升至五十二%，其中大多數人是穆斯林。此外，穆斯林移民的出生率通常比歐洲「本地人」高。根據一項估計，十六歲至二十五歲的法國人口中穆斯林人超過十五%。[4]

因此，由於進一步移民、相對較高的出生率、歐盟向巴爾幹半島或許還有土耳其擴張的前景，歐盟越來越多的公民將變成穆斯林。在英國、法國、德國、義大利、西班牙和荷蘭的一些城區，他們占到的人口比例可以是二十%到九十%之間的任意一個數字。其中大多數是年輕人，非常多的人將遭受窮困，不能接受良好教育，就業不充分，被疏遠——在他們居住的地方及父母的家鄉都感受不到家的感覺，受到毒品、犯罪或者政治和宗教極端主義的吸

3 他們數量的估計大不相同，最低只有三百萬，最高達三千萬。二〇〇三年，當俄羅斯申報成為伊斯蘭會議組織成員國時，弗拉基米爾·普京說大約有兩千萬人，這令人懷疑。詳見愛德華·沃克（Edward W. Walker）在〈歐亞地理與經濟〉（Eurasian Geography and Economics, Vol. 46, No. 4（2005）, pp. 247-71）中的權威討論。我非常感謝約翰·鄧洛普（John Dunlop）提供該資料。

4 詳見提摩西·薩維奇（Timothy M. Savage）非常有用的文章，〈歐洲和伊斯蘭：伊斯蘭教興盛，文化衝撞〉（Europe and Islam: Crescent Waxing, Cultures Clashing），《華盛頓季刊》（*Washington Quarterly*），Vol. 27, No. 3（二〇〇四年夏季），頁二五—五十。

引。

如果我們傳統的歐洲人（因缺乏更好的措辭暫且如此稱呼），能夠成功扭轉目前的趨勢，能夠讓伊加尤哈里及其孩子這樣的人像新穆斯林歐洲人那樣有家的感覺，那麼他們可以成為一種豐富文化、增加經濟動力的源泉，有助於彌補歐洲快速老齡化的人口所拖的後腿。如果我們失敗了，那麼我們將會面臨更多的爆炸。

一

伊恩．布魯瑪──荷蘭和英國的混血兒、徹徹底底的世界主義者──擁有一個非常好的想法，即回到自己的祖國荷蘭，探究二〇〇四年十一月二日電影製片人、穆斯林文化的挑釁性批評者提奧．梵谷被一個名叫穆罕默德．布耶里（Mohammed Bouyeri）的二十六歲摩洛哥裔荷蘭人謀殺的原因和影響。據一名目擊者說，布耶里是騎著自行車來的，在公共大街上向梵谷開了好幾槍，接著拿出大砍刀，向他的喉嚨砍去──「好像砍一個輪胎似的」。他用另一把刀在梵谷的胸部釘上一個長長的雜亂無章的字條，呼籲對所有異教徒發動聖戰，殺死一批他憎恨的人，從索馬利亞出生的荷蘭政客阿雅安．希爾西．阿里（Ayaan Hirsi Ali）開始到該字條上寫著的要解決的人。梵谷和阿里一起拍過短片《屈服》（*Submission*），該短片援引《可蘭經》中的語句，通過半裸著身子的年輕女子訴說自己被虐待的故事，描述了一些穆斯林家庭中女子受壓迫的情況。布耶里的謀殺字條以此結尾：

我敢肯定你，哦，美國，將消亡
我敢肯定你，哦，歐洲，將消亡
我敢肯定你，哦，荷蘭，將消亡
我敢肯定你，哦，希爾西．阿里，將消亡
我敢肯定你，哦，異教徒的基本教義派，將消亡

布魯瑪在《阿姆斯特丹的謀殺案》（兼具小品文和新聞報導的生動和敏銳）一書中的一個核心問題是：我小時候記憶中那個寬容、文明的國家到底發生了什麼（他是一九七五年離開荷蘭的，當時二十三歲）？這片產生過斯賓諾莎（Spinoza）和約翰．赫伊津哈（Johan Huizinga）的土地變成什麼樣？赫伊津哈在一篇發表於一九三四年的文章中稱，如果荷蘭人會變成極端主義者，那他們的極端主義也是適度的極端主義。布魯瑪寫道，梵谷的謀殺案是「歐洲最進步的小世外桃源寬容和光明美夢的終結」。然而，他的部分答案似乎是現實總是與荷蘭寬容的神話不同——比如，如果有人關注戰爭時期和戰後對待猶太人的態度的話。他還引用了荷蘭傑出政客、前歐洲委員博克斯坦（Frits Bolkestein）的著名宣言：「永遠不要低估荷蘭人對摩洛哥和土耳其移民的憎恨程度。」請注意，不是「穆斯林」而是來自特定地方的移民。

現在，布魯瑪重訪自己小時候青翠欲滴的郊區（「青翠欲滴」和「鬱鬱蔥蔥」這兩個詞在書中反覆出現），與學者和他諷刺地稱為提奧的朋友的人交談，傾聽他們講述每種文化都有單獨「支柱」的荷蘭多元文化主義的模式如何崩潰。太多的移民湧入太快，他們在語

言、文化和社會方面還沒有充分融入荷蘭社會。父母是作為德國所稱的「Gastarbeiter」，即「外來務工人員」進入荷蘭的，但是他們的孩子大部分都沒有工作。

關於荷蘭人對伊斯蘭的態度，布魯瑪表示，像反移民的民粹主義政客皮姆·福爾頓（Pim Fortuyn）這樣的人對穆斯林重新將宗教引入公眾輿論非常憤怒，因為他們剛剛「費了九牛二虎之力擺脫自身宗教的束縛」，他指的是天主教或者基督教新教。更不用提穆斯林對於同性戀——福爾頓是同性戀——和女性的態度。當問及他為何反對伊斯蘭教時，他說：「我無意再次解放所有女性和同性戀者。」像梵谷一樣，福爾頓也是被一名騎自行車的男子謀殺的（荷蘭的風格），不過暗殺他的人不是穆斯林。梵谷對福爾頓著迷；布魯瑪寫道，實際上，他自己被布耶里殺死的時候，這位電影製片人正在籌備一部有關福爾頓暗殺事件的「希區考克式的驚悚片」。

對於我們非穆斯林的歐洲人或者更加普通的西方人來說，福爾頓和梵谷等人的回應是這個故事較容易理解的部分。我們真正需要理解的是另一部分：穆斯林移民及其後代的經歷。殺手穆罕默德·布耶里是一個孤獨的瘋子還是一場較大麻煩的徵兆？答案無法讓人放心。布耶里來自我所謂的中間人群：他們在自己所生活的歐洲國家和父母的祖國都感受不到家的感覺。他們居住在「天線城市」中，通過摩洛哥或者土耳其電視頻道的衛星天線、網路和手機與父母的出生地聯繫。與大多數移民美國的穆斯林人不同，他們當中很多人每個夏天都親自回「國」，到摩洛哥、阿爾及利亞、土耳其或者其他歐洲的鄰國，有時一去會待上幾個月。在他們歐洲的家裡，第二代人通常與其兄弟姊妹說當地的語言——荷蘭語、法語和英語，與他們的父母說本土語言——柏柏爾語、阿拉伯語、土耳其語：正如一位摩洛哥柏柏爾裔的荷蘭人對布魯瑪所說，「五五對開」。布魯瑪問這人會支持哪支足球隊。摩洛哥！他更喜歡擁有哪個國家的護照？荷蘭！

幾乎所有我在巴黎周圍易發生暴亂的住宅區遇到的年輕人都講述了中間生活的類似故事：悠閒的夏天在阿爾及利亞和突尼西亞他們爺爺奶奶的農田裡度過；分裂的忠誠，「你會支持哪支足球隊」的問題便是集中體現。那些阿爾及利亞的後代告訴我：「阿爾及利亞！」二〇〇一年，阿爾及利亞與法國的一場比賽引人注目地淪落成一次令人厭惡的暴亂。但是，當阿爾及利亞裔的齊內丁．齊達內（Zinedine Zidane）帶領法國隊參加世界盃時，他們就支持法國了。[5] 伊加尤哈里說：「在摩洛哥，我是僑民；在法國，我是移民。」

從文化上來說，他們擁有雙重人格。迷茫不僅僅限於文化方面。布魯瑪會見了一位專門治療移民精神病的精神病學家。顯然女性和第一代移民的男性往往會患上抑鬱症，第二代男性會患上精神分裂症。根據他的研究，第二代的摩洛哥男性罹患精神分裂症的概率比來自類似經濟背景的荷蘭本地人高十倍。

穆罕默德．布耶里是這些第二代摩洛哥柏柏爾裔荷蘭人中的一員，左右為難。他上過一所以畫家皮特．蒙德里安（Piet Mondrian）命名的荷蘭高中，說荷蘭語，喝酒，吸毒，有

5 直到世界盃決賽的最後幾分鐘，我一直希望齊達內作為法國隊隊長出色又有紀律的表現將為數百萬法國穆斯林人樹立一個鼓舞人心的榜樣。接著他惡意而精巧地用頭撞向白皮膚、可能是天主教徒的義大利後衛馬爾科．馬特拉齊（Marco Materazzi），這給歐洲的穆斯林人帶來一種不同的啟示。後來流行文化替這個事件做了出人意料的轉折，一首好記又令人愉快的歌諷刺性地慶祝齊達內撞人，迅速在法國走紅。可以在www.koreus.com/media/zidane-coup-boule-mix.html上聽。

一個一半荷蘭血統、一半突尼西亞血統的女朋友。他喜歡西方女孩，但當他的妹妹找了一個名叫阿卜杜的男友時，他非常憤怒。對他來說，在婚前發生性行為沒有問題，但對她來說不行。如果女兒或者妹妹在婚前發生性行為，在他摩洛哥穆斯林的社區看來，傳統上至關重要的家庭榮譽就會受到無法挽回的玷汙。布耶里捅了阿卜杜一刀，在監獄待了一段時間。他的母親死於乳腺癌。穆罕默德不再採用現在自己日益認為墮落的歐洲方式。他留了鬍子，開始穿戴摩洛哥的長袍和祈禱帽，受到敘利亞一名激進穆斯林布道者的影響。他在網上發伊斯蘭的宣傳帖，觀看在中東的外國異教徒被聖戰士割喉的視頻。根據布魯瑪引用的一處荷蘭資料，布耶里的朋友努雷丁（Nouredine）結婚當晚和自己的新娘在未來暗殺者公寓的床墊上觀看異教徒被屠殺的影片。

二〇〇四年十一月一日，穆罕默德・布耶里和朋友們度過了平靜的一晚。他們出去散步，通過插在數位音樂播放器上的耳機聽《可蘭經》的禱告。穆罕默德表示，那晚的夜空是多麼美。第二天早上，他五點半起來，向真主禱告後就騎著自行車去屠殺梵谷了。顯然，他打算在與後來警方的交火中殺死自己。

布耶里的故事與一些倫敦和馬德里爆炸人員以及基地組織漢堡分支成員（他們是二〇〇一年紐約「九一一」襲擊事件的主要人員）的故事驚人地如出一轍。同樣是起初接受現代歐洲的世俗文化，接著憤怒地排斥它，無論是荷蘭、德國、西班牙還是英國的變體，都有性放縱、毒品、飲酒和狂歡的共同誘惑；夾在兩個國家之間左右為難的痛苦，兩個國家都不是完完全全的家；激進伊瑪目的影響以及來自網上、錄音帶或者盒式錄影帶和DVD光碟的伊斯蘭材料的影響；全球伊斯蘭受傷害的感覺，波士尼亞、車臣和巴勒斯坦、阿富汗和伊拉克的恐怖報導加劇了這種感覺；一個小圈子朋友的共同想法堅定了決心；平靜的自信，其中許多這樣的年輕人似乎有了這份自信就接近殉教了。這類自殺式的殺手顯然不能代表和平生活在歐洲的絕大多數穆斯林人；但他們毫無疑問是穆斯林移民的孩子更加廣泛地疏遠歐洲的極端而特殊的症狀。他們病態的思想和心態用一種極端的方式表明了中間人群的病理。

二

布魯瑪專門用一章講述了阿里和《屈服》——她與提奧・梵谷一起製作的電影，展現了穆斯林女性受虐待的情況。阿里自身的故事已經在無數的簡介和訪談中講述過。實際上，她是記者無法抗拒的報導素材。她身材高大、非常漂亮、引人注目、英勇無畏、直言不諱，擁有非凡的人生故事，目前正生活在像梵谷那樣被屠殺的固定威脅之下。在其新評論集《籠中處女》（*The Caged Virgin*）一書封底列出的獎項除了道德勇氣獎、自由女性國際網路自由獎、二〇〇四年的荷蘭先生（原文如此，*Dutchman of the Year 2004*）、二〇〇四年科克榮譽勳章（Coq d'Honneur 2004）和丹麥自由獎，還有《魅力》（*Glamour*）雜誌的「月度英雄獎」。這就是我們喜歡英雄的方式——富有魅力。如果她又矮又胖，還斜視，她的故事和觀點可能就不會這麼受關注了，這樣說並沒有不尊重阿里女士之意。

在兩本書的書評見諸報端之際，圍繞她的更嚴重醜聞爆出。在一篇電視報導「披露」一九九二年申請到荷蘭避難時她提供過虛假細節後，強硬的荷蘭移民部長賴塔・維丹克（Rita Verdonk）撤銷了阿里的荷蘭國籍。（實際上，這個故事阿里已經親口講過好幾次；

當布魯瑪對她說，用英國小報經常使用的一個詞組來說，她是一個假的尋求避難者，她回答說，「沒錯，一個非常假的尋求避難者」。）該部長的強硬決定在荷蘭議會引發了一陣抗議，因為阿里是維丹克所在政黨的一名議會代表。維丹克被迫收回自己的撤銷決定，組建荷蘭政府的聯盟因此變得四分五裂。但是傷害已經造成。阿里宣布從荷蘭議會辭職，打算前往位於華盛頓的美國企業研究所。

我讀過她的許多訪談，還在倫敦與她在台前和幕後聊過一個晚上，對她的勇氣、真誠和透明非常尊重。這並不意味著一定要同意她的所有看法。《籠中處女》的美國版還有一個副標題：一份女性和伊斯蘭的解放宣言——稱之為女性從伊斯蘭解放出來的宣言更加準確——她根據自己先是一名口譯員接著是一名政客的經歷，講述了在歐洲一些穆斯林的移民家庭中，年輕女子遭受壓迫和虐待的可怕又真實的故事。其中一些年輕的女子被迫與她們不想結婚的人結婚——她用了「包辦強姦」的術語。其他人被丈夫、父親或者叔叔虐待。如果她們試圖逃跑或者與男友私奔，就會受到恐嚇、毒打，甚至以「維護榮譽而殺人」的方式被殺害。阿里寫道，二〇〇四至二〇〇五年的七個月內，僅僅在荷蘭的兩個警區內就發生了十一起穆斯林女孩這樣被殺害的事件。

來自索馬利亞等國的年輕女孩必須接受委婉所稱的「女性割禮」——她描述說，整個過程包括「切除女孩的陰蒂、內外陰唇，用一個尖銳的東西——玻璃碎片、剃刀刀片或者洋芋刀搗破她的陰道壁，接著將她的雙腿綁起來，讓陰道壁長在一起」。阿里稱這並不是「女性割禮」而是「切割生殖器官」，一語中的。（她自己在其索馬利亞祖母的要求下經歷了這個可怕的過程。）她還寫了一篇令人感動又非常實用的文章〈給想逃脫的穆斯林女性的十條忠告〉——讓她們為逃離穆斯林家庭遇到的衝擊、痛苦和可能的危險做好準備。

阿里努力讓我們關注這些慘事，這些慘事是所謂寬容「多元文化主義」不為人知的一面。然而，她將她們受到的壓迫歸咎於伊斯蘭宗教而不是她們所在的特定國家、區域和部落的文化，一些穆斯林女性對此表示反對。（阿里承認，《可蘭經》中並沒有規定要切割生殖器官。）布魯瑪報導了自己與一家荷蘭避難所（該避難所收留受虐待的家庭主婦和遭受毒打的女兒）中女子的電視會議，其中有幾個人強烈反對電影《屈服》。有一位喊道：「你是在侮辱我們。是我的信仰讓我變得強大。」布魯瑪稱，她傲慢地揮了揮手，對她們的反對置之不理。

《屈服》通常意味著一種挑釁。阿里寫道，穆斯林文化需要像蒙提·派森（Monty Python）的《布萊恩的一生》（*Life of Brian*）這樣的電影，由一名阿拉伯籍的提奧·梵谷那樣的人導演，穆罕默德那樣的人物充當主角。（這句話可能寫於梵谷被謀殺之前，該書的荷蘭語版是二〇〇四年出版的。）她回憶說，她自己經歷中的一個決定性時刻是閱讀一部名為《無神論者的宣言》（*The Atheist Manifesto*）的著作。她也從約翰·斯圖亞特·穆勒（John Stuart Mill）的《女性的屈從地位》（*On the Subjection of Women*）一書中獲得靈感。她說，「我要求我們確實要質疑伊斯蘭的根本原則」。在書的最後一頁，她總結說，「穆罕默德的首要受害者就是穆斯林的思想。他們被禁錮在對地獄的恐懼中，因而也懼怕對生活、自由和幸福非常自然的追求」。

阿里青少年時期為伊斯蘭基本教義派所吸引，後來受到一名啟蒙老師的影響，現在變成一名勇敢、直言不諱、有點簡單的啟蒙運動基本教義派者。按照政治歷史學家熟悉的方式，她憑藉情感力量已經從一個極端走向了另一個極端，莎士比亞完美地概括了這種情感力量：

……改信正教的人，
最是痛心疾首於以往欺騙他的異端邪說。

這正是在許多世俗的歐洲學者看來她是一位女英雄的原因，這些學者本身也是啟蒙運動的基本教義派者。他們認為，不僅僅是伊斯蘭，而是所有宗教都在侮辱智者，摧殘人類的精神。他們當中的大多數人都認為，完全基於世俗人類主義的歐洲將是更好的歐洲。或許他們是對的。（在我最好的朋友中，有一些是啟蒙運動的基本教義派者。）或許他們是錯的。但讓我們不要假裝這不是對伊斯蘭的正面挑戰。在其瘋狂的謾罵中，穆罕默德·布耶里將普通的歐洲敵人定義為「異教基本教義派者」並沒有完全弄錯。

現在歐洲的每個男男女女肯定可以自由地堅持這類無神論者或不可知論者的觀點，而不用擔心迫害、恐嚇和審查。像阿雅安·希爾西·阿里這類人的目的是為更好的荷蘭和歐洲奮鬥，而我們歐洲人卻不能容忍這類人成為我們當中的一員，我將此視為荷蘭和歐洲深深的恥辱。但我認為，她並沒有為歐洲的大多數穆斯林指明前進的道路，因為未來很多年內都是如此。數百萬穆斯林將突然拋棄父母的信仰，因為這種期望的政策根本不切實際。如果他們從我們這裡聽到的消息是，成為歐洲的必要條件是拋棄他們的宗教，那麼他們將選擇不做歐洲人。世俗的歐洲人要求穆斯林信奉他們的信仰——世俗人類主義——幾乎就像伊斯蘭聖戰分子要求我們應該信奉他們的信仰一樣不寬容。但啟蒙運動的基本教義派者將抗議，我們的信仰基於理性！好，他們會回答說，我們的信仰基於真理！

三

提奧．梵谷、阿雅安．希爾西．阿里和穆罕默德．布耶里的荷蘭故事只是紛繁複雜的歐洲和伊斯蘭故事的冰山一角。如果我們問「該做什麼？」答案是：因地制宜，有所作為。我們一定要做狐狸，而不是刺蝟，這讓人想起以賽亞．伯林（Isaiah Berlin）恰如其分地引用阿爾基羅庫斯（Archilochus）的片段：「狐狸知道很多事，但刺蝟知道一樣大事。」對付福克斯新聞這群難纏的刺蝟，我們必須繼續堅持這不僅僅是一場巨大的反恐戰爭，讓好人消滅壞人就能獲勝。

布魯瑪正確地強調穆斯林移民的文化多樣性：來自里夫山的柏柏爾人與來自低地的摩洛哥人相當不同；土耳其人的適應方式與索馬利亞人不同，更不用提在英國的巴基斯坦人了。十九世紀的時候，歐洲的帝國主義者研究了其殖民地的人種學。在二十一世紀，我們需要一種我們自己城市的新人種學。由於歐洲國家的移民往往集中來自其前殖民地，因此新的人種學可以借鑒舊人種學。與此同時，英國、法國、荷蘭和德國一體化或者非一體化的方式截然不同，具有鮮明的優點和缺點。比如，適合布拉德福德（Bradford）巴基斯坦克什米爾人的方式可能並不適用阿姆斯特丹的摩洛哥柏柏爾人，反之亦然。

我們必須決定什麼是我們歐洲的生活方式必不可少的，什麼是可以協商的。比如，我認為，法國堅持成年女子在任何官方機構都不能戴頭巾——我在聖丹尼住宅區的女子那邊不斷聽到，這是法國穆斯林多一種不滿的原因——在道德上站不住腳，在政治上也是愚蠢的。在我看來，法蘭西共和國禁止成年女子戴頭巾似乎應該像伊朗伊斯蘭共和國強迫她們戴頭巾一樣遭到反對，依據同一個原則：在一個自由現代的社會，成年男女應該想穿什麼就穿什麼。[6]從更加實際的方面來說，就算不給自己再添這個麻煩，法國與其穆斯林人口之間的關係面臨的問題已經夠多的了。

另一方面，言論自由必不可少。現在，它受到穆罕默德·布耶里這類人的威脅，他們向阿雅安·希爾西·阿里這類人傳達的信息是：「如果你這樣說，我就殺了你。」實際上，布魯瑪告訴我們，布耶里向法院解釋，神聖的法律不會允許他「在這個國家或者任何言論自由的國家生活」。（既然這樣，為什麼不返回摩洛哥呢？）但是受驚政府的綏靖政策也威脅到言論自由，政府試圖借助社區間和諧的名義引進審查。一個令人擔憂的例子是英國政府最初提議制定法律反對煽動宗教仇恨。這種所謂的多元文化主義是指，「你尊重我的禁忌，我也將尊重你的禁忌」。但是如果你將世界上所有文化的禁忌都集中起來，你言論自由的空間就很小了。

要在準恐怖分子行動之前抓捕他們，熟練警察和情報工作（就像二〇〇六年八月英國警察和安全服務機構所做的那樣）必不可少，這不僅僅是為了拯救潛在受害者的生命。它至關重要還因為每一次以真主名義實施的恐怖主義暴行，都會快速加劇穆斯林和非穆斯林歐洲人之間的互不信任。一位摩洛哥裔的荷蘭年輕女子告訴布魯瑪，在紐約「九一一」襲擊事件發生前，「我只是諾拉。接著突然間，我變成了穆斯林」。消除這種危險還意味著進一步嚴密地監視激進的伊斯蘭家長，我們一次又一次地發現，是他們讓不滿的年輕歐洲穆斯林男子變得激進。

從另一個角度來看，歐洲經濟體需要創造更多的就業機會，確保穆斯林人擁有平等的就業機會。最近的皮尤調查發現，英國、法國、德國和西班牙的穆斯林面臨的首要問題是失業。鑒於從歷史來看歐洲創造就業機會緩慢、來自亞洲低成本熟練工人的激烈競爭和許多歐洲國家仇外歧視的反射作用，這說起來容易做起來難。住房條件是另一個主要的不滿來源。然而，試圖以公共開支來彌補這一點，將讓業已捉襟見肘的預算更加緊張；如果犧牲附近「本地」人的居住條件，這也可能轉化成更多支持民粹主義反移民政黨的選票。

即使有獨立繁榮的巴勒斯坦國，即使美國、英國和一些其他歐洲國家沒有入侵伊拉克，歐洲的移民穆斯林問題（即中間人群的病理）也是存在的。但毫無疑問，巴勒斯坦問題和伊拉克戰爭增強了歐洲穆斯林是全球受害者的感覺。馬德里和倫敦爆炸人員的個人故事非常清楚地表明了這一點。英國第四電視頻道的一項最近民調顯示，將近三分之一的英國年輕穆斯林受訪者同意如下看法：「由於英國支持反恐戰爭，因此七月的倫敦爆炸是正當的。」[7]建立一個可以運作的巴勒斯坦國，從伊拉克撤出西方的軍隊，至少可以消除兩個額外的不滿來源。襲擊另外的穆斯林國家，比如伊朗，將惡化情況。

6 請注意，我特指成年婦女。有人稱，在學校裡不能戴頭巾的禁令反而讓十三四歲的女孩可能覺得自己從她們所謂的壓迫性父母、社區或者宗教權威中解放出來。但是，有些十三四歲的女孩想自由選擇戴頭巾，那麼她們的權利何在呢？

7 關於這個話題以及有關英國穆斯林人更年輕一代異化的更多細節，參見二〇〇六年八月十日我的《衛報》專欄。

在與伊斯蘭作為一個宗教的關係中，鼓勵能夠與現代、自由和民主歐洲的基礎兼容的伊斯蘭版本是有意義的。塔里克．拉馬丹（Tariq Ramadan）——又是一個富有爭議的人物，阿雅安．希爾西．阿里、法國左翼和美國右翼深深不信任，但他受到許多年輕歐洲穆斯林的追捧——等伊斯蘭改革者承諾可以找到它們。拉馬丹堅稱，如果恰當地闡釋伊斯蘭，伊斯蘭未必會與民主的歐洲發生衝突。富有偏見的「歐拉伯」（Eurabianist）暗示「更多的穆斯林歐洲人意味著更多的恐怖分子」，而拉馬丹則表示，穆斯林歐洲人越多，他們成為恐怖分子的可能性就越小。穆斯林歐洲人在相信者眼中，與穆罕默德．布耶里、提奧．梵谷和阿雅安．希爾西．阿里（我想可以加上她吧）不同，是既可以成為好穆斯林又可以成為好歐洲人的人。[8]

最終，這對歐洲社會和歐洲政府來說都是一個挑戰。比如，法國的許多歧視都是單獨的雇主所做出的決定造成的，他們正在違反該國的公共政策和法律的精神。其穆斯林公民在歐洲是否能感受到家的感覺，正是取決於成千上萬的非穆斯林歐洲人在無數次小小的日常互動中所表現出的個人態度和行為。當然，還有數百萬穆斯林的個人選擇，以及其精神和政治領袖所做的表率。

歐洲有可能應對這個挑戰嗎？我覺得恐怕不行。真沒可能嗎？有。但是再過五分鐘就到午夜了，我們正在最後一家酒吧中喝酒。[9]

二〇〇六年

8 拉馬丹在牛津大學聖安東尼學院做訪問研究員時，做了許多講座，這裡對他立場的簡短總結是根據我所聽講座作出來的。圍繞他的嚴重爭議導致他在大多數說法語的歐洲不受歡迎，無法拿到美國的簽證，擔任聖母大學（Notre Dame University）的常務校長。從伊斯蘭法律和法理學角度系統呈現他觀點的是《做一名歐洲穆斯林：在歐洲背景下研究伊斯蘭來源》（*To be a European Muslim: A Study of Islamic Source in the European Context*），萊斯特：伊斯蘭基金；首次出版日期是一九九九年/1420 H。

9 本文及其討論的伊恩·布魯瑪的作品引發了一個爭議，該爭議常常基於誤解，有時是基於故意的誤傳。我還沒有系統地回應過因此引發的所有觀點，在此回應將破壞本書的布局。然而，我想向那些參與這場辯論的人指出，我自那以後早就棄用了「啟蒙運動基本教義派者」的說法，因為它被誤解成與之有點對稱的「伊斯蘭基本教義派者」——該稱呼現在幾乎等同於「恐怖分子」。關於我們現在需要哪個啟蒙運動，關於伊斯蘭改革主義（塔里克·拉馬丹是一個非常有問題的例子）的本質和缺陷性，還有一系列重要的問題。我希望在其他地方重新探討這些問題。與此同時，本章中的文章闡述了一些我支持的自由世俗主義的思想。

無形的前線

從美國回到歐洲，就是從一個自認為自己在反聖戰恐怖主義的鬥爭前線其實卻不是的國家，回到一個在前線卻還沒有完全意識到這個事實的大陸。我是指國內的前線，國外又是另一回事。只有笨蛋才會排除對現在所謂的美國國土發動另一次恐怖襲擊的可能性，但事實是自從二〇〇一年九月十一日以來的六年裡，在歐洲發生了幾次重大襲擊（馬德里、倫敦）和未遂的策畫。目前據我們所知，在美國，沒有發生重大襲擊，只有幾次識破的陰謀。所有證據表明，與西歐的穆斯林相比，美國的穆斯林更好地融入了其中。上周，在德國，一群顯然在計畫「九一一事件」一周年襲擊的人被捕，這表明對「故鄉」（Heimat）的威脅要比對「國土」（homeland）的大。

在歐洲，許多城市的平靜街道上有一條無形的前線。無論喜歡與否，無論你住在倫敦還是劍橋，柏林還是新烏爾姆，馬德里還是鹿特丹，你都在這條前線上——要比你在冷戰時期所處的前線還近。這場鬥爭的一部分是有關情報工作和警察工作的，防止那些已經變得狂熱、暴力的聖戰分子在聖潘克拉斯火車站（St. Pancras）或者巴黎北站（Gare du Nord）炸飛我們。與擔心人身自由受到限制一樣，普通的非穆斯林歐洲人在這方面能提供的幫助很少。

普通、和平和守法的穆斯林歐洲人可以多提供一點幫助。

這場鬥爭更大的一部分，更長期而言也是更為重要的是爭取年輕歐洲穆斯林人——通常是男人——的心和思想，他們還沒有變成狂熱、暴力的聖戰分子，但可能會變成那樣。在我們整個大陸及其邊緣地區，有成千上萬的年輕穆斯林男子可以向其中一個方向發展。他們可以成為未來的人肉炸彈或者未來的歐洲人：良好公民、我們舉步維艱的國家養老金計畫的出資人、堅定的國際主義者。

回顧一下三十年前「德國之秋」和義大利赤軍旅（Red Brigades）中的最後一波青年恐怖主義，可能有助於更好地理解這個過程。二十世紀七〇年代末，我住在柏林的時候，我遇到好幾個人告訴我，「你知道的，有那麼一刻，我本可以向其中一個方向發展」。他們本可以像其朋友的朋友霍斯特（Horst）和烏爾里克（Ulrike）一樣偷偷地加入赤軍旅。相反，他們成為記者、學者或者律師，現在是社會的棟梁，但這個社會正在遭受另一波更具毀滅性、潛在的恐怖主義的襲擊。

當然，我們不能將這個比較拉得太遠，但有一個基本特點是相同的：除了堅定的狂熱分子外，還有一批可以向其中一個方向發展的人。在德國，他們過去（現在依然）被稱為Sympathisanten，即「同情者」。在歐洲穆斯林中，他們可能非常籠統地與那些在調查中拒絕譴責自殺式爆炸的人聯繫在一起，儘管這樣的人因為對巴勒斯坦的態度而有所增加。一位分析人士估計，堅定的狂熱分子可能占到英國穆斯林的一%，而「兩邊倒」的同情者可能占到十%。

如果你關注過去六年間真正的聖戰暗殺者的生平，從「九一一」事件的爆炸者、在漢堡被激進化的穆罕默德．阿塔，到提奧．梵谷的謀殺者穆罕默德．布耶里，你會一次又一次地發現同樣的故事：年輕人一開始對與其父母所遵行的截然不同的現代西方的生活方式著迷，接著憤怒地排斥它，轉而支持政治伊斯蘭暴力、極端的方式。幸運的是，還有人向另一個方向發展。埃德．侯賽因（Ed Husain）的《伊斯蘭主義者》（*The Islamist*）富有啟示意義地闡述了一名年輕的英國男子如何深陷極端的伊斯蘭主義，但後來擺脫了它，不過依然是一名穆斯林。因此現在很大程度上取決於這十％轉向野蠻的一％，還是像侯賽因一樣重新加入文明的大多數。（這不是文明與文明之間的衝突，而是文明與非文明之間的衝突。）

最近英國伊斯蘭解放黨（Hizb ut-Tahrir）的前高級成員馬吉德．納瓦茲（Maajid Nawaz）叛變，這又是一個非常鼓舞人心的信號。正如曾經歐洲擁有一群強大的前共產主義者一樣，我們很快就可能擁有一群強大的前伊斯蘭主義者。沒有人比那些治癒自己疾病的人更了解如何抗擊疾病了。

伊拉克是這場更大鬥爭中的小插曲。布希總統可能依然稱，伊拉克是反恐戰爭的前線（「如果我們不在那裡阻止他們，他們就會來這裡找我們」），但連他的一些高級指揮官也不相信這一點。可以肯定的是，現在伊拉克有一個基地組織，但在入侵伊拉克前沒有。伊拉克戰爭使各地不滿的穆斯林人更加不滿——倫敦的爆炸者是這麼說的——不過請注意，德國沒有參加伊拉克戰爭，也未能倖免於難。我們也不應該不關注這個更加令人不舒服的事實，即暴力的聖戰分子將會把美國從伊拉克撤軍當作賓拉登的勝利加以慶祝。

但是更大的事實是，英國士兵從巴士拉回到布拉德福德就是從一條前線回到另一條前線。這條無形的前線不是軍事前線而是文化政治前線，最終在戰勝聖戰死亡方式的誘惑方面能夠發揮更大的決定性作用。與他在巴士拉拿著槍所做的一切相比，撤回的士兵沒上崗的時候在家鄉對待英國穆斯林的態度，可能更會減少英國恐怖主義的威脅。

阿富汗有所不同。徹底剷除基地組織和擊退復興的塔利班是對抗聖戰恐怖主義不可分割的一部分。努力改變巴基斯坦和沙烏地阿拉伯激進宗教和政治的有害組合也是如此。皈依伊斯蘭教的弗里茨・格勒維克（Fritz Gelowicz）似乎一直是德國組織的頭目，有毒的伊斯蘭瓦哈比分支的導師在新烏爾姆的多元文化基地使他變得激進化，該分支位於偉大的美國盟友沙烏地阿拉伯，並由它提供資助。據報導，隨後他到敘利亞接受阿拉伯語的訓練，在巴基斯坦邊境區內一個由伊斯蘭聖戰聯盟（最初是一個烏茲別克組織）管理的集中營裡接受恐怖主義訓練。根據德國的情報，發動周年襲擊的指令是從巴基斯坦通過郵件發來的。這樣看來，我們既面臨國際和國內的威脅，又面臨全球和地方的威脅。死亡從新烏爾姆出來通過瓦濟里斯坦人（Waziristan）降臨到你身上。無形的前線有五千英里長，就在你鼻子底下。

如果我們鎮定、清明和果斷，我們將最終贏得這場鬥爭並依然自由。一個已經擺脫帝國主義、法西斯主義和共產主義的大陸也將擺脫這一較小的威脅。但是這將耗時好多年，我們最好為此做好準備。

二〇〇七年

破除禁忌

法國國民議會給了真理、正義和人性多麼沉重的一擊。上周，該議會投票通過一項將否認土耳其人在一戰期間屠殺亞美尼亞人視為犯罪的法案。太好了！歡呼吧！法國萬歲！但讓這只成為歐洲歷史勇敢新篇章的一個開端吧。讓英國議會現在就將否認一九四〇年俄羅斯人在卡廷謀殺波蘭軍官視為犯罪吧。讓土耳其議會將否認法國對阿爾及利亞的叛亂分子使用酷刑視為犯罪吧。

讓德國通過一項將否認存在蘇聯古拉格視為犯罪的法案吧。讓愛爾蘭議會將否認西班牙宗教裁判所的可怕視為犯罪吧。讓西班牙議會對任何稱塞爾維亞沒有試圖屠殺科索沃阿爾巴尼亞人的人至少判十年監禁吧。另外，歐洲議會應該馬上通過一項歐洲法案，必須將美國殖民者對待美洲土著人的方式形容成屠殺。唯一的遺憾是，我們，在歐盟，不能對這些十惡不赦的思想犯實行死刑。但或許，隨著時間的推移，我們可能也會改變這一點。

啊，勇敢的新歐洲！我完全無法想像，任何思想正常的人——當然，除了亞美尼亞裔法國人的遊說者——怎麼會將該草案（它無論如何幾乎肯定會被法國議會的上議院否決）視為富有進步和啟發意義的一步。法律賦予了法國議會什麼權利修改歷史術語來形容九十年前另一個國家對第三個國家所做的一切？如果法國議會通過一項法案，將否認維琪法國（Vichy France）驅除到法國猶太死亡集中營的共犯視為犯罪，我仍然會稱，這是一個錯誤，但我會尊重其背後自我批評的道德衝動。

相比之下，該法案與我剛剛提出的其他一些建議一樣，沒有道德和歷史的正當性。沒錯，大約有五十萬法國公民擁有亞美尼亞的血統——包括查爾．阿茲弗納（Charles Aznavour），曾經也叫維林內格．阿茲納夫爾（Varinag Aznavourian）——他們一直在施壓推動該法案。至少有同樣數量的英國公民擁有波蘭的血統，這樣的話，英國提出針對卡廷的法案同樣也是正當的。英國的波蘭裔議員丹尼斯．麥克沙恩（Denis MacShane）先生向前邁出這一步提出了該法案。那麼英國巴基斯坦裔和印度裔議員針對克什米爾提出針鋒相對的法案會怎麼樣呢？

《衛報》在一篇頭版文章中稱，「該法案的支持者無疑受一種真誠的熱望所驅動，想為長達九十年的不公正平反」。我希望自己也能這樣自信。討好亞美尼亞裔法國人的選民並為土耳其加入歐盟設置障礙可能是其他的動機，但猜測動機是白費力氣。

對於每位聰明的讀者來說，顯而易見的是，我的看法完全不是質疑，在第一次世界大戰期間遭受屠殺、驅除、為保全性命被迫逃跑的亞美尼亞人所遭受的苦難。他們掌握在土耳其人手中的命運相當悲慘，歐洲主流對此的記憶甚少。德高望重的歷史學家和作家曾有力地指出，與自一九四五年以來所定義的一樣，那些事件稱得上是種族屠殺。實際上，今年（二○○六）的諾貝爾文學獎得主奧罕．帕慕克（Orhan Pamuk），和其他土耳其作家一直因敢於明確地表明這一點而受到土耳其刑法第三○一條的控訴。這比法國法案的預期效果糟糕得多。但負負並不能得正。

沒有人可以將歷史真相合法化。鑒於目前還沒有牢固的歷史真相，必須通過無拘無束的歷史研究找到它，歷史學家論證證據和事實，不畏受到起訴和迫害，求證和爭論各自的看法。

鑒於我們這個時代的意識形態政治，這個提案正好向錯誤的方向邁出了一步。如果我們自己不在這方面付出更多的努力，我們怎麼能信誓旦旦地批評土耳其、埃及和其他國家通過立法保護歷史、民族或者宗教的原則來限制言論自由？本周在威尼斯，我又聽到了一名傑出的穆斯林學者指責我們的雙重標準。他說，我們要求他們接受對穆斯林禁忌的侮辱，但猶太人會接受人們可以隨意否認猶太大屠殺嗎？

我們千萬不要通過立法創造有關歷史、民族和宗教的新禁忌，而是應該廢除依然在我們法律上的禁忌。那些擁有這樣法律的歐洲國家不僅應該廢除其褻瀆神明的法律，還應該廢除否認猶太大屠殺的法律。否則不可能駁回雙重標準的指控。你好我也好。

我最近聽說，法國哲學家阿蘭．芬基爾克勞（Alain Finkielkraut）走過一些令人難忘的學術彎路後，解釋了他反對限制批評宗教的法律但支持否認猶太大屠殺的法律的原因。他稱，質疑宗教信仰是一回事，否認歷史事實又是另一回事。但歷史事實不會改變。歷史事實正是通過對證據論證才確立的。沒有爭議的過程——達到並包括修正主義者直接否認的極端——我們永遠無法發現哪些事實才是真正的事實。

這樣的一貫性需要艱難的決定。比如，我對大衛．歐文（David Irving）關於納粹德國試圖滅絕猶太人的一些歷史觀點只有深惡痛絕，但我相當清楚，他不應該因此坐在奧地利大牢中。你可能會迅速反駁，他的一些看法中的不實之處實際上是一家英國法院的審判判定的。沒錯，但並不是英國起訴他否認猶太大屠殺。正是大衛．歐文到法院起訴另一位說他是猶太大屠殺否定者的歷史學家。他試圖阻止自由、公平的歷史辯論；英國法院維護該辯論。

如今，如果我們想在自己的國家維護言論自由，並在目前還沒有言論自由的國家推廣它，我們應該呼籲將大衛．歐文從奧地利大牢中釋放出來。與法國的提案相比，奧地利有關否認猶太大屠殺的法律從歷史上來說要容易理解得多，從道德上來說也要值得尊敬得多——至少奧地利人正在直面其艱難的過去，而不是對其他國家的過去指手畫腳——但是為了更廣泛的歐洲利益，我們應該鼓勵奧地利人廢除該法案。

只有當我們準備允許戳我們自己最神聖母牛的眼睛時，才能信誓旦旦地要求伊斯蘭主義者、土耳其和其他人也這樣做。現在不是創造禁忌而是廢除禁忌的時候。我們必須身體力行。

二〇〇六年

尊重？

上周末，我高唱許多自己不信的東西。大約二〇〇七年前，一個天使出現在一個名叫馬利亞的女人面前，告訴她沒有與約瑟同房卻懷孕了，我會這樣認為嗎？不會。仁君溫瑟拉（Good King Wenceslas）走進雪地是為了給「那邊的農民」送食物和酒，我會這樣認為嗎？不太可能。然而，那些語言既優美又熟悉，中世紀的教堂點著蠟燭，我的家人和我在一起，我感動了。

在接下來的幾天裡，成千上萬的人將像我一樣，通常興致勃勃地去歌詠那些他們不信或者至多半信半疑的歌詞。根據最近一項為《金融時報》所做的哈里斯民調，在英國只有三分之一的人表示他們是「信徒」。在法國，還不到三分之一；連在義大利，也不到三分之二；只有在美國，這一數字才超過四分之三。得知在英國和法國這少數的真正信徒中穆斯林所占的比例將相當有趣。

這讓我思考——在這個相當長的節日季：菩提節（Bodhi Day）、光明節（Hanukah）、聖誕節、古爾邦節（Eid-ul-Adha）、日本新年（Oshogatsu）、高賓星大師（Guru Gobind Singh）的誕辰和瑪克桑格拉提節（Makar Sankranti）——在一個多元文化的社會中，說我們尊重別人的宗教是什麼意思。在我看來，許多後基督徒或名義上是基督徒的歐洲人與生活在他們中間的穆斯林之間，最大的問題並不是這些穆斯林信奉基督教之外的其他宗教，而是他們從根本上是一種宗教的信仰者。

這令少數思想深刻的歐洲人感到困惑，這些人可以說是虔誠的無神論者，轉而相信科學發現的真理。對他們來說，問題不在於某種特定的宗教迷信，而是在於迷信本身。這也正是讓大多數歐洲人擔憂的地方，這些歐洲人自身擁有一些模糊、不太上心的宗教信仰，或者是溫和的不可知論者，但是把其他事情放在首位。要是穆斯林不那麼認真對待伊斯蘭教就好了！許多歐洲人會補充說，要是美國人不那麼認真對待基督教就好了！

現在有人會說，如果每個人都信奉自然科學無神論的真理，或者至少像大多數三心二意的半基督徒的歐洲人一樣不太重視其宗教，世界是否會更好。（我自己對這個問題存不可知論態度。）但顯然，這不是我們在一個自由國家建造多元文化社會的前提。這將正好與那些穆斯林占多數的國家不允許信奉伊斯蘭教以外的其他信仰一樣不寬容。

相反，在自由國家，必須允許每一種信仰，也必須允許徹底、直截了當甚至過度和冒犯性地質疑每一種信仰，而不用害怕遭到報復。牛津大學的科學家理查德．道金斯（Richard Dawkins）必須可以自由地表示，上帝是一種幻想。牛津大學的神學家麥格拉斯（Alistair McGrath）必須可以自由地反駁說，道金斯受到蠱惑。……這是在一個自由國家的待遇：宗教自由和言論自由是同一個硬幣的兩面。我們必須可以生活，也讓人生活——當想到薩爾曼．魯西迪（Salman Rushdie）和那位丹麥的漫畫家受到死亡威脅時，這個要求就不像聽上去那麼小。這個空間的防護牆就是這片土地的法律。

有趣的問題是，是否有一種尊重超越這個受到法律保護的生活和讓人生活的最小空間，卻因缺少在思想上尊重其他信仰（許多跨信仰的對話交流）的偽裝，或缺少沒有限制的相對主義而止步不前。我認為有。實際上，我會稱，我知道有，我們當中的大多數人都是不假思索這樣做的。我們每天都在跟心中堅持我們認為絕對瘋狂信仰的人生活和工作在一起。如果他們在我們看來是好搭檔、朋友和同事，我們就會這樣尊重他們——而不去管他們私人的、可能也是最深的信仰。如果他們是我們親密的人，我們可能不僅僅尊重他們，而是愛他們。我們愛他們，同時總是堅信，他們在腦海中的某個角落堅持著許多沒有意義的東西。

通常，幾乎是出於本能，我們會對信仰和信徒加以區別。可以肯定的是，與其他人相比，區別出一些有信仰的人要更容易。如果某人堅信2+2=5，地球由奶酪組成，這將給每天的共處多增添一些障礙。然而，令人吃驚的是，我們擁有多樣甚至古怪的信仰實際上也能相當愉快地共處。（普遍信奉占星術就是一個很好的例子。）儘管如此，無論其科學真理的成分有多少，信徒的行為會影響我們對信仰的判斷。比如，我不相信有上帝，因此認為大約二〇〇七年前，一對名為約瑟和馬利亞的夫婦只是生了個小孩。但是他成為什麼樣的人！像偉大的瑞士歷史學家雅各布．布克哈特（Jacob Burckhardt）一樣，我將基督當作上帝加以研究一無所獲，但作為一個人，在我看來，耶穌基督似乎是源源不斷的奇妙靈感——正如布克哈特所說，甚至可能是「世界歷史中最美麗的人物」。他之後的一些效仿者做得也不錯。

我與道金斯學派的無神論者爭論的地方，並不是他們所說的不存在上帝，而是他們所說的基督徒和基督教的歷史——其中大部分都是真實的，但省掉了另一半積極的故事。正如古老的意第緒諺語所說，半真半假是徹頭徹尾的謊言。依我作為一個現代歐洲歷史學家的判斷，積極的一面要比消極的一面大。在我看來，似乎不言自明的是，如果沒有基督教、猶太教和（範圍較小，主要在中東）伊斯蘭教的遺產，我們就不會擁有我們今天的歐洲文明。這些遺產還為啟蒙運動鋪平道路，儘管是不知不覺和不情願的。此外，在我的一生中遇到的一些最令人難忘的人正是基督徒。

無論原初的信仰是否具有科學合理性，信徒當前的行為中體現出了一種尊重。一個多元文化的社會至多能讓基督徒、印度錫克教徒（Sikh）、伊斯蘭教徒、猶太教徒、無神論者以及2+2=5的信奉者進行公開友好的競爭，以他們的個性和優異工作給我們留下印象。「憑著他們的果子，就可以認出他們來。」

二〇〇六年

世俗主義還是無神論？

我們時代的一大辯論是擁有不同宗教、種族和價值觀的人作為自由社會的正式公民如何生活在一起。這條共同的線索貫穿著每天的六篇新聞報導。比如昨天：一名教師因允許孩子們把一隻玩具熊叫作穆罕默德而在蘇丹遭逮捕並受指控；巴黎附近不同種族混居的貧困住宅區再次濃煙滾滾；巴以和平談判對世界各地穆斯林和非穆斯林之間的關係都有影響；倫敦的一所猶太學校因堅持母親是猶太人的申請者才有資格被錄取而受到批評；由於一位學生辯稱社會為一名猶太大屠殺的否認者提供了平台，牛津大學出現了憤怒的場面。

這場辯論的很大一部分是關於歐洲穆斯林的立場，但是關鍵是要記住，問題實際上廣泛得多。最近有關歐洲穆斯林的討論集中到了幾位名人身上，包括我的一些觀點。像這樣將問題具體化到某個人身上有助於激活它們，但也有消失於「誰說了誰什麼或者沒說什麼」之類陰暗又富有爭議的後巷中的風險。或許此刻將名人放到一邊，重申一些我提議的世俗自由立場的基礎更加有用。

穆斯林始於伊斯蘭。自由論者源於自由主義。我是一名自由主義者，因此我源於自由主義——並不是美國右翼宣傳的拙劣模仿版，而是可以恰當地理解成追求最大限度個體人類自由、能夠與其他人的自由兼容並蓄的自由主義。我相信，面對多元化日益增多帶來的挑戰，作為公民的我們要一致同意並更加清楚地說明一個自由社會的必要元素。戈登・布朗（Gordon Brown）提議的公民權利和義務憲章是將此向前推進的一種方法。

必要元素中有言論自由，由於來自極端主義者的死亡威脅，國家和私人機構方面對先發制人綏靖政策的誤解，言論自由已經淪落到令人擔憂的程度。言論自由必須包括冒犯的權利，這不是義務而是權利。我們尤其必須可以隨心所欲地談論歷史人物，他們可以是摩西、耶穌、穆罕默德、邱吉爾、希特勒或者甘地（然後讓我們的說法接受證據的考驗）。我們可能不同意爭論者關於這些人物的看法，但我們必須堅定地維護他們可以這樣說的權利。由於顯而易見的原因，我們隨心所欲地談論活著的人應該有所限制，但是這些限制必須非常嚴格地控制。

自由的必要元素中有法律面前的平等，包括男女權利平等。必要元素中還要有宗教自由。由於一個核心的自由觀念是：我們必須可以自由地追求我們想要的美好生活，還可以質疑和修正它，同樣我們必須可以自由地傳播、質疑、改變或者拋棄我們的宗教。在一個自由的社會中，改宗、異端和出教都不是犯罪。這個——尤其是出教——在多數伊斯蘭教派中都無法接受，但是自由的這個必要元素無法妥協。

為了獲得這些自由，我們需要一個世俗的公共範圍。但是我們這樣說到底是什麼意思？說「啟蒙運動的價值觀」還不夠。是哪次啟蒙運動？是約翰・洛克的啟蒙運動（要求宗教自由）還是伏爾泰的啟蒙運動（追求擺脫宗教）？（我故意簡化了一段複雜的歷史。）所有神明的信奉者與那些堅持沒有神明——在我看來是對的——的人自由平等地在廣場上試一試，是這樣一條自由法令，還是所有神明都盡可能遠離廣場的自由法令？（法蘭西共和國對擺脫宗教的理解更接近後者，美國第一修正案是前者的傳統。）我自己更像是洛克一派，但我認為，在抽象的理論層面探討「哪次啟蒙運動」並不是最好的方式。解決具體的問題更好：信仰學校、新清真寺、進化論教學、頭巾、穆罕默德卡通，等等。

然而，我們確實需要更加清楚地區分世俗主義和無神論。在我看來，世俗主義應該支持共同的公共和社會生活的安排，無神論支持科學真理、個人自由和美好社會的本質。如今有關伊斯蘭的辯論深陷於這兩者的困惑之中。無神論者必須可以自由地對穆斯林、基督徒或者猶太人說：「如果你能放棄信奉上帝的可笑信仰，你的思想將更加自由。」信徒必須可以自由地反駁：「如果你有信仰，你對個人自由就會有更深刻的理解。」但兩者都無權要求另一方將此作為成為自由社會公民的條件。公共政策支持宗教自由，私人信仰支持擺脫宗教或者信奉宗教，這兩者應該在不同層面操作。

當然，如果成為一名虔誠的穆斯林實際上無法與成為一名自由社會的正式公民兼容，那麼這種區別將不復存在。我覺得，這正是當前辯論的一些參與者（無神論者和基督徒）真正認為的，但很少有人如此清楚地對此加以說明。然而，思想不斷地從「伊斯蘭無法與民主相提並論」等套話中湧現出來。但穆斯林以伊斯蘭名義所說的話和所做的事在歷史上變化很大，如今變化也很大。當然，沒錯，正如有《聖經》一樣，有《可蘭經》和《聖訓》（*Hadith*）。但是，正如在所有巨大的宗教中一樣，這些都是複雜的文本，可以有多種多樣的解讀。

當《衛報》的一名穆斯林寫信者引用《可蘭經》中的內容告訴我們，如果恰當地理解伊斯蘭，伊斯蘭支持「言論自由的重要原則」，我們這些非穆斯林的自由主義者反對他有什麼可能的好處？如果基督徒支持法治（正如我們在二十一世紀的世俗自由國家對其所理解的那樣），我們不會大聲說：「但是你們的《舊約》中說『要以命償命，以眼還眼，以牙還牙』！」當然，除非無神論的議程——顯示宗教不僅無意義而且極其無意義——戰勝了世俗的自由議程，而世俗的自由議程尋找的是不同信仰的人可以自由和平地生活在一起的方法。

二〇〇七年

沒有如果，沒有但是

薩爾曼．魯西迪在女王陛下的一臂之力下再次清楚地表明我們所處的戰線。由於英國正因他的作品而賦予他榮譽，因此他再次受到死亡的威脅。一個伊朗組織已經提供大約八萬英鎊懸賞他的人頭。巴基斯坦的宗教事務部長穆罕默德．伊賈茲．哈克（Muhammad Ijaz ul-Haq）——前軍事獨裁者齊亞．哈克（Zia ul-Haq）的兒子——告訴巴議會，自殺式爆炸是一種正當的回應。英國上議院穆斯林議員羅瑟勒姆的艾哈邁德勳爵（Lord Ahmed of Rotherham）的反應幾乎荒唐，他對「賦予這位手上沾滿鮮血的人榮譽」表達了憤怒之情。幾乎歐威爾式黑白顛倒的思考方式讓受害者變成了謀殺犯。

這裡的問題不是魯西迪的作品是否值得授予爵位，也不是左翼、世界主義的作家是否應該接受女王陛下的榮譽。（順便說一下，我的答案是「沒錯」和「為什麼不呢？」）問題在於人們是否應該因為他們所說或者所寫的東西而被殺或者面對被殺的嚴重威脅，面對這樣的恐嚇，一個主權民主國家是否應該審查對其公民的認可。在這點上，不能妥協，沒有如果，也沒有但是。此刻需要我們所有的個體團結和國家所有的必要資源。儘管提議該獎項的委員會認為這似乎並不是至高無上的，但當女王用禮儀劍輕拍魯西迪的肩膀並說「起立，薩爾曼爵士」時，她在莊嚴地推動言論自由。

言論自由的權利並不是毫無限制的。在決定其界限時，背景至關重要。美國法官溫德爾．霍爾姆斯（Wendell Holmes）曾恰如其分地表示，一個人不應該在一個人山人海的劇院中自由地亂喊「著火了！」的不實警報。當前的實際情況是，即使有世俗的自由學者說「瘋狂的某某伊斯蘭教神學教師應該被槍殺」，有人最終槍殺該教師的可能幾乎是零。目前據我們所知，並沒有阿爾達爾文旅（al-Darwinia brigades）在牛津北部的祕密實驗室裡製造炸彈，等待其深愛的伊瑪目道金斯的命令暗殺某某伊斯蘭教神學教師。然而，如果一名穆斯林的牧師或者學者說，「薩爾曼．魯西迪應該被槍殺」，可能就會有人採取行動。請記住魯西迪的日語譯者遭到謀殺，他的義大利語譯者被刺死，他的挪威出版商被槍殺，因為阿亞圖拉．柯梅尼（Ayatollah Khomeini）曾呼籲所有參與出版《魔鬼詩篇》（*The Satanic Verses*）的人都受到懲罰。

由於這個一觸即發的背景，穆斯林的演說者要特別注意其措辭。但是反過來，我們非穆斯林要大體清楚一個自由社會對他們的要求和僅僅是我們的希望之間的區別。我們可能希望他們拋棄我們所認為的過時迷信，「發現理性」，成為現代、自由、世俗的人。容忍廣泛的不同意見和信仰正是自由社會和中東意識形態政權的不同之處。魯西迪寫了一部深深冒犯許多穆斯林的小說。穆斯林有權猛烈回擊。自由社會只要求他們──每個公民都一樣──和平地進行這場爭論，遵守這片土地的法律。

我注意到並尊重越來越多的英國穆斯林（包括一九八九年焚燒魯西迪作品的一些人）現在如何堅定地站在這個立場上，對此表示讚賞。我會第一個站出來維護他們闡述其信仰的權利，他們採用的方式對無神論者的冒犯性可以像魯西迪的小說對他們的一樣。在一個自由的社會中，我們沒有必要意見一致。只是我們必須在我們不同意的方式上達成一致。

二〇〇七年

第四章

美國！美國！

總統先生

二〇〇一年初夏的一個下午，我在牛津大學的辦公室接到一個令人吃驚的電話。一個聲稱來自「白宮」的少女以美音問道，下星期四下午一點四十分到四點十分，我是否想去參加總統的會議，為他首次正式的歐洲之行做準備。她說，國家安全委員會會支付經濟艙的飛機票費用。

我確定這不是學生的惡作劇後，回答說，我那天確實有一個午餐的飯局，但我會努力推掉它。通常，我很警惕這種會議。我認為，寫政客的人不應該與他們走得太近。另一方面，我認為沒有理由不與任何級別的民選領導人分享你的專業知識。在單獨的場合，我曾與瑪格麗特．柴契爾、東尼．布萊爾和格哈特．施洛德等政客這樣會面過。無論如何，這的確太有吸引力了，不容錯過。

五月三十一日，星期四，在約定的時間，我們在羅斯福廳（Roosevelt Room）聚集，聽一個簡短的發布會。在羅斯福廳的一端，泰迪．羅斯福從馬背上向下俯視，在另一端富蘭克林．德拉諾．羅斯福從桌上向下俯視。我們從那裡轉移至地圖室。美國第四十二任總統喬治．W．布希突然出現在我們中間時，我正在專心地研究一九四五年四月富蘭克林．德拉諾・羅斯福死前看的最後一張軍事地圖——一張歐洲戰爭最後階段的地圖，上面標注了大量德國抵抗的「範圍」或者「可能的範圍」。幾個小時後，我寫下對該會議的回憶，當時我正在國家機場等待回國的飛機。我在筆記本上記著，「很高。方臉、褐色皮膚。黑色西裝。相當正式的問候。簡潔的風格。」

總統帶領我們上樓，快速參觀了多個地方。他說，這是林肯的臥室，曾「用於……做很多事情」。（柯林頓夫婦曾遭濫用它融資的指控。）女王的臥室——對於一個共和國來說相當古怪。（「沒錯，我們不用那一套。」隨行人員中有人開玩笑說。芭芭拉・布希還在場。）還有杜魯門陽台，朝南，在花園之上。那次最令我難忘的是飛機從國家機場起飛，直接從白宮上空飛過。現在我的記憶永遠被二〇〇一年的「九一一」襲擊事件轉變了。當時（即二〇〇一年五月），我根本沒有想到上空的飛機會是潛在的大規模殺傷性武器。當時，它們只是飛機而已。

我們坐在一個稱之為「黃色橢圓形大廳」（不要與橢圓形辦公室混淆）的寬敞、黃色牆面的客廳中，該客廳直接與杜魯門陽台相連。在一邊寶座一樣的椅子上坐著總統和皺著眉頭的副總統迪克・錢尼（Dick Cheney）。在另一邊坐著國家安全顧問康迪・賴斯（Condi Rice）——她是我在史丹佛大學相知相識的同事——和她的副手史蒂芬・哈德利（Stephen Hadley），在他們的後面還有一些官員。受邀的嘉賓安排在兩張巨大的沙發上，組成了一個不封閉的正方形：我、當時《金融時報》的美國主編萊昂內爾・巴伯（Lionel Barber）、金融界的傳奇人物費利克斯・羅哈廷（Felix Rohatyn）和前美國駐法大使坐在同一張沙發上，任務是討論歐洲；我們的對面是同樣來自史丹佛大學的邁克・麥克福爾（Michael

McFaul），以及他研究俄羅斯問題的專家同事湯瑪斯·葛拉罕（Thomas Graham），主要討論俄羅斯。一些緊挨的軟性飲料放在一張矮矮的大桌子上，與兩邊沙發的距離都不舒服。我記得，在我們兩個多小時的交談中，只有總統敢去拿飲料。

布希用富有特色的自謙方式開場，說：「坐在你面前的是直率的德州人。」[1]他解釋說，在這次重要出訪之行前，他想知道更多東西。他是懷著「我們的偉大國家」被這些國際承諾限制的心情來的。他沒有用傑佛遜的詞組——「糾纏不清的結盟」（entangling alliances），但他講話的精神基本上也是這個意思。

他對大多數自由國際主義形式的懷疑是一個不斷出現的主題。那天下午稍晚時，他抱怨說，美國計畫不周的軍事干預太多了。我的筆記上顯示他稱，「我們會在盧安達做什麼」。萊昂內爾·巴伯則記錄：「我不會捲入，不會重蹈捲入索馬利亞的覆轍」。他堅稱，美國軍隊不應該被當作「橫穿人行道的士兵」來用。但我說——我不記得自己是否加上了「尊敬的總統先生」——「馬其頓不是索馬利亞」時，他看上去並不是非常高興。[2]

當萊昂內爾說歐洲人擔心美國可能「從愚蠢的多邊主義轉向愚蠢的單邊主義」時，他看上去更加不高興了。說實話，總統似乎不太熟悉多邊主義這個詞，更不用說它的含義了。後來當他再次討論該話題時，他轉向巴伯，說了些類似「這麼說，這是你對多元文化主義……還是多元民族主義的理解……」的話，我們都覺得他是指多邊主義。無論如何，肯定是某種多邊的極端主義。

當時他問道：「我們希望歐盟成功嗎？」萊昂內爾和我相當堅定地回答說，作為英國的歐洲人，我們當然希望歐盟成功，我們認為美國也應該這樣做，當我們這樣回答時，他退後說，「這是挑釁」。然而，他的政府更喜歡與單獨的歐洲國家打交道，即分而治之，這表明它確實是一個問題，對於這個問題，在場的一些人，比如皺著眉頭的錢尼，會回答不希望。當費利克斯．羅哈廷告訴他，德國為歐洲制定了「一項聯邦計畫」時，總統打斷他說：「你能給聯邦計畫下個定義嗎？」羅哈廷解釋說：「我的意思是像美國一樣。」

對於有關歐洲的大多數問題，他似乎都持開放態度，但絕不是毫無主見。他相當支持率先由我提出並受到邁克．麥克福爾大力支持的建議，即從長遠來看，北約應該吸納穩定、自由、民主的俄羅斯成為其成員國。但有兩個問題，他已經完全下定了決心。一個是導彈防禦問題。他說：「我全心全意地致力於這個問題。」這「不是星球大戰」。它旨在應對許多威脅，不僅僅是俄羅斯，伊朗的導彈也提到了。他覺得，在他與弗拉基米爾．普京即將進行的會晤中，他能夠說服俄羅斯總統加入他的歷史性創舉中：「我的目標是讓他覺得大國的地位得到了認可。」沒錯，俄羅斯的國內生產總值還不及一個德州的，「但我不會告訴他」。相反，他希望說服普京，他們可以合作簽訂一份協議「保護世界」。「保護世界」……除了美國總統，還有誰可以嚴肅地說出這個詞組？但是防禦誰？

1 引用的內容來自我自己的筆記，偶爾通過筆記以及萊昂內爾．巴伯和邁克．麥克福爾的回憶來擴充，我曾與他們共事過，一起重建這次會議。儘管我和巴伯隨後馬上就做筆記，但在讀這些引用前還是要很清楚這一點。今後，我們希望通過利用信息自由法案（Freedom of Information Act）來獲取該會議的官方備忘錄，但更豐富的段落似乎不太可能出現在官方紀錄中。

2 當然，我並不是建議美國海軍陸戰隊應該開始部署「黑鷹直升機」進入馬其頓。我的觀點是北約和歐盟及時的外交和維和工作有相當不錯的成功前景，而不參與防止當時急速惡化的形勢，將有可能爆發斯拉夫－阿爾巴尼亞內戰，這將對歐洲其他國家帶來直接的連鎖影響。詳見我同年從馬其頓發回的報導，〈有好的恐怖分子嗎？〉。

另一個他擁有堅定立場並詳細闡述的主題是氣候變化。他說，在自己的故鄉西德州，他們談論「一個世界政府」——「對了，我已經發現了。它是國際環境遊說團體」。《京都議定書》規定了能源排放限制，但連亞洲巨大的新興經濟體也沒有包括其中，他認為歐洲人正在試圖偷走競爭優勢，超過美國：「他們在試圖欺騙我們。」根據我的筆記，闡述綠黨愚蠢的長篇講話得出如下結論：「《京都議定書》一場糊塗。」然而，他承認，他的政府在《京都議定書》的問題上做得不是很好（康迪爽快地說：「沒錯。」）並承諾他們將在此次歐洲之行前努力制定出新的方案。

他對單個國家的判斷似乎與其現任領導人密不可分。他喜歡東尼．布萊爾——「很好打交道……支持導彈防禦」，他也喜歡溫和的傑克．席哈克，但他「與德國有一些問題」。當我問是什麼問題時，他的回答總是圍繞著總理格哈特．施洛德和其外交部長約施卡．費雪（Joschka Fischer）。他懷疑（後來證明這並非空穴來風），施洛德可能想讓俄羅斯與美國互相競爭。至於費雪，他有激進左翼的過去，最糟糕的是他是一名綠黨分子。他（布希）曾嘲弄費雪——「你知道的，我喜歡嘲弄」——說他曾經告訴過德國總理，他的政府中綠黨人士太多了，接著他向費雪眨了眨眼睛，向他表明自己在開玩笑。對此，這位毫無幽默感的德國人憤怒地回應道：「得了，問題在於你的政府中沒有足夠的綠黨人士。」（約施卡或許不擅長開玩笑，但歷史將證明他說得相當對。）

國家及其現任領導人之間的混亂狀態似乎專門毀壞了二十一世紀初世界領導人的形象，這些領導人在雙邊和多邊峰會上經常會晤。他們對各自國家的了解越少，他們的判斷受到個性的影響就越大。比如，在一次現已臭名昭著的「契克斯高級會談」（為了討論一九九〇年初德國統一的前景）上，與柴契爾的交談時，我發現她個人討厭赫爾穆特．柯爾，她覺得他在歐洲領導人的高峰會上欺負她，這形成她對德國的看法。[3]更糟糕的是，他成功地欺負了她。另一方面，她通常對法國持負面態度，但法蘭索瓦．密特朗（François Mitterrand）某種女性魅力沖淡了這種態度。布希和布萊爾也是一樣，他們都誤判了他們與法國的關係，因為他們被溫和的席哈克吸引了。（這些法國人是怎麼回事？）布希有關普京所說的金玉良言——「我的目標是讓他覺得大國的地位得到了認可」——完美地體現了國家與領導人的謬論。我們在白宮開會幾周後，當他與普京第一次會晤時，他說了一段著名的話，他「看著那個人的眼睛」，發現他「非常坦誠、可靠」。此外，他「感受到他的心」。經過那番自我反省後，布希理解了俄羅斯，但他對其他國家還有很多誤解。

我們關於俄羅斯的討論產生了另一個意想不到的看法。他說，從長遠來看，俄羅斯別無選擇，只能與歐洲和西方的軍隊並肩作戰。因為在烏拉山脈的東部，他們面臨一個崛起的中國：「這是另一場會議的主題。」我感覺，這位總統仍在尋找其核心外交政策的論述，但從他現已形成的全面地緣政治看法來看，他似乎確實認為，中國代替了蘇聯，成為美國巨大的全球競爭對手和潛在敵人。

他快要結束講話的時候，直接看著我說：「順便說一下，我認為馬其頓不是索馬利亞。前幾天，我與馬其頓總統在這裡會晤過，作為衛理公會派唯一的兩位世界領導人，我們

3 更多同樣奇怪的遭遇，詳見我《當下歷史：二十世紀九〇年代發自歐洲的隨筆、小品文和報導》一書中的「契克斯事件」。

一起祈禱了……」[4]

說完這段奇怪的結束詞就散會了，我乘坐一輛破舊的華盛頓計程車趕往機場。反思這位總統，我發現他是一個奇怪、不均勻和不穩定的混合體：相當刻板、保守的東海岸紳士和魯莽的德州牛仔；迅速反應的商業頭腦和令人擔憂的無知；美國第一個民族主義者並渴望成為像他父親那樣的政治家；自嘲的魅力，這表明了一種核心、根深柢固的個性，也反映出一種深深的不安全感。

有一會兒，在談論沒什麼特別東西的時候，他突然轉變話題，聊起北美和南美領導人峰會上的一件趣事。在那次高峰會上，康迪之前曾一遍又一遍地教導他該如何清晰有力地表達，但他卻決定在一個重大的問題上保持沉默。當時主席轉向他說：「但是總統先生，您是地球上最有權勢的人。」而布希告訴我們：「我自認為，呃……沒錯……勝任這份工作需要點時間。」但是他能嗎？在內心深處的某個地方，他顯然對自己能夠勝任有些懷疑。我也是。

四個月後，那些飛機變成大規模殺傷性武器，整個世界隨之改變。布希政府找到了其確切的論述：全球反恐戰爭。第四次世界大戰。富蘭克林．德拉諾．羅斯福戰勝了希特勒，布希將戰勝奧薩瑪．賓拉登。或者，當他們找不到賓拉登時，薩達姆．海珊也行。在這場全球鬥爭中，潛在的敵人中國成為寶貴的夥伴。在這些極其考驗人的情況下，世界知道布希內心最深處那個問題的答案。不，他無法勝任這份工作。實際上，他成了美國現代歷史上最糟糕的總統之一。他將對世界造成巨大的傷害，這是由他的所作所為造成的，但更多的是由他沒有應對氣候變化等全球挑戰造成的。他擔任總統的八年也將對自己的國家造成巨大的傷害：對其經濟、實力、美好聲譽造成巨大的傷害。

但當時我們並不知道這一切。歷史學家不能再次獲得的一樣最難——嚴格來說，不可能——的東西是理解當時人們不知道的東西。我們都掉進陷阱中，法國哲學家亨利・柏格森（Henri Bergson）將該陷阱稱為「回顧決定論的錯覺」。

這架飛機非常擁擠，當我擠到飛機後面的經濟艙座位時，我發現坐在我邊上的這名男子是一種特定的美國類型，對於長途航班的其他乘客來說，他有兩大不利：非常胖和非常友好。進入顯然意味著要進行五個小時不間斷的談話後，他問我在華盛頓做什麼。我猶豫了一會兒，看了看前方的景色後回答：「喔，我剛剛會見了政府的一些人。」

二〇〇九年

4 幾個月後，還是同一個馬其頓總統鮑里斯・特拉伊科夫斯基告訴我：「目前據我所知，世界領導人都在稱讚馬其頓。」詳見〈有好的恐怖分子嗎？〉。

「九一一」

聽到甘迺迪被刺殺的消息時，你在哪裡？聽到柏林圍牆倒塌的消息時呢？而現在：聽到世界貿易中心遭到襲擊的消息時呢？這是全球經歷和情緒的標誌性時刻之一，通過電視傳遍全球。你走在大街上，知道你周圍的每個人都在想同一件事。全世界成千上萬的人也和他們一樣。

但一個大問題在於：它將會是一個怎樣的全球事件？它將會像甘迺迪遇刺事件一樣——令人震驚、難忘但最終不會給歷史軌跡造成什麼影響？還是更像柏林圍牆倒塌，真正地改變歷史軌跡，今後數十年對全世界都產生影響？

我的直覺是事實將證明它更接近後者，有兩個原因。首先是因為這是一場預料之中的災難。幾年來，安全專家一直警告我們，冷戰結束後，我們繁榮的資本主義民主國家——你可以稱為西方或者北方——最大的安全威脅可能來自恐怖主義襲擊。大多數人都不太相信。沒錯，出現過可怕的爆炸，但卻沒有出現真正重大的標誌性時刻——沒有新時代的柏林封鎖和古巴導彈危機——給每一個人留下深刻印象。不過，現在有了：世界上最著名的城市景觀形象濃煙滾滾，徹底改變。因此，這絕非是一個一次性的反常事件，而是早已成形、預料之中的更深層趨勢最糟糕的表現。

其次，我認為它將改變歷史軌跡，這是因為二十一世紀初世界上發生的一切比以往任何時候都更取決於美國這一單個國家的行為，而這次襲擊似乎可能對該國的心理狀態造成無法估量的影響。自一九四五年以來，美國外交政策重大又基本上溫和的連續性，在很大程度上取決於外部世界不直接影響大多數美國人的生命。

任何在美國待過的人都會明白我的意思。人們會在小鎮的酒吧裡抱怨糾纏不清的盟友。華盛頓的國會議員和評論人士會發出孤立或者報復的威脅。但是大多數人在大多數時候其實並不太關心世界其他地方發生的各種各樣的事情。

基於大眾根深柢固的漠不關心的牢固基礎，精英建築師們樹立了美國外交政策高聳入雲的鐵塔。隨著自一八一四年英國軍隊燒毀華盛頓以來，美國本土的中心地帶遭到最嚴重的外部襲擊，這一自相矛盾的牢固根基將被動搖。擔心普通美國人真正開始關心外面世界的時刻到來可能顯得有些奇怪，但我們可能會發現自己還是懷念過去經常令外國遊客惱怒的那種自我克制的冷漠。

民意阻止了美國領導人在世界上的很多行動。比如，越戰後，出現了恐懼症，擔心美國士兵會犧牲，馬革裹屍回來。

因此，轟炸科索沃是在四千五百多公尺的安全高度進行的。但民意幾乎沒有積極地迫使領導人在外交政策方面採取行動。曼哈頓的恐怖事件似乎改變了這一點——反正目前是如此。突然被碎片和灰塵嗆著的人和數百萬美國人高喊：報仇！當然最好是用精良的武器抓住做這一切的混蛋，沒有傷亡，但若這樣不可能，要有些犧牲，也在所不惜。

那麼當前在後「九一一」時代的世界中會發生什麼？集中起來，有三種可能的情形：

第一種情形

美國開始更像以色列一樣行事。美國感到四面楚歌，但又是天命所歸，於是開始對甚至可能希望襲擊自己的任何人濫用其高科技裝備的軍隊。對任何恐怖襲擊沒等證據表明襲擊真的來自何方便立即加以報復。以眼還眼，以牙還牙——但從不關心誰的眼或牙。這正是以色列前總理埃胡德．巴拉克（Ehud Barak）敦促美國走上的道路。他說，美國應該對恐怖主義——所有已知的恐怖分子——發動戰爭。

雖然以色列產生的直接影響不大，但人們永遠都不要低估以色列的先例對美國共和黨右翼的影響。比如，在二十世紀八〇年代，以色列在黎巴嫩展現的冷酷無情和雷根政府在中東表現出的強硬有著奇怪而緊密的聯繫。

華盛頓的許多第一反應似乎指向這個方向。美國國務卿柯林．鮑威爾（Colin Powell）表示，無論法律立場如何，大多數美國人覺得自己的國家陷入了戰爭，他的感覺也是如此。人人談論珍珠港事件和迅速的相應報復。針對誰？麻薩諸塞州的參議員約翰．克里（John Kerry）說：「我確信是奧薩瑪．賓拉登。」目前，奧薩瑪．賓拉登，這位身為沙烏地億萬富翁的恐怖分子在阿富汗受到執政的塔利班保護。布希總統自己表示「我們將對實施這些行動的恐怖分子和庇護他們的人同等看待」。

那麼，炸彈投向阿富汗，無辜者和犯罪者一起被殺，對美國的憤怒之情更多地席捲阿拉伯和伊斯蘭的部分國家？美國變成了大以色列。

第二種情形

西方與其餘國家對立。隨著英國等國家與美國「肩並肩」站在一起（正如東尼．布萊爾希望的那樣），布希政府採用一種更加深思熟慮的方法。美國與其西方的盟友共同制定一項戰略，而不是採取單邊的報復行動。但聯盟基本上不會超出北約的盟友和其他幾個西方的傳統朋友。

這個大西方自身變得嚴陣以待。英國發現自己位於前線，金絲雀碼頭等英國的地標與曼哈頓辦公大廈目前採用的安保無疑是一樣嚴密的。今後幾年，將與多種多樣、瞬息萬變的恐怖主義力量抗爭。恐怖分子在我們所謂的「無賴」國家避難，但這些國家自認為是伊斯蘭的兄弟、反猶太復國主義的兄弟或者不過是世界窮人對抗世界富人大聯盟中的兄弟。它們其實暗中受到某些大國的支持，這些大國在其全球博弈中尋找盟友或者扈從。

第三種情形

聯合國對抗恐怖分子。今年早些時候，美國的一架偵察機在中國被擊落。像在處理那場危機時一樣，布希表現出耐心和克制，提供所需的時間，通過合理的可能性判斷，確定誰要真的為這些襲擊負責。美國直接的武裝報復只針對他們。與此同時，他與聯合國一起努力，並通過聯合國建立一個跨越西方、打擊恐怖主義的聯盟。特別是該聯盟包括俄羅斯和中國。有時，布希政府好像已經認為世界進入新冷戰，中國扮演新蘇聯的角色。但並不是中國襲擊了美國的中心地帶。

短期而言，這樣非常協調一致的國際行動可能在阻止特定的恐怖分子方面不那麼有效，但其較長期的影響能夠利用最強有力的黏合劑——共同的敵人——將不同的國家聚集在一起。不是塞繆爾·杭廷頓的「文明的衝突」，而是保護一個共同的文明。而文明的基礎包括所有人的人權和國際法面前人人平等。

這三種設想源自對布希總統準確形容成「大規模謀殺」的迅速回應。但影響要深遠得多。自從布希當選以來，我們一直在推測他打算讓美國「自行其是」到什麼程度。用術語來說：他是單邊主義者還是仍然會採取多邊行動？當前，在最極端的情況下，我們會找到答案。

美國如何回應一場恐怖襲擊（無論多大、多可怕的襲擊）將塑造整個國際制度，這個說法似乎不可思議。事實可能並非如此。如果柏林圍牆的倒塌給短暫的二十世紀真正畫上了句號，那麼有充分的理由認為世界貿易中心的倒塌真正開啟了二十一世紀。歡迎來到一個全新的世界。

二〇〇一年

美國的反歐主義

今年，尤其如果美國對伊拉克開戰的話，你肯定可以在美國的報紙上看到更多關於「歐洲反美主義」的文章。但是美國的反歐主義是怎樣一回事呢？看看下面這番話：

我們必須將歐盟和法國的第五共和國加入注定要在歐洲歷史中消失的政權形式名單中。唯一的問題在於它們的分崩離析將會多麼混亂。[1]

還有這番話：

連「吃奶酪的投降派雜耍猴」（形容法國人）這個詞組都像法國人常說「去他媽的猶太人」一樣常用。哦，對不起，這又是一個流行的法語表達。[2]

1 馬克・史泰恩（Mark Steyn），《猶太世界評論》（*Jewish World Review*），二〇〇二年五月一日。
2 喬納・戈德堡（Jonah Goldberg），《國家評論在線》（*National Review Online*），二〇〇二年七月十六日。

或者從相當不同的角度：

國務院的高級官員問道：「你想知道我對歐洲人的真實看法嗎？」「我認為，過去二十年，他們在每個重大國際問題上的看法幾乎都是錯的。」[3]

最近的此類說法引領我到美國——波士頓、紐約、華盛頓以及屬「聖經地帶」的堪薩斯州和密蘇里州去看看，在可能爆發第二次波灣戰爭的陰影下，美國人對歐洲的態度變化。實際上，我在東海岸交談過的所有人都一致認為，與二十世紀八〇年代初上一次令人難忘的峰值相比，現在對歐洲和歐洲人的憤怒程度要更高。

「歐洲人」又稱為「the Euros」、「the Euroids」、「the'peens」或者「歐洲小不點」，這些常常出諸筆尖舌端。國防政策委員會的現任主席理查德·珀爾（Richard Perle）說歐洲失去「道德指南」，法國失去「道德觀念」。[4]在布希政府中，這種憤怒程度擴張到了最高水平。在與政府高級官員的談話中，我發現「我們在歐洲的朋友」這個詞組的後面緊跟著「令人討厭」。

歐洲人目前的模式很容易概括。歐洲人是窩囊廢。他們是軟弱、暴躁、虛偽、不團結、口是心非、反猶太主義（有時）以及反美（常常）的姑息者（appeasers）。總而言之：歐洲小不點。[5]他們的價值觀和骨氣已經在多邊、跨國、世俗和後現代的舒適溫浴中消磨殆盡。他們將歐元花在紅酒、假期和龐大的福利國家而不是國防上。美國勞心勞力在為歐洲人維護世界安全的時候，歐洲人卻在一邊嘲笑。相比之下，美國人是強大、有原則的自由守護者，為世界上最後一個真正主權國家的愛國服務感到自豪。

應該對這些模式的性別形象寫一份研究報告。如果反美的歐洲人將「美國人」視為恃強凌弱的牛仔，那麼反歐的美國人會將「歐洲人」視為缺乏陽剛之氣的娘娘腔。美國人是具有男子氣概、異性戀的男子；歐洲人是女性、陽痿或者遭到閹割。在軍事方面，歐洲人抬不起頭。（畢竟，他們的「重型」運輸機還不到二十架，而美國有兩百多架。）我在波士頓演講結束後，一名上了年紀的美國人跌跌撞撞地走到麥克風前詢問為何歐洲「缺少動物的活力」。我發現，「太監」（eunuchs）一詞以「歐盟太監」（EU-nuchs）的形式出現了。卡內基和平基金會的羅伯特．卡根在《政策評論》中發表了富有影響力的〈強權與弱勢〉一文，在該文中性別形象還更加詳細地闡明了美國人和歐洲人之間的不同之處。[6]「美國人來自火星，」卡根讚賞地寫道，「歐洲人來自金星」——與那部有關男女關係的著名作品《男人來自火星，女人來自金星》遙相呼應。

---

3 轉引自馬丁．沃克，《合眾國際社》（UPI），二〇〇二年十一月十三日。

4 《衛報》，二〇〇二年十一月十三日。

5 喬納．戈德堡認為自己發明了這個詞並將它在詞源上與維也納香腸——作為歐洲脊梁的比喻——聯繫起來。然而，似乎更早出現在奧羅克（J. O'Rourke）在《滾石》上發表的隨筆〈歐洲小不點的恐怖〉（Terror of the Euroweenies）中。

6 《政策評論》（*Policy Review*），No. 113（二〇〇二，六／七月）。後來以書的形式出版的書名為《天堂和權力》（*Paradise and Power*），倫敦：大西洋圖書公司，二〇〇三。

並不是所有歐洲人都不行。往往認為英國人有所不同，有時更好一些。美國的保守人士常常認為英國人根本不是「歐洲人」，精神上仍然受到柴契爾領導的大多數英國保守人士深有同感。布萊爾像他的前任柴契爾以及她的前任邱吉爾一樣，在華盛頓被視為歐洲法則中鳳毛麟角的特例。

對法國的辱罵最厲害，當然法國至少是罪有應得。我沒有意識到，痛批法國作為古英語的消遣方式在美國大眾文化中傳播這麼廣泛。「你知道的，法國，我們曾兩次救了他們，他們卻從來不給我們做點什麼。」二戰老兵阿特金森（Verlin 'Bud' Atkinson）在堪薩斯城的阿美里斯達賭場（Ameristar casino）對我說。與密蘇里州和堪薩斯州的高中生和大學生交談，我遇到了一種奇怪的民間偏見：法國人似乎不洗澡。一位大學生回憶她的法國之行時說：「我感覺非常髒。」另外一位大學生則補充說明：「但你還是比那些法國佬乾淨。」

兩位著名的美國記者──《紐約時報》的湯瑪斯．弗里曼（Thomas Friedman）和《紐約客》（*New Yorker*）的喬．克萊恩（Joe Klein）從美國各地的圖書展回來分別告訴我，他們所到之處都發現反法情緒──如果你挖苦法國人，總是會有人笑。《國家評論在線》（*National Review Online*）的編輯、自稱是保守「法國佬攻擊者」的喬納．戈德堡（也可以在電視上看到他）推廣了上述引用的綽號「吃奶酪的投降派雜耍猴」，這個綽號首次出現在《辛普森家族》（*The Simpsons*）的電視劇中。戈德堡告訴我，一九九八年他開始為《國家評論》撰寫反法的文章時，他發現「這玩意有市場」。他說，痛批法國成為一個「噱頭」。

一

將新保守派的爭論、堪薩斯城高中生對法國洗澡行為的偏見、國務院高級官員和高級政府官員的言論扔到一塊，接著將此統稱為「反歐主義」，這顯然沒有什麼用。作為一名歐洲作家，我不想以美國作家通常對待歐洲「反美主義」的方式對待美國的「反歐主義」。我們必須將對歐盟或者當前歐洲態度正當、有見地的批評和一些對歐洲和歐洲人更加根深柢固的敵意區別開來。正如美國作家應該將歐洲對布希政府正當、有見地的批評和反美主義區別開來，或者將歐洲對夏隆政府正當、有見地的批評與反猶太主義區別開來一樣，但他們通常沒有這樣做。每個案例中的難題（知識淵博的人可能對此意見不一，但有其理由）在於：分界線在哪裡？

我們還需要保持一種幽默感。歐洲喜歡嘲笑布希總統的一個原因是他說的一些話——或者據說是他所說的——很有趣。比如：「法國的問題在於他們沒有一個詞用來形容企業家。」[7]美國人喜歡嘲笑法國人的一個原因是，嘲笑法國是一項歷史悠久的盎格魯─撒克遜傳統，至少可以追溯到莎士比亞。但這裡還有一個陷阱。喬納・戈德堡和馬克・史泰恩等保

7 二〇〇二年七月二日，倫敦的《泰晤士報》說是他說的，援引了有人告訴該報記者的話：雪莉・威廉斯（Shirley Williams）表示東尼・布萊爾說這是布希對他說的。布萊爾的發言人阿拉斯泰爾・坎貝爾（Alastair Campbell）否認布希說過這樣的話。

守作家發表駭人的聲明，其中一些顯然是開玩笑，一些是半開玩笑，還有一些是嚴肅的。如果你反對其中一項嚴肅的聲明，他們通常可以回答，「但是當然我只是在開玩笑而已！」幽默是通過誇張和玩弄模式起作用的。可是如果一名歐洲作家將「猶太人」形容成「吃未發酵麵包的投降派雜耍猴」，這會被理解成幽默的調侃嗎？當然背景截然不同：在美國，並沒有屠殺法國人。然而，這個思想實驗可能讓我們的幽默作家停一停。

反歐主義與反美主義並不對稱。反美主義的情感主題是怨恨夾雜著嫉妒，反歐主義的情感主題是憤怒夾雜著蔑視。正如尚－法蘭索瓦·雷韋爾（Jean-François Revel）所說，反美主義對於所有國家來說是一個真正的困擾，對法國來說尤其如此。[8] 反歐主義遠未成為美國的困擾。實際上，美國對歐洲的主流態度是溫和善意的漠不關心夾雜著令人印象深刻的無知。我在堪薩斯州轉了兩天問我遇到的人，「如果我說『歐洲』，你會想到什麼？」許多人的反應是震驚和長時間的沉默，有時咯咯笑一下。接著他們會說一些「哦，我猜他們那邊沒有多少捕殺」（弗農·馬斯庫，馬克洛斯的一名木匠）；「呃，那離我們很遠。」（理查德·蘇札，其父母來自法國和葡萄牙）；或者，停下了思考很長一段時間後說，「呃，跨過池塘就是了」（傑克·維沙，一名有德國口音的老農）。如果你對安達魯西亞（Andalusia）或者魯塞尼亞（Ruthenia）最偏遠村莊中的農民或者木匠說起「美國」，或許可以肯定，他有關這個主題可以說多得多的東西。

在波士頓、紐約和華盛頓——「波士頓－華盛頓走廊」——我一再被告知，冷戰後，連那些相當了解歐洲大陸的人也日益對歐洲漠不關心了。歐洲既沒有被視為有力的盟友，也沒有像中國一樣被視為嚴肅的潛在對手。一位高中和大學都在英國讀的美國朋友說：「它是老人之家。」正如保守派專家塔克．卡爾森（Tucker Carlson）在美國有線電視新聞網的《交鋒》談話中所說：「誰關心歐洲人想什麼。歐盟把所有時間花在了確保英國的大紅腸用公斤還是用磅計價銷售。整個大陸對於美國的利益日益無關緊要。」[9]當我向一位高級政府官員詢問，如果歐洲人繼續從軍力削弱的立場批評美國會發生什麼時，他回答的大意是：「呃，這個重要嗎？」

然而，我覺得這種漠不關心的說法也被誇大了。誠然，我的對話者花了大量的時間和精力告訴我他們是多麼不關心。直言不諱批評歐洲的美國批評人士的本質是，他們通常並不是對歐洲一無所知或者漠不關心。他們了解歐洲——其中一半人似乎在牛津或者巴黎學習過——很快就提到他們的歐洲朋友。正如大多數批評美國的歐洲批評人士強烈否認他們反美（「不要誤解我，我愛這個國家和人民」）一樣，因此他們幾乎將堅定不移地堅持，他們並不反歐。[10]

反美主義和反歐主義位於政治領域中相反的兩端。歐洲的反美主義主要可以在左翼中找到，美國的反歐主義可以在右翼中找到。最直言不諱抨擊歐洲的美國人是新保守人士，使用的攻擊言論與他們通常抨擊美國自由主義者的言論一樣。實際上，正如喬納．戈德堡自己

---

8 尚—法蘭索瓦．雷韋爾，《讓人著迷的反美主義》（*L'Obsession anti-américaine*），巴黎：普隆出版社，二〇〇二。

9 二〇〇一年六月十二日。對於英國人來說，這確實提出了一個緊急的問題：「英國大紅腸」到底是什麼？

10 喬納．戈德堡是唯一一個我遇到的願意承認自己是「反歐主義者」的人，他解釋說，只要有人所指的「歐洲人」是那種巴黎或者布魯塞爾無所不知、官僚和自由的國際主義者。

對我承認的那樣，「歐洲人」對於自由主義者來說也是掩護者。因此，我問他，比爾·柯林頓是歐洲人嗎？戈德堡說：「是。或者說至少柯林頓像歐洲人那樣思考。」

有證據表明左右翼的區分也劃分了公眾的態度。二〇〇二年十二月初，埃普索斯—里德民意調查集團在對美國民意的常規調查中專門為本文加入幾個問題。[11]要求他們在四種有關美國和歐洲對外交和戰爭的做法的說法中選擇一種時，三十％的民主黨選民和只有六％的共和黨選民選擇「歐洲人似乎更喜歡外交解決方案，而不是戰爭，這是美國人可以學習的一個積極價值觀」。相比之下，只有十三％的民主黨人卻有三十五％的共和黨人（最大的單一部分）選擇「歐洲人過於願意妥協，而不是為了捍衛自由不惜一戰，這是消極的」。

當受訪者被要求在有關「伊拉克戰爭應該採用哪種方式」的兩種說法中選擇一種時，情況更加涇渭分明。有五十九％的共和黨人卻只有三十三％的民主黨人選擇「美國必須繼續控制所有行動，防止歐洲的盟友限制美國調兵遣將的空間」。相比之下，有五十五的民主黨人卻只有三十四的共和黨人選擇「美國必須與歐洲國家聯合，即使它會限制美國做決定的能力」。實際上，確是共和黨人來自火星，民主黨人來自金星，這似乎是一個值得調查的假設。

對一些保守人士來說，國務院也是金星的前哨。美國世襲的新保守人士之一威廉·克里斯托爾（William Kristol）寫到了「一條和解之軸——從利雅德延伸到布魯塞爾，再到霧谷（Foggy Bottom）」。[12]沿著波士頓—華盛頓走廊，我多次被告知，在伊拉克問題上，兩派爭著向布希總統獻策：「錢尼—拉姆斯菲爾德派」和「鮑威爾—布萊爾派」。英國公民相當驚奇地發現，我們的首相變成美國國務院的高級成員。奉持大西洋主義的歐洲人不應從中獲得過多安慰，因為即使在國務院畢生致力於自由的歐洲主義者當中，也有人對歐洲人失望了，尖刻地批評他們。他們失望的一個重要事件是，歐洲人沒有在自己的後院阻止那場造成二十五萬波士尼亞穆斯林死亡的種族大屠殺。[13]自那以後，歐洲一而再再而三地無法在外交和安全政策上「採取一致行動」，因此連西班牙和摩洛哥之間就摩洛哥海岸一個無人居住的小島發生的爭端也要由柯林．鮑威爾來解決。

喬治．威爾（George F. Will）在華盛頓一家酒店的正式早餐上對我說，「他們不嚴肅」是對「歐洲人」言簡意賅的評判。儘管威爾根本算不上是國務院的一名自由主義者，但國務院中的許多人都認同該看法。真可謂歷史輪流轉，此一時彼一時。想當年夏爾．戴高樂對美國人的評判是什麼？──「不是很嚴肅。」

二

因此，在美國很多地區，對歐洲失望，充滿憤怒，日益蔑視甚至仇視「歐洲人」，這在極端情況下稱得上是「反歐主義」。為什麼會這樣？

11 IPSOS US-Express，二〇〇二年十二月三日至五日。我尤其感謝邁克．彼得魯（Michael Petrou）為此所做的安排。
12 《標準周刊》（*Weekly Standard*），二〇〇二年八月二十六日。
13 詳見提摩西．賈頓艾許，《當下歷史：二十世紀九〇年代發自歐洲的隨筆、小品文和報導》一書中的〈我們未來的波士尼亞〉（Bosnia in Our Future）一文。

已經出現一些可能的解釋，全部拿來探討需要寫一本書。在此我只能討論某些解釋。首先，在美國總是有一種強烈的反歐洲主義。《大西洋月刊》的前任編輯邁克・凱利（Michael Kelly）曾表示：「建立美國是為了對付歐洲。」喬治・華盛頓在其告別演說中問道：「為什麼要通過將我們的命運與歐洲任何地方的命運連在一起，讓我們的和平與繁榮捲入歐洲的野心、競爭、利益、幽默或者善變之中？」在十九和二十世紀，對於數百萬美國人來說，歐洲就是一個要逃離的地方。

然而，對歐洲也始終有一種迷戀，亨利・詹姆斯（Henry James）就是著名的例子；從許多方面來說，渴望模仿進而超越最重要的兩個歐洲國家——英國和法國。小亞瑟・史列辛格（Arthur Schlesinger, Jr.）引用了一句老話對我說：「當美國人死的時候，他們去巴黎。」湯瑪斯・傑弗遜（Thomas Jefferson）說：「每個人都有兩個國家——他的祖國和法國。」美國人對英國和法國的態度變得如此截然不同是在什麼時候？是一九四〇年，法國「奇怪的戰敗」和英國「最美好的時光」那年嗎？此後，戴高樂重拾法國的自尊，與美國人作對，而邱吉爾讓自己父母的兩個國家建立了「特殊關係」。（要理解如今席哈克和布萊爾對待美國的方式，關鍵人物還是戴高樂和邱吉爾。）

五十年來，從一九四一年到一九九一年，美國和越來越多的歐洲國家參加針對共同敵人的聯合戰爭：首先是納粹主義接著是蘇聯的共產主義。這是地緣政治「西方」的鼎盛時期。當然，在冷戰過程中也不斷出現跨大西洋的緊張關係。人們可以發現如今的一些模式完全是在二十世紀八〇年代初有關部署巡航和「潘興」導彈，以及美國對中美洲和以色列的外交政策的對話中形成的。[14]它們是在相同的一些人心中形成的：比如理查德・珀爾

（Richard Perle），當時因其強硬的觀點而被廣泛稱為「黑暗王子」。這些跨大西洋的爭論通常是關於如何應對蘇聯的，但他們最終還是受到了明確的共同敵人的限制。

現在並非如此。因此，或許我們正在見證大約十年前澳大利亞作家歐文・哈里斯（Owen Harries）在《外交事務》的一篇文章上所做的預言：這個明確的共同敵人的消失將導致作為牢固地緣政治軸心的「西方」的衰落。[15] 歐洲是第二次世界大戰和冷戰的主要舞台，但它不是「反恐戰爭」的中心。相對實力的差距已經變得更大。美國不僅是世界唯一的超級大國，而且這個超級大國的軍費即將相當於緊隨其後的十五個最強國家的軍費之和。歐盟並沒有將其可以比肩的經濟力量——正在快速接近美國十萬億美元的經濟規模——轉化成可相頡頏的軍事力量或者外交影響力。但不同之處還在於力量的使用。

羅伯特・卡根稱，歐洲進入了「法治、跨國協商和合作」的康德式世界，而美國仍然處在霍布斯式世界，軍事力量仍然是實現國際目標（即便是自由的目標）的關鍵。首要而明顯的問題肯定是：是這樣嗎？我認為，卡根（雖然他承認那是「諷刺性的描述」）實際上對歐洲太客氣了，他將歐洲的做法提升到了有意為之和有條不紊的程度，但實際上這卻是一個胡亂尋求和國家差異的故事。但是第二個不那麼明顯的問題是：歐洲人和美國人希望是這樣嗎？答案似乎是肯定的。相當多的美國決策者喜歡他們來自火星的想法——當然是認為這使

14 一九八四年《經濟學人》刊登了一張題為「如何通過美國人的眼睛認識歐洲人」的封面圖片。歐洲人的顯著特點有：「對雷根憤怒不已。對俄羅斯盲目無視。缺少陽剛之氣。缺乏勇氣。沒有毅力。膽小。妄自尊大。目中無人。但需要美國的支持。」

15 〈『西方』的衰落〉，《外交事務》，Vol. 72, No. 4（一九九三年九／十月刊）。

他們崇尚武力（martial）而不是成為火星人（martian）——，而相當多的歐洲決策者喜歡認為自己確實是進步的金星人。因此，接受卡根的文章是其本身故事的一部分。

隨著即將擴大的歐盟尋求更加明確的身分，將自己定義成美國的對立面對於歐洲來說具有很強的誘惑。歐洲通過列出與美國的不同來清楚地表明自身形象。用身分研究的可怕術語來說，美國成了「對立面」。美國人不喜歡被「排斥」。（誰喜歡呢？）「九一一」恐怖襲擊事件的影響讓他們更加願意接受人們用崇尚武力和富有使命感來描述美國在世界的角色。

史丹利．霍夫曼（Stanley Hoffmann）曾表示，法美兩國都自認為肩負普世化、文明化的使命。現在出現了歐洲而不只是法國版的文明使命（跨國、以法律為基礎的一體化的「歐盟烏托邦」），這與最近保守版的美國使命衝突得最厲害。[16]因此，比如，喬納．戈德堡憤怒地引用德國大西洋主義老兵卡爾．凱澤（Karl Kaiser）的話表示：「歐洲人的所作所為前所未有：創造一個完全沒有戰爭的和平區域。歐洲人確信這個模式對世界其他地方也有效。」

雙方各自認為自己的模式更好。這不僅適用於國際行為的競爭模式，還適用於那些民主的資本主義模式：自由市場、福利國家、個人自由和社會團結等的不同組合。[17]在《美國時代的終結》（*The End of the American Era*）一書的作者政治學家查爾斯．庫普乾（Charles A. Kupchan）看來，這預示著歐洲和美國之間的「文明衝突」即將到來。卡根認為歐洲長期虛弱，而庫普乾認為歐洲而非中國是美國下一個重要的競爭對手。[18]許多歐洲人喜歡相信庫普乾的看法，但在美國，我發現庫普乾的看法幾乎無人支持。

我認為，在美國有另一種更深的趨勢。我已經提到，十九世紀和二十世紀的大多數時候，美國人對歐洲人的懷疑夾雜著羨慕和迷戀。直截了當地說，有一種美國文化低人一等的情結。這已經漸漸消退。到冷戰結束和美國隨後崛起為獨特強國的時候，這種消退的速度已經以很難壓制的方式加速。新羅馬不再敬畏古希臘人。一位擁有豐富歐洲經驗、退休的美國外交官最近寫信對我說：「二十世紀四〇年代和五〇年代，我第一次去歐洲的時候，歐洲比我們優越。這不是個人方面的優越——即使屈尊於人，我也從不覺得低人一等——而是文明方面的優越。」現在不是這樣了。他寫道，美國「不再羞愧」。[19]

---

16 詳見卡呂普索・尼科萊迪斯（Kalypso Nicolaïdis）和羅伯特・豪斯（Robert Howse）的〈『這是我的歐盟烏托邦……』：權力敘述〉（「"This is my EUtopia...": Narrative as Power"），《共同市場研究》（*Journal of Common Market Studies*），Vol. 40，No. 4（二〇〇二年十一月）。

17 詳見比如威爾・赫頓（Will Hutton）的《我們所處的世界》（*The World We're In*）（倫敦：利特爾＆布朗出版社，二〇〇二）和我在二〇〇二年五月的《展望》（*Prospect*）上與他的辯論。

18 詳見他二〇〇二年十一月在《大西洋月刊》上發表的〈西方的終結〉（The End of the West）和他所著《美國時代的終結：二十一世紀美國的外交政策和地緣政治》（*The End of the American Era: US Foreign Policy and the Geopolitics of the Twenty-First Century*）（紐約：科諾夫出版社，二〇〇二）。

19 二〇〇二年五月十六日，我發郵件給湯瑪斯・W・西蒙斯（Thomas W. Simons）大使，引用得到他的欣然許可。邁克・萊丁（Michael Ledeen）的闡述不那麼友善；他寫道：「美國的交談要好得多，歐洲人已經腦死亡。」這篇文章發表在美國企業研究所的刊物《美國企業》（*The American Enterprise*，二〇〇二年十二月）上。這一期標題為「大陸漂流：歐洲和美國分道揚鑣」，是美國右翼對歐洲看法的真實選集，包括馬克・史泰恩的著名評論，「與比如說荷蘭或者丹麥的未來相比，我發現更容易對伊拉克和巴基斯坦的未來感到樂觀」。

三

冷戰結束後的八年裡，名譽歐洲人比爾·柯林頓掌管白宮讓這些趨勢變得有些模糊。二〇〇一年，布希（對於所有歐洲反美諷刺漫畫家來說是一件活生生的禮物）攜帶著一份單邊議程入住白宮，準備拒絕多份國際協議。「九一一」事件後，他將自己的新總統職位定義為戰爭總統。我發現，「九一一」之後，美國處於戰爭狀態的感覺在華盛頓比包括紐約在內的美國其他地方都強烈。[20]最重要的是，它處在布希政府的中心位置揮之不去。「反恐戰爭」促進了共和黨精英中現存的一種趨勢，即相信羅伯特·卡普蘭（Robert Kaplan）所謂的「勇士政治」（Warrior Politics），這種政治具有很強的基本教義派基督教氣息——這在高度世俗化的歐洲顯然是缺少的。正如外交關係委員會的沃爾特·羅素·米德（Walter Russell Mead）在其著作《特殊天意》（*Special Providence*）中所說，這將「傑克遜」的傾向重新帶入了美國的外交政策。[21]基地組織的恐怖分子是新的克里克族印第安人（Creek Indians）。

美國人向歐洲人提出的問題接著變成正如保守的專欄專家查爾斯·克勞薩默（Charles Krauthammer）對我說的那樣，「你與我們是不是站在同一個戰壕？」一開始，答案是響亮的「是」。所有人都引用了法國《世界報》的頭條標題：「我們都是美國人。」但一年半後，大多數美國人認為與他們站在同一戰壕的唯一歐洲領導人是東尼·布萊爾。[22]美國政府的許多人感覺，法國人重新採取了古老的反美態度，去年九月，德國總理格哈特·施洛德通過憤世嫉俗地利用反美主義贏得了連任。

歐洲和美國的感情是在什麼時候和什麼地方再次開始分裂的？在二〇〇二年初，中東的巴以衝突升級的時候。中東是促使迅速膨脹的歐洲反美主義和新興的美國反歐洲主義（兩者互相加強）急劇惡化的來源和催化劑。歐洲的反猶主義及其與歐洲批評夏隆政府之間的關係，一直是保守的美國專欄作家和政客最尖刻反歐評論的主題。一名自由派的猶太評論員對我解釋說，其中一些批評人士自身不僅強烈支持以色列，還是「道地的利庫德集團成員」。史丹利·霍夫曼在最近的一篇文章中寫道，他們似乎相信「猶太國家和美國之間的一種利益身分」。[23] 支持巴勒斯坦的歐洲人對批評夏隆政府的方式被貼上反猶主義的標籤感到憤怒不已，他們談論美國「猶太遊說團」的力量，這接著證實了美國利庫德集團成員對於歐洲反猶主義的最糟懷疑，就這樣沒完沒了。

除了這種令人絕望、無比混亂、互相加深的偏見——對於一個非猶太裔歐洲人來說，要對此寫點東西而又不給自己正在試圖分析的困境火上澆油，是很難的，當然，歐洲和美國在處理中東問題的方式上也確實存在差異。比如，歐洲決策者往往認為，與發動伊拉克戰爭

20 詳見我的〈資本下定了決心〉（The Capital Makes Up Its Mind），《紐約時報》，十二月十二日。二〇〇二年八月皮尤民意和媒體研究中心的一項民調加深了這種印象。

21 《特殊天意：美國的外交政策及其如何改變世界》，倫敦：勞特里奇出版社，二〇〇二。

22 這是IPSOS US-Express於二〇〇二年十二月三日至五日所做的民調結果。提問的問題是「下列六個國家中，你認為在對抗伊拉克的行動中，那個國家的反應與美國最團結？」五十九%的人認為是英國。接下來分別是以色列，十一%；加拿大，七%；法國，四%；德國，三%；俄羅斯，三%。

23 史丹利·霍夫曼，〈高高在上〉（The High and the Mighty），《美國展望》（*American Prospect*），二〇〇三年一月十三日。

相比，通過談判解決巴以衝突對於長期「反恐戰爭」的成功貢獻更大。為了我們的目的，要點是中歐反對共產主義的冷戰讓美國和歐洲團結了起來，中東的「反恐戰爭」正在讓它們分道揚鑣。蘇聯團結了西方，而中東分裂了西方。

冷靜地審視，這種分裂極其愚蠢。歐洲就在中東隔壁，擁有眾多並且日益增多的伊斯蘭人口，與美國相比，在和平、繁榮和民主的中東甚至擁有更加直接的重要利益。此外，我發現華盛頓的兩位高級政府官員相當認同如下觀點——一些美國評論人士開始提出這種觀點：大中東民主化應該成為復興的西方重大的跨大西洋新工程。[24] 但是當前看來並非如此。

當前，第二次波灣戰爭似乎只會擴大歐洲和美國之間的鴻溝。即便沒有伊拉克戰爭，中東仍然會提供漩渦，在這個漩渦中，真正或者據說的歐洲反美主義催生真正或者據說的美國反歐主義，這反過來又催生更多的反美主義，兩者都因廣泛的歐洲反猶主義而變得更加嚴重。大西洋兩岸都做出有意識的重大努力，或者二〇〇五年或者二〇〇九年華盛頓出現新政府可能帶來變化。然而，同時也會造成許多損失，當前跨大西洋的不和也體現了我提到的更深的歷史趨勢。

你可能會說，正如我本文所做的那樣，突出「美國的反歐主義」本身將導致互相不信任迅速惡化。但是作家不是外交家。美國存在反歐主義，其載體可能是漫長、糟糕夏季的第一群燕子。

二〇〇三年

24 詳見比如羅納德・D・阿斯穆斯（Ronald D. Asmus）和肯尼斯・M・波拉克（Kenneth M. Pollack）的〈新跨大西洋工程〉（The New Transatlantic Project），《政策評論》（*Policy Review*），No. 115（二〇〇二年十／十一月刊）。

為騎牆派辯護

觀看柯林．鮑威爾在聯合國安理會引人注目的表演（展示了劈里啪啦的攔截電話、衛星拍攝的照片和精心策畫的電視片段），我問自己：這會改變你對伊拉克戰爭的看法嗎？答案是：不會改變多少。我仍然不相信支持伊拉克戰爭的理由，也懷疑反對伊拉克戰爭的理由。

一位朋友最近這樣評論桂冠詩人在伊拉克問題上的立場，「他牢牢地騎在牆上」。「騎牆派」算不上是一種稱讚。

大多數人讚賞當機立斷，鄙視猶豫不決。敵對的政黨政治要求迅速站隊並誇大微不足道的差異。媒體激烈地爭奪電視觀眾、聽眾和讀者，呼籲強硬、極端的立場：布希 vs.海珊，貝恩 vs.柴契爾、克里斯多福．希欽斯 vs.彼得．希欽斯。你懂的，這讓電視更精采。

但在伊拉克問題上，我還是喜歡為揪心的自由派猶豫不決的立場辯護。作為自由主義者並不意味著總是要在艱難的問題上猶豫不決。我強烈反對蘇聯侵略捷克斯洛伐克和阿富汗，強烈反對美國干預尼加拉瓜和薩爾瓦多、軍事干預波士尼亞和科索沃、對阿富汗的基地組織發動戰爭，這都基於充分的自由主義理由。伊拉克有所不同並且更加困難。我看到了正反兩方四個有力的理由。

支持

1. 海珊政權是當今世界上最令人厭惡的政權之一。他對庫德人進行種族大屠殺，還讓自己的人民生活在恐懼中。推翻他對他的國家和該地區而言都是福音。無論戰後的伊拉克會多麼混亂——肯定會混亂，就像戰後的波士尼亞、科索沃和阿富汗——它幾乎已經不能更糟糕了。

2. 海珊曾兩次襲擊鄰國。正如鮑威爾所記錄的那樣，他儲存了大量可怕的生化武器並且正在隱藏剩下的生化武器。他還試圖獲得核武。如果他獲得有效、可裝載的核武，這對世界來說是一個重大的災難——就像如果北韓獲得核武一樣，但由於海珊的為人及其所在的地方，情況會更加糟糕。我支持對於獨裁者的核武裁軍運動（Campaign for the Nuclear Disarmament of Dictators, CNDD）。

3. 他在十二年間藐視了十六項聯合國決議。他顯然不想裁軍或者與聯合國的監察員充分合作。（自傲的主權國家獨裁者會做什麼呢？）與在科索沃採取軍事行動相比，在這種情況下採取軍事行動在國際法中能獲得更有力的理由。第二項聯合國決議將為「正義戰爭」理論提供所需的「恰當授權」。

4. 後果（樂觀）。這可以促進中東的民主變革。和平、繁榮、重建的伊拉克——「西德式的伊拉克」——可以成為整個地區的模式。沙烏地阿拉伯和伊朗緊隨其後。自由的傳播可能最終改變解決巴以問題的地區背景，因為東歐的民主化最終解決了德國的分裂問題。

反對

1. 戰爭應該總是最後的手段。無論美國高科技的新炸彈多麼精準，都將有無辜的伊拉克人喪生。難道未來幾年不能通過當前威懾和限制的手段控制海珊嗎？

2.「正義戰爭」的理論需要「良好的意圖」。總體而言，我認為布萊爾有良好的意圖。我不相信布希政府。當然，那邊不同的人有不同的心思，人類的動機總是複雜的。我列出了一份動機的索引，可以粗略看一下：

· 感覺這是廣泛「反恐戰爭」的一部分，「九一一」事件後，反恐戰爭變成了保衛美國國土安全的戰爭：二十%。

· 真正相信海珊擁有大規模殺傷性武器對自由世界構成重大威脅：二十%。

· 對無法抓到奧薩瑪．賓拉登或者收拾基地組織感到沮喪，再加上相信至少可以利用強大的軍事力量擊敗海珊：十五%。

· 第一次波灣戰爭未竟之業的感覺再加上布希個人對「那個試圖殺死我父親的傢伙」感到憤怒：十五%。

· 布希的政治顧問卡爾．羅夫（Karl Rove）初步估算的國內政治優勢（或許現在後悔了）：十%。

· 沒有退路的感覺。海珊仍然當政，布希如何參加下一次總統大選？十%

· 轉變中東的希望，也是為了以色列的長期利益：五%。

· 石油：五%、你可以根據自己的品味改變比例，但無論你選擇哪種方式改變它，都無法構成總體上占多數的充足理由。

3. 海珊與基地組織的聯繫微乎其微。柯林．鮑威爾掌握的所有證據都不能表明更多的聯繫。伊拉克戰爭是始於「九一一」事件的反「伊斯蘭法西斯主義」文明鬥爭的延續，這種說法根本站不住腳。奧薩瑪．賓拉登將海珊政權視為叛教者。它們是兩件非常麻煩的事情，但也是截然不同的兩回事。

4. 後果（悲觀）。即使伊斯蘭恐怖爆炸者討厭海珊，英美對伊拉克發動「帝國」侵略將增加阿拉伯恐怖襲擊歐洲和美國的機率。如果想讓中東民主化，帝國戰爭並不是入手的最好方法。支持伊朗的天鵝絨革命、促進沙烏地阿拉伯的民主改革、讓夏隆和阿拉法特達成共識推進以巴問題的解決要更好。無論如何，以占領模式讓西德和日本產生民主是歷史中的特例。我們可能會看到一個「南斯拉夫式的伊拉克」，被庫德人、什葉派和遜尼派瓜分。布希領導的美國還沒有為「國家建設」做好準備，波士尼亞、科索沃和阿富汗等七零八落的國際政府算不上是令人鼓舞的例子。總而言之，地區影響更可能是壞的而不是好的。

我的直覺是，如果你在黑夜中給東尼．布萊爾注射真相的血清，他將基本上坦承這種自由派的猶豫不決。除非我們可以親眼看到，否則我不相信他有那種能夠讓我們所有人相信的祕密才能。外交辦公室不斷在他耳邊輕聲警告。但在公共場合，他熱情洋溢，甚至像傳教士般令人信服。為什麼呢？當然是因為他就是一個格萊斯通基督教自由干預主義者。或許因為他認為保持英國與美國的團結和影響力，甚至比伊拉克戰爭可能帶來的消極影響更加重要。但是還因為他是首相，而不是作家和時事評論員。他必須做出決定。他必須領導。他必須說服心存疑慮的公眾和憤慨的政黨。

這並不意味著我們所有人都必須這樣做，熱情洋溢、過分簡單地相信複雜的兩難處境中的一面，即使這樣確實可以讓電視更好看。

二〇〇一年

左巴布希

這是一場多麼令人驚奇的大災難。「九一一」事件後的五年裡，布希政府對中東的政策換來的是連環火車相撞事件。在人類鬥爭中，如此強大的國家付出這樣巨大的代價卻收穫甚少前所未有。在更廣泛的中東的每個重要領域，過去五年的美國政策身處困境並且更加難以自拔了。

如果後果不是那麼嚴重，有人就會嘲笑如此帶有悲壯意味的失敗——這是希臘左巴的精神，左巴曾注視著自己巨大工程的散亂廢墟，令人難忘地說：「你見過更加壯觀的倒塌嗎？」但是左巴布希的衝動和無能已經導致成千上萬的男人、婦女和兒童——主要是穆斯林阿拉伯人，但還有黎巴嫩基督徒、以色列人以及美國和英國的士兵——喪生、殘廢、背井離鄉或者窮困潦倒。除了導致穆斯林更廣泛的疏遠外，它還催生了這樣的世界：走在倫敦、馬德里、耶路撒冷、紐約或者雪梨的大街上，我們每個人都更加不安全了。如果你敢的話，就哈哈大笑吧。

一開始，出現「九一一」襲擊事件，沒有人可以因此公正地指責喬治·布希，強調這一點至關重要。入侵阿富汗是對那些襲擊的合理回應，因為藏身於塔利班暴君統治的無賴國家的基地組織發動了該襲擊。但是如果必須處理阿富汗，就必須恰當地處理。結果並沒有。在地球上最粗野、最不友好、部落最桀驁不馴的一個地方，中途創造一種文明的秩序終究是一項巨大的挑戰。如果世界上的民主國家，包括擴張後的新北約的成員國，在過去五年一直致力於該任務，如今我們可能至少獲得了可圈可點的部分成功。

然而，在布萊爾的協助和慫恿下，布希、錢尼和拉姆斯菲爾德促使我們進軍伊拉克，導致阿富汗的工作連一半也沒完成。如今，賓拉登及其忠實的追隨者可能仍然躲在巴基斯坦北部阿富汗邊境地區瓦濟里斯坦山區的山洞中，塔利班又東山再起，整個國家混亂不堪。我們經過正當的干預並沒有取得部分成功，反而在阿富汗和伊拉克引發了兩場日益嚴重的災難。

美國和英國借助虛假的藉口入侵伊拉克，沒有適當的合法授權和國際合法性。如果薩達姆．海珊這位危險的暴君和國際公認的侵略者確實祕密儲藏著大規模殺傷性武器，那麼該干涉可能就情有可原了；但是他沒有，因此干涉也就是不正當了。接著，由於五角大樓和白宮紙上談兵、鼓吹戰爭的文官極其無能，我們將一個極權國家轉變成了一個無政府的國家。我們宣稱要促使伊拉克走向洛克式的自由，卻將它重新拽回到霍布斯式的自然狀態。伊拉克人——那些未被殺死的人——日益表示情況比之前更加糟糕。我們要向誰說他們錯了？

目前，我們正在準備撤出。在巴士拉採取辛巴達行動（Operation Sinbad）後，數量較少的英軍將退到位於巴士拉機場的基地。我們將坐在沙漠裡並稱之為和平。如果白宮聽從貝克－漢密爾頓委員會（Baker-Hamilton commission）的建議，美國軍隊將採取類似舉措，將其顧問留給伊拉克軍隊。三十年前，美國的撤退以「越南化」為名，如今它將以「伊拉克化」為名。與此同時，伊拉克人可以繼續隨意互相殘殺，或許直到他們最終互相達成某種草率的政治協議——或許無法達成，情況可能就是如此。

神權獨裁統治的伊朗是大贏家。五年前，伊朗共和國有一位改革派的總統、一個相當民主的反對派，因低油價而財政受挫。穆拉們（伊斯蘭教徒對高僧的敬稱）紛紛出逃，恐懼不已。目前，民主化的前景正在變弱，該政權坐擁每桶六十多美元的高油價，憑藉其伊拉克和黎巴嫩的什葉派兄弟擁有巨大的影響力。它開發核武器的可能性也相應變大了。我們推翻了沒有大規模殺傷性武器的伊拉克獨裁者，反而增加了伊朗獨裁者獲取大規模殺傷性武器的可能性。本周，伊朗總統艾瑪丹加再次呼籲摧毀以色列。這些原本想讓中東對於以色列來說變得安全的美國新保守人士，最終卻讓中東對於以色列來說更加危險了。

我們不需要伊拉克問題研究小組（Iraq Study Group）告訴我們，巴以兩國的解決方案對於解決阿拉伯—以色列的衝突至關重要。在執政的最後幾個月，柯林頓政府已接近敲定協議。在布希的領導下，不進反退。隨著黎巴嫩在夏季爆發戰爭、巴勒斯坦的哈馬斯蒸蒸日上（這本身在一定程度上是布希匆忙應對選舉的副產品）、對以色列公眾的日益失望，連布希支持的阿里埃勒．夏隆關於既成事實的分離的設想也已經消退。

黎巴嫩爆發「雪松革命」，敘利亞部隊撤軍，二〇〇六年夏季，布希政府通過祕密支持持續而低效的以色列軍事行動破壞了其聲稱支持的黎巴嫩政府，取得了明顯成功。如今，真主黨以其人之道還治其人之身，正在挑戰該國受到西方支持的天鵝絨革命者：經歷雪松革命後，歡迎來到「雪松反革命」。在埃及，原本是想表明在布希的第二個任期美國支持和平民主化，但伊斯蘭主義者在選舉中獲勝（在巴勒斯坦和黎巴嫩也是如此）似乎已經讓華盛頓望而卻步，放棄新出爐的政策。在值得稱道的方面，我們唯一可以展示的是利比亞放棄大規模殺傷性武器，一些較小的阿拉伯國家實施了一些試驗性的改革。

因此，對於阿富汗、伊拉克、伊朗、以色列、巴勒斯坦、黎巴嫩和埃及的評價如下：惡化、惡化、惡化、惡化、惡化、惡化、惡化。由於詹姆斯．貝克，美國可能從兒子的罪孽回想起父親的罪孽。畢竟，在第一次波灣戰爭結束的時候，正是貝克和老布希讓那些曾受到其鼓勵而對抗海珊的人在伊拉克被殺了——更不用提熱情地繼續華盛頓與沙烏地阿拉伯等石油獨裁政府簽訂的浮士德式的長期條約。令人吃驚的是，有人對我說，康多麗沙．萊斯曾表示貝克—漢密爾頓的報告幾乎沒有提到民主這個詞。

這些年，我曾多次發出警告，反對條件反射式的抨擊布希和下意識的反美主義。美國絕不是唯一的罪魁禍首。讓中東變得更好是世界政治中最難的挑戰之一。該地區的人民要對其困境負大部分責任。我們歐洲人也是，因為過去的違法罪和如今的疏忽罪。但布希必須承受大部分指責。如此全面失敗的例子在近代歷史上實是罕見。恭喜您，總統先生；您帶來了一場巨大的災難。

二〇〇六年

世界的選舉

我在加州史丹佛大學的觀測台上，看到一名說英語的歐洲人迷上了24／7有線新聞網路直播。我注意到，許多美國人仍然深陷在這是他們的選舉的動人錯覺中。多麼不同尋常。難道他們不明白？這是我們的選舉。世界的選舉。我們的未來取決於這場選舉，我們和美國人一樣時刻關注。我們只是不能投票。

世界可能無法投票，但有一位候選人。二〇〇八年夏天，英國廣播公司國際新聞台對二十二個國家進行的民調發現，巴拉克．歐巴馬比約翰．麥肯更得民心，比例為四比一。近一半的受訪者表示，歐巴馬獲勝將「徹底改變」他們對美國的看法。而美國肯定需要變革。布希總統兩個任期間，皮尤全球態度項目（Pew Global Attitudes Project，即一系列有關全世界民意的調查）記錄了任何環遊世界的人都知道的東西：美國的地位、信譽和吸引力大幅降低，因而其實力也大幅減弱。

在美國環境中，歐巴馬是「黑人」或者「非裔美國人」。然而，他的總統候選人資格再次暴露出過去稱為「種族」——指奴隸制度和種族隔離的遺產——的東西如何成為美國政治的隱性基礎。在國際環境中，歐巴馬還有另外三種身分。首先，他是我們當中的一員——

日益緊密相連世界中的孩子，現在努力成為這個世界上最有權勢的人。真正的世界主義者：不僅是非裔美國人，還有一點夏威夷、肯亞、堪薩斯州和印尼的血統。其次，他不像布希。約翰·麥肯也不像布希，但不像布希的程度要小得多。最後，歐巴馬是一切外國人對美國熱中之物的化身。

在牛津以及周遊歐洲的時候，我經常遇到日益對美國感到憤怒的年輕人。一位英國的學生告訴我：「你知道的，我非常支持歐洲。」對於這種罕見的情況——支持歐洲的英國人——我激動不已，問她為什麼是支持歐洲的人。「我想主要是因為我是反美人士。」但她並不是真正的反美人士。我敢打包票她現在是個歐巴馬迷。

從文化、社會和審美角度來說，歐巴馬代表著進入年輕的歐洲人每天想像中的美國，美國的電影、音樂、文學作品和《六人行》（*Friends*）、《急診室的春天》（*ER*）、《白宮風雲》（*The West Wing*）、《新鮮王子妙事多》（*The Fresh Prince of Bel-Air*）甚至《星艦迷航記》（*Star Trek*）等電視劇的軟實力，將這樣一個美國傳到那裡，同時還引發了「喜歡」這個詞的一系列濫用：你可以在牛津的任何一家咖啡店裡聽到這個詞，說話人可能是斯洛伐克人、德國人或者中國人。像歐巴馬那樣擁有一定程度移民背景的人能夠做到如此程度，這也恢復了美國作為機遇之鄉強大又積極的形象——這一美國的自我形象已經在世界的許多地方深入人心，無論這與統計紀錄的有限社會流動性的事實多麼不相符。

如果他當選，我們在幾個月內將發現世界上一概稱為「反美主義」的敵意有多少是真正的反美主義，有多少只是像許多美國人一樣的強烈反感，對某位特定的總統，一系列特定的政策以及某種美國主義的強烈反感。然而，一位總統候選人這樣受歡迎使這場選舉的風險增加到了令人擔憂的程度。

正是因為國際的期望上升到如此高度，如果歐巴馬落選，將失望透頂。由於約翰．麥肯選擇莎拉．佩林——像布希一樣，她強化了每個歐洲人有關美國人與眾不同（無能、遲鈍和古怪）的陳詞濫調，衝擊將更大。對於麥肯外交政策的內容，可能沒有必要這樣失望，但在國際政治和金融市場方面，基本上確實是令人失望。如果美國人在二〇〇四年再次選出布希後選擇麥肯－佩林組合，我認為說許多歐洲人將感覺自己被拋棄並不過分。當然，歐洲政府不會也無法拋棄華盛頓，但它們將不得不在公眾幻想破滅的受限現實中運行。

在最繁榮的時期，這對美國來說至關重要。當前，這將重要得多。即便在金融危機前，新總統的收件箱（按照約翰．甘迺迪的分類，一個收件箱上標著「緊急」，另一個收件箱上標著「重要」）中待解決的問題已經堆積如山。即便在此次危機可能給業已巨額的國債增加一萬億美元之前，美國獨自——單方面——實現其目標的相對力量在過去八年已經大幅減弱，特別是因為中國和俄羅斯等大國的復興。未來的歷史學家可能會將二〇〇〇年左右的這段時期稱為美國力量的巔峰時期。在這樣一個世界中，比以往任何時候都需要盟友和國際信譽。

二〇〇八年

密蘇里州的華沙

在密蘇里州的華沙（Warsaw），有一個鬼魂借助陌生人之口不斷對我說話。他是過去奴隸制度的鬼魂，在秋季陽光燦爛的日子，也能在這個欣欣向榮的湖濱小鎮的大街上看到其長長的影子。一名當地的歐巴馬競選志願者告訴我，她調查的一名婦女表示自己將投歐巴馬但她的女兒不會——接著這位母親壓低聲音——「因為他是黑人」。他的兒子也不會：「他更是一名種族主義者。」被迫這樣評論自己的孩子是多麼可怕。萬聖節上有趣又嚇人的商品隨處可見，但這些是美國真正的鬼魂和巫師。

密蘇里州至關重要。它是全國的風向標。位於美國中心地帶的中部，東西相連，南北相接，在過去幾百年，它選出了每次總統大選的贏家，只有一次例外。在民意調查中，它是對兩位候選人的支持不相上下的幾個州之一。這是兩周前歐巴馬來此向大規模的集會發表演講和本周四他和約瑟夫．拜登將再次來到這裡的原因。這也是密蘇里州的歐巴馬後援組織計畫動用兩萬五千名志願者，在競選的最後四天向一百三十萬戶左右的人家挨家挨戶拉票的原因。

大多數關鍵的搖擺選民都住在聖路易斯市和堪薩斯城的邊遠郊區，但這些農村地區

（在此土生土長的人包括最偉大的民主黨總統之一哈里．杜魯門）的每一張選票也將算上。我在這片農村中心地帶的中心：美麗、平緩起伏的鄉村，晨霧從供牛飲水的池塘中升起，樹木將每位印象主義者的影子染成了秋天的赤褐色、黃色和紅色，乳牛如畫般地啃著茂盛的青草，路邊的標語寫著「出售汙泥」和「耶穌是上帝」。

在范布倫（Van Buren）和柯斯丘什科（Kosciusko，塔德烏什．柯斯丘什科是波蘭的自由戰士，該鎮以他的名字命名）大街的角落裡，我注意到一個整潔、粉刷成白色的房子，窗戶上貼著的標語寫著「此房受到上帝的庇護」。在門前，一隻看門的狗叫了起來。（難道這隻狗叫上帝？）草坪上還有一個標語寫著：「出售」。上帝可能會保佑，但這裡的人們和其他地方一樣有住房和資金的困難。他們不僅捕獵。好槍法可以將一隻營養豐富的火雞或者鵪鶉送上晚餐的餐桌。因此共和黨人稱，歐巴馬想拿走你們的槍。當地鄉村音樂電台用深沉的鄉下人口音宣讀了一則麥肯的廣告，「我們愛我們的上帝，我們也愛我們的槍」——你幾乎可以聽到第二個大寫字母G。它還表示，「自由派」想拿走它們，「不讓我們美國接觸」。

種族在這裡是個問題在我的預料之中，但舊傷和偏見如此顯而易見，我還是感到震驚。我根本不用問，它就源源不斷地湧現。在當地的麥肯競選總部，四名熱情好客的當地女士告訴我她們對莎拉．佩林的熱情。當談話轉到不可迴避的主題時，其中一位女士說，如果人們站出來反對歐巴馬，他們害怕被當作種族主義者。另一位女士回憶她小時候的情況，當時，離這不遠處，三K黨（Ku Klux Klan）依然活躍，黑人走在路上都不安全。她們補充說，十九世紀的華沙是一個奴隸小鎮，但在同一個郡、離這只有幾英里、由德國路德主義者建立的柯爾營（Cole Camp）不是。因此，密蘇里州人在內戰期間爭取奴隸解放，在這個過程中華沙曾多次被燒毀，夷為平地。

在塞達利亞的路上，一位前軍官（多年來一直是堅定的共和黨人）告訴我他將把選票投給歐巴馬。他對布希政府在伊拉克問題上向他們說謊的方式厭惡不已。但是如果歐巴馬是白人將更容易。實際上，如果歐巴馬真的是非裔美國人，他將發現很難把選票投給他。他積極地向我這位外國人解釋：「那是美國的黑奴。」他說，那些人內心很「瘋狂」，「瘋狂」之意取自「mad」這個單詞在美國口語中的意思。幸運的是，歐巴馬並不是真正的非裔美國人，只是一個父親是非洲人的美國人，但他仍然對此感到「不舒服」。

現在不要誤會我。在此，我顯然不是一名屈尊的城市自由派，決定嘲笑這些悲傷、邊遠地區的鄉下人，誹謗他們是種族主義者。絕不是這樣。我遇到的這些人正直、誠實、友好，他們坦率地承認並努力解決殘留的種族主義問題，而不是鼓吹它。我也沒有草率地得出如下簡單的結論：「種族將決定這場總統大選。」在一個搖擺州的保守農村地區，我的結論是其中一個小鎮人口（路標顯示人口為二〇七〇人）中大約一％人口的不科學樣本。

由於特別的歐巴馬及其挨家挨戶地特別競選，這場選舉變成了一次全國大會談，不僅談論美國的未來還談論其艱難的過去。密蘇里州的地圖古怪地充滿了舊歐洲的名字：華沙、德勒斯登（Dresden）、溫莎（Windsor）、敖德薩（Odessa）、凡爾賽（Versailles，正確的拼法是Ver-sails）。舊歐洲城市擁有豐富的歷史，包括許多流血事件和種族衝突。然而，我懷疑，如今在它們當中的任何一個城市，或許連在波蘭的華沙，過去的錯誤造成的傷疤也沒有其在寧靜的密蘇里州的華沙的傷疤那樣深或者刺痛，在密蘇里州的華沙，和善的共和黨中年婦女會立即告訴你一百五十年前，誰給誰做了什麼。

歐巴馬的競選可能更加關注未來，但這次有關美國過去的艱難談話本身也與未來有關。這令人痛苦，甚至有點冒險，但能帶來治癒的可能，尤其如果足夠多的美國人能夠克服其祕密疑慮、「不舒服」，並響應歐巴馬引人注目的號召，「像一個國家、一個民族一樣團結起來，再次選擇我們更好的歷史」的話。

二〇〇八年

與歷史共舞

二〇〇八年十一月四日，星期二，剛入半夜的時候，加入白宮前激動萬分的人群是與歷史共舞。「現在布希下台了！」「再見，na na na na」，他們和著鼓聲喊道。「歐巴馬！歐巴馬！」汽車的喇叭聲響著。薩克斯風的聲音從一輛亮紅色載貨卡車的乘客窗傳出來。一名年輕的男子用一個金屬勺子敲著平底鍋。一名裹著星條旗頭巾的非裔婦女在十六號大街上狂歡的時候欣喜如狂地說：「這是我至今參加過的最大喬遷會。」這是我們歡慶的時刻，每個人都在狂呼，用手機拍著照。

不過，大多數人，主要是年輕的狂歡者高喊著歐巴馬剛剛在芝加哥勝選演說中所喊的主題口號：「是的，我們能行！是的，我們能行！」連汽車的喇叭聲也是連響三聲的節奏：嘀——嘀——嘀。我睡覺的時候已是凌晨，但我還可以聽到叫喊聲迴盪在我賓館的窗邊。是的，我們能行！是的，我們能行！

但他們能行嗎？他能行嗎？我們能行嗎？

說他是美國歷史上第一位黑人總統，與其說是開闢一個新篇章，還不如說是寫了最後一個篇章的最後幾行字。這個痛苦的篇章相當古老又令人震驚地近在眼前。我看到人們在非洲人美以美會（African Methodist Episcopal）教堂的市中心投票站投票，根據標牌上的紀錄該教堂建於一七八九年，為了抗議種族隔離的宗教崇拜。在阿納卡斯蒂亞河邊的貧窮區，我幾乎是唯一的白人，一位選舉監督員——平時是牧師——告訴我非裔美國人（通常是首次投票的人）如何帶他們的孩子過來見證金恩博士曾夢想的時刻。只有傾聽他們的心聲，你才能完全明白僅僅看到一個黑人的家庭入住白宮將產生的影響。

但歐巴馬絕不僅僅是黑皮膚的美國人。像我們緊密相連世界中越來越多的公民一樣，正如專欄作家邁克．金斯利（Michael Kinsley）恰如其分地指出，他是「一個集各種族於一身的人」。這使他有資格代表那些各種膚色的美國人，我看到他們在華盛頓市中心和白宮前排著長龍等待投票。「你來自哪裡？」我向一名我猜可能來自北非的男子問道。他停下舞蹈，看著我說，「來自我母親。」精采的回答，同時也是一種指責，為歐巴馬時代而剛剛創造的。

同時，歐巴馬也是第一位後種族時代的總統。將這個故事縮減成黑白兩個故事與一張彩色背景的黑白照片一樣有用。約翰．麥肯可能選擇水管工約瑟夫代表過時、公認「沉默的大多數」美國白人的工人階級，但其實他們現在是（不那麼）沉默的少數人。水管工約瑟夫將選票投給了歐巴馬。實際上，歐巴馬的得票幾乎得益於美國日益多樣化人口結構的方方面面。競選期間，比爾．柯林頓在佛羅里達州介紹他時突出了這種新的多樣性，表示佛羅里達州和歐巴馬代表著「世界的現狀和美國的未來」。在我看來似乎剛好相反：它是美國的現狀和世界的未來。在這方面，美國曾經落於人後，現在領先一步。

然而，要認真標注歐巴馬的模式。它利用文明的民族主義超越了種族多樣性。在星期二的狂歡者當中，許多人揮舞著星條旗，或者他們衣服的某個部位印著星條旗。沒有任何右翼的共和黨人能夠比歐巴馬更加堅持美國的獨一無二、例外主義和天命所歸。他宣稱的目的是「讓本世紀成為下一個美國世紀」。如果喬治．W．布希這樣說，來自世界其他地方的我們可能將這當作令人厭惡的民族主義的自負。因為出自歐巴馬之口，我們不知怎麼地接受了。

輪到說考驗了。正如他在鄭重的勝選演說中所承認的那樣，美國有一大堆問題要解決。正是確保他獲勝的情況使他更難成功。有人會爭辯「如果……會發生什麼」，但無可辯駁的是，九月金融危機爆發後，競選開始明顯對他有利。如今，危機正在真正衝擊實體經濟，即他所選擇的普通美國人的工作、住房、儲蓄和醫療保險等領域。他從布希那繼承了不斷飆升的國債，布希進行了重大的重新分配，將子孫後代的財富分配給這代人。該國還面臨在伊拉克和阿富汗的兩場戰爭以及世界各地許多其他的挑戰。

與此同時，美國本身依然分裂。紅色陣營和藍色陣營之間的鴻溝甚至可能比黑人和白人之間的鴻溝更難填平。許多美國人仍然毫無道理地懷疑巴拉克．海珊．歐巴馬，但是完全理性的觀察人士會做出如下總結：他天生在社會和文化方面比那些文化保守的共和黨人更加自由，但在經濟方面沒有那些自由的共和黨人自由。為了克服這些問題，他將不得不採取中間路線甚至中間偏右的路線執政，讓自己的支持者失望，與國會中一些勝利主義的民主黨人周旋。

他本人、他的團隊和他可支配的權力資源，這一切都準備就緒了嗎？在投票前，我花了幾天時間與華盛頓的不少內部人士談過，包括一些在他的競選中舉足輕重的人物。他們一致的東西是：我們不知道。我們不知道，在眾多政策選擇中他將選擇哪一項；我們不知道他將選擇誰擔任重要職位；我們不知道他工作的時候會是什麼樣子。幾乎沒有總統候選人擁有更少的行政或立法紀錄，從這些紀錄可以推測未來他們在與眾不同的職位上的表現。

有一點所有人一致同意：如果他能夠以其競選的方式——有史以來最有效的方式之一——經營這個國家，那麼美國將獲得良好的治理。但一個國家並不是一場競選。他很冷靜，充分體現了這個濫用之詞的每一種含義。連在一群欣喜如狂的人群面前發表勝選演說，他看上去也不怎麼興奮。作為總統，他的硬實力資源可能有些減少，但目前其軟實力仍然是世界上最強的。布希政府用軍力「威懾」追尋最終證明那裡根本不存在的大規模殺傷性武器，而歐巴馬本身就是大規模殺傷性武器。

此外，他可以利用或許是美國最大的力量資源：勇於嘗試的創新精神、進取心和勤奮以及公民的愛國主義，該國希望所有人接納這些東西，無論他們來自哪裡。歐巴馬在其勝選演說所謂的「美國信仰：是的，我們能行」概括了該承諾。這就是那個難忘的星期二晚上他們在白宮外面談論的美國信仰。

如果你問我，這一切是否足以克服美國現在面臨的所有困難，我必須誠實地回答，根據謹慎的評估，我對此表示懷疑。但我們可以再次希望，而且我們也必須希望。

二〇〇八年

自由主義

巴拉克．歐巴馬在其就職演說中表示，政府和市場在法治社會中有其各自的一席之地，但如果它們不受限制的話將成為催生弊端的力量。他的演說中唯一缺少的是寫入美國憲法核心內容、建議各種平衡的政治哲學的合適名稱：自由主義。

與歐巴馬的許多演說一樣，該就職演說從本質上來說綜合古典憲法和現代平等主義的自由主義。是這回事，但從來不是這個詞。任何有點了解美國現代政治演說的人都知道原因。

二十多年前，由歷史學家弗里茨．施特恩（Fritz Stern）召集起來的一群傑出的美國學者在《紐約時報》上刊登了一則廣告，試圖針對隆納德．雷根和美國右翼其他人對「自由主義」的濫用，為「自由主義」這個詞辯護。結果白費力氣。在過去二十年，一個真正古怪的用法在美國公共辯論中勝出。自由主義已經變成一個貶損的術語，意指——用稍微有點輕浮的方式來說——某種和大政府通姦的邪惡婚姻。

這種古怪的用法在極端的情況下帶來了這樣的書名——《救我們脫離魔鬼：打敗恐怖主義、專制統治和自由主義》（*Deliver Us from Evil: Defeating Terrorism, Despotism, and Liberalism*），這是福斯新聞主持人西恩．漢尼提（Sean Hannity）的作品。但這也影響主流。在初選辯論中，當希拉蕊．科林頓被要求定義「自由」並問她是否是一名自由主義者時，她回答說，原本與自由信仰有關的一個詞不幸的是開始意味著支持大政府。因此，她總結說，「我更喜歡進步一詞，該詞擁有真正的美國含義」。這意味著「自由」的含義肯定不真實、不是美國的，或者可能既不真實也不是美國的。

美國並不是唯一對「自由主義」爭論不休的地方。二〇〇九年一月，在歐巴馬就職演說前夕，在牛津大學舉行一次會議，來自美國、歐洲、印度、日本和中國的講話人探討了組織者（我是組織者之一）故意稱為「自由主義」的問題。有趣的是，受到猛烈抨擊的「自由主義」在法國以及中歐和東歐的許多國家正是美國右翼自由至上主義者或「財政保守派」最鍾愛的。當法國的左翼人士和波蘭的民粹主義者譴責「自由主義」時，指的是盎格魯－撒克遜式、不受監管的自由市場資本主義（有時，加前綴「新」或「極端」來清楚表明這點）。一名中國學者告訴我們，在他的國家「自由主義意味著所有政府不喜歡的東西」。在中國，該術語是政治攻擊的工具，尤其用於攻擊提倡進一步推動以市場為導向的經濟改革的人。在社會或者文化方面，判定自由的標準也千差萬別。一位印度的講話人苦笑著說，在印度，允許其孩子選擇自己想結婚的對象就是一名「自由」的父親。

面對全世界對這一概念的不同理解，有人在會議上稱，我們應該棄用該術語，或者至少將它拆分成幾個意思更加明確的成分。但綜合和平衡屬自由主義定義的本質，整個的含義要比各成分的總和豐富。正如牛津大學的政治理論家邁克．佛雷登（Michael Freeden）所說，如果只有一個必要的成分——比如自由市場——獨領風騷，那結果會是反自由主義。有關自由主義至關重要、沒完沒了的辯論不只關於其不可或缺的要素，還關於這些要素的形式、比例和各要素之間的關係。

二十一世紀自由主義合理的最少要素名單包括：法治下的自由、受限和負責任的政府、市場、寬容、某種個人主義和普世主義以及某種人類平等、理性和進步的觀點。各要素的組合各地各不相同。某位遠親是否真的屬自由主義擴展的家族是一個值得爭論的問題。但在這個爭論、演化的結合過程中，有一種具有永恆價值的東西。

這是一場美國的爭論，有人會說這場美國爭論已經持續了兩百多年。實際上，美國仍然充滿了自由主義者，包括進步或者左翼自由派，我還會堅持說，保守或者右翼自由派。他們當中的大多數人只是不用這個詞罷了。美國人熱愛自由主義，但不敢說出口。

原因顯而易見，當前，我們正在見證世界批評一種純粹的自由市場自由主義或者說新自由主義，指責它導致我們陷入了當前的經濟混亂。然而，我的中國和歐洲同行一致認為，市場仍然是自由不可或缺的條件。一位傑出的中國經濟改革家甚至表示，在那些市場發揮更大作用的中國省份，收入不平等恰恰較少。

我不期望歐巴馬總統會很快使用這個詞。但我們這些相信自由主義普通、永恆價值的人樂見他開始積極地恢復更多的自由主義。他已經明確重申了在法治下平等自由的重要性，尤其是通過下令關閉關塔那摩灣的監獄。在政府和市場之間尋求更加公正和有效的平衡是他國內議程的核心。他也找到了用新語言呈現傳統自由寬容價值觀的方式，用這種新語言向我們日益緊密相連的世界演講。

那麼，或許在他的第二個任期，他甚至可能敢於挽救這個詞了。

二〇〇九年

第五章

西方之外的世界

緬甸的美女與野獸

首先，有如下困難：亮明在緬甸與我談話的人的身分會將他們送回牢房。這個奇異軍政國家領導人的官方稱謂像學生版歐威爾反烏托邦作品中的稱謂，「書記－1」，「書記－2」，「書記－3」。因此，在我的筆記本（後來偷帶出來的）上，我將他們的受害者和我的對話者叫做U-1、U-2、Daw-1、Daw-2等——「U」和「Daw」在緬甸語中是「先生」和「女士」的敬稱。在此，我必須進一步隱瞞身分，省略細節，因為它會洩露準確的身分。

一

「我是一名素食主義者，」U-5說，「我坐牢後變成一名素食主義者。你知道的——很遺憾地告訴你——我們吃老鼠。」但他們是怎麼烹煮的呢？「我們無法烹煮。我們就讓牠們在太陽下曬乾然後生吃。」站在一家環境優美的中餐館陽台上，我們瞭望著曼德勒壯觀的皇家城堡，寬闊的護城河在黃昏中閃爍。一道令遊客欣喜的景觀。U-5對我說，該護城河的堤壩是由被迫的勞工最近重新建造的。他自己的家庭被迫參加這項工程。之前，在曼德勒山山頂，他首次指出導遊從來不會提的標誌性建築：龐大、半圓形的監獄。他和許多人一樣，由於參加了一九八八年支持民主的抗議被單獨囚禁在那裡數年。鼠屋。

U-13描述了審訊人員給他的頭套上的藍色厚面罩。審訊人員在他身體的四個部位安裝電極，他幾乎無法呼吸。他們借助一部原始、手動的小發電機給電極通電。每當他聽到曲柄轉動的聲音時，他知道又一輪電擊要來了。

我發現，在這裡，每日的恐懼比西奧塞古統治下的羅馬尼亞還要多。而且每天都很絕望。在鄉村更加貧窮的地方，農民相互詢問，「手指還是湯勺？」「手指」更好：它意味著你的碗裡有足夠的米飯可以用手指來吃。「湯勺」意味著一碗水湯裡只有幾粒米。現在回答是「湯勺」的越來越多了。

一百年前，緬甸每年出口二百多萬噸大米。它被稱為印度的大米搖籃。四十年前，它仍然還出口一百萬噸。一九九九年，這一數字就不到七萬噸了。隨著該國大米出口減少，非法毒品出口暴增。緬甸從印度的大米搖籃變成世界的鴉片基地。

一九九〇年五月，緬甸的公民壓倒性地投票支持翁山蘇姬領導的全國民主聯盟（National League for Democracy），少數民族居住的大批鄉村投票支持其他反對黨。此後十年充滿悲慘和恐怖的故事。他們投票支持的政黨被否決，他們過了這樣悲慘又恐怖的十年。

然而，留在我記憶中的形象依然是令人心碎的美麗。有一天清晨，我和一位朋友驅車經過伊洛瓦底三角洲。隨著太陽的升起，清晨的薄霧中顯現出了一種奇妙的景象：椿子支撐的竹屋置身於無邊無際、青翠欲滴的稻田中，戴著寬邊帽的農民默默地沿著顯現的河岸騎著自行車，擁有鍍金圓錐形塔尖的亮白色寶塔點綴著這片景象，像許多粉刷過的蟻丘；拉著木犁的牛緩緩地翻著水下的爛泥。

我打了一會兒瞌睡，又醒了過來，在路邊，看到世界上最可愛的女孩襯著曙光。她從頭到腳穿著粉紅色和白色的衣服，她用優雅、性感又端莊的動作遞過來一個巨大的銀色募捐碗。一個害羞的微笑從圓錐形的大竹帽中露了出來。剎那間，她就不見了。我一直在作夢嗎？七小時後，我們再次回到這條路上的時候，她還在這，看上去依然美麗動人，神采奕奕。此外，她已經為當地的寺廟募集到兩千五緬幣（按照自由市場的匯率來算大概八美元）。

後來：木質老帆船在寬闊、充滿爛泥的河中緩緩下行，載著來自勃生（Bassein）古老大米加工廠的一袋袋大米；削髮的佛教小僧侶穿著深紅色的長袍，光著腳邁著迷人又有規律的步子，「心無旁騖」地從信徒家中收集飯菜。

在仰光，大金塔的奇蹟無限，壯觀、鑲邊的金尖塔會隨著燈光的移動細微地改變顏色。到緬甸的第一個夜晚，我走到大金塔的時候大概九點鐘，發現自己是整個寺廟建築群中唯一的外國人。我的周圍都是緬甸人，無論男女都穿著傳統的「籠基」（longyi）——這是一種長到踝關節、像裙子一樣的衣服。有人虔誠地向其中一位菩薩禱告，也有人坐著吸雪茄菸或者在香氣氤氳的環境中閒聊著。我對全國的聖地的這份寧靜驚歎不已，這似乎還是真正傳統文化的一部分——這份寧靜在聖彼得大教堂、聖保羅大教堂或者泰姬瑪哈陵是無法想像的，早已不復存在，更不用說曼谷的寺廟，在那裡，你每走幾步便能遇到一名德國的遊客，緊握攝影機向偉大的索尼神祈禱。

我幾乎沒有見過一個更加美麗的國家和一個更加醜陋的政權。這份美麗與那頭野獸之間的關係錯綜複雜。人們往往會簡單地說，無論其政治如何，這個國家依然美麗。但是這樣說太輕率了。因為這些較古老世界的溫和魅力也是孤立和四十年不良政治導致的經濟衰退造成的。這是落後的美麗。遊歷共產黨執政的東歐，也能感受到同樣喜憂參半的魅力，原因也基本上相同。我將它稱為革命保護的悖論。並不是所有革命都有奇怪的保護效果——「文化大革命」肯定沒有——但一些革命有。

不過，結果卻總是古老之物的衰頽版本。緬甸看上去可能依然像吉卜林（Rudyard Kipling）筆下「美麗懶散的國度，充滿了非常美麗的小女孩和非常差的雪茄」。此外，生活在這裡的人們或許真的可以從更緩慢、更傳統的生活方式中，從四季更替，寶塔紀念活動，閒適、嘈雜、低俗的民間舞台表演和公認宗教的永恆安慰中，找到更深層次的愉悅和滿足。每個人的快樂祕訣神祕莫測，無法從沃爾瑪中獲取。

然而，最清楚的是，還有一個艱難又逐漸惡化的現實：貧窮和營養不良日益嚴重，嬰兒死亡率增加；三百多萬人流離失所，其中一些人現在住在叢林中，幾乎過著非人的生活；被迫勞動，腐敗、盜匪、性侵犯盛行，還有緊密相連的藥物濫用事件和愛滋病（估計緬甸有五十萬人已感染愛滋病病毒）。

與此同時，在吸引條件優越的西方遊客的古老之美中，你可以發現對西方最廉價標誌產品的極度渴望。年輕人除了穿著普遍的民族服裝——平底人字拖鞋、籠基和棉質男襯衫或者女襯衫外，還自豪地戴著棒球帽。有幾個人已經將棒球帽朝後戴了：全球化拙劣的模仿。連僧拋棄了雪茄，開始抽名為「倫敦」的樂富門低價香菸，這種香菸的華麗廣告隨處可見。連僧人也擁有電視（藏在舊木櫥櫃中），他們似乎都是足球迷。

我坐在一座寶塔的台階上，一位友好的年輕僧人湊向我說：「Aya Shiya！Aya Shiya！」這其中蘊含著什麼永恆的東方智慧？最終，我聽出了亞倫．希勒（Alan Shearer）這個名字，紐卡素聯隊前鋒。

二

世界上最古老的一則笑話說，軍事情報從名稱上來說是一個矛盾。緬甸是一個由軍事情報統治的國家。軍情局是該政權最重要的機構，現已被正式命名為「國防服務軍情局」（Directorate of Defence Services Intelligence）。其局長、中將欽紐（Khin Nyunt）雖然不是統治軍團的正式首腦，卻是書記－1。但從更廣泛的意義上來說，軍情局已經統治了這片金色的土地四十年。

舒猛（Shu Maung）原來是一名極其迷信的郵政員，現在世界上都稱他為奈溫將軍（「像太陽一樣明亮」）。一九六二年，他組織了一場軍事政變，稱該國虛弱的多黨民主制無法繼續將緬甸聯邦團結在一起，對抗共產黨和少數民族的叛亂。奈溫領導緬甸走他所謂的「緬甸特色的社會主義道路」，陷入了二十六年超現實的孤立。他的「社會主義」實際上更像日本二十世紀四〇年代（當時日本訓練了最初的緬甸獨立軍）的國家社會主義夾雜著後殖民的民族主義，實行自給自足的政策，信奉庸俗的佛教和占星術，殘忍地鎮壓叛亂分子。這個亞洲的阿爾巴尼亞太不喜歡結盟了，甚至退出不結盟運動（Non-Aligned Movement）。今年五月，奈溫已經八十九歲，還住在仰光茵雅湖邊，剛好與翁山蘇姬隔湖相對。人們認為他依然對該政權施加著看不見的影響力，但已經不再過問日常事務。

實際上，一九八八年六月這位年老的專制統治者宣布辭職成了一大催化劑，引發了「一九八八年八月八日」（據說是「吉日」）的抗議。為了暴力鎮壓那些抗議——估計在後來的大肆鎮壓中喪生的人數在三千至一萬之間，軍部成立了「國家恢復法律和秩序委員會」（State Law and Order Restoration Council）或者簡稱SLORC，聽起來更像是野獸。公關公司表示，這個名字在西方反應很差。幾年前，將軍們顯然接受公關公司的建議，將它更名為「國家和平與發展委員會」。從托爾金式變成歐威爾式。[1] 然而，該政權的反對者仍然稱它「國家恢復法律和秩序委員會」，我也是。

國家恢復法律和秩序委員會不僅是軍事獨裁政權，還是一個軍政國家，而共產黨統治的國家是黨制國家。軍官影響或者控制著整個國家的運作和日常社會生活的大多數活動。連紅十字會也是準軍事組織。軍方估計占用了國家四十%的預算，令人瞠目結舌。即便根據官方的數據，國防開支也是醫療保健開支的十六倍。自一九八八年以來，軍隊從二十萬左右擴張到了四十多萬。士兵隨處可見。

這個國家展現著獨裁政權所有熟悉的特點：灰色的高牆、帶刺的電線、武裝的守衛、

1 世界上最後一個歐威爾式政權在歐威爾自身當過殖民警察的國家仍然掌權，這種諷刺意味顯而易見，不言而喻。奇怪的是，歐威爾的《在緬甸的日子》在我的仰光酒店裡有售——可能作為一份不錯的反殖民文本提供給來訪的生意人或遊客。

官僚、一式四份的拙劣紙質表格、宣傳、審查、低效和恐懼。在褪色的紅色宣傳欄上，在「人民意願」的標題下寫著，「反對那些依靠外部因素、甘當走狗、持消極觀點的人」。不過偶爾，似乎為了彌補，有一塊綠色的宣傳欄上寫著，「請為國際遊客提供幫助」。哦，謝謝，Slorc！

我曾希望，在我的有生之年再也不要被迫讀比東德共產黨日報《新德意志報》（*Neues Deutschland*）更無聊的報紙。我沒有讀過《緬甸新光報》（*The New Light of Myanmar*）（「Myanmar」是繼國家恢復法律和秩序委員會之後的又一次更名，放棄用有帝國主義意味的「Burma」，而選用另一個緬甸語中的單詞來替代）。《緬甸新光報》用沉悶的散文形式記錄了書記—1（通常在頭版），書記—2（第二版）或者書記—3（第三版）探望一所欣欣向榮的學校、醫院或者工廠，受到總是露著微笑的學生、醫生和工人的歡迎。但是馬克思主義並不是官方的意識形態，我們有佛教。任何問題沒有提到將軍到寺院許願就不完整：「總之，書記—1表達了自己的願望，『看在我建造該中心並為它捐款的份上，保佑我上天堂吧，保佑我成為一名能夠促進佛教交流的犁牛之子吧，以防我要輪迴轉世……』」否則，我想他來世恐怕要投胎成老鼠了。在其他版面，《緬甸新光報》會報導塔瑪多（緬語Tatmadaw，「武裝部隊」，緬甸人以指軍政府）。緬甸的軍方從日本學到國家社會主義，從英國學到高爾夫球。顯然，這是高層最熱中的比賽之一。

資深觀察人士表示，高級指揮官自認為是緬甸專制君主的繼承人，從中世紀蒲甘王朝的阿奴律陀（Anawrahta of Bagan）到不幸的國王錫袍（King Thibaw）。一八八五年，英國人果斷將錫袍趕出了曼德勒宮殿。在最近為外交使團舉辦的歡迎會上，將軍們提供了一場

「屈尊舞」，這舞過去是專門敬獻國王用的。

由於這是軍政國家，經濟也由軍方直接經營，這給該國帶來災難性的後果，不過對將軍們來說並非如此。一九八八年後的軍隊領導人將許多公司私有化，掌握在自己的手中。一杯羹分給外國投資者，尤其是來自中國大陸、新加坡、台灣和日本的投資者以及英國、法國和美國的石油公司。但幾乎在所有合資公司中，緬方的合夥人要麼是軍方或前軍方的，要麼與軍方有關。腐敗盛行。為一家外資菸草公司工作的一個人向我描述說，必須將一份非常大方的禮物——比如一片昂貴又全新的高爾夫俱樂部場地——送到負責相關事務的將軍家裡，他才會接見有求而來的生意人。結果，高級軍官住在豪華大宅內，而下級軍官和其他軍官同樣過著普通的貧窮生活。根據世界銀行的最新報告，該國經濟急速下滑。

似乎讓國家恢復法律和秩序委員會採取的所有手段變得情有可原的是「聯邦沒有解體」。《緬甸軍隊簡史》（*A Brief History of the Myanmar Army*）（空曠、有守衛的博物館中有售）想方設法不提一九九〇年的選舉，轉而闡釋國家恢復法律和秩序委員會挽救該國免受了「（前）蘇聯、南斯拉夫和印尼所經歷的那種無政府狀態」。將軍們的一大重要成就是，與大多數儘管不是所有少數民族的叛亂分子簽訂了停火協議。這些協議通常讓叛亂的領導人掌控自己那塊地盤，常常擁有自己的武裝部隊，可以為所欲為。在有幾個協議中，這還包括非常直接地參與大規模地生產和出口海洛因和安非他命。像坤沙（Khun Sa）（他現在通行無阻地住在仰光）這樣臭名昭著的大毒梟反過來通過投資緬甸的經濟來轉移利潤。去年，另一位聲名狼藉的毒販的總部開張，書記—1 還蒞臨參加開幕儀式。

然而，這些停火都是暫時性的，正在等待新憲法，但該政權花了七年仍然沒有結果。

國家恢復法律和秩序委員會的憲法提案指出「國家」政治之間的區別，在該提案中，「武裝部隊的領導地位」沒有動搖，就像蘇哈托（Suharto）統治下的印尼和「政黨」政治那樣，翁山蘇姬的全國民主聯盟可以與所有其他政黨競爭。然而，與此同時，印尼的模式根本不管用，脆弱的新民主模式替代了它。翁山蘇姬的母親在大學大道上有一座別墅，與老專制統治者奈溫的住處隔著茵雅湖。翁山蘇姬在那裡被軟禁了六年，一九九五年，她從那裡出來以後，全國民主聯盟拒絕與那個不平等的談判扯上關係。

三

當然，我見了蘇。我這樣親切地叫她「蘇」，因為多年來，我和她的丈夫邁克・阿里斯（Michael Aris）（他是我在牛津大學的好朋友和同事）一直管她叫「蘇」。一九九九年，邁克悲慘地死於癌症，受到國家恢復法律和秩序委員會的殘忍阻撓，未能再見他的妻子一面。他曾告訴我，她對異見分子在中歐準備和平變革的方式非常感興趣。我們早就在計畫我的緬甸之行。我還從其他共同的朋友那裡了解蘇，她作為學生、年輕的文化歷史學家、手頭拮据的家庭主婦和用心的母親在牛津北部待了二十多年，在此期間，他們很好地了解了她。

在五千英里之外，自已的祖國，她是無冕女王，連親密的朋友也尊稱她為「翁蘇」，數百萬緬甸人只知道叫她「夫人」。她成為這樣一個傳奇，她是該國開國元勳翁山的女兒，翁山是緬甸獨立的設計師，一九四七年被暗殺，當時她兩歲；她以不同尋常、富有魅力的風格加入自己所謂的「緬甸第二次獨立運動」，一九八八年她在大金塔成千上萬的人面前發表演說並從此領導該運動；還有長期囚禁、國際名聲——就她來說，包括一九九一年的諾貝爾和平獎——和政府日常的辱罵相結合帶來曼德拉式的神祕感。無論我走到哪裡，人們總是問我，「她怎麼樣？她身體好嗎？」公眾的想像幾乎賦予了她超自然的力量。在這般依賴一個人的道路上，還有更痛苦的東西。

翁山蘇姬形式上已經解除軟禁，但大學大道上經過她家的區域已經被封鎖，軍情局只允許外交官、聯合國官員以及幾名親密的助手進入。她自己在仰光內的走動也受到限制。我們在一位友好的外交官家裡見面。

首先，她像照片裡一樣美麗動人，她的畫像在全世界到處可見。她看上去要比五十四歲年輕得多，姿態優雅、挺拔，穿著高雅的緬甸傳統服裝：頭上戴著鮮花，穿著長長的深紅色的籠基和藍色平絨鞋。女人味十足。實際上，她的女人味略帶盎格魯—印度學校的舊式高雅風度——她「畢業於」新德里的斯麗蘭女子學院（Lady Sri Ram College），她母親在新德里擔任緬甸的大使。因此，有優雅的簡短談話，略顯拘謹，但一個隨意風趣又充滿少女情懷的哈哈大笑歡樂地打破了這種氛圍。

那麼，她脆弱嗎？脆弱，但也雷厲風行、當機立斷，很像她的父親。是一名領導人。乾脆利落，紀律嚴明，要求苛刻——她對前盟友的評判也很苛刻，在監獄待了幾年後，他們沒有回來繼續與全國民主聯盟並肩作戰。但她對自己更加苛刻。在《擺脫恐懼》（*Freedom from Fear*）（她的文集）一書的引言中，邁克．阿里斯回憶了一九八九年她如何持續絕食抗議，要求必須允許她和她的追隨者一起關到條件可怕的永盛監獄（Insein prison）。由於決定加入自己人民的運動中，她本人付出了巨大的代價，多年與自己的孩子分隔兩地。她大部分時光都在湖邊日益破舊的大別墅中度過，嚴格按照鍛鍊、調解、寫作、讀書和處理黨內事務的安排進行。

她的一大愛好是文學。我們談到珍．奧斯汀（Jane Austen）、狄更斯（Dickens），必然也談到吉卜林——儘管他只在緬甸待了幾天並且根本沒有去過曼德勒，但他憑藉信手拈來到讓人嫉妒的天分，在其詩歌〈曼德勒〉中令人難忘地抓住了此地的精神。碰巧在曼德勒有人告訴我，她把吉卜林的〈如果〉翻譯成緬甸文。她說這不是真的，但她在自己的集會上使用並解讀了現有的譯本，另外帶有她的評論的文本已經以小冊子的形式出版。在英國，這首詩通常被蔑稱為帝國主義誇誇其談的縮影，但她認為，它「對異見分子來說是一首偉大的詩」。

她和邁克將他們最小的兒子取名金，就是以吉卜林小說中的英雄命名的。她問我，我是否可以找到這首詩的完整版，在〈金〉的最後一章有如下引言：

> 放下吊橋，他是我們所有人的君王
>
> 美夢成真的夢想家。

她說，這幾行字對她來說總是意義非凡。

我們花了大部分時間談論政治，因為這是她畢生奮鬥的事業。像提名她為諾貝爾和平獎獲選人的瓦茨拉夫．哈維爾（Václav Havel），她堅稱自己天生要與政治打交道。然而，哈維爾既是持不同政見的劇作家，也是天生的政治家。二十世紀八〇年代，與哈維爾交談的時候，我總是強烈地感受到一種政治戰略。與蘇交談，我並沒有這種印象。她牢牢地把握了緬甸需要什麼樣的政治新制度，對於如何實現這一點尚無那麼清晰的想法。但是，其他人有嗎？

批評她的人——在緬甸國內和流亡社區中——表示她不懂變通，不願妥協。然而，她給我留下的印象無疑是，如果有人想要非暴力的過渡，她認為必須妥協，而對於一名虔誠的佛教徒來說，非暴力絕對是必須的。任何新政治開局的起點必須是當局認可一九九〇年五月的選舉結果，但接著必須有一次關於過渡安排的談判。軍方高層無需擔心自己的性命。「那些我談過的人知道我不會威脅他們的，」她說，談論獄卒就像一位女校長討論一群淘氣的孩子。為了有利於實現和平過渡，甚至可能證明有必要讓他們保留「一些不義之財」。她會選擇真相委員會而不是私設法庭作為處理可怕過去的工具。

然而，她認為這樣妥協的時機還未到。當前是施加更多壓力而不是減少壓力的時候，這樣才能把將軍們帶到談判桌上。當她不用制定影子外交政策的時候，就忙著全國民主聯盟的事務——當局在形式上仍然承認它是一個合法的政黨，與此同時卻在迫害和關押其成員。她懷疑，一九九五年，將軍們放她出來是因為他們認為全國民主聯盟完蛋了。但她堅稱，該政黨並沒有完。特別重要的是他們與一些少數民族的政黨一起成立了一個委員會，來代表一九九〇年五月選舉之後本來應該組建的議會。

第二天，我來到全國民主聯盟的總部發表演說。下車後，我匆忙走向入口——因為外面有大量軍情局的人——發現了一座狹小的兩層樓，裝飾著運動時用的紅旗，阻擋著高溫，裡面活動氣氛濃烈。我向滿滿的一屋子人（大概有兩百人）發表演說，其中可能有一半人不到三十歲，因為這是官方日常的「青年日」。蘇主持這場會議，將我的談話翻譯成緬甸語，還增加了自己簡潔有力的評論。像希臘合唱隊一樣坐在我們兩邊的人，她稱為「大叔」——資深黨員，其中有幾位是前軍隊官員，她非常依賴他們的支持和建議。

我談論了中東、南非以及其他地方的民主過渡。儘管毫無疑問有當局的特工在場，但人們還是自由地發問，似乎永遠不想停下來。許多人消息相當靈通，尤其是關於最近印尼和馬來西亞的變革。（在這裡，與曾經共產黨統治下的東歐一樣，用本地語言廣播的西方電台是重要的生命線。）他們鍾愛將軍在真相委員會面前冒汗的想法。一名在前排、準備做筆記、一臉認真的女孩問道：「如何定義真相委員會？」後排的一名男子想知道這個程序是否會像在南非那樣有必要有特赦，當聽到沒有時似乎鬆了一口氣。

蘇隨後說：「你看到了！沒有那麼糟糕，對吧？」後來她去和伊洛瓦底江三角洲青年翼的代表團談話，而我乘車去了機場，在機場，「海關官員」仔細搜查了我的行李，刪掉我數位相機中的影片。

四

在緬甸可能會發生怎樣的和平變革？發生絲綢革命（Silken Revolution）的可能性有多大？有人肯定一開始就會說，最好的機會可能十年前已經錯過了。一九九〇年五月，當局被全國民主聯盟的選舉勝利震驚。當時在仰光的世界媒體和電視看來，如果全國民主聯盟立即組織大規模遊行前往大學大道，解除翁山蘇姬的軟禁，該國如今可能截然不同了。但是當時領導全國民主聯盟的「大叔們」過於害怕冒暴力的風險，可能也過於相信其以前的部隊戰友，沒能抓住那一刻。那是一個歷史沒有轉變的轉折點。

十年後，緬甸的核心問題是，蘇擁有所有合法性，而國家恢復法律和秩序委員會擁有所有權力。如果全國民主聯盟再多擁有一點的真正權力，國家恢復法律和秩序委員會再多擁有一點合法性，一場經過談判的過渡將更易想像。毫無疑問，蘇和全國民主聯盟仍然擁有巨大的潛在支持。「為什麼四十萬男人這麼害怕一個女人？」一個英國的支援小組所問的這個問題很容易回答。明天舉行選舉，反對黨幾乎肯定會獲得另一次壓倒性的勝利。

問題在於將軍們知道這一點。他們儘管擁有所有武裝力量，但還是生活在恐懼中。我從一個可靠的消息中得知，許多政府軍的高級指揮官其實都睡在辦公室或者營房中。這充分顯示出受困心理。如果十年前他們害怕公眾的報復，那他們現在一定害怕得更多。對於歷史上的每個獨裁政權，樂觀的解讀者——不是蘇聯問題專家而是政府軍問題專家——認為「改革者」躲在關閉的門後面。書記—1甚至被稱為國家恢復法律和秩序委員會的安德羅波夫（Andropov）。但將軍們沒有露出任何準備就緒、認真應對的跡象。

同時，儘管全國民主聯盟的潛在力量巨大，但其真實、有效的影響力非常有限。仰光的辦公室是特例。更加典型的是省城一位全民聯的書記告訴我的那樣，「我們什麼都做不了」。他的妻子剛剛因與全民聯有關係而失去工作。蘇最聰明的政治顧問要麼被關在牢裡，要麼被流放了。目前，儘管有大量的國際觀眾，但當局還是相當有效地將她和「大叔們」控制在了一個狹小、保護半隱私的空間裡。

與我交談過的那些人意識到波蘭的異見分子所謂的「社會自我組織」的重要性。但他們共同的回答是「在這裡不可能」。與一位仰光的作家談話的時候，我問道：「什麼是文明社會？」他哈哈大笑起來，向一間幾乎沒有東西的小房間示意了一下，那邊有兩位憂鬱的同事坐在一小堆雜誌邊上：「這就是我們的文明社會！」這是獨立辯論留下來的雜誌，但它們經過嚴格的審查。我看了最近一期期刊，連提到「人們擔心未來」和「那些對新事物感興趣的人」這樣的內容也被刪掉了。在另一個編輯辦公室，有人告訴我，有一篇有關仰光蚊子氾濫的文章也被禁了。審查人員顯然懷疑有政治寓意。

學生可以成為更有力的力量。這是緬甸的傳統：翁山將軍就是以學生領導開始其政治生涯；二十世紀七〇年代，城市裡，反對奈溫最勇敢的力量來自大學；也正是學生發起並領導了一九八八年的抗議。不過，國家恢復法律和秩序委員會也知道這一點。因此，一名學生活動分子被判處五十二年有期徒刑，國內的大多數大學被封。與其冒失去權力的風險，軍方領導人寧願犧牲一代人的高等教育及國家的未來。一些大學部門已經重新開放，通常被小心安置到主要城市的外面。交得起學費的年輕人私下裡學英語、電腦或者商務的課程。與此同時，軍方有醫學院和工程學院以確保自己的孩子不遭殃。[2]

另一個重要的社會群體是佛教的僧人。對於小乘佛教（Thera-vada Buddhism）是否鼓勵抵制獨裁統治，支持民主的問題，我聽到了相當矛盾的看法，但毫無疑問的是，僧人既成為抗議者又成為協調者的潛力很大。去年十一月，該國最大寺院之一的方丈向國家恢復法律和秩序委員會主席丹瑞（Than Shwe）、翁山蘇姬和奈溫寫了一封公開信，呼籲「這個國家的兒女」進行對話。我本希望去見見他，但有人告訴我，他受到嚴密的監視，我的拜訪「對他或者對你都不好」。然而，我赤腳坐在另一位可敬的聖人面前。嗡嗡叫著的蚊子悠閒地在我的腳上享用著大餐，他傷心地向我解釋國家恢復法律和秩序委員會如何通過捐贈、電視、汽車以及恐嚇和奉承的明智結合來收買機構化的佛教階層。然而，這位聖人繼續說道，普通的僧人同樣遭受了他們所在社會的苦難，同樣對他們所在的社會感到沮喪。一九八八年的時候，僧人衝在遊行隊伍的前方，在曼德勒尤其是如此。現在他們再次等待號召。有估計表明在緬甸有多達四十萬的僧人：與士兵一對一。

最後，進一步的經濟衰退可能自動引發公眾抗議。但這不是工業化的經濟，在工業化經濟中，經濟危機會引起憤怒工人的極大關注，工人能夠採取共同行動。逾七十%的人口仍然生活在仰光，分散的農村人口通常更容易鎮壓。將軍們先發制人，已經將許多窮人趕出仰光，將他們趕到河另一邊的居住區。這些河上的橋都有重兵把守，正如奈溫一九八八年的名言所說，「士兵一旦開槍，便能百發百中」。

粗略一看可能的變革力量也必須提到少數民族以及所謂的半外部和外部的參與者。因

---

2 多個慈善機構通過為能夠出國的緬甸學生提供國外高等教育的機會，來減弱這一災難性政策的影響。其中最著名的是展望緬甸（Prospect Burma）（總部位於英國的慈善機構，最初以翁山蘇姬的諾貝爾獎金創建）和總部位於紐約的緬甸工程（Burma Project）（喬治．索羅斯支持的眾多有價值的行動之一）。對於這個高度複雜的問題介紹得最好的是馬丁．史密斯的《緬甸：少數民族的叛亂和政治》（*Burma: Insurgency and the Politics of Ethnicity*）（倫敦：賽德圖書出版公司，修訂版，一九九九；由聖馬丁出版社在美國出版）和伯蒂爾．林特納（Bertil Lintner）的《反抗中的緬甸：一九四八年以來的鴉片和叛亂》（*Burma in Revolt: Opium and Insurgency since 1948*）（科羅拉多州博爾德市：Westview出版社，一九九四）。在準備本文的時候，許多頂級的緬甸專家給予慷慨幫助，我在此表示感謝。

為緬甸的政治絕不是蘇與國家恢復法律和秩序委員會之間童話般美女與野獸之間的衝突那麼簡單。我沒有親眼目睹，也無法開始親眼目睹少數民族的不滿、叛亂和毒品交易錯綜複雜的情況，這類情況在該國眾多的少數民族——撣族（Shan）、克倫尼族（Karenni）、孟族（Mon）、佤族（Wa）、欽族（Chin）和克欽族（Kachin）等——中大不相同。這些少數民族加起來幾乎占該國人口的三分之一：所有民族主義的學生都知道，這是一個危險的比例。半個世紀以來，他們對於塑造緬甸的政治一直都是至關重要，在任何經過談判的過渡中，少數民族的領導人將立即要求在談判桌上要有他們的一席之地。

我所說的「半外部」參與者，一方面是指一九八八年血腥鎮壓後逃到泰國的數千名學生和其他政治活動人士，其中一些人仍然在那條防不勝防的邊境上進進出出，另一方面是指流亡政府，它有時與全國民主聯盟一起行動，但協調不夠。這些反過來與緬甸外國支援小組的大力支持密切相關。因為緬甸已經成為我們這個時代象徵性的偉大事業之一。目前，有一百多個非官方的緬甸網站。自由來臨的時候，這份理想主義以及這些人投入的精力將是巨大的資產，但目前這個虛擬的緬甸對真正緬甸的影響很小。一位分析人士乾巴巴地說，一九九九年九月九日——迷信的緬甸人普遍認為這又是一個採取行動特別吉利的日子——期待已久的反國家恢復法律和秩序委員會抗議，與其說是緬甸國內的大事還不如說是國外的大事。

各邦協調一致的行動可能要比「國際文明社會」對當局產生的直接影響大。緬甸享受著每年都被聯合國決議譴責的罕見待遇。由於緬甸不斷使用被迫的勞動力，國際勞工組織（ILO）採取了史無前例的行動，已經接近取消緬甸的成員國資格。聯合國祕書長為該國任命了新的特使馬來西亞人拉札利・伊斯梅爾（Razali Ismail），人們希望他能比上一位特使更加積極。

然而，除此之外，令人遺憾的是，在緬甸有利益的國家意見不一。英國和美國支持施壓政策和選擇性的制裁：翁山蘇姬和全國民主聯盟支持該做法。尤其是美國的制裁不為緬甸提供重大的外國投資和國際發展貸款。一個更溫和版本的英美政策也是歐盟的一致立場，儘管德國和法國更傾向於與緬甸緩和關係。日本、韓國和幾個東盟國家隨之採取了溫和得多的「民間外交」和經濟接觸的政策。一九九七年，東盟違背全國民主聯盟的意願，接受緬甸成為其成員國。這一切讓人想起冷戰期間關於「擴音器外交」的優點和「建設性接觸」的優點之間的爭論，但這裡還多了一個所謂的「亞洲」做法和「西方」做法的維度。三月，有重大利益的大國舉行了祕密會議，試圖縮小分歧。令國家恢復法律和秩序委員會懊惱的是，該會議在首爾舉行，泰國和馬來西亞等東盟成員國參加了該會議。

然而，即使這些「亞洲」和「西方」的政策達成一致，國家恢復法律和秩序委員會仍然可以依靠最大的亞洲國家：中國。儘管官方的意識形態有所不同，但目前緬甸幾乎是共產黨領導的中國的附庸國。繁榮的貿易穿梭在古老的緬甸道路上，往返於雲南省，每個條款都是對中國有利的。曼德勒越來越像唐人街了，中國的商人像君主一樣生活著，住的房子甚至比那些將軍還要大。緬甸的另一個亞洲鄰國印度稱，國家恢復法律和秩序委員會已經允許其中國盟友在戰略上進軍印度洋。……

只有笨蛋才會預測如此錯綜複雜的局面的未來。基於我交談過的許多人的看法，我自己憂鬱的直覺是爆發的可能性要比談判大。有幾個人向我指出，從歷史的角度來說，由於短期的暴力抗議，緬甸佛教長期掙扎的溫和已經改變。沒有人知道導火線會是什麼，不過奈溫的逝世和葬禮可能是當局面臨的一個潛在的危險時刻。爆發，尤其是以農民起義的形式爆發，可能很快就會被準備就緒的軍隊用更血腥的方式鎮壓。這樣的危機也會產生重要的國際影響，因為它會讓西方站在一邊，中國站在另一邊。那樣緬甸就步了台灣的後塵！

正如在印尼和馬來西亞那樣，這樣的暴力最終將促進談判，希望如此。那麼我們要實現四大奇蹟——似乎在這一點上達成一致本身已經不是奇蹟。首先，反對派和國家恢復法律和秩序委員會可以談判向民主有序過渡。其次，在對所有多民族政治組織來說最危險的時期——獨裁政權正在覆滅而民主制度還未誕生的時候——該國也不會分崩離析。十年前，少數民族的主要政治代表準備在新民主聯盟的框架內工作。現在他們是否會這樣做就不是那麼清楚了。再次，在外界的幫助下，新政府能夠著手解決一系列可怕的問題：貧窮、營養不良、偷盜、過於強大的軍隊、腐敗、落後的教育、破舊不堪或者不存在的基礎設施、毒品、少數民族的叛亂、擁有自己部隊的少數民族叛亂毒梟、愛滋病——你說得出什麼，緬甸就有什麼。

最後，我覺得恐怕是最不現實的，我將懷抱一絲希望，希望出現第四個奇蹟：孤立、傳統文化的那份寧靜之美（在當今的世界上幾乎是獨一無二的）能夠挺過現代化必不可少、期待已久的暴風雨。但全球資本主義的軍隊正在前線待命，發動機加速旋轉著，集裝箱中裝著花稍的產品、準備就緒的生活用品包裹、情趣用品、鴨舌朝後的棒球帽以及最先進的軟體，以便不斷生產滿足消費者的新欲望。這些軍隊比任何政府軍或者人民軍都更加勢不可擋，因為它們是解放者，深受歡迎。如果在中歐，舊世界留下的好東西寥寥無幾，那裡的條件要更加有利得多，在這裡如何挽救它們？

五

最後一晚像第一晚一樣，我去了大金塔。還是有一份寧靜的美麗。我坐著仰望金色閃閃發光的奇蹟，襯著黑色天空，思索著我所看到的一切、思索著邁克和蘇。

突然，一個胖女人走近與我攀談，她穿著昂貴的衣服，背著一只漂亮的皮包，面無表情，令人奇怪：「你來自哪裡？」她用不太流利的英語告訴我，她非常熱愛波達哈神（Lord Booodah）以及她是如何過來為她的丈夫（他是在周二出生的）祈禱的。她說：「緬甸人樂於幫助外國人，只有幾個不友好的人才不幫忙。」她補充說，她的兒子在讀大學——有一個是讀醫學。那她出生於周二的丈夫呢？哦，他是緬甸空軍的大將軍。她又短又粗的手指上戴著四個鑲著我至今見過的最大、最重寶石的戒指。外在的財富——萬一出問題很容易攜帶。蘇用過一個什麼詞來著？「不義之財」。接著這位將軍夫人一搖一擺地走了，後面緊跟著兩個僕人。

我待了一會兒後，做了一個世俗的禱告：我所有悲觀的分析應該被證明相當錯誤，四個奇蹟應該接二連三地出現，翁山蘇姬自己應該成為「美夢成真的夢想家」。

二〇〇〇年

隱遁伊瑪目的戰士

納克歇．羅斯塔姆（Naqsh-e Rostam）岩石高聳入雲，俯瞰沙漠，在其高處刻著兩千五百年前波斯大帝的王陵：大流士一世（Darius）、薛西斯一世（Xerxes）和阿爾塔薛西斯（Artaxerxes）。在這座皇家拉什莫爾山的崖壁下面，你可以看到一塊巨大的畫像石，在熱氣中閃爍。上面畫著伊朗代國王沙普爾一世（Shapur I）接受羅馬皇帝瓦萊里安（Valerian）的投降，按照基督教的曆法來算，那一年是西元二六〇年。這位征服者騎在馬背上，穿戴威武，俯視著徒步、沒有佩劍、戰敗的凱撒。我問我伊朗的同伴：「瓦萊里安怎麼了？」「呵，當然被殺了。」

一

二〇〇五年秋，正當如今的伊朗統治者藐視新羅馬而執意推行其核計畫，我在伊朗伊斯蘭共和國旅行了兩周。伊朗曆一三八四年，我與用著手提電腦的穆拉、來自宗教聖地庫姆的當局支持者以及強烈批評當局的伊斯蘭哲學家交談。我會見了各類學者、藝術家、農民、政客和商人。最令人難忘的是，我與一些年輕的伊朗人進行長時間的緊張談話，他們占伊朗人口的大多數。在我寫這篇東西的時候，他們一張張認真的臉浮現在我面前，尤其是那些女子的臉，定格在必須戴的伊斯蘭頭巾中，她們將頭巾變成優雅的裝飾，相當迷人。

在伊斯法罕（Esfahan）這個奇妙城市的一家屋頂餐廳中，我目睹了波斯文化的延續性。一名歌手唱著十四世紀的詩人哈菲茲（Hafez）的詩，用餐者抬頭仰望著謝赫·洛特法拉（Sheikh Lotfallah）清真寺藍色、乳白色和青綠色的圓屋頂在夜空中閃閃發光。（你很少能在英國的酒吧中聽到有人唱喬叟的詩。）更加典型的是，我陷入熱氣、灰塵和刺眼的汙染和德黑蘭自殺式的交通中，這個無法無天的城市有一千兩百萬人，司機將每個環狀交叉路視為玩互不相讓遊戲的場地，當兩輛車的保險桿差一點就要相撞的時候才轉彎。有時還不轉彎。

我還感受中層和上層階級住處的花園高牆後面的生活，在那裡，立即會摘掉頭巾，發表的看法強烈鄙視該國新總統馬哈茂德·艾瑪丹加衰退的革命伊斯蘭熱情。我到這樣一個住處還不到幾分鐘，穿著比基尼的女人便開玩笑式地邀請我裸身進入游泳池，男人們給了我一杯從一個標著「酒精濃度九十八％」的酒瓶中倒出來的酒。

這些邂逅表明了一個特點（顯然是源遠流長的世系），我在伊朗的對話者不斷將我的注意力吸引到該特點上：伊朗人在外面所說的話和他們在這些高牆內所說的話之間的對比。故弄玄虛地說話是一種生活方式。我從未到過這樣一個國家：許多人都告訴我，我不應該相信人們所說的話。（嚴格來說，這是一個自相矛盾的建議。）他們一次又一次地提到什葉派虛偽（taghiye）的習俗，為了維護其信仰，信徒根據該習俗有權撒謊。如今，非信徒也很虛偽。

伊朗人還警告我說，他們的國家是一個充滿迷信的國家——有時是通過非常現代的方式傳達的。在德黑蘭交通堵塞期間，我的司機收到了一條簡訊。該簡訊要求他立即祈禱隱遁伊瑪目（什葉派第十二代伊瑪目或者馬赫迪）回歸，據說大約在一千一百二十七年前，他就隱遁了。一個世俗的思想者很好奇，這樣充滿虛偽和迷信的社會是否完全不受理性理解的影響。

在古代和現代的大雜燴中，我尋找一個關鍵問題的答案：國內社會和政治力量可能如何轉變伊朗後革命時代的伊斯蘭政權，是逐漸轉變還是突然轉變？還可以加上第二個問題：歐洲和美國的政策（幸運的是，當前它們的政策還沒有包括通過軍事占領迫使「政權更迭」的伊拉克式的嘗試）可能如何影響那些國內力量？

二

伊朗伊斯蘭共和國的政治體系既非常複雜又極其簡單。我遇到的大多數伊朗人更喜歡強調其複雜性。任何時候，該國至少有兩個政府：半民主的正式國家結構和宗教意識形態的指揮結構，前者目前由總統馬哈茂德·艾瑪丹加領導，後者由最高領袖阿里·哈米尼（Ayatollah Ali Khamenei）領導。有眾多正式和非正式互相轉化的力量中心，包括議會中的政黨、內閣、富裕的宗教基地、革命衛隊、數百萬巴基斯民兵（他們的動員幫助艾瑪丹加當選了總統）。此外，還有祕密的少數民族或者地區的黑手黨，大量相互競爭的情報、安全和警察機構——根據最近一項統計有十八家。難怪伊朗的政治學家提出「多元政治」、「選舉寡頭政治」、「半民主」或者「新世襲制」等術語。

然而，我在那裡待的時間越長，我越發強烈地感受到，該政權的實質仍然相當簡單。從本質上來看，伊斯蘭共和國仍然是一種意識形態專政。其核心的組織原則可以用四句話來概括：1.只有一個真主，穆罕默德是其先知。2.真主最了解什麼對男人和女人有好處。3.伊斯蘭的阿訇，尤其是其中最博學的人和教法學家有資格解讀伊斯蘭教法，最了解真主想要什麼。4.博學的教法學家出現分歧時，最高領袖做出決定。

這個體制的發明者大阿亞圖拉·魯霍拉·柯梅尼（Grand Ayatollah Ruhollah Khomeini）通過極端地重新解讀伊斯蘭的概念——velayat-e faqih，通常譯為「教法學家的監護」（Guardianship of the Jurist）來證明該體制的合理性。該體制並不是伊斯蘭的，而是柯梅尼主義的。沒有這位老人就不會有該體制，他的嚴肅肖像仍然在伊朗各個地方盯著你，不過目前通常在他的旁邊掛著其繼承人、支持者、戴著眼鏡的人物肖像——現任最高領袖阿亞圖拉·哈梅內伊。如果你懷疑過個體在歷史中的重要性，那就想想柯梅尼的故事吧。

我在偏遠的集鎮柯梅尼參觀了他兒時的住處——阿亞圖拉通常根據其家鄉的名稱取一個尊稱，因此柯梅尼意味著是「柯梅尼人」。那是一個堅固、相當漂亮、黃磚砌成的房子，擁有傳統的內外兩個院子，還有一塊碑文歌頌「柯梅尼太陽的出生地」。他四個月大的時候，父親被人謀殺，十五歲的時候，母親去世，他被送進神學院，神學院將他訓練成神職人員。如果雙親中有一位在世，這可能會是不同的故事嗎？外面的一個布告板上將他形容成「當代世界宗教政府的復興者」，再正確不過。

柯梅尼是伊朗伊斯蘭革命中的列寧和史達林。他創造的體制與共產黨政權有些相似之處。在柯梅尼主義中，「教法學家的監護」是一個包羅萬象的政治原則，功能相當於共產主義中黨的領導作用。此外，還有同等的思想和國家權力等級，前者通常最終戰勝後者。伊斯蘭共和國思想上的那一半幾乎完全不民主：最高領袖受到監護委員會（Guardian Council）、伊斯蘭司法機構和專家會議（Assembly of Experts）的協助。這些機構都由保守的神職人員主導。國家機構更加民主，要通過真正的競爭獲取權力，儘管競爭有限。然而，監護委員會專橫地取消了數千名議會準候選人的候選人資格，當局控制著所有重要的國家電視頻道，巴斯基民兵等安全部隊既可動員選民，也可恐嚇選民，因此人們不能認真地談論自由公平的選舉。

與共產黨領導的國家一樣，有激烈的派系鬥爭，西方觀察人士有時將此誤解成多元主義。與共產黨領導的國家不同的是，各派系呼籲選民其實是為了鞏固自己的地位。因此，艾哈邁迪．內賈德成功地在選民面前將自己塑造成了該體制之外不太講究的清教徒，然而他現在完全是該體制中的一員，與哈梅內伊和監護委員會親密合作。在第二輪總統選舉中，他汙蔑其對手前總統哈什米．拉夫桑加尼（Hashemi Rafsanjani）與受到控制的一群充滿怨恨的穆拉過從甚密：一名伊朗政客告訴我，「一個大棒就能戰勝拉夫桑加尼」。拉夫桑加尼現在高明地批評馬哈茂德．艾瑪丹加在聯合國發表伊斯蘭革命風格的演講缺乏外交策略。然而，他自己仍然是強大的權宜委員會（Expediency Council）的主席，該委員會在半民主、意識形態的僧侶政治和半民主的議會之間斡旋。正是拉夫桑加尼在今年夏天宣布「該體制已經決定」重啟鈾加工。但領導人使用這個特殊的術語 nazam，即「體制」時，所有人都知道他們指的是上至最高領袖——真主在地球上的代表——意識形態上的指揮階層。

在共產黨領導的國家中，可以在《真理報》或者《新德意志報》的版面中找到黨的路線。在伊斯蘭穆拉領導的國家中，「伊瑪目的路線」是通過周五禮拜活動傳承下來的。我參加了其中的兩次集會，第一次是在伊斯法罕壯麗的世界圖案清真寺（Pattern-of-the-World mosque），第二次是接下來的一周在德黑蘭大學有警察嚴密戒備的場地。在這兩個地方，都有一名高級別的伊斯蘭神職人員——在德黑蘭集會上是監護委員會的主席——發表譴責性的政治演說，尤其是譴責美國和英國。政治信息夾在傳統的穆斯林祈禱者中，就像夾在印度麵包中的烤肉串。在德黑蘭，最後的祈禱者以精心安排的齊聲大喊結束：「打倒美國！打倒以色列！打倒『教法學家的監護』的敵人！」

三

如何轉變或者改革（許多人仍然喜歡這樣說）這樣一個政權？我周遊伊朗的時候，「改革」一詞聽過無數次。我很快意識到它有多種不同的意思。首先，伊斯蘭學者之間有意識形態的辯論，讓人想起了共產主義世界中曾經所謂的「修正主義」——即試圖修正立國的意識形態。比如在二十世紀五〇年代的波蘭，修正主義者的觀點也是有關國際共產主義更廣泛辯論的一部分，與此相同，這些修正主義者的觀點對國際伊斯蘭也有重大的影響。

這場辯論的激烈程度給我留下深刻的印象。許多伊朗人顯然厭惡硬要他們把伊斯蘭教當國教，但我並沒有感覺到伊斯蘭的意識形態是一個無人問津的問題，不過比如在中歐，到二十世紀八〇年代，共產主義的意識形態便成了一個無人問津的問題。遠非如此。在荷梅尼的神學之都庫姆（目前大約有兩百家伊斯蘭的智庫和高等教育機構），我會見了一個研究伊斯蘭政治哲學的研究小組。我問道，為什麼伊斯蘭與世俗、自由的民主國家不能共存呢？在土耳其已經日益如此。穆赫辛．雷茲瓦尼（Mohsen Rezvani）是一名年輕的哲學家，穿著長袍，戴著穆拉的頭巾，對桌邊發笑的人說：「土耳其不是庫姆。」雷茲瓦尼說，伊斯蘭「從人類學、神學和認識論上來說」與自由民主都不能共存。從人類學上來說，因為自由民主基於自由的個人主義；從神學上來說，因為它將真主排除在公眾範疇之外；從認識論上來說，它基於理性而不是信仰。接著他們遞給我一期《政治學季刊》——並不是那個同名的美國期刊而是他們在庫姆自製的版本。我從中讀到一篇令人敬佩的論文的英文摘要，這是一篇關於列奧．施特勞斯（Leo Strauss）的論文，由雷茲瓦尼撰寫。

我跟他開玩笑說：「這樣看來，你是新保守派。」

他回答說，不，不，美國的新保守派沒有恰當地理解列奧．施特勞斯。

在沒看到該論文的全部譯文前，我也能馬上看出保守的伊朗穆拉可以從施特勞斯那裡找到什麼令人羨慕的東西：堅持認為經典文本中有唯一的真理，新柏拉圖主義的學術先驅（由於《可蘭經》，雷茲瓦尼渴望成為伊斯蘭教法學家中的一員）能最好地解讀作者（比如在《可蘭經》中是真主）的意圖。然而，這位庫姆的沃爾福威茨（Wolfowitz）立即受到桌邊其他人的反駁，他們引用了阿多卡里姆．索羅什（Abdolkarim Soroush）等伊斯蘭現代主義者的觀點，索羅什認為伊斯蘭能夠與世俗國家共存。

回到德黑蘭，我會見了最令人難忘的伊斯蘭修正主義者穆赫辛．卡迪瓦爾（Mohsen

Kadivar）教授，他是一位面帶微笑、知識淵博、英勇無畏的穆拉。伊朗伊斯蘭的辯論如此激烈的一個原因是，什葉派的傳統不僅允許而且還鼓勵最高層互為對手的大阿亞圖拉（即那些獲得「模仿對象」頭銜的人）的追隨者有不同的思想見解。卡迪瓦爾教授是大阿亞圖拉・侯賽因—阿里・蒙塔澤里（Hossein-Ali Montazeri）的門徒，在革命之父剝奪他的繼承權，將他軟禁在庫姆前，蒙塔澤里一直是柯梅尼的繼承人，繼承他擔任最高領袖。

幾年前，卡迪瓦爾大膽辯稱，教法學家的監護在《可蘭經》或者主流的伊斯蘭思想中沒有良好的基礎，與真正共和國的本質不相容。他還質疑伊斯蘭在人們不在場的時候判處其（比如薩爾曼・魯西迪）死刑的正確性，在一篇新聞訪談中表示，如今伊朗重現伊朗國王君主統治的特點：「人們發起革命是為了他們能夠做決定，而不是為了別人為他們做決定。」他為自己理性上的誠實付出了代價，在監獄中待了十八個月。

因此，這就是當局的啦啦隊長在周五禮拜活動中大喊，「打倒『教法學家的監護』的敵人！」時所指的內涵。直接批評教法學家的監護和最高領袖的「君主」統治也是不可饒恕的罪，該國最著名的政治犯記者阿克巴爾・甘吉（Akbar Ganji）就犯了這種罪，他曾經像卡迪瓦爾一樣，是伊斯蘭革命狂熱的支持者。

我引用波蘭哲學家萊謝克・柯拉科夫斯基（Leszek Kołakowski）（他本人是前共產主義的修正主義者）的話對卡迪瓦爾說，民主共產主義的理念像油炸的雪球。「千真萬確！」卡迪瓦爾大叫起來。民主柯梅尼主義像油炸的雪球。

另一組人也稱為「伊斯蘭改良主義者」，曾經是卡迪瓦爾的革命同志，他們強烈不贊同這種看法。我們可能會稱他們為「體制內」的改革派，過去八年，他們一直在總統穆罕默德．哈塔米（Mohammad Khatami）領導的政府中工作。準確地說，他們的希望是，他們可以改革並部分民主化伊斯蘭共和國，但不動柯梅尼主義的核心支柱。他們失敗了。許多在二十世紀九〇年代末支持哈塔米及其改革派的人告訴我，他們相當失望。

我與體制內改革派中最富影響力的戰略家賽義德．哈賈里安（Saeed Hajjarian）交談過，他是反情報局的前局長，二〇〇〇年被子彈打穿頸部，暗殺人員可能來自與革命衛隊有關係的具有競爭力的祕密服務機構。我們在他斯巴達式、點著霓虹燈的、融和辦公室和病房於一體的房間中見面，這個房間在一幢陰沉、散發著霉味、不起眼的大樓裡，而這幢大樓原來屬總統的情報部門。在他光禿禿的辦公室牆壁上有一幅阿亞圖拉．柯梅尼——在伊斯蘭共和國，他的官方稱謂是伊瑪目柯梅尼——的畫像，不可思議的是，該畫像盤旋在他自己的墳墓上方。桌子下方有一大堆西方學術期刊中分析民主過渡的影印文章。

或許只有在伊朗，你才能坐在這樣一幢祕密服務的大樓中：裡面有一張神祕的阿亞圖拉．柯梅尼畫像注視著一大堆有關民主過渡的西方文章。但這些要素到底是怎樣組合的呢？哈賈里安穿著淺黃褐色的運動服，身體虛弱，臉色發黃。由於曾遭暗殺，他的身體幾乎不能動，說話也有些模糊不清。然而，他的有力回答傳遞出敏銳的政治智慧。他說，改革派可以東山再起，通過更加專業的組織與更好地利用媒體和電視來重新獲取公眾的支持。他一直這樣說直到累了才停下來。他稱，正如艾瑪丹加在競選中成功所做的那樣，他們應該從商界募集更多的資金，關注普通民眾日常的物質問題。但我從這次會面回來感覺，體制內伊斯蘭改革派的完全恢復與哈賈里安自己完全康復一樣不可能。

四

直言不諱的記者艾瑪德迪・巴吉（Emadeddin Baghi）也同樣持懷疑態度，他曾是伊斯蘭改革派，由於自己的批判性寫作而在監獄中待了兩年多。巴吉為維護犯人的權利創立了一個非政府組織。他留著黑鬍鬚，剛入中年，彬彬有禮，坐在該組織整潔、現代的辦公室裡告訴我，當前需要的並不是穆拉政權內部從上而下的改革——正如哈賈里安倡導的那樣——而是在文明社會中從下層開始組織。這讓我想起布拉格之春和杜布切克（Dubček）的「帶有人道面孔的社會主義」（socialism with a human face）失敗後的中歐異見分子。像他們一樣，巴吉認為出路並不是意識形態上的修正主義和體制內的改革——前總統哈塔米失敗的、帶有人道面孔的柯梅尼主義——而是人們在一個獨立於國家的社會中將自己組織起來。

儘管我發現他的總體觀點令人信服，但我覺得巴吉（他還有一年有期徒刑，緩期執行）在社會組織方面談到的嘗試還非常小。他明確表示，這樣的努力應該在穆拉政權覺得在政治上不受威脅的範圍內進行。他深知，連他自己這樣著名的活動人士以及最近諾貝爾和平獎得主希林・伊巴迪（Shirin Ebadi）的親密同事也會隨時被關起來。他也知道，就像他自己的報紙一樣，批評性的期刊和報紙通常會被封。

到目前為止，幾乎我提到的所有人——從艾瑪丹加總統等當局的高級官員，到哈賈里安、卡迪瓦爾和巴吉等批評人士，再到阿克巴爾・甘吉等政治犯——曾經都是伊斯蘭革命積極的參與者。他們是革命的孩子。然而，還有許多世俗的左派和自由派，他們反對伊朗國王但從未參加過伊斯蘭革命，現在在非政府組織、出版業、大學或者文化產業工作，其中包括該國通常令人振奮的電影製作者。在西方特別出名的一位世俗自由派是拉敏·賈漢貝格魯博士（Dr. Ramin Jahanbegloo），他寫了一部與以賽亞·伯林對話的著作，曾聚集尤爾根·哈貝馬斯（Jürgen Habermas）、理查德·羅蒂（Richard Rorty）和安東尼奧·內格里（Antonio Negri）等思想家在德黑蘭給兩千名興趣濃厚的觀眾演講。

然而，無論是世俗還是伊斯蘭，那些在「文明社會」（他們喜歡這樣稱）中工作的人的調度空間非常有限。比如，所有非政府組織必須正式登記，他們的許可證必須每年更新。圖書的校樣必須遞交到文化與伊斯蘭指導部（Ministry for Culture and Islamic Guidance）審查，接著經過審查的頁面必須重新排版，這樣讀者就無法知道刪減的地方了。大學受到嚴格的控制。在理論上討論民主的優點是可能的，但切實批評教法學家的監護根本不可能。

該體制擁有多個權力中心的不爭事實增加了一種額外的不確定性。比如，我交談過的一名持不同政治意見的學生被官方國家安全服務機構釋放，結果幾個月後被革命衛隊再次拘捕了。沒有人確切地知道界限。因此，出現了非常自由的思想辯論和永恆的潛在恐懼。

有人曾研究過後極權主義或威權主義的獨裁政權，無論在歐洲、拉丁美洲還是南非，它們都逐漸成了不那麼壓迫的國家並最終成為民主國家。對於這些人來說，伊朗的主要問題如下：伊朗社會中有什麼力量可能有助於增加和平社會壓力，促進政權逐漸轉變？

到目前為止，伊朗的工人並沒有顯示出任何組織自己的跡象，與二十五年前波蘭工人在團結工會運動中的所作所為不同。在農民中，有許多農村的人失業並有一些不滿。在一個日曬嚴重的山村，我與牧羊人交談，他們告訴我，一半村民沒有工作。許多人晚上跑到田裡吸毒。然而，應對農村苦難的主要方式是移居到鎮上。這樣他們大大增加了城裡的窮人數量，無法為政治反對派做出貢獻，反而更可能被當局的巴斯基民兵雇為打手或者在街上受到他們的動員。

富裕、西方化的商界領袖怎麼樣呢？我交談過的商界領袖私下裡猛烈地批評當局，但其生意卻依賴當局。一些人與有權勢的穆拉建立了商業合作夥伴關係。像塞爾維亞和烏克蘭的寡頭一樣，他們可能在決定性變革的時刻願意支持反對派的運動，但在此之前不會。無論如何，他們自己指出，伊朗的大部分經濟還是掌握在該國豐富市集（bazaaris）的傳統商人手中，他們有的是小商店的店主，有的是一流的進出口運營商，不一而足。在伊朗，這些傳統商人通常是伊斯蘭神職人員（ulama）的盟友，到目前為止，幾乎沒有任何改變立場的跡象。

與此同時，當局有保持其權力的大量資產。我寫本文的時候，每桶油價超過六十美元，其六個月的石油收入便能支付當前財政年度的所有國家預算。當局可以大量補貼基本的食物——麵包、茶、糖、大米——為該國狂躁的司機維持極低的燃料價格。我在該國的時候，汽油價格只要驚人的每加侖三十五美分。有四分之一的在職人員是國家的員工，其工作依賴當局。大量的安全服務機構如日中天。起初和平的革命轉變成暴力和受到鎮壓的革命過去不到三十年，大多數有點記憶的人已經不想發起另一場革命。如果美國和英國，撒旦（Great Satan）和背信棄義的阿爾比恩（Perfidious Albion），試圖從外部施壓，伊朗可以讓占領伊拉克什葉派地區（伊斯蘭共和國在該地區的影響力不斷增加）的外國人的處境更艱難。

那麼當局害怕什麼呢？我得出的結論是，只害怕一點，但這是非常重要的一點：它自己的年輕人，那場革命的子孫。

五

伊朗是一個相當古老的國家，有大約兩千五百年源遠流長的歷史。它也是一個相當年輕的國家。在其七千萬人口中，有三分之二的人口不到三十歲。這至少一定程度上是有意推行政策的結果：在二十世紀八〇年代，革命後的第一個十年，穆拉們鼓勵嬰兒潮，譴責西方控制生育的墮落行為，呼籲大規模生育，替代該國在伊朗—伊拉克戰爭中犧牲的數百萬戰士。生育五個或五個以上嬰兒的愛國夫婦將獲得一塊免費的建築用地。當局的宣傳稱這些孩子是「隱遁伊瑪目的戰士」。

為了將這些年輕人培養成良好的伊斯蘭公民，穆拉們開辦了全國新大學網，稱之為伊斯蘭自由大學，以補充現有的大學。根據伊朗曆一三八二年（西元二〇〇三—二〇〇四年）的伊朗統計年鑑，伊朗目前大約有兩百萬名學生被大學錄取，其中大約有一半是女生。此外，還應該將最近畢業的數百萬人加入其中。

因此現在你可以在各地看到他們，這些「隱遁伊瑪目的戰士」在其手機上聊天或者在公園裡調情，女孩子戴著透明的粉紅色或綠色頭巾，還戴得很後面，露出誘人的鬈髮，而她們捲起來的牛仔褲故意將赤裸裸的腳踝露在外面，腳上穿著漂亮、尖尖的皮鞋。在城市裡，之前原本必須要穿隱藏身材、長長的黑夾克，現在已經被短短的緊身白夾克或者粉紅色夾克替代。在伊斯法罕一座十七世紀的磚橋拱門下面的茶室中，我遇見了一位靚麗的年輕女子，她化著濃妝，身上灑了香水，炫耀著裸露在外十多釐米的嬌美小腿，腳踝上方戴著珍珠鏈子。她咯咯笑著說，沒錯，有傳言說，新政府上台後，他們將對露肉罰款，每露出一釐米，將罰款兩萬五千土曼（大約十五美元）——但她不在乎。即便在偏遠的荷梅尼太陽的出生地，年輕的女子也在緊身的夾克下面穿著西式的牛仔褲和鞋子。

男人穿的衣服是一種不那麼熟悉的符號語言。一名法學院的學生穿著黑色西服打著領帶來見我。起初，我以為他一定是一名年輕的老頑固。我完全錯了。因為當局關於男人的穿著規定要求絕對不能打領帶（就像艾瑪丹加總統在聯合國發表講話時那樣），穿西服打領帶是勇敢叛逆的標誌。另一位曾因參加異見分子的活動而多次入獄的學生告訴我，「領帶是抗議的標誌！」

通常，他們是以非政治的形式進行抗議的。許多人希望移民，加入數百萬移居海外的伊朗人中。我不斷被告知這代人的享樂主義，在德黑蘭繁華的北部，公寓樓高牆的後面有瘋狂的派對，西方的流行音樂、酒、毒品和性遊戲。我在德黑蘭的市場上發現有一件T恤上印著「渴求：純粹的一夜情」。如果他們有錢的話，他們會溜到杜拜玩幾天，在那裡，年輕的女子可以摘下頭巾，隨心所欲地跳搖擺舞。

然而，我見到了許多頗有思想、令人印象深刻的年輕人，其中大多數人都非常了解自己的國家並渴望改善它，見面的那幾個小時顯得漫長又令人難忘。他們如果仔細讀當地媒體的話，可以學到很多東西。他們聽西方的廣播電台（英國廣播公司的波斯頻道或者美國支持的法爾達電台），觀看衛星電視，儘管官方禁止衛星電視，但估計四個伊朗人中就有一個能看到衛星電視。他們能夠非常具有創造性地利用網路。一些政治上或道德上可疑的網站會受到伊朗服務器的屏蔽，比如持異議的大阿亞圖拉侯賽因－阿里．蒙塔澤里的網站（montazeri.com），相當令人吃驚的是被屏蔽的竟包括維吉尼亞大學（University of Virginia）的網站（讓我注意這一點的伊朗資深網路衝浪者表示，伊朗審查人員的自動搜索引擎肯定在維吉尼亞中發現了「處女」（virgin）這個詞）。但他們有辦法繞過屏蔽。

伊朗還至少擁有五萬名部落格作者。一名學生解釋說，由於這些部落格通常是匿名的，人們可以自由地發表自己的看法，通常連在學生的朋友圈中也不敢這樣說，因為在那些朋友中可能有當局的間諜。當局委婉地將其情報人員稱為「隱遁伊瑪目的無名戰士」，學生極具諷刺意味地用「隱遁伊瑪目的戰士」來暗指他們。當然，這本來是指他們自己的。

當局花了二十五年，試圖讓這些年輕的伊朗人深深地支持伊斯蘭、反美、反西方和反以色列。事與願違，其中大多數怨恨伊斯蘭（至少怨恨當前國家強制的形式）而支持美國，對以色列有一種友好的好奇感。一名本身是伊斯蘭改革派的學者表示，伊朗現在——可以說戴著頭巾——是伊斯蘭世界中最世俗的社會。許多人還夢想過上美國人的生活，戴著比如說上面寫著「哈佛工程學院」的棒球帽。還有不少年輕的伊朗人甚至歡迎入侵伊拉克，希望它讓自由和民主更近他們一步。他們看到美國的入侵如何給伊拉克南部的什葉派帶來好處，開玩笑說布希總統是「第十三代伊瑪目」。

這四千五百萬年輕人是伊朗伊斯蘭共和國和平政權更迭的最大希望。他們的「軟實力」可能比四十五支美國海軍陸戰隊更有效。改革派總統哈塔米八年的總統任期留下的一項積極遺產是，這代人不像其前人那樣害怕了。一九九九年夏天，德黑蘭大學的學生發起了一場大規模的抗議。他們永遠不會原諒哈塔米對抗議的鎮壓。自那以後，每年，他們當中的一小部分人都試圖通過遊行來紀念，但遊行一直受到警察的破壞。鎮壓很猛烈：我寫本文的時候，一名著名的學生領袖剛剛被判處六年有期徒刑。然而，我從與自己交談過的年輕人中獲得的印象是，他們打算繼續鬥爭，或許會採取更加精明和創新的抗議方式。

我所看到的青年波斯擁有巨大的潛力。這些年輕的伊朗人接受過教育、感到憤怒、幻想破滅、不耐煩，當他們離開大學的時候，大多數人都找不到專業對口的工作。他們如果能獲得時間和恰當的外部條件，或許能帶頭施加那種有組織的社會壓力，允許——和要求——改革甚至轉型的倡導者在雙重國家中處於上風。

然而，如果美國得出結論稱年輕的伊朗人是西方或者說第十三代伊瑪目的戰士，那美國就在犯一個巨大的錯誤。他們對西方的政治態度錯綜複雜，常常令人費解、瞬息萬變。不像鄰國土耳其，連最直言不諱的準民主化人士也沒有設想其國家會變成西方的一部分。他們尋求具有伊朗特色的現代社會。如果他們從更廣泛的地域背景來看其古代文明，他們會將它稱為中東或者亞洲。一名學生活動分子開篇說：「我們東方人。」此外，他們對伊朗的政策瞭如指掌，但對西方的政策和現實卻知之甚少。

伊朗的核武計畫呢？對於我遇到的年輕人來說，這不是一個迫在眉睫的問題。在和我的談話中，沒有人提到這個問題。當我向他們問及這個問題時，他們有兩種不同的意見。第一種意見認為，伊朗是一個高傲但不安全的國家，夾在已經擁有核武的鄰國中間，不僅有權擁有民用核能還有權擁有核武。第二種意見認為，民主的伊朗毫無疑問應該擁有這樣的權利，但他們寧願這個充滿壓迫的國家沒有獲得核武。然而，兩者同樣堅定地認為，針對伊朗的核武野心，美國或者以色列轟炸核武裝置，更不用說伊拉克式的入侵，完全無法接受。

我們坐在德黑蘭肯德基餐廳時，一個富有思想、受過良好教育的年輕女子說：「我愛喬治·布希，但如果他轟炸我的國家，我將討厭他。」她連對該國採取更加嚴厲的經濟制裁也反對。一名富有洞察力的當地分析人士強化了這種觀點。他問道，誰或者什麼可以讓當局重新獲得公眾的支持，尤其是年輕人的支持？「只有美國！」

然而，如果歐洲和美國能避開該陷阱，如果我們為了延緩伊朗核武進程所做的一切最終並非僅僅延緩了伊朗的民主化，如果同時我們能夠找到幫助青年波斯實現逐漸社會解放和最終自我解放的政策，那麼長期前景是美好的。與此前的法國和俄羅斯革命一樣，伊斯蘭革命一直忙於毀滅自己的孩子。有一天，其子孫將毀滅這場革命。

二〇〇五年

東西相接

我在《南華早報》（*South China Morning Post*）中讀到，袋鼠源自中國。該報紙的消息來自澳大利亞袋鼠基因英才中心（Centre of Excellence for Kangaroo Genomics），因此這肯定是真的。接下來是什麼。熊貓源自法國？奇異鳥（Kiwis）源自哥斯大黎加？

時代脫節。天空中充滿不祥的預兆。昨日的金融巨頭化作塵埃，通用汽車公司變成政府門前的乞丐。世界在我們眼前重塑，在香港，一些世界上最敏銳的商人在悄無聲息地標記這些轉變。

從香港這個獨一無二的中西相接之地來看，首要又明顯的轉變是從西方轉向東方。更加具體地說：中國之手變強，而美國之手變弱。現在徜徉於通過空中走道連接的香港摩天大樓建築群時，有人看上去對美國國際集團（AIG）的大廈有點擔憂，對貝聿銘（I. M. Pei）設計的中國銀行大廈黑玻璃的尖角或許多了一點尊重——儘管諾曼·福斯特（Norman Foster）設計的滙豐銀行大廈似乎仍然雄偉地屹立著。看電視的時候，有人不停地在兩個台之間切換，一個台上在播由全美足球運動員變為財政部長的漢克·保爾森（Hank Paulson）在國會委員會面前失去了往常的冷靜，因為他的救助計畫似乎需要救助，另一個台上在播胡錦濤沉穩地帶著六百人的強大代表團前往秘魯參加亞太峰會，在秘魯，中國主席將簽訂一份雙邊貿易協議，這將讓中國超過美國成為秘魯的主要貿易夥伴。

在接受一個地區頻道的採訪時，印度財政部長滿意地指出，華盛頓的金融峰會是二十國集團而不僅僅是八國集團。他說，就應該如此並且還應該保持如此。中國主權財富基金監事會監事長金立群說，發達國家應該「謙遜地」向中國等發展中國家尋求幫助，一改中國領導層在發展方面的謙遜態度（「超級大國？什麼，我們？」）。談到對國際貨幣基金組織注入更多資金的要求時，他評論說：「如果你希望中國在金融危機日益嚴重的時候花錢，卻不給我們什麼投票權，沒有人會跟你玩。」

力量的轉變會伴隨著意識形態的轉變嗎？千真萬確的是，美國式的自由市場經濟學有點陰雲密布，連香港這樣的自由市場貿易的溫床也是如此，而中國大陸更多中央集權的市場經濟，再加上在這樣的危機中可以動用大量外匯儲備，看上去相當光明。有人告訴我，一些中國香港人就是這樣解讀的，甚至還有點民族自豪感。但他們也非常熟悉中國制度的所有缺陷，其大陸的親戚朋友（他們輕信了中國模式閃閃發光的簡單看法）體驗了這些缺陷——不平等、腐敗、不安全，沒錯，還有低效。

實際上，在這裡，有人對我講述的故事更生動有趣和不可思議。這是一個有關全中國務實大辯論的故事，香港的中國學者和文明社會的活動人士可以並且確實參加該辯論。中國社會是如何將市場經濟的效率（開發能夠與美國創業精神相提並論的本土創業精神）和一定程度上的公平、社會團結甚至「和諧」結合起來的？……

可以肯定的是，意識形態框架依然意義重大。胡主席不會尋求他所謂的「民主資本主義」，即將成為前總統的喬治．布希也不會接受「具有美國特色的社會主義」。但在大標籤下，現實往往令人吃驚。比如，大多數人都認為美國是小政府國家，中國是大政府國家。但中國學者王紹光估計，在當今中國，中央和地方政府加起來還是只重新分配了國內生產總值的二十%左右。在美國，這一數字要高得多；有多高取決於你所在的聯邦州，但藍色的美國政府重新分配的國內生產總值肯定要比紅色的中國多。

真正重要的是什麼有效。一些香港人甚至將這種複雜的務實主義延伸到政治制度中。他們說，這不僅僅是民主或不民主，白色或黑色的問題。還有許多民主的陰影部分。有一個引人注目的建議是，香港「選舉」特首的制度——主要由所謂的功能界別（不同的經濟部門、宗教組織，甚至還有二十名中醫代表）提名的代表組成的選舉委員會與當局的最終任命相結合——是中國領導層關注的模式之一，後者正在考慮如何將其所謂的民主延伸到自己的制度中。

如果這是真的，那將非常吸引人，也將是一種進步。但二〇〇八年美國總統大選的那一幕在我的腦海中依然歷歷在目，使我無法相信這完全是民主。沒錯，在絕對的暴政和自由民主之間有許多變體，但途中的某個地方有明確的界線；這條界線並不難找。一測便知：如果你不知道誰將贏得選舉，你可能在一個民主國家。我們不敢肯定歐巴馬將獲勝——記得吧？……這條基本的界線清楚明瞭。

然而，關於社會經濟制度——關於增長、社會團結和環境可持續性或者公共和私營部門之間的複雜權衡，我確實相信，在市場經濟的世界中，已經不存在非常清楚的界線，也沒有黑白之分。像中國大陸一樣，香港甚至台灣也在複雜、有時間接的談話中討論在中國社會中該怎麼做，因此，中國決策者與印度或者巴西的領導人坐下來討論：那麼在你們那裡怎麼處理這個問題？這是完全有意義的。這也是我們在這裡試圖做的。

肯定參觀過香港的大英帝國詩人吉卜林在一首題為〈東西方民謠〉的著名詩歌中寫道：「啊，東方是東方，西方是西方，永無交叉……」如果當初這是事實的話，現在可不是如此了。它們總是融合在一起。該詩中還寫道：「……既沒有東方也沒有西方……當兩位強人面對面站著時……」如今，更像是：既不是東方也不是西方，當虛弱的政府在過熱的星球上試圖滿足不安民族的要求時。

二〇〇八年

穆斯林兄弟會對抗法老

在艾得夫（Edfu）神廟高聳入雲的金色砂岩入口的前面，矗立著壯觀的獵鷹花崗石雕像，大約有三·六公尺高，代表首位合併而成的埃及守護神荷魯斯（Horus）。在其胸部刻著一個小人物，他是該神廟建造時埃及的希臘統治者之一。為了支撐其政治合法性，這位外族的新法老不僅給自己披上了國旗，還將自己刻在強大守護神的石像中。數千年來，埃及的統治者一直在玩這把戲，如今他們又故技重施。

基督出生前三千多年的時候，古代的英國人還在原始森林中赤裸閒逛，行為像預料中的足球流氓一樣，那時，法老的第一個王朝已經在尼羅河流域的下游建立了統一的王國，他們被視為半神。後來，他們將自己塑造成了太陽神瑞（Ra）、伊希斯（Isis）和俄賽里斯（Osiris）以及他們的神聖子孫長著鷹頭的荷魯斯神的孩子和親信。

天神是偉大的，能讓你繼續掌權，但他們也是可以替代的。幾個世紀以來，隨著政治的變化，出現了天神合併和像公司收購一樣的天神收購。盧克索（Luxor）的傑出人物阿蒙（Amun）和太陽神瑞合併變成了強有力的全新品牌阿蒙－瑞（Amun-Ra）。亞歷山大大帝的托勒密王朝繼承人倡導塞拉皮斯（Serapis），故意融合了希臘神和埃及神。在菲萊希臘－

羅馬神廟（Graeco-Roman temple of Philae），你可以在神廟的牆上看到母親和孩子的雕像，但母親的臉是抹掉的。在基督教時期，伊希斯被粗糙地重塑成了瑪利亞，鷹頭的荷魯斯變成了耶穌。

後來，當然還有安拉（Allah）及其信使穆罕默德。對於十九世紀出生於阿爾巴尼亞的穆罕默德·阿里帕夏（Muhammad Ali Pasha）來說，新神是歐式的現代性。對於拿破崙（Napoleon）和克羅默勳爵（Lord Cromer）來說，有代表進步和文明、帶著刺刀和加特林機槍的西方上帝。對於後殖民埃及設計師的納賽爾（Nasser）來說，有泛阿拉伯主義、社會主義以及伊斯蘭。

現在，他們又在改變法老宮殿中的神了。穆巴拉克總統執政二十六年，現在提議修訂《憲法》。第一條並沒有說「阿拉伯埃及共和國是一個以工人階級聯盟為基礎的社會主義民主國家」，而是說「阿拉伯埃及共和國是一個以公民權利為基礎的民主國家……」社會主義就像菲萊神廟中伊希斯的臉一樣被抹掉。在《憲法》的其他九大條款中提到它的地方也被刪掉。

儘管有世俗和信奉科普特基督教的政客的反對，第二條將繼續把伊斯蘭教法作為埃及立法的「主要依據」。與此同時，通過禁止以宗教為基礎的政黨和獨立候選人參加總統選舉，總統所在的執政黨民族民主黨（National Democratic party）旨在將其主要敵人——非法但深得人心的穆斯林兄弟會排除在外，以免它在今後的競爭中獲取合法的政治權力。因此它試圖接受伊斯蘭卻打擊伊斯蘭主義。

從埃及五千年的歷史來看，政治與你在美國公民教科書中發現的截然不同。它並不是關於採用以這種或者那種意識形態為基礎構建這種或者那種有邏輯、合法的政治制度的問題。它是統治者借用、扭曲和合併諸神、意識形態和法律制度，適應內外力量，威逼利誘，必要的時候施點小恩小惠，但總是為了讓自己的權力和財富最大化，盡可能長時間地為了自己和子孫後代緊握它們不放。那些過於認真對待合法宗教或者意識形態——無論是俄賽里斯主義還是社會主義——的人沒有抓住本質。諸神變化多端，千百年來永恆不變的是人類對於權力和財富的欲望，對於永生不滅的徒勞追求。

這帶我們回到了胡斯尼．穆巴拉克總統的政權，他今年已經七十八歲。儘管他要到二〇一一年才面臨重新選舉，但繼承危機——專制政權的剋星——正在醞釀。在二〇〇五年第二輪總統選舉期間，人們上街參加 Kifaya（意即「夠了！」）抗議運動，其中一個原因是他可能正準備讓自己的兒子賈邁勒．穆巴拉克（Gamal Mubarak）繼承他。資深左翼活動人士卡邁勒．哈利勒（Kamal Khalil）喊道：「儘管有警察，也不准延期，不准繼承。」他還說：「埃及啊，你還有宮殿，還有貧民窟，告訴那些住在奧羅巴（有許多豪宅的街區，其中包括總統的府第）的人，我們十人才住一間房。」

目前，穆巴拉克總統送走了 Kifaya 運動，也沒有美國要求其迅速民主化的短暫壓力。其統治的軍隊、警察和安全服務基礎似乎像卡納克（Karnak）神廟的大塔門一樣牢固。（他們還為五角大樓提供寶貴的服務，包括大量飛越領空的設施和特別引渡的不正當業務。）他有一位相當令人難忘的總理艾哈邁德．納齊夫博士（Dr Ahmed Nazif），納齊夫接受的教育讓他成為一名電腦科學家，他對我說，政府正努力讓埃及融入全球經濟。他們正在降低貿易和投資壁壘，去年實現了逾五％的增長。賈邁勒．穆巴拉克擁有工商管理學碩士學位，曾任職於美國銀行（Bank of America），他是該政府新自由市場議程的推動力之一。但是如果有經濟效益的話，長期而言，它才能惠及窮人，而代價將很快感受到——比如國家對汽油和家用燃料的補貼減少。

對於許多住在開羅較貧窮地區十人一間小屋內的人來說，偉大的神話依然是穆斯林兄弟會，其簡短有力的口號說「伊斯蘭是解決之道」。只要禁令在，穆斯林兄弟會就無需展示伊斯蘭到底如何解決問題。人們幾乎不能期望它制定出詳細的政策，更不用說實施了。實際上，穆巴拉克政權繼續迫害穆斯林兄弟會，幫了它大忙。試圖遏制伊斯蘭主義，反而助長了它。我交談過的世俗左翼和信奉科普特基督教的反對派覺得自己夾在了魔鬼和綠色的深海之間（綠色是伊斯蘭的顏色）。在許多文化問題上，包括女權，他們其實認為穆巴拉克政府沒有那麼邪惡。

今後十年，無論胡斯尼．穆巴拉克下台後的過渡期會發生什麼——無論是獲得穆巴拉克二世總統，還是軍隊支持的候選人，抑或其他人——我敢肯定一點：在合法化混合神的埃及政治中，伊斯蘭成分可能變強而不是變弱。如果你覺得這令人擔憂，我可以說出唯一一點小小的安慰：它終將消逝。這個過程可能需要數十年，但有一天，伊斯蘭主義也將加入五千年歷史中失敗的天神之列。

二〇〇七年

無上帝之城

他們通常在十三四歲的時候就開始在販毒集團中幹活了。年齡最大的大概二十一歲。之後會發生什麼呢？「他們當中的大多數人都死了。」他們在與其他犯罪分子和警察的交火中身亡或者在市裡地獄般的監獄裡被謀殺。我站在皇家公園棚戶區中一條彎彎曲曲的泥路上。環顧四周，就在幾百公尺之外，我可以看到聖保羅（São Paulo）一個較富裕住宅區的公寓樓，每幢精緻粉刷過的公寓樓都圍著高牆和電網。路那邊私立學校的富家子弟來棚戶區是為了解一下毒癮。「這是一種免下車的服務。」我的導遊說，他是一名大學畢業生，選擇住在這裡並致力於一項社區工程。

如果兒子加入販毒集團，母親會如何反應？「她們會去教堂。」我們走出一條小巷，發現了一座在巴西窮人裡非常受歡迎的新五旬節派的教堂——其實不過是個簡陋、輕型建築磚塊砌成的房子，上面手工畫了一個標誌。在該教堂的前面站著一群穿著漂亮運動服和運動鞋的青少年。我的導遊突然高喊：「不要拍照。」他們是毒販。這些小孩寧願在販毒集團中過短暫、刺激的生活，也不願過漫長的乏味生活，當周邊富人的園丁、洗汽車或者遛狗。這總比上學好。連當個把風的新手，賺的錢也比老師多。為什麼還要接受教育呢？

傍晚，沿著一條都是小棚子搭成的商店和酒吧的街道回來的時候，我們遇到一個頭髮打著死結的小夥子，他自稱「可可」，是一名街頭說唱藝人，藝名叫「MC．馬古斯」（MC Magus）。他唱的是他們的日常生活嗎？當然。在那積滿灰塵的大街上，他開始唱了：「過同樣的日子難以忍受，人們幹著苦差事，被規範、計畫和殺人罪束縛著。」（伴著葡萄牙的節奏和說唱的拍子更好聽）他唱到壓迫、絕望和種族歧視——這裡與大多數棚戶區一樣，大多數人都是黑人。隨後，在其輕型建築磚塊砌成的小屋裡，他的女朋友從破舊的電腦中給我打印出了這首歌——〈行走在黑暗中〉，我們還聊了聊。馬古斯說，就某些方面而言，自販毒集團接管這裡以來，情況好轉了。至少他們維護了棚戶區內的和平。警察呢？他哈哈大笑起來。他們只會來這裡收一份販毒所得的錢。

在大聖保羅廣闊城郊居住的一千九百多萬人口中，估計有兩百五十萬住在棚戶區。皇家公園的棚戶區是最好的。當地一名研究城市暴力的專家微笑著告訴我：「啊，那是棚戶區中的切爾西。」[1]

要看到更糟糕的棚戶區，你必須至少驅車一個小時到達聖貝爾納多（São Bernardo）那樣的地方，該國總統魯拉就在該行政區極度窮困的環境中長大，因擔任汽車工人聯盟的領導人而名聲大噪。這裡，一眼望去都是簡陋的小屋。對於那些生活在那裡的人來說，我坐小汽車一小時，他們要花四小時坐公車，再走路才能到繁榮的街區當家僕（如果他們幸運的話）。在聖保羅市一家出色的餐廳裡吃豐盛的午餐期間，該市富裕的左翼自由派描述城市窮人有一個富有特色的「我的僕人」開場白；比如「我的僕人必須凌晨四點起床，八點才能趕到我的公寓。」

除了印度和美國，巴西是世界上最大的民主國家之一。它成為嚴格意義上的民主國家還不到二十年，經過互相競爭的政黨和總統之間和平交接的考驗。這個年輕的民主國家挺過經濟危機、勉強運作又錯綜複雜的聯邦制度和不斷發生的腐敗醜聞。它擁有充滿生機、富有戰鬥力的自由媒體。軍方曾經當政，現在已經退居二線。從許多方面來看，這都是鼓舞人心的試驗。但巴西引發的問題是，有不平等、貧窮、社會排斥、犯罪、毒品和目無法紀等極端情況的自由民主能維持多久。在鄰國，烏戈・查韋斯統治的委內瑞拉，民粹主義的誘惑始終存在。

實際上，鑒於這樣的極端情況，出現了這樣一個問題：在多大程度上，你可以真正地將這稱為自由民主。巴西的法學學者奧斯卡・維赫納・維埃拉（Oscar Vilhena Vieira）聲稱，在法律面前根本沒有基本平等的情況下，談法治——自由的要素之一，與僅有選舉民主相對——不合適。在這裡，少數享有特權的人凌駕於法律之上——派瑞絲・希爾頓（Paris Hilton）如果是巴西人就不會入獄——而許多窮人不受法律保護。富人實際上在當地警察那享有豁免權，而當地警察無論對窮人做了什麼事情，且多數發生在黑人身上，實際上也不會受到處罰。在棚戶區，大多數殺人犯不僅不會受到懲罰，還不會受到調查，在聖貝爾納多的一個州立學校，我應邀在一節英語課上講幾分鐘。我問道，孩子們長大後想做什麼。一名十一歲的男孩喊道：「警察！」為什麼他想當警察呢？「那樣我就可以殺人了。」他用手做出了一個開槍的姿勢。砰！砰！

1 切爾西是倫敦西南部的一個住宅區，為藝術家和作家的聚居地。——譯注我沒有誇張。我沒有刻意引導問題。我還重新檢查了一遍孩子所說的話的翻譯。如此輕而易舉地進入一個充滿貧窮、毒品催生的暴力和警察腐敗的世界，其本質與費南多．梅瑞爾斯（Fernando Meirelles）引人入勝的電影《上帝之城》（*City of God*）所描繪的世界極其相似，只是沒有動感的音樂和絢爛的色彩，這相當令人震驚。

但人們必須避免掉入媒體老調重彈的陷阱中，不能忽視這個故事的另外一面。馬古斯告訴我，他不喜歡梅瑞爾斯的電影，因為它只展現了不好的東西。儘管條件惡劣，但這裡的大多數人都努力追求美好的工作生活。他自己就工時很長，騎著摩托車送比薩。就在昨天，他們在街上舉辦大聚會，慶祝受歡迎的聖徒紀念日。在棚戶區，有一小部分小企業和企業家，但數量正在增多。像我導遊這樣令人難忘的非政府組織的活動人士努力通過電腦、劇院、運動或者街頭說唱來開闊人們的視野。

在連續兩屆總統，魯拉及其前任費南多．恩里克．卡多佐（Fernando Henrique Cardoso）的領導下，政府努力擴大就業機會，加大專業訓練，最重要的是擴大基礎教育。在我當了一會兒客座老師的那個學校，大約三分之二的學生在那，是因為他們花八十五%的時間上學，家裡就能拿到現金補貼（錢是直接付給母親的）。該學校的校長說：「拿補貼的孩子來上學了。」由於他們是分早上、下午和晚上三個時間輪流上課，老師工作量過大，工資超低，他們能學到多少又是另一個問題。

一名緊接著那個想當警察的男孩、坐在第三排的女孩說：「我想當醫生。」為什麼？「我想挽救生命。」巴西自由民主的未來將取決於這兩名孩子的兒時夢想哪個能更好地實現。

二〇〇七年

超越種族

前段時間，巴西的人口普查人員請人們描述自己的膚色。巴西人想出了一百三十四種說法，包括 alva-rosada（白裡透粉）、branca-sardenta（有褐色點的白色）、café com leite（咖啡牛奶色）、morena-canelada（肉桂一樣的深色）、polaca（波蘭色）、quase-negra（幾乎黑色）和 tostada（烤黃色）。這種常常對自己輕鬆的詩意描述反映了你自己親眼所見的現實，尤其是在巴西大城市較貧窮的地方。

在上帝之城中行走，就在里約熱內盧外面一塊窮人的住宅區——《上帝之城》這部電影的布景——裡，我看到每一種可能不同的膚色，有時就在同一個家庭中。阿爾巴．札盧亞（Alba Zaluar）是一名傑出的人類學家，已經在該地區的人們中工作多年，他告訴我他們彼此之間會對此開玩笑，「你這小白臉」和「你這小褐臉」等。這些特點各不相同又互相融合，常常美麗動人。

巴西是一個人們將豐富的通婚作為民族的特性加以頌揚的國家，賦予從其本源來說誤稱的醜陋北美人以積極的含義。然而，這個故事還有令人厭惡、不為人知的一面。「種族民主」是二十世紀初巴西塑造的自我形象，與當時依然種族隔離的美國形成對比。然而，如今的現實仍然是，大多數其他膚色的人在經濟、社會和教育方面要比白人差。而這種不平等的部分原因是由種族歧視造成的。

我到巴西問有關貧窮、社會排斥和不平等的問題。幾分鐘內，我的對話者就開始談論種族了。在與令人印象深刻的前總統費南多・恩里克・卡多佐交談時也是如此。在生動的回憶錄《巴西的偶然總統》（*The Accidental President of Brazil*）中，他回憶了自己作為年輕的社會學家時對棚戶區的研究。他注意到種族的廣泛融合，但還是得出如下結論：「總體而言，巴西的黑人就是窮人。」

為了解決這個問題，他的政府啟動反歧視行動計畫，魯拉總統對此進一步發展。現在許多大學對來自州立學校的申請者和黑人大學生都有配額。那些針對黑人學生的配額是極富爭議的對象。首先存在對原則的反對。黑人詩人和作家瑪麗亞－泰瑞莎・莫雷拉・德熱蘇斯（Maria-Tereza Moreira de Jesus）曾說過：「從在商店中的待遇到求職中的面試，種族歧視是存在的，但根據種族入學又是另一種形式的種族歧視。」馬古斯告訴我，他認為這種配額是個壞主意。他說：「我們都是平等的。」

另外，還有實際困難。在一個如此混雜的社會中，如何確定誰是黑人呢？同卵雙胞胎艾力克斯・特謝拉・庫尼亞和艾倫・特謝拉・庫尼亞（Alex and Alan Teixeira da Cunha）的案例生動地表明了這個問題，他們都在該配額計畫下申請巴西利亞大學（University of Brasilia）。艾倫以黑人身分被錄取了，而艾力克斯不算是黑人被拒絕了。該大學實際上有一個委員會，根據申請人的照片，利用包括頭髮、膚色和臉部特徵在內的表現型來確定種族。第一個告訴我這一點的人是猶太（Jewish）。他說：「你可以想像我是怎麼看的。」

該國一些非常活躍的黑人運動更喜歡「非洲後裔」這個名稱。但線粒體和細胞核脫氧核糖核酸的最新科學研究估計，高達八十五%的人口——包括數千萬自認為是白人的巴西人——在其基因組中有逾十%的非洲基因。那些早期的葡萄牙移民通常沒有帶妻子跟他們一起過來。

這偏離了巴西通常使用的主觀自定義。地理和統計官方機構的最新數據表明，大約有五十%的巴西人自認為是「白人」，四十%多一點的人自認為是「棕色皮膚的人」，只有六%多一點的人自認為是「黑人」，不到一%的人自認為是「本地人」或者「黃種人」——即亞洲，尤其是日本的後裔。這是對五類人的直譯。在一次大膽的行動中，黑人運動的代表（其中一些受到北美基金會的支持）稱，所有不是白人的人口都應該被歸為黑人。那麼一切就變得簡單了——黑人和白人。

其他人驚恐地喊道，這將引進最糟糕的美國式的種族分類，全盤否定巴西種族通婚的特色。如果真的必須要根據膚色決定大學錄取的配額——美國的法院已經判定這是歧視——讓它們至少以巴西自定義的傳統方法為基礎。過去，人們往往將自己往色譜中顏色較淡的一端定義，尤其是他們變得更加富裕的時候。一位社會學家冷冷地評論道：「錢讓人變白。」如果配額可以讓多一點的人寧願成為黑人，那就實施吧。這麼多個世紀以來，白人都更加具有優勢——一八八八年，巴西才廢除奴隸制——因此有理由以另一種方式以防萬一。此外，如果這意味著有一天大多數人都認為是白人的女孩以黑人身分申請大學，那麼祝她好運吧。

作為一個外人，我沒有資格評判這種看法。我可以看到反對膚色配額的有力理由，也看到必須處理的根深柢固的歧視現實。巴西人將自己做出決定。但我會真誠地說，我希望巴西向讓「種族民主」的古老神話變為現實靠近一步，而不是重新使用過時的種族分類，將錯綜複雜的身分減少到單一身分。我在巴西發現的東西也預示著我們的未來，各民族將在一個世界中日益融合。

看上去像個富裕的白皮膚——不過，沒有白裡透粉那樣白——外人到棚戶區逛幾天，還稱，「這些人多麼漂亮！」這很危險，當然我也意識到這種危險。我會寫東西自嘲。然而，我還是會說出來。即便在上帝之城的貧窮和毒品催生的暴力中，我在巴西還是看到了種族通婚的美麗之處。我學會了從巴西人的角度頌揚它。

正是種族通婚讓巴西人成為地球上最帥氣的人類。這預示著——但我要重申，只有巴西解決可怕的社會和經濟不平衡問題才行，包括代代相傳的歧視——可能出現這樣一個世界：膚色只不過是一種物理特徵，就像眼睛的顏色或者鼻子的形狀，可以羨慕、冷靜地關注或者開玩笑。在這樣一個世界中，唯一重要的種族就是人類。

二〇〇七年

第六章

作家和事實

葛拉斯的棕色記憶

沒錯，他是黨衛軍中的一員。但假設這一披露並沒有像蘑菇雲一樣遮住鈞特．葛拉斯（Günter Grass）出版的回憶錄。我們應該如何評價《剝洋蔥》（*Peeling the Onion*）？我認為，我們應該說這是一部精采的作品，多年來，他筆耕不輟，寫了許多令人失望、缺乏生機還有時令人不堪忍受的嚇人作品，而該作品回歸了葛拉斯經典的領域和風格，是其以《錫鼓》（*The Tin Drum*）為首的偉大的小說「但澤三部曲」（Danzig trilogy）的完美延續。這是我們應該首先要說明的情況。

《剝洋蔥》描述了他從一九三九年九月第二次世界大戰爆發——當時作為一名十一歲的戰爭狂熱分子，他收集了在家鄉格但斯克（Danzig）第一次交戰留下的炮彈碎片——到一九五九年《錫鼓》出版期間的生活，書中驚喜不斷、令人愉悅，段落中處處透露著強大的描述力。他不僅讓我們看到還讓我們聽到、觸摸到和聞到了格但斯克兩室小公寓中的生活，他在那兒長大，該公寓的樓梯上有一個公共廁所——「臭氣熏天，牆壁被手指弄髒了。」[1]這位少年渴望逃離這個令人窒息的狹小空間，加入元首的軍隊，為其服務，他認為那是浪漫、充滿英雄氣概的世界。因此十五歲那年，他就自願加入U－潛艇上的戰鬥，但他的申請未被接受。

沒有哪位作家能更好地調動起嗅覺——感官文學中的灰姑娘。很少有小說家更加生動地描述過食物，讚揚德國大香腸和冷水魚。所有泥土裡的東西散發著泥土氣息，所有肉類散發著肉味，這是葛拉斯作品中特有的。他對公共事務與私人事務富有特色、極其現實的融合既動人又有趣。他回憶道，對青春期的他而言，德國軍隊在東方戰線上的勝敗（日益處於下風）儘管令人擔憂，但與自己陰莖不可預測的漲落相比，根本不是那麼迫在眉睫的問題。他向其告解神父詳細地講述了這件事。

一九四四年秋，他十六歲應徵入伍的時候，發現自己分在黨衛軍中。他對艱苦訓練作出的回應是在樹林——他接到的命令是要穿過這片樹林，每天給連隊的下級小隊領袖和高級小隊領袖帶一壺咖啡——中一個安靜的角落裡停下來，在他們的咖啡中撒一泡尿。他重複這樣做，「我早上的日常報復行動」，還認為這讓他堅持了下來，憑藉「內心的會心一笑」挺過最殘酷的待遇，不像隔壁連隊裡可憐的傢伙，用自己防毒面具的帶子上吊自殺。

一九四五年四月，他所在的坦克連幾乎被進攻的俄羅斯軍隊包圍，他對坦克連絕望行動的描述是我讀過的對戰爭經歷最生動的描述之一：托爾斯泰（Tolstoy）撞上了馮內果（Vonnegut）。紅軍所謂的「史達林風琴」火箭彈飛過來，他躲在坦克下面都嚇尿了。在火

1 基本上是我自己翻譯，為了本文的目的，譯文盡可能接近德語原文：*Beim Häuten der Zwiebel*（哥廷根：史泰德出版社，二〇〇六）。快速瀏覽了一遍，我覺得邁克·亨利·海姆（Michael Henry Heim）的《剝洋蔥》譯本似乎巧妙地將不可翻譯的東西都譯出來。

箭彈過後的沉寂中，他可以清晰地聽到自己的後面有很響、持續的牙齒哆嗦聲。當他從坦克下面爬出來的時候發現，這牙齒的哆嗦聲來自一位黨衛軍的高級軍官。這位年輕狂熱分子心中條頓人的英雄形象開始坍塌。在他們的周圍，「血肉橫飛」。

他在俄軍前線後方迷了路。在樹林中遊蕩，身心俱疲，又餓又怕，他聽到附近有人。是朋友還是敵人？他緊張地唱起了一首德國民歌的開頭，說的是小漢斯獨自閒逛走入廣闊的世界，「矮小的漢斯獨自閒逛……」讓他大鬆一口氣的是，那個隱蔽著的陌生人唱出了剩下半句，「……進入了這個廣闊的世界」。如果另外那個人是俄國人，那我們恐怕就不會有《錫鼓》了。但是，他是一名長輩式的德國下士，建議當時十七歲的葛拉斯脫掉黨衛軍的夾克。如果他被俘，俄羅斯人是不會對黨衛軍的人手下留情的。

他們在一個野外的餐廳裡狼吞虎嚥地喝著洋芋湯，沐浴著春日的陽光，享受這甜美的平靜時刻。由於他的描述力，你可以聞到那湯的香味，聽到那突然的寂靜，感受到他臉上陽光的溫暖。接著又好像天塌下來似的。這位下士的腿被榴彈碎片擊中。在救護車上，他請葛拉斯解開他的褲子，檢查一下他的雞雞和蛋蛋是否還在。還好它們還在，但他的腿很快就要被截掉。這就是人類戰爭的現實，無論在奧斯特利茨、庫爾斯克（Kursk）還是如今的巴格達都是如此。（因為那次襲擊，葛拉斯的左肩上還殘留著一塊榴彈碎片。）

還有其他令人難忘的段落。對其深愛的、積極上進的母親的描述，戰爭結束幾年後，她因為癌症病死於一個簡陋得連窗戶都沒有的醫院後房，失伴的丈夫喃喃地喚著她的名字：「莉晨啊……莉晨」。他的母親和妹妹拒絕談論「解放」的時候俄國士兵對她們做了什麼，但他最終從妹妹說的一句話中得知，母親代替女兒將自己獻了出去——你懂的，就是作為輪姦的對象。他回憶自己獨自穿梭於戰後德國的各個廢棄城市，包括在煤礦中工作了一段時間，在煤礦巷道裡吃午飯時老共產主義者和老納粹分子還激烈爭論。

害怕和渴望是滲透在字裡行間的兩種感覺。他將描述黨衛軍所作所為的一章題為「我怎樣學會了害怕」。他有三重渴望。首先是渴望食物，尤其是在美國戰俘營的時候。其次是渴望性愛，以娓娓道來的方式描述了令人發笑的身體細節，這讓我想起英國詩人克雷格．雷恩（Craig Raine）的作品，他的詩歌〈洋蔥，記憶〉提前做到了葛拉斯用一本書的篇幅闡述的隱喻。

食物和性愛組成了葛拉斯的一個關鍵詞 Fleisch，它在德語中既有肉類的意思（比如牛肉或豬肉），也有肉體的意思。他描述做煤礦工人期間，新婚之夜的晚上四個酩酊大醉的人睡在同一張床上，他寫道沒有任何一瓣記憶的洋蔥皮能想起「這麼多『肉』之間發生了什麼」。「原來是肉。」戰後，為這位名義上仍然信奉天主教的年輕人提供膳宿的僧侶教父傅箴修（Fulgentius）這樣說，還習慣性地採取防禦狀態，將雙手插到手臂下。在葛拉斯看來，「肉」是一個新創造的詞。

食物和性愛之外，葛拉斯最後的渴望對象是藝術。他將介紹自己成為藝術家的那一章稱為「第三種渴望」。他憑藉堅強的意志和坦誠的利己主義，獨立一人在戰後德國物理上和社會上的碎石山路上艱難前行，一開始成為一名石匠和兼職的雕刻師，接著成為繪畫藝術家，再後來成為詩人，直到最後他快三十歲的時候，受到阿爾弗雷德．德布林（Alfred Döblin）《柏林亞歷山大廣場》（*Berlin Alexanderplatz*）和喬伊斯（Joyce）《尤利西斯》（*Ulysses*）的啟發，成為散文家。他的第一任妻子安娜的瑞士父母相當富裕又有教養，在其藏書室裡，他發現並閱讀了那兩本書。他稱之為「安娜的嫁妝」。回憶錄以他在巴黎的發現結束，「沒錯：我是精神病院裡的一員」，這將成為所有小說中最著名的開篇之一。

與葛拉斯的許多作品一樣，《剝洋蔥》太囉嗦。編輯再大膽一些用紅筆勾出來就好了。他反覆闡述剝洋蔥的隱喻，直到我們希望這種令人厭煩的蔬菜——葛拉斯為每章開篇畫的畫已經完全展現了各個分解階段——早就可以扔進垃圾桶為止。另外，在相當微不足道的語境中，他用了兩次其最著名的句法修辭，「沒錯……」可以肯定的是，將它用於說明更重要的東西時更加明智：比如作為一名偉大的德國作家他的問題在於，普通德國人與納粹過去的牽連是他寫作的重要主題之一，但對於他自己本身是黨衛軍一員的祕密卻保守了六十多年。然而，這本回憶錄仍然是一部成熟的佳作，當許多其他東西被人遺忘的時候，它將繼續流傳，是收官之作，是無可比擬的《錫鼓》的非小說類版。[2]

一

它披露了什麼？二〇〇六年八月十一日，《法蘭克福彙報》在其網站上報導稱，葛拉斯曾是黨衛軍成員。葛拉斯在其即將問世的回憶錄中披露了這一點，在接受《法蘭克福彙報》的採訪時證實了它，次日，《法蘭克福彙報》刊登了訪談的全部內容。這相當於文學政治界的核爆。我能清晰地記得自己的身體幾乎劇烈抖動了一下。德國的負面回應持續不斷而且常常來勢洶洶，在葛拉斯的出版商出的一份資料——*Ein Buch, ein Bekenntnis*（即「一部著作，一次坦白」）中可以看到這一點。一名批評人士說，如果人們知道這一點，他就永遠不會獲得諾貝爾文學獎了。此外，還有一名政客呼籲他歸還諾貝爾文學獎。研究納粹主義的著名歷史學家約阿希姆．費斯特（Joachim Fest）評論說：「現在，我連這個人用過的汽車也不會買。」總理梅克爾說：「我希望我們一開始就完全知道這部自傳。」專欄作家指責他披露這一點是為了給自己的新書造勢。尖酸刻薄的評論人士亨里克．M．布羅德（Henryk M. Broder）寫道，葛拉斯從「精英部隊」的成員——諷刺地指代葛拉斯對於自己十六歲時關於黨衛軍看法的描述——一路爬升到了文化產業裡的精英。

葛拉斯對於這一切的反應是驚訝、困惑和生氣的奇怪組合。當我在看他有關該主題的電視訪談時，作者（儘管已經年近八旬，但依然精神抖擻）讓我聯想起一隻疲憊不堪的老熊。他被逼到牆角，猛烈回擊。他譴責以保守的《法蘭克福彙報》藝術版面為首的報紙和電視的「非法法庭」和德國新聞業的「墮落」。今年春季，他出版了名為《愚蠢的八月》（*Dummer August*）的詩歌和繪畫集，喚起了去年夏季狂轟濫炸期間自己的痛苦、憂鬱和氣憤。在一首題為「Was Bleibt」（「剩下什麼」）的詩中，他描述了自己是如何花三年時間寫回憶錄的：「然而，當初，一個善於製造敵意的人從龐大的建築中拆下一句話，將它放在了充滿謊言的講壇上。」

東德小說家克里斯塔．沃爾夫（Christa Wolf）讓「剩下什麼」成為一個著名的標題，

2 葛拉斯擁有強大的想像力，但他的最優秀小說取材於生活。比如，《錫鼓》中奇妙的小矮人表演者。但在《剝洋蔥》中，葛拉斯回憶說，在去參加黨衛軍的路上，他看到一群小矮人在柏林火車站的防空洞裡表演。《錫鼓》這部精采電影的導演沃爾克．施隆多夫（Volker Schlöndorff）在籌備該電影的時候說，他得出結論，「這些小說中的東西都不是創造的」。

她之前曾因自己作為年輕的專欄作家與斯塔西有過短暫的合作而受到《法蘭克福彙報》的攻擊。現在葛拉斯把《愚蠢的八月》獻給沃爾夫，因為正如他在萊比錫書展的一次訪談中所解釋的那樣，她也曾是那些法蘭克福的可怕保守駭客試圖在文學方面暗殺的對象。[3] 在他們那一代的德國傑出小說家嚴陣以待的團結中有某種幾乎完全對稱的東西，西德和納粹是一丘之貉，東德和斯塔西也是一丘之貉。[4] 在那次訪談中，葛拉斯還解釋了寫這些詩是如何讓他在心理上熬過那個痛苦的夏天的：「如果我默不作聲，那將更加糟糕。」六十年後，他高產的詩歌和繪畫集是這位老坦克兵在藝術方面的報復，相當於在高級小隊領袖的咖啡壺中撒尿。只是味道好一點而已。

對於德國媒體對該事件的報導，葛拉斯確實說對了一半。全世界的記者都有一種可悲的模式，即他們先把名人捧到荒唐的高度，接著又拆自己的台。在葛拉斯身上發生的是這種先建後拆熟套的誇張版。一些德國的批評還有一條一代人的邊緣線。實際上，一些沒有耐心、較年輕的批評人士本身足夠幸運，從來沒有受過葛拉斯青少年時期面臨的威脅和誘惑的考驗，正如赫爾穆特·柯爾曾經所說的那樣，他們享受著「晚出生的幸運」。現在他們宣稱：老傢伙，下台吧，讓我們代替你的位置。這是古老的文學篡位。他做出這樣痛苦的披露只是為其新書造勢，這種指責對於《剝洋蔥》的公正讀者不言而喻的是，其根本沒有藝術和道德努力方面的價值。公關指控與其說是關於這隻老熊的精神世界還不如說是關於那些做出該指控的那些人的精神世界。

然而，恐怕葛拉斯只說對了一半。實際上，真正令人吃驚的是他太吃驚了。回想一下，葛拉斯不斷攻擊赫爾穆特·柯爾和柯爾的家鄉美因茨市（Mainz）的主教等聯邦共和國領導人的方式，他引用聖約翰的話說：「你們中間誰是無罪的人，誰就可以先扔石頭。」四十多年來，自從他成為著名的作家，鈞特・葛拉斯一直是文學界最資深的扔石人。在數千次演講和訪談以及數千篇文章中，他怒斥美國的帝國主義和資本主義，怒斥德國的統一（自從統一的德國「為奧斯威辛集中營奠基」後，他一直強烈反對德國的統一），怒斥康拉德・艾德諾、赫爾穆特・柯爾及其所有新聞界的支持者。他像兒時仰慕的一名條頓騎士一樣，拿著根大頭棒將自己推向左翼和右翼——近幾年，主要是偏向右翼。他將自己塑造成政治和道德權威，還做出了苛刻的評判。他的語言常常毫無節制。現在是他為那些直接或間接的批評付出代價的時候了。批評他的一些人此前批評葛拉斯採用簡單、說教的評判，將納粹的過去提升到道德或者不道德的單一標準上加以衡量，現在他們以其人之道還治其人之身，採用的正是這種評判模式。[5]

儘管如此，憤怒和驚訝似乎並不亂。憤怒的並不是他青少年時在黨衛軍中服役過這一事實，而是此後他處理該事實的方式。研究黨衛軍的領軍人物、歷史學家貝恩德・韋格納（Bernd Wegner）表示，「葛拉斯當坦克兵時所在的『弗蘭德斯堡黨衛隊裝甲師』主要由帝國勞工團（RAD）的成員組成，他們都是被迫入伍的」。[6]由於葛拉斯先前應徵加入帝國

3 詳見http://www.zdf.de/ZDFmediathek/inhalt/29/0,4070,5255773-5,00.html.

4 更多有關納粹—斯塔西的聯繫的信息參見本書的下一篇文章，〈我們腦海中的斯塔西〉。

5 我將該評論歸功於我的史丹佛大學同事阿米爾・埃莎爾（Amir Eshel），她即將出版的新書有關德國和以色列文學的歷史記憶位置，將在這方面發表更多引人注目的看法。

6 貝恩德・韋格納，《黨衛軍：組織、意識形態和功能》（*The Waffen-SS: Organization, Ideology and Function*），

勞工團，他之前自願加入U－潛艇的戰鬥似乎與他被分配到黨衛軍沒有什麼關係。沒有資料表明他參與了任何暴行。據他自己所說，他幾乎沒有憤怒地開過一槍。

沒錯，他的戰爭經歷並不是引發憤怒的原因。數千名年輕的德國人都有同樣的命運。許多人因此喪命。令人憤怒的是，這麼多年來，他不斷借此譴責戰後的西德人沒有直面納粹的過去，而他自己卻未能完全坦承自己全部的納粹的過去。非常失望的一個反應來自他最近的一位傳記作家米歇爾·尤格斯（Michael Jürgs），他為葛拉斯寫的傳記二〇〇二年才面世。葛拉斯與尤格斯交談過很長時間，然而他重複的標準版本是這位小說家戰爭期間先是一名預備防空炮手（在加入黨衛軍前，他也短暫地當過這個），接著加入了德軍。這不僅僅是對自己的過去「保持沉默」。我會說這算是說謊了。此外，如果保守的德國政客這樣做，葛拉斯自己肯定會將此稱為說謊，還要再加上一些「樸實」的形容詞。

更糟糕的是，儘管對自己的經歷瞭如指掌，一九八五年的時候他還譴責隆納德·雷根和赫爾穆特·柯爾一起參拜比特堡（Bitburg）的墓地，在那裡葬著許多戰爭死難者，其中包括四十九名黨衛軍的戰士。在這四十九人中，有三十二人還不到二十五歲。其中最年輕的可能像鈞特·葛拉斯一樣應徵入伍。他本可能是他們當中的一員。譴責比特堡之行，同時卻不承認他自己曾在黨衛軍中服役過，這是極其虛偽、雙重思想和草率魯莽的行為。

比憤怒還要多的是純粹的驚訝。畢竟，葛拉斯未曾隱瞞他年輕的時候曾是狂熱納粹分子的事實。他寫作的優勢和道德權威正是來自如下事實：他可以從親身經歷講述普通的德國人怎麼會與魔鬼沆瀣一氣。如果他大概在二十世紀六〇年代，《錫鼓》出版後完全說出真相，那只會增強其作品和聲音的影響。事實上，他似乎離說出真相只差一點點。他的朋友克勞斯・瓦根巴赫（Klaus Wagenbach）當初打算為他寫傳記，最近去查一九六三年他記的談話筆記時，發現當中提到了黨衛軍。[7] 但傳記並沒有寫成。如果那傳記寫成就好了。當時，葛拉斯似乎還與至少一位以上的其他親密朋友分享過在黨衛軍中的那段時光。那麼，為什麼他四十年之後才公開承認？

他在《剝洋蔥》中寫道：

幾十年來，我拒絕向自己承認那個單詞和兩個字母（即Waffen-SS，黨衛軍——譯注）。戰後，我想掩蓋自己少年時滿懷愚蠢自豪感接受的東西是出於越來越多的羞愧感。但負擔依舊，沒有人可以減輕它。誠然，在我接受訓練成為一名坦克兵期間……從未聽說那些後來逐漸公之於世的戰犯，但這種無知的說法無法模糊這樣的領悟，即我曾是這樣一個制度中的一部分，該制度計畫、組織並實施了數百萬人的大屠殺。即使我可以免除積極同流合汙的罪責，但時至今日仍然還有一點點通常所謂的共同責任。我必定將背負著它度過我的餘生。

當採訪者問他這個問題時，答案總是模稜兩可、無法令人滿意。在引發去年夏天群情激憤的那場最初採訪中，他告訴《法蘭克福彙報》的法蘭克・施爾瑪赫（Frank

牛津：布萊克韋爾出版公司，一九九〇，頁三七〇，注六〇。

7 克勞斯・瓦根巴赫，「Grass sprach schon 1963 über SS-Mitgliedschaft」，《世界在線》（*Weltonline*），二〇〇七年四月二十五日。

Schirrmacher）：「它壓抑著我。」「我沉默這麼多年是寫這本書的理由。這個必須說出來，終於說出來了。」德國電視一台的烏爾里希．維克特（Ulrich Wickert）問道，為什麼是現在？「這事埋藏在我心裡。我也說不出確切的原因。」在今年春季的萊比錫書展上，他若有所思地說，他必須尋找恰當的文學形式來坦白這件事，他說，這意味著要等到自己寫自傳的年紀。彷彿這解釋了六十年沉默的原因。

葛拉斯自己沒有給出一個令人信服的解釋，讓我試著給出一個不可避免的猜測性答案吧。或許他剛好錯失時機。如果他在黨衛軍中的短暫服役期出現在二十世紀六〇年代中期瓦根巴赫的傳記中，它只不過將成為他故事的一部分而已。如果他曾坦承自己青少年時期曾應徵入伍在黨衛軍中服役過，他將永遠無法獲得諾貝爾獎，這個說法在我看來似乎難以置信。但隨著時間的推移，隨著越來越多的人知道黨衛軍所做的暴行，隨著一九六八年後譴責較老的一代掩蓋納粹過去的方式的呼聲越來越響，隨著葛拉斯自己成為該呼聲中最刺耳的聲音之一，這份姍姍來遲的披露所付出的代價就更高了。路德曾經說過，一個謊言像滾下山的雪球：滾得越長，就越大。

為何現在披露呢？隨著他走近人生的盡頭——在詩歌中，他關於一雙新皮鞋寫了一句美麗的詩句，好像這雙鞋要比穿它們的人更長久似的——這顯然在心理和道德上壓抑著他。有人懷疑，他擔心研究人員會在斯塔西的檔案中找到一些資料，我們知道斯塔西收集了一些有關傑出西德人的納粹過去、有可能洩露的材料。（結果表明，斯塔西實際上並沒有這項深深隱藏的細節，但他並不知道他們沒有。）無論如何，他肯定真的猜想過，有朝一日，某位深入探究的德國學者將翻看他的戰俘紀錄，上面有令人討厭的三個字母W-SS。（它在文獻書籍中再現了。）就像法蘭索瓦·密特朗（François Mitterrand）在晚年的時候決定談論自己置身維琪（Vichy）的過去並對其做出自己的解釋一樣，這是葛拉斯最後的機會以自己的方式將它說出來。《剝洋蔥》一開篇，葛拉斯就問自己為何要寫這部回憶錄，還總結出了一系列原因：「因為我想說完最後的話。」當然，他不會說完。[8]

二

我們應該如何評判葛拉斯事件？不應該在媒體迅速反應的「非法法庭」中評判它，而是應該在緩慢的歷史法庭中心平氣和地考慮所有可以利用的證據。首要又明顯的一點是他作

---

8 似乎值得補充的是，在紐約公共圖書館鈞特·葛拉斯和諾曼·梅勒（Norman Mailer）共聚一堂，安德魯·奧哈根（Andrew O'Hagan）分別對他們進行訪談，而又正值《剝洋蔥》在美國出版，梅勒——他說發現該書「如果不是我讀過的最優秀的戰爭題材作品，就是最優秀的作品之一」——從一個小說家的角度對葛拉斯的行為做出相當敏銳又同情的猜測：

> 我認為他可能覺得無法下手，因為一方面，他沒有準備寫它（即沒有找到合適的文學形式），另一方面，要犧牲的東西太多。隨著時間的流逝，要犧牲的東西太多了。對於他所信奉的東西，要犧牲的還要越來越多……因此現在他在為此付出代價。但我必須指出，今晚我很高興與他在這裡相聚，我尊重他。

梅勒認為這可能是他最後一次在公共場合露面，還告訴觀眾葛拉斯的故事促使他開始「搜索自己的人生，問自己有沒有隱藏了很久卻從未寫出來的東西，其實……可能永遠不會寫嗎？在我看來，背叛我妻子阿黛爾的事情，我可能永遠都不會寫。」該訪談的錄音可以在www.nypl.org/research/chss/pep/pepdesc.cfm?id=2678上找到。

為小說家的成就不會受到影響。奧登對此說的比任何人都好：

時間對勇敢和天真的人
可以表示不能容忍，
也可以在一個星期裡
漠然對待一個美的軀體，

卻崇拜語言，把每個
使語言常活的人都寬赦，
還寬赦懦弱和自負，
把榮耀都向他們獻出。

時間以這樣奇怪的詭辯
原諒了吉卜林和他的觀點，
還將原諒保爾．克勞德，
原諒他寫得比較出色。

——「紀念葉慈」（一九三九）

時間將原諒鈞特．葛拉斯。因為德語因他而活，同樣也以不同的方式因克里斯塔．沃爾夫而活，因他寫《錫鼓》時在巴黎以友相待的詩人保羅．策蘭（Paul Celan）而活。

他最忠實的支持者稱，他作為政治和道德權威的地位也不會受影響。在我看來，溫和點說，這似乎令人難以置信，但並不是所有他的行動主義都會受到同等的影響。或許他最突出的政治貢獻是德國—波蘭的和解。他模範性態度的一個小標誌是，他在回憶錄中用波蘭的名稱來指代如今的格但斯克（原先稱為但澤）——這在德國作家當中不同尋常。當然，一開始披露出來的時候，波蘭人和任何人一樣震驚，萊赫．華勒沙隨即表示應該剝奪葛拉斯的格但斯克榮譽市民身分。

但後來葛拉斯寫了一封痛苦、有品格的道歉信給格但斯克的市長。在我看來，整個文件紀錄最讓人感動的地方是，該市長闡述他及其同事如何緊張地等待這位小說家的信（他會說需要什麼嗎？他會找到恰當的語氣嗎？），收到這封信的時候大鬆了一口氣並滿懷感激地讀它，迅速將它譯成波蘭語，接著請了一位演員將它讀給聚集在市政廳的許多人聽。那位演員讀完的時候，全場沉默了一會。隨後，聽眾發出雷鳴般的掌聲。該市長用德語總結了闡述的內容，「Danzig versteht seinen Sohn」（即「格但斯克理解自己的兒子」）。或者說，他最初肯定是用波蘭語寫的，「格但斯克理解自己的兒子」。

因此，他的波蘭—德國貢獻沒有受影響。對於他不依不饒、肆無忌憚地批評美國，那些喜歡這種方式的人依然喜歡，那些不喜歡的人將更不喜歡。顯然受影響並且受損的是，他再也無法站在道德高地上批判從康拉德．艾德諾到柯爾的西德保守派沒有正視納粹的過去。

然而，在此，讓我嘗試一下超越有意識目的範疇的挽救辦法。葛拉斯姍姍來遲的披露會有什麼影響？隨著他接近人生的盡頭，納粹主義的記憶淡化，弗蘭德斯堡黨衛裝甲師的活動成為美國周末休閒戰爭遊戲的對象[9]，葛拉斯突然破壞了自己的雕像——不是作為小說家的雕像，而是作為坦誠、及時地正視納粹過去的道德權威的雕像——讓其廢墟留在路邊作為警示，就像雪萊（Shelley）的《奧西曼迭斯》（*Ozymandias*）。關於這個主題，他所說和所寫的任何東西都沒有他現在留給我們的自身例子一半有效。六十年來，連鈞特・葛拉斯也不願和盤托出自己曾是黨衛軍中的一員！看，陌生人，顫抖吧。

當開始思考這個謎時，我與一位德國朋友討論了一番，這位朋友只比這位小說家小兩歲，但戰爭的經歷完全不同。他說：「你知道的，我對此有一個理論。我認為葛拉斯從未參加過黨衛軍。他只是讓自己相信參加過而已。」我肯定我的朋友說的不是表面意思。我把他的話理解成是一種詩意的洞察力，洞察到了德國人的記憶痛苦又錯綜複雜的特質。他補充說：「但不要寫上，否則葛拉斯將告你宣稱他沒有參加過黨衛軍。」

二〇〇七年

9 該組織在其網站上說：「我們不是以政治為導向的組織，只是想享受二戰時期快節奏和刺激氣氛的再現。」

我們腦海中的斯塔西

德國最顯著的成就之一是，在世界的想像中，將自己如此親密地與人類歷史上最危險世紀中兩大最糟糕的政治制度中最邪惡的魔鬼聯繫起來。「納粹」、「黨衛軍」和「奧斯威辛集中營」在全球已經等同於法西斯主義極端的不人道。現在「斯塔西」一詞正在全球逐漸成為共產主義祕密警察恐怖的代名詞。佛洛里安．賀克．馮．唐納斯馬克（Florian Henckel von Donnersmarck）執導的影片《竊聽風暴》（*The Lives of Others*）在世界各地大獲成功，順理成章地榮獲了奧斯卡獎。這將增強第二種聯繫，而第二種聯繫基於第一種聯繫對我們想像的預先編程。納粹，斯塔西：德語中令人越發痛苦的半押韻。

不過並非總是如此。二十世紀七〇年代，我到柏林居住的時候，我對納粹的魔鬼如何吞噬這個文化高度發達國家的謎非常感興趣。我開始發現威瑪時代柏林人民的行為為何與阿道夫．希特勒執政後柏林人民的行為相同。最讓我著迷的一個問題是：什麼品質和人性讓一個人（克勞斯．施陶芬貝格上校試圖刺殺希特勒而犧牲了自己的生命）成為異見分子或者抵抗的戰士，讓另一個人（阿爾貝特．施佩爾）成為國家有組織犯罪的同謀？

我很快發現，在柏林圍牆後面的東德，儘管大屠殺較少，但男男女女們在另一個德國獨裁統治下面臨著類似的兩難處境。我可以不用在布滿灰塵的檔案館中研究這個人類的難題，而是可以在當下歷史中研究。因此，我住進了東柏林，最終寫了一部講述共產黨領導人埃里希．昂納克（Erich Honecker）而不是希特勒統治下的德國人的著作。[1]當我以旅遊為主遊玩另一個德國的時候，我一次又一次地面臨斯塔西的恐怖。一名演員剛剛擔任了歌德《浮士德》電影中的主演，走回該演員的公寓時，一位朋友輕聲對我說：「當心，浮士德正在斯塔西工作。」我嚴厲批評共產主義東德的著作在西德出版後，一位英國外交官被召到東德外交部接受官方的抗議（政論家期待的最優秀的書評之一），我也被禁止再次進入該國。

東德是另一個可怕的獨裁國家，但是當時西方根本沒有普遍接受這種觀點。連對於將納粹和斯塔西進行比較的建議，許多西方的左翼人士都認為是過時、反動的冷戰歇斯底里，對緩和政策的精神不利。一九七七年，《衛報》記者喬納森．斯蒂爾（Jonathan Steele）總結道，德意志民主共和國是「一種體面的專制福利國家模式，東歐國家現在就成了這樣的國家」。連那些自詡是「現實主義者」的保守派談論共產主義東德的語氣也與他們現在採用的語氣截然不同。當時，「斯塔西」一詞並不是那麼難說出口。

兩項進展結束了這種長期的短視。一九八九年，東德人民最終發起反抗，譴責斯塔西是其先前壓迫的縮影。他們常常同時受到壓迫——「壓抑」一詞隱密的佛洛伊德式含義——他們自己每日妥協的記憶和維護共產黨政權穩定的個人責任，這都只是同一枚硬幣的另一面。一九九〇年後，聯邦共和國徹底接管前東德，這意味著，與所有其他後共產主義的國家不同，新老安全服務機構之間沒有連續性，毫不猶豫地揭露前祕密警察國家的惡行。大翻轉。

在馬丁・路德和利奧波德・馮・蘭克（Leopold von Ranke）所在的國度，清教徒顯然熱中於正視過去的惡行；一些東德的異見分子強烈渴望披露該政權的罪行；許多西德人（尤其是六八一代）不想重蹈一九四九年後掩蓋和遺忘納粹主義惡行的覆轍。由於他們的推動，我們看到了前所未有迅速、廣泛和系統性地開放逾一百七十七千公尺長的斯塔西檔案。四十年後的第二個輪迴，德國決心恰當地來「直面過去」（Vergangenheitsbewältigung）。當然，俄羅斯的KGB（東德老大哥的老大哥）並沒有採取此類行動。

一番猶豫後，我決定回去看看自己是否有一份斯塔西的檔案。真有。我讀了一遍，對我過去生活的詳細紀錄——三二五頁有毒的瑪德蓮蛋糕——深深地打動了我。德國曾經成立過歷史情報機構，在它的幫助下，我能夠極其詳細地研究製作該檔案的政治脅迫機構。接著，像一個偵探一樣，我找到告發我的熟人和參與我這件案子的斯塔西的官員。除了一個外，所有人都願意談一談。他們告訴我自己的人生故事，解釋他們為何開始做他們所做的東西。每個人的故事都可以理解，都太可以理解了；富有人情味，都太有人情味了。關於整個經歷，我寫了一本書，稱之為《檔案》（*The File*）。[2]

---

1 'Und willst Du nicht mein Bruder sein...' Die DDR heute (Reinbek: Rowohlt, 1981). 部分以英語版的形式出現在《災難的價值：有關中歐命運的隨筆》（*The Uses of Adversity: Essays on the Fate of Central Europe*），紐約：蘭登書屋，一九八九。

2 二〇〇九年由大西洋圖書公司再版，添加了新的後記。

二

因此，我特別感興趣地坐下來看這部有關斯塔西的著名電影《竊聽風暴》，該電影由一名西德的導演執導，柏林圍牆倒塌的時候，他只有十六歲。設定的時間是歐威爾的一九八四年，該片講述了盡職盡責的斯塔西上尉格爾德·衛斯勒（Gerd Wiesler）對該國著名劇作家格奧爾格·德萊曼（Georg Dreyman）及其美麗動人、敏感的演員女友克麗絲塔—瑪麗亞·西蘭（Christa-Maria Sieland）實行全面監聽的故事。隨著案件的發展，我們看到這位斯塔西上尉逐漸對自己的任務失望。他意識到，整個行動只是為了讓文化部長擺平劇作家這個對手，利用自己的職務捕獲可愛的克麗絲塔的芳心。衛斯勒問他的上級安東·格魯比奇上校（Colonel Anton Grubitz）：「這是我們參加組織的理由嗎？」

與此同時，他開始好奇地著迷於他通過與隱藏在劇作家公寓牆紙後面的竊聽器相連的頭戴式耳機聽到的東西：那個文學、音樂、友誼和美妙性愛的豐富世界，與自己在沉悶塔樓裡乏味、孤獨的生活（只能偶爾跟斯塔西委派的老妓女短暫地放鬆一下）不同。在公寓樓頂層他監聽的藏身之處，衛斯勒坐著一動不動地傾聽著德萊曼演奏一首名為〈獻給好人的奏鳴曲〉的鋼琴曲——這是一位持不同政見的戲劇導演送給該劇作家的生日禮物，文化部長禁止這位導演繼續自己的職業，後來他就自殺了。這位祕密的監聽者違反所有他自己在斯塔西的大學教授的規定，溜進公寓，偷了貝托爾特·布萊希特（Bertolt Brecht）寫的一卷詩歌。接著他躺在沙發上，沉醉在布萊希特更加傷感的詩歌中。

在錯綜複雜又扣人心弦的劇情高潮部分，角色發生逆轉，劇作家的女友將他出賣給斯塔西，但斯塔西的上尉犧牲自己今後的事業救了他，讓他免受暴露和逮捕。他淪落到與一名下級軍官一起在斯塔西的地窖裡利用蒸汽拆信，這位下級軍官就是我們之前看到在斯塔西的食堂裡開政治玩笑的那個人，在令人害怕的對話中，格魯比奇上校問了他的名字和軍銜。

柏林圍牆倒塌後，這位劇作家讀了自己的斯塔西檔案，從內部證據中發現衛斯勒——在檔案中的名稱是HGW XX/7——肯定保護自己，劇作家後來寫了一部小說，像那首曲子一樣，將其題為〈獻給好人的奏鳴曲〉。影片最終以三行電影俳句結束。在東柏林——現在我們已經處在一九九三年——的卡爾．馬克思書店裡，這位前斯塔西成員翻開這本新出版的小說，發現它「感激地獻給HGW XX/7」。書店的店員問：「要包起來送人嗎？」「不用，」衛斯勒說，「這是給我的（es ist für mich）。」字幕：劇終。恰到好處。

第一次看這部電影的時候，我被深深感染了。然而，我又由於感動，根據自己的親身經歷，提出了反對意見：「不！事實並不是這樣的。這太五彩斑斕、浪漫甚至戲劇化了；在現實中，要灰暗、俗麗和乏味得多。」比如，那位劇作家穿著棕色的燈芯絨西裝和開領襯衫，穿著和言談舉止都像是來自慕尼黑的高尚社區施瓦賓格（Schwabing）的西德學者而不是東德人。幾個細節也有錯誤。日常執勤的時候，斯塔西的官員不會穿那些漂亮的制服、長到膝蓋的發亮皮靴、皮帶和裝甲兵式的褲子。相反，劇中斯塔西大學裡的學生穿的是普通、學生式的平民服裝，而他們本應該穿著制服的。斯塔西的監視小隊最不可能在同一幢大樓的頂層住下——這肯定會讓居民知道，衛斯勒向樓梯井上那位劇作家的鄰居發出的那種可怕警告（「只要有一個字洩露出去，瑪莎就不能繼續在大學學習醫學。明白嗎？」）並不能確保所有居民都守口如瓶。

劇中的一些語言也太高雅、太老式了，完全是西方的語言。知道麵包哪一面塗了奶油的劇作家在與文化部長的交談中根本不會用西德的單詞——Berufsverbot——來表示黑名單。我在東德從來沒有聽說過有人稱一個女人為「gnädige Frau」，它是一個舊式的短語，表示「小姐」和「我的夫人」之間的一個意思。斯塔西的上校在審訊中也不會稱克麗絲塔為「親愛的」。我敢用最後一個德國馬克打賭，一九八四年的時候，西德新聞雜誌《明鏡》周刊（*Der Spiegel*）的記者不會談到整個德國（Gesamtdeutschland）[3]。這在我看來與其說是一九八四年真實東德所用的詞彙，還不如說是背井離鄉的德國貴族的詞彙。導演和編劇佛洛里安·賀克·馮·唐納斯馬克就是在貴族中長大的，第二次世界大戰結束的時候，他的父母從德國的東部逃了出來。

但這些反對意見尚未切入正題。重要的是這是一部電影。它運用好萊塢的套路和習慣，向盡可能廣泛的觀眾傳遞一部分斯塔西監控下的生活的真相，以及那些經歷所披露出關於人性的更大真相。它融合了歷史事實（有幾個斯塔西的位置是真的，大多數術語和諜報也是準確的）和快節奏驚悚片與愛情故事的元素。

我在牛津大學見到了馮·唐納斯馬克（二十世紀九〇年代中期他曾在牛津大學學習政治學、哲學和經濟學），與他討論了自己的保留意見。儘管極力為該影片基本歷史的準確性辯護，他馬上承認一些細節是為了戲劇效果而故意改變的。因此，他解釋說，如果他讓斯塔西的學生穿著制服，去電影院看電影的普通人無法與他們產生共鳴。但由於他讓他們（錯誤地）穿著學生式的平民服裝，還讓其中一個人（難以置信地）問了一個極其幼稚的問題——

「在審訊中恐嚇是不對的吧？」——觀眾可以與他們產生共鳴，被故事吸引。他稱，在電影中，現實總是要被濃縮（verdichtet），但要具有Dichtung（即詩歌或者更廣泛地說，小說）的言語聯繫。因此有了升級的語言（「我求你，我求你」——「我求你了」〔Ich fiehe dich an〕——該劇作家那會說，要求他的女友不要再次屈服於部長的貪婪色欲）。因此有了豐富的綠色、棕色和淺灰色的絢爛調色板（整部電影都是在這色調下拍攝的），以及克麗絲塔相當歌劇化的死亡。

在牛津大學電影院接下來的問答環節中，該導演在不同的回答中提到他欽佩的兩部電影：克勞德．朗茲曼（Claude Lanzmann）令人害怕的大屠殺紀錄片《浩劫》（*Shoah*）和安東尼．明格拉（Anthony Minghella）版的《天才雷普利》（*The Talented Mr. Ripley*）——一部有關謀殺和假冒身分的驚悚片，他選出它們是因為「它沒有讓我感到無聊，為此，我非常感激」。在《竊聽風暴》中，《浩劫》遇上了《天才雷普利》。馮．唐納斯馬克確實在意歷史事實，但他更在意不讓我們感到無聊。為此，我們非常感激。正因為他不是一名東德的倖存者而是美國化西方世界主義者的新生兒，條件優越、說流利美國英語和好萊塢通用語言的西德人（其粉色的領扣襯衫的領尖紐扣特意不扣），他才能將東德的經歷轉化成一種吸引世界想像力的習語。

當今最優秀的影評作家之一安東尼．雷恩（Anthony Lane）通過改編衛斯勒的最後一句

---

3 指戰後的整個德國，有時不僅包括東德，還包括以前德國東部的領土，比如西里西亞（Silesia），一九四五年後給了波蘭。

話——「這是給我的」——來總結其在《紐約客》中令人欽佩的影評。雷恩寫道，你可能認為這部電影只是針對現代德國人的，但它不是：「這是給我們的（Es ist für uns）。」他可能比自己知道的還要正確。《竊聽風暴》是一部為他人精心策畫的電影。與許多德國製造的其他東西一樣，它旨在出口。雷恩所說的「我們」——《紐約客》的讀者——正是其理想的外國消費者。或者確切地說，那些《紐約書評》的讀者。

有什麼必要的東西在這個翻譯的版本中丟失了嗎？總體而言，為了傳遞出更深刻的真相，小小的不準確和不真實是情有可原的藝術創作風格。然而，它確實丟失了重要的東西：漢娜．阿倫特（Hannah Arendt）如此知名的稱之為平庸的惡之感——在德意志民主共和國網眼簾布、塑膠板搭成的小屋和拖車裡是最平庸的惡。然而，這是極難再現的，當然對於更廣泛的觀眾來說，正是因為它太平庸，太無趣了。（或者說，偉大的編劇和導演能創造一部有關無聊的有趣電影嗎？我把挑戰放在這裡。）

這部影片的一種核心說法仍然令人煩惱。那就是在影片的結尾明確暗示的想法，即斯塔西的上尉是奏鳴曲中的「好人」。現在我聽到斯塔西的告密者最終保護了那些他們正在告發的人。我知道全職的斯塔西特工開始幻想破滅，尤其在二十世紀八〇年代期間。此外，在與前斯塔西官員多個小時的談話中，我從未遇到一個我感覺純粹是惡人的人。軟弱無能、心胸狹隘、投機取巧、自欺欺人，沒錯；做過壞事的人大多都這樣；但我總是能看到，他們的身上還留著好的一面，這好的一面可能會在其他情況中擴大。

我們在影片中可以看到，衛斯勒自己產生轉變，這轉變似乎難以置信的迅速，不能讓人完全信服——儘管東德演員烏爾里希．穆埃（Ulrich Mühe）的表演妙到極點。一開始，展現給我們的是幹勁十足的苦行者，那首奇怪的奏鳴曲和布萊希特的詩歌不足以改變他。我發現有趣的是，這部電影的歷史顧問曼弗雷德．維爾克（Manfred Wilke）在電影附帶的書中（包含原始的電影劇本）為該電影的許多方面提供了歷史依據，但沒有提供一個記錄在案的例子，講述斯塔西的官員這樣做卻逍遙法外的。相反，他引用了兩位反叛官員的例子，一位是少校，是在一九七九年，另一位是上尉，是在一九八一年，他們兩位都被判死刑並被處決。然而，我願意接受，這樣的轉變和掩蓋剛好在可能的範圍內。（如果格魯比奇上校揭露衛斯勒，他將危及自己。）

因此，衛斯勒做了一件好事，與他之前所做的無數壞事反向而馳。但從這一躍得出他是「一位好人」的觀點是過分的藝術誇張。在處理評估獨裁統治下人們行為方式的危險道德迷失時，有兩個典型的錯誤。一個錯誤是簡單、非黑即白、摩尼教式地劃分好人和壞人：X是告密者，因此他肯定是壞人；Y是異見分子，因此她肯定是好人。任何曾在這種情況中生活過的人都知道事情要複雜得多。另一個同等但相反的錯誤是道德的相對主義，這最終模糊了犯罪者和受害者之間的分界線。在自由思想的西方人——絕非巧合的是，通常是當時通過玫瑰色眼睛看東德的人——那裡經常可以遇到這種道德的相對主義。與此通常如影隨形的是這樣的看法，即斯塔西的檔案根本不可信：「檔案是假的（Die Akten lügen）。」馮．唐納斯馬克本人與這種相對主義相隔十萬八千里，但他的電影令人不安地朝它靠近。該影片中的「好人」是一名為了保護藝術家而偽造報告的斯塔西上尉。

這是一個錯誤，但並不致命。畢竟，僅憑《竊聽風暴》的影響不會引發一波全世界對前斯塔西官員的同情。它將以風格化的時尚方式，把那個制度的恐怖帶給國內之前對此知之甚少或者全然不知的觀眾。這是一部令人難忘、精心製作的影片。因此，它配得上奧斯卡獎。

二

根據《明鏡》周刊的一篇報導，奧斯卡頒獎典禮後，情緒激動的馮．唐納斯馬克最終抵達德國的深夜慶祝會時，他在空中揮舞著奧斯卡的小雕像歡呼，「我們是世界冠軍（Wir sind Weltmeister）！」該詞組並不是指世界的主宰者，而是指世界冠軍（比如足球方面）或者世界大師（比如在高爾夫球方面），另外還附帶暗示藝術大師，比如在名歌手或者名著方面。但是德國人到底在哪個方面是世界大師？在足球方面，差不多是。他們在二〇〇六年世界盃中的良好表現帶來真正愛國的慶祝場面——這在戰後的西德是非同尋常的，而這可能就是馮．唐納斯馬克的心中所想。當然，在出口業中，有向英國出口的寶馬車，向伊朗出口的機械工具，向中國出口的生產線，還有偶爾出口的電影。《竊聽風暴》在世界各地已經獲得了兩千三百多萬美元票房——對於德國經濟來說是一筆相當不錯的出口額。

有人可能往往會說，尤其在看完該電影之後，德國也是建立殘酷獨裁統治的世界大師。保羅．策蘭在其無與倫比的「後大屠殺」詩歌〈死亡賦格曲〉（Death Fugue）中寫道，「死神是來自德國的大師（Der Tod ist ein Meister aus Deutschland）」。在法西斯主義上，希特勒的德國無疑是世界冠軍——簡直是舉世無雙。但昂納克領導的德國也是如此嗎？是的，這個只有一千七百萬人口的小國家是心理恐嚇的縮影。正如歐威爾所認為的那樣，完美的極權制度不需要殺人或者在心理上折磨任何人。我最不願意縮小東德政權所做的惡行，但與在史達林的古拉格（Gulag）[4]、毛澤東時代的大饑荒和波布（Pol Pot）的種族大屠殺中死亡的數百萬人相比，很難堅持說這是共產主義帶來的最糟糕情況。

在那個更大的背景中，與納粹德國不同，東德只是小插曲而已。斯塔西是以ＫＧＢ為模型，並不是像許多人模糊想像的那樣以蓋世太保（Gestapo）為模型。隨著其他蘇聯集團國家的檔案的開放，我們發現它們的祕密警察的工作方式非常相似。不過，或許斯塔西要稍微好那麼一點點，因為它是德國的；而在ＫＧＢ的檔案中還有許多更大的恐怖。另外，我們不要忘記，斯塔西國家的那點心理恐怖自始至終依靠紅軍的存在和蘇聯使用武力的意願。這些一消失，斯塔西國家也完蛋了。

那麼為什麼是「斯塔西」這個詞——而不是「ＫＧＢ」、「紅衛兵」或者「紅色高棉」（Khmer Rouge）——正迅速在全球成為共產主義恐怖的代名詞？因為德國人真正堪稱世界冠軍的行業是對其國家恐怖形式的文化再現。沒有哪個國家在調查、傳播和呈現——一而再再而三地呈現——其過去的惡行方面比它更有才華，更持之以恆和更具創新性。

這種文化再現必須處理犯罪者和受害者的性格。在希特勒的大屠殺中，古騰堡（Gutenberg）[5]的傳人開始滅絕書籍的傳人。歐洲最有天賦、最淵博和最具創造力的一個民族試圖摧毀另一個民族，長期以來，兩個民族都生活在繁榮昌盛的文化中，互相依存。

4 古拉格，蘇聯的勞動營和監獄系統，二十世紀二〇—五〇年代中期關押蘇聯政治犯和刑事犯的機構。——譯注
5 古騰堡（約一三九八—一四六八），德國發明家，是西方活字印刷術的發明人。——譯注

（一名波蘭的民間木雕師曾對我的一位朋友說：「德國人是猶太人的壞情人。」）後來，兩個民族一絲不苟地用前所未有的藝術創作來紀念那恐怖。在策蘭的〈死亡賦格曲〉中，這首德語詩歌低聲回應著哈西德教派的神祕主義，這種紀念方式本身就是德國人—猶太人相互依存的新勝利。策蘭自己曾說到他深愛的德語是如何在「死亡演講的無盡黑暗」（die tausend Finsternisse todbringender Rede）中倖存下來的。現在，該語言通過他再次重生，而他自己剛剛避開了德國來的那位大師。

至於共產主義，德國人自己實行了它——不過並不是在一個主權國家中。古騰堡的傳人壓迫路德的傳人。這段歷史一結束，蘭克的傳人又馬上接手。整整一代西德的現代歷史學家，在對納粹主義的研究中受到了訓練，現在又把他們熟練的技能應用到了德意志民主共和國上。只有西德的存在和特點及其應對艱難過去極具道德性和專業性的方法，能解釋斯塔西現象的獨特文化傳播。（想像一下，一個民主的西俄羅斯接管前蘇聯，積極準備著揭露KGB的所有惡行。）現在我們又有了由完全美國化的年輕西德人製作的電影版本。

這個過程中的每一步都環環相扣。認知學的科學家告訴我們，重複文字和圖像可以加強神經突觸，它們連接著神經回路中的神經元，在我們的大腦中負責處理這些文字和圖像的含義。隨著時間的推移，這些精神上的聯繫變成了電化學上的本能聯繫。不管是有意還是無意，《竊聽風暴》直接勾起這些早已存在我們腦海中的聯繫。比如說顯然微不足道的細節——斯塔西的官員的制服。為什麼它至關重要？因為一看到德國人穿著一身普魯士的灰色制服，閃亮的長筒皮靴，我們的神經突觸就會開始尖叫：納粹。

早在一九八四年——該影片的故事發生的時間，飾演衛斯勒的陰險上級格魯比奇上校的演員因在西德的舞台上飾演黨衛軍而成名，有人發現這一點根本不足為奇。斯塔西的真正日常制服不過是大批量生產的廉價滌綸製品配上廉價的、郵差穿的靴子，這就不會產生同樣的效果了。由於用戲劇性的方式拍攝他們，劇作家德萊曼在文化部長周圍跳舞的場景讓我猛然想起《摩菲斯特》（*Mephisto*），這是一部由匈牙利導演伊斯特凡．薩博（István Szabó）執導的精采影片，講述了一名演員兼導演古斯塔夫．古魯丹斯（Gustaf Gründgens）及其與赫爾曼．戈林（Hermann Göring）之間浮士德式的協議。又一個納粹—斯塔西的迴路聯繫在不知不覺中被觸動了。

接下來就是影片的關鍵時刻，德萊曼在鋼琴上演奏古典的〈獻給好人的奏鳴曲〉，衛斯勒通過頭戴式的耳機傾聽著。演奏結束後，德萊曼轉向克麗絲塔大聲說道，「聽過這音樂的人，我是說真正聽過的人，還會是一個壞人嗎？」馮．唐納斯馬克表示，自己是從馬克西姆．高爾基（Maxim Gorky）的一段話裡得到靈感，高爾基在這段話中寫到，列寧曾說他不能傾聽貝多芬的〈熱情奏鳴曲〉（Appassionata），因為它讓他想說一些甜蜜而愚蠢的東西，輕拍小人物的腦袋，但是實際上必須敲打那些小小的腦袋，狠狠地敲打，才能實現革命。作為一名一年級的電影系學生，馮．唐納斯馬克想知道「如果一個人強迫列寧傾聽〈熱情奏鳴曲〉會怎麼樣」，這就是他這部電影最初的靈感。（德萊曼其實提到了列寧的話。）

因此，該場景的靈感來自俄羅斯。但當我們觀看影片的時候，我們——尤其是雷恩提到的「我們」——會立即產生什麼聯想？我們肯定會想到羅曼．波蘭斯基（Roman Polanski）的《鋼琴師》（*The Pianist*），影片中，一名德國軍官被一名波蘭猶太裔的鋼琴師演奏的蕭邦（Chopin）深深打動，放過了他——就像衛斯勒放過德萊曼一樣。我們也肯定會想到那些受過教育的納粹殺手，他們晚上聽著孟德爾頌（Mendelssohn）的音樂，然後第二天早上出門去殺害更多像孟德爾頌這樣的人。難道他們沒有真正地傾聽音樂？良好的教養能賦予人性嗎？我們又再度陷入了二十世紀德國最深奧的謎題，該謎題在音樂與詩歌中以最感人的方式傳達了出來。正是這些神經突觸的聯繫讓《竊聽風暴》在我們的腦海中產生了如此強烈的共鳴。

在二十一世紀的頭幾年，製作該影片的德國是地球上最自由和文明的國家之一。在如今的德國，與傳統的自由家園——例如英國和美國——相比，人權和公民自由獲得更加讓人羨慕和有效的保護。在這片美好的土地上，有歷史學家的職業素養、新聞記者的調查技巧、國會議員的嚴肅認真、投資者的慷慨大方、神父和道德家的理想主義、作家的創作天才，沒錯，還有電影製作人的才能，這一切合起來鞏固了世界對德國與邪惡之間最難以磨滅的聯繫的想像。然而，如果沒有這些努力，德國就不可能成為一片如此美好的土地。在人類文化的所有紀錄中，難道還曾有過更自相矛盾的成就嗎？

二〇〇七年

我們這個時代的歐威爾

即使你和我一樣是歐威爾熱情的崇拜者，面對製作精美、注解驚人的二十卷本《喬治・歐威爾全集》，你肯定會問：為什麼是歐威爾？在所有作家中，為什麼要將他青少年時期傷感的愛情詩像密爾頓失傳的十四行詩一樣編輯？他那數百篇書評和專欄文章的持久價值是什麼？他的錄音談話，擔任他人談話節目製作人時的無聊信件，甚至還有在英國廣播公司印度部工作的兩年時間裡的內部「談話預定表」，組成了厚厚的三卷，你要如何說明其合理性？當彼得・戴維森博士說《全集》時，他強調的是「全」。[1]

每一行字都像對待莎士比亞一樣。然而，歐威爾不是莎士比亞。他不是公認的天才。他也不是天生的英語大師。他早期的許多作品極其糟糕。一位詩人朋友稱這位年輕的準小說家「像一頭拿著步槍的牛」。他後來自己將兩本出版的小說《牧師的女兒》（*A Clergyman's Daughter*）和《讓葉蘭在風中飛舞》（*Keep the Aspidistra Flying*）（在該全集中都進行了精

1 彼得・戴維森編，《喬治・歐威爾全集》二十卷，倫敦：塞克&瓦伯格出版社，一九九八。

緻的重印）評為「十足的濫書」。他臨死的時候，留下遺囑，「不要」重印它們（他的資產）。連他最後的傑作《一九八四》也因拼拼湊湊的情節和差勁的寫作技能而大打折扣。只有《動物農莊》是完美的傑作。

一行行，一頁頁文字相比，人們可以立即想出六位二十世紀更加優秀的作家：康拉德、喬伊斯、艾略特、勞倫斯、奧登、沃（Evelyn Waugh）。那麼為什麼他們沒有獲得這樣的待遇呢？為什麼是歐威爾？

二

這個問題的一個可能答案是：其他人也應該獲得這樣的待遇。這是一個令人畏懼的想法，但值得考慮一番。將所有散文、文章、廣播、評論、書信、日記、筆記條目還有其他人回覆的精選，按照寫作的日期和年份編排印刷會帶來極其豐富的理解。當你徜徉於生活和工作的緊密聯繫中時，單個作品純粹的文學價值就不那麼重要了。你會發現多重聯繫：在歐威爾評論的書和自己所寫的書之間，在自己的愛情經歷和他創造的人物的愛情經歷之間，在他青少年時期抓到的可怕老鼠、西班牙監獄中的老鼠和在《一九八四》中聳人聽聞的一〇一號房間裡最終咬傷溫斯頓·史密斯的老鼠之間（「這樣弄茱莉亞！」）。

這樣編輯甚至可能有助於產生一種新的智識民主。不用管出版的傳記。這裡有你寫傳記所需的原材料。智識民主主義者歐威爾肯定會贊成這種做法。因此，或許每一位重要的作家都應該接受戴維森式的徹底重組。康拉德和喬伊斯只需要找到自己的戴維森，他們願意投入小小的資金和十七年令人疲憊的編輯工作。接著要有出版機構或者慈善家讓這些成果以人們能夠負擔得起的形式呈現（這次歐威爾的全集也是如此），平裝本或者電子版的形式都行。如果按照精裝本的價格，只有大學的圖書館和幾位幸運的書評作家將擁有智識投票權。

對於「為什麼是歐威爾」這個問題，一個更加顯而易見的答案是：他的生活和工作的獨特魅力和持久的重要性。魅力和重要性既有聯繫又有區別。先談一談魅力。戴維森引用了歐威爾的同學西里爾·康諾利（Cyril Connolly）的著名評論：「歐威爾的一切都相當有趣。他像勞倫斯，他所說或者所寫的所有東西中都閃耀著個性。」確實如此，那是一種古怪、固執、叛逆、道地的英國個性。

少量的傳記事實就夠有趣的了：伊頓公學富有天賦的獎學金獲得者竟然在緬甸做過殖民警察，在巴黎當過洗碗工，在倫敦當過流浪漢；他在鄉下開過店，參加過西班牙內戰，拋棄倫敦的左翼文學，住到蘇格蘭島偏遠地區的一個農場裡，在文學勝利的時刻死於肺結核，年僅四十六歲。他又高又瘦，穿著破舊的粗花呢夾克、寬鬆的燈芯絨褲子和黑色的襯衫，留著古怪的鉛筆線鬍子，嗓門又高又尖，吸工人的捲菸，他在世的時候，這些是軼事，他死後變成了傳奇。歐威爾去世五天後，馬爾科姆·馬格里奇（Malcolm Muggeridge）在自己的日記中指出：「通過閱讀凱斯特勒（Koestler）、普里切特（Pritchett）和朱利安·西蒙斯（Julian Symons）等人寫給喬治·歐威爾的各種訃告，可以看到人類傳奇是如何創造的。」

沒有人能比歐威爾更好地刻畫英國的人物，他自己就是一個體現英國人特點的活文集。他與階級的複雜關係非常英式：對最細緻的等級分類相當警惕（眾所周知他曾將自己的家庭形容成「上層中產階級偏下」），討厭紳士氣派和階級差別，卻永遠無法避開它們。

五十年來，中產階級的左翼人士一直在與這種緊張關係抗爭，歐威爾的鬼魂總是跟在它們的後面，這表明他深愛的英國改變這一點是多麼的緩慢。

他的幽默感也非常英式，這很大程度上也是他砂紙般的魅力所在。佛朗哥的狙擊手打穿歐威爾的喉嚨後，歐威爾的指揮官喬治．柯普（Georges Kopp）在真實報告歐威爾的身體狀況時寫道：「呼吸完全正常。幽默感不會受影響。」他有發表一些駭人言論——「所有菸草商都是法西斯主義者」——的習慣，隨後還藐視你不認真對待它。伊夫林．沃是他的政治對手，但他們都寫諷刺性的文章。他集道德家和諷刺作家於一身。康諾利說，在手帕工廠裡，歐威爾不對其條件說教一番就不舒服。

他在處理與女性的關係上笨手笨腳，這也是英式的，啊，太英式了。有一些傷感、幾乎哀求的信：「我希望有一天，你能讓我再次和你做愛，但如果你不讓也沒關係，我總是會感激你對我的好。」在情感的保守陳述方面也是英式的，太像戴安娜死前的英國式了，這種保守的陳述甚至比其喜劇化的誇張還極端。毫無疑問，他與活潑、聰慧、機智又會提供支持的第一任妻子艾琳（Eileen）的婚姻對他相當重要。但她在手術檯上意外早逝後，他對史蒂芬．斯彭德（Stephen Spender）表達自己的悲痛說：「她是個不錯的伴侶。」

他熱愛鄉村、動物和園藝也是英式的。最重要的是，他所有的聰明才智及其根深柢固的經驗主義是英式的。他熱中於寫日記、記筆記和列名單。這些資料包裝緊湊，包含著驚奇的真相和細緻的觀察，從不同品種母雞的習慣到德國炸彈落到倫敦大街上。他愛真相。如果他心中有一個神的話，那它就是吉卜林的「實事求是之神」。

然而，出現了複雜局面，這也是魅力的一部分。歐威爾將太多自己的生活放入作品中。他的九部長篇大作（現在是《歐威爾全集》中的前九卷）有三部看上去是自傳。他率先有力地使用第一人稱「我」。這個歐威爾清清楚楚的聲音是一種反抗又質樸的誠實，是一個老實人直言不諱地講述事實。但這個「我」到底是誰？是真人艾瑞克．布萊爾[2]還是創造的人物——喬治．歐威爾？從大多程度上來說，他給我們講述的東西是真的？

他最突出的早期隨筆之一描述了在緬甸親眼目睹行刑的情景。但他後來告訴三個不同的人，這「只是一個故事而已」。那麼他曾親眼目睹過行刑嗎？他替一本《巴黎倫敦落魄記》（*Down and Out in Paris and London*）作了注解，送給一位女友：這是真的，幾乎像真的一樣，但「這件事是編造的」。無論如何，在他講述的故事中，他好像真的窮困到身無分文，但這是一個根本的謊言。在英國，他有親戚朋友，在法國，有最喜歡的姑母，他們肯定會出手相助。

美國「新新聞主義」（New Journalism）[3]的化身在寫作之前讀了他的作品嗎？即使他們沒讀，他也是此中先驅。新新聞主義關於真實報導的本質和虛構與非虛構真相之間的關係所提出的問題，以及如今對整個更高的新聞界至關重要的問題，在「歐威爾」中都有。

這已經是上千種批評研究的對象。所有英語文學學院似乎都一直在忙於解開、三分、解構和重構歐威爾作品中的事實和虛構成分。然而，如果《動物農莊》和《一九八四》兩書

---

2 艾瑞克．布萊爾，Eric Blair，喬治．歐威爾原名。——譯注

3 新新聞主義，一種新聞報導形式，最顯著的特點是將文學寫作的手法應用於新聞報導，重視對話、場景和心理描寫，不遺餘力地刻畫細節。——譯注

的作者在上半個世紀沒有大獲成功，在全世界產生影響，這種傳記和批評的魅力就不會存在，更不用說不斷地像複製真十字架文物一樣複製歐威爾。魅力最終無法與重要性分開。

大衛·雷姆尼克（David Remnick）曾寫道：「至於對歷史的影響，索忍尼辛是二十世紀首屈一指的作家。誰能與他爭鋒？歐威爾？凱斯特勒？」這是一個有趣的挑戰。我會說歐威爾。首先，他的影響力要廣泛得多。「老大哥」、「新話」和「雙重思想」已經收錄進英語詞典。它們常常運用於不太恰當或者非常不恰當的語境中。他的影響力的主要證據來自他發明的政治術語的濫用，而他發明這些術語就是為了警告這種濫用，歐威爾對於這種諷刺可能不太好受。

與此同時，「歐威爾式」（Orwellian）一詞隨處可見，作為形容詞用來形容極權主義的恐怖和竄改歷史等（與「卡夫卡式」差不多），作為名詞用來形容其作品的崇拜者和有意的追隨者。收穫既作為形容詞又作為名詞雙重詞性的作家寥寥無幾。我一下子只能想到馬克思、佛洛伊德、達爾文、狄更斯、托爾斯泰、喬伊斯和詹姆斯。（可以肯定的是，這部分是巧合，剛好聽起來悅耳。「Solzhenitsynian」又長又難讀，「Eliotian」的讀音聽起來像「hair oil」。）

不，歐威爾是二十世紀最有影響力的政治作家。他的朋友亞瑟·凱斯特勒根本不能與他相提並論。誰能呢？波普爾（Popper）[4]？海耶克（Hayek）[5]？沙特（Sartre）？卡繆（Camus）？布萊希特？阿隆（Aron）[6]？阿倫特？伯林？二十世紀七〇年代的時候，索忍尼辛的政治影響力可能要比這些人都大。然而，早在索忍尼辛之前，時間要長得多——從一九四五年到一九九〇年，整個冷戰期間——我們當時所稱的「西方」將歐威爾視為普通極權主義尤其是蘇聯極權主義至高無上的描述者。

在索忍尼辛有競爭力的領域，他也能與索忍尼辛並駕齊驅。在當時所謂的「東方」，任何擁有偷渡版《動物農莊》或者《一九八四》的人都會在一夜之間讀完，意識到它極其諷刺性地批評了他們自己所處的現實。歷史學家亞歷山大．尼克里契（Aleksandr Nekrich）寫道，「喬治．歐威爾可能是了解蘇聯世界最核心東西的唯一西方作家」。俄羅斯詩人納塔利婭．格班耶維斯卡婭（Natalya Gorbanyevskaya）告訴我，她感覺歐威爾是東歐人。

但他不是。他是道地的英國人，從未去過離俄羅斯或者東歐很近的地方。二十世紀八〇年代的時候，波蘭和捷克的朋友會向我展示其祕密出版的《動物農莊》和《一九八四》並說，「但是他是怎麼做到的？」是誰告訴他在他們公寓樓的「走廊裡有煮熟的捲心菜味道和破舊的席子」？從缺乏刮鬍刀刀片到雙重思想根深柢固的心理，他是如何理解這一切的？他又是如何知道的？

答案既複雜又簡單。這其實要從西班牙的內戰說起。由於他曾加入非正統馬克思主義的馬統工黨（POUM）的民兵組織而不是共產主義領導的國際縱隊，他和他的妻子後來在巴

4 波普爾（一九〇二—一九九四），奧地利籍的英國自然科學和社會科學的哲學家，主要著作有《開放社會及其敵人》、《猜想與反駁》、《歷史決定論的貧困》。——譯注

5 海耶克（一八九九—一九九二），奧地利裔英國經濟學家，新自由主義的代表人物，代表著作為《通往奴役之路》、《致命的自負》、《自由的憲章》、《法律、立法與自由》。——譯注

6 阿隆（一九〇五—一九八三），法國社會學家、哲學家、政治學家，主要著作有《知識分子的鴉片》、《想像的馬克思主義》、《論自由》。——譯注

塞隆納對馬統工黨的暴力鎮壓中受到牽連。與他一起在前線並肩作戰的朋友，要麼被俄羅斯領導的共產黨人——原本應該是他們共和國的盟友——送入監獄，要麼被他們殺死了。歐威爾成了街上的逃亡者。這套全集中印出一份祕密報告，是遞交給審判間諜罪和叛國罪的法庭的，在該報告中，艾瑞克和妻子艾琳·布萊爾被形容成是「狂熱的托派分子」和「馬統工黨的特工」。如果他們沒有早幾天逃出西班牙，他們就會發現自己像喬治·柯普一樣鋃鐺入獄，受到折磨，被扔到一個有大老鼠的煤倉中。

這種共產主義的恐怖、背叛和謊言的直接體驗是理解他所有後續作品的關鍵。在《向加泰隆尼亞致敬》中，在巴塞隆納，有一名俄羅斯特工受到指控，說他誹謗馬統工黨是托派佛朗哥背叛者，他在描述這位特工時寫道：「這是我第一次看到一個人的職業就是說謊——除非有人把記者算上。」後半句是典型的黑色幽默，但也反映了進一步的失望發現。回到英國，他發現實際上所有左翼的媒體都在隱瞞或者編造有關巴塞隆納事件的事實。這是他西班牙經歷的第二部分，對他的打擊更大，因為這發生在自己的國家。從此他開始著迷於自己在《一九八四》中所形容的大洋國統治意識形態的基本原則：「竄改歷史」。編造、美化或者重寫歷史：簡而言之，記憶之洞。

繼西班牙之後，他繼續滿懷諷刺地熱情關注納粹和蘇聯極權主義的動向，尤其是蘇聯的極權主義。他仔細地閱讀報紙。他眾多筆記本中的一本記錄了導致第二次世界大戰爆發的重要事件，包括納粹—蘇聯協議。一九四三年的德黑蘭會議讓他形成了世界可被分成三個大集團的想法。他是談論卡廷大屠殺的先驅之一，內務人民委員會部（NKVD）[7] 實施了該大屠殺，殺害了數千名波蘭軍官，但將它推到了德國人身上。此外，他也寫書評。葉夫根尼·

薩米爾欽（Yevgeny Zamyatin）的反烏托邦作品《我們》是公認具有影響力的作品。一名美國記者對蘇聯生活的敘述包含《一九八四》中的核心修辭：「2+2=5。」（這其實是蘇聯的一個海報，表示五年計畫能夠在四年內完成。）

在歐威爾想像的一九八四年中，許多對於滿目瘡痍、散發著臭味的倫敦的切身感受來自一九四六至一九四八年間滿目瘡痍、散發著臭味的倫敦。（沒有人猜到的是，到了真實的一九八四年，華沙和莫斯科仍然是滿目瘡痍，散發著臭味。）也有一些細節是以他在英國廣播公司工作的那段時間為基礎的。戴維森表示一〇一號房間是一個只有少數人知道的玩笑。歐威爾在廣播大廈（Broadcasting House）的一〇一號房間參加過許多令人乏味的印度部會議。

最後，與所有作家一樣，一些素材是非常個人的東西。在閃耀著陽光的林地溪谷中做愛是不斷浮現的幻想，他至少和一位女友埃莉諾．雅克（Eleanor Jaques）這樣幹過。在一九三二年的一封信中，他記得她「那在深綠色青苔上雪白肌膚的身體」。在《一九八四》中，那個雪白肌膚的身體又回到樹林中（茱莉亞的「身體在陽光中晶瑩剔透」）。還有他一生難忘的老鼠。此外還有一些相當黑暗的東西：他能夠如此生動形象地描寫殘忍的警察鎮壓甚至施虐狂，不僅因為他曾真的做過壓迫人的殖民警察，還因為他的個性中有一點點殘忍。

所有素材都齊了，但祕訣在於組合。新組合是他早期作品的主要缺點，現在神奇地轉

---

7 內務人民委員會部，蘇聯在史達林時代的主要祕密警察機構，也是二十世紀三〇年代蘇聯大清洗的主要執行機關。——譯注

變成了優點。他作為小說家的不足在於他沒有足夠轉化創新性想像力的力量。他後來關於《在緬甸的日子》對一位記者寫道：「其中的大部分內容不過是報導了我所看到的東西而已。」你可以用這句話來評論他的所有小說。在他的小說中，有一半不過是改頭換面的報導而已。他作為記者的不足（不那麼嚴重，但仍然是不足）是他喜歡說毫無根據、籠統、粗暴的大話：「真正的革命者都不是國際主義者」，「高度工業化國家中的所有左翼政黨實際上都是做做樣子」和「人道主義者通常是偽君子」等。正如普里切特（V. S. Pritchett）[8]評論的那樣，他「像野蠻人一樣誇大其詞」。當然，這部分是他的幽默。但這種新聞風格的問題在於最終你都不知道是否要認真對待。

現在看一看在《動物農莊》和《一九八四》裡發生了什麼。這兩本書的影響力正是來自如下事實：它們非常緊密地以一九一七年後三十年間的真正事件、細節和趨勢為基礎。他在給出版商寫的一封信中表明了這種緊密程度，在信中，他要求出版商將在《動物農莊》中描寫人類炸風車那一幕的那句話，「包括拿破崙在內的所有動物撲向他們的臉」，改成「除了拿破崙之外的所有動物」，因為「這樣改對 J. S. 才公平，因為德國進攻的時候，他確實待在莫斯科」。如果俄國人和東歐人奇怪地感覺到在《一九八四》中能認識到他們所處的現實，那是因為起點是他們所處的現實——有一些納粹主義，二十世紀四〇年代的倫敦也迅速捲入其中。但後來一位喜歡野蠻、黑色幽默大話的人將這種緊密觀察到的現實搬上大銀幕。破壞新聞主義的東西造就了傑作：先是短小、形式完美、斯威夫特式的諷刺寓言，接著是更大、形式不那麼完美但最終更加有力的反烏托邦作品。

最後是時機。由於他的西班牙經歷，當大多數他同時代的人還在歌頌我們史達林格勒的英勇盟友時，歐威爾已經在關注蘇聯問題了。著名的是，維克多．戈蘭茨公司（Victor Gollancz）、費伯出版社（Faber's）的T. S.艾略特（艾略特富有思想的信在該出版社出版）、喬納森．凱普出版社和信息部匿名官員的建議都拒絕了《動物農莊》。該書於一九四五年八月出版，當時英國開始意識到他們可能必須正視另一場戰爭，這次是對其前盟友的「冷戰」。根據《牛津英語詞典》，歐威爾是在英語中使用「冷戰」這個詞組的第一人。近代歷史學家描述了一個過程，在這個過程中，一九四五年和一九四六年的時候，英國試圖讓不情願的美國捲入冷戰中。一九四六年八月，北美出版《動物農莊》本身就是這個過程的一小部分。一九四九年，剛好柏林封鎖之後，《一九八四》出版，當時那場新戰爭已經全面爆發。

接著歐威爾使出了最後的絕招。他去世了。文學界的朋友紛紛稱讚他，如果他還是一名活著的競爭對手的話，或許他們就沒有這麼慷慨地稱讚他了。他是冷戰時期的詹姆斯．狄恩（James Dean），英國文學研究的約翰．甘迺迪（JFK）。如果他還活著，像凱斯特勒一樣因步入大眾科學的領域而讓自己的名譽受損，或者像現在的索忍尼辛一樣忙於拆毀自己的紀念碑，那就沒有那麼令人滿意了。正如埃德蒙．克萊里休．賓利（Edmund Clerihew Bentley）所寫的那樣：

對於死

8 普里切特（一九〇〇—一九九七），英國小說家和評論家。——譯注

猜一猜歐威爾可能會走哪條路是相當不錯的在家裡玩的遊戲。無論他走哪條路，那都是固執己見、背道而馳的路。他致力於把平等作為其核心價值觀的社會主義，但在他人生中的最後一年，他很少讓人陪著，將自己收養的兒子送到西敏學院。更加嚴重的是，從他最後的草稿中發現，他又回歸到虛弱、模糊的薩默塞特．毛姆式小說，可怕地回歸成拿著步槍的牛。

但是並沒有回歸，由於一九五〇年他死於創作上的巔峰時期，他的神話將越來越多，影響力將越來越大。左翼和右翼都宣稱他屬自己那一派，爭論他的遺產。

二

歐威爾是左翼的冷戰分子，反共產主義的社會主義者。被迫在俄國和美國之間選擇時，他於一九四七年告訴其前出版商維克多．戈蘭茨公司，「我總是會選擇美國」。但他迅速指出，美國對《一九八四》的解讀是，攻擊英國的工黨政府及其標榜的社會主義。他說，該書所傳達的信息是：「不讓它發生。這取決於你。」

短暫當過獨立工黨（Independent Labour Party）的成員後，他總結說：「只有不屬任何黨派的作家才能誠實。」但這並不意味著要當騎牆派。遠遠不是如此。他舉例說明了以觀眾身分參與的無黨派性。他堅持到了最後。他不僅像許多左翼作家一樣去了西班牙，還為共和國而戰，被人打穿喉嚨。由於疾病纏身無法加入英軍對抗納粹德國，他成為鄉團（Home Guard）的熱情的中士。

他認為，在冷戰中，作家的職責也是戰鬥，不僅與自己的作品戰鬥，還要在志願者組織中戰鬥。在這方面，我們發現他與亞瑟·凱斯特勒計畫組建一個他是副主席的另一個組織，該組織恰如其分地被命名為「自由維護委員會」（Freedom Defence Committee）。一九四八年，政府員工由於跟共產主義的可能聯繫開始受到系統的調查，他簽署了一份「自由維護委員會」的聲明，稱只要受調查者有權讓貿易工會的官員代表自己，軍情五處（MI5）和政治部（Special Branch）的證據總是確鑿，員工可以互審其調查者，此類調查（後來稱為「審查」）就可以接受。這是他冷戰時期的政治學。

你可能還是會問：為什麼是歐威爾？他既不是公認的天才也不是偉大的小說家。埃里克·布萊爾告訴我們的所有英國現象在東尼·布萊爾所處的英國依然至關重要，尤其是因為北愛爾蘭、蘇格蘭和威爾斯開始各行其是。但這主要與我們英國人相關。他是冷戰時期最重要的政治作家。但冷戰已經結束。企鵝出版公司在一九七九年版的平裝本《一九八四》上說，「首次出版於一九四九年，它現在仍然像當初那樣具有眾多的相關性」，現在他們不能再這樣說了。儘管如今祕密電子監控的技術讓思想警察的電幕顯得原始，但那種中央集權、共產黨國家極權主義的威脅已經消退，除非我犯了很嚴重的錯誤。

所有想了解二十世紀的人還是必須讀歐威爾。他的名字將繼續在他從未夢到過的情景中出現。我最近發現，我十四歲的大兒子在蘋果用戶的在線雜誌上發了一篇文章，在該文章中，他將一些微軟公司針對蘋果公司的一些邪惡策略形容成「歐威爾式」。因此對於他和他的朋友來說，比爾·蓋茨是老大哥。[9]但是他這一代應該讀什麼樣的歐威爾，是二十一世紀的歐威爾嗎？

我在牛津大學拿到我的第一個學位後，那個漫長的夏天，我閱讀了歐威爾的所有作品，自己有意識地把他當作一個榜樣和準作家的嚮導來閱讀。對我影響最深的作品是企鵝出版公司出版的四卷平裝本《隨筆、新聞文章及書信集》（*Collected Essays, Journalism, and Letters*）。現在這一套便捷的作品被戴維森的十一卷隨筆、新聞文章、書信、回覆、日記、筆記、廣播談話以及談話預定表格集取代。這些作品應該用平裝本或者只讀光盤的形式出現。但是即使在最漫長的空閒夏天，還會有學生像我讀原先企鵝出版的作品那樣讀它們嗎？歐威爾對我們這個時代來說有什麼必不可少的東西？

《動物農莊》可以像《格列佛遊記》（*Gulliver's Travels*）一樣來讀，各個年齡段的人都可以讀。《一九八四》引人入勝，對於理解現代歷史來說必不可少。我覺得，我們這個時代要獲得歐威爾的精華還需要企鵝出版公司出版兩本平裝書。[10]一本是他最優秀、最重要的散文、文章和書信的新選集，要有以這絕妙版本為基礎的文本和腳注。另一本是《向加泰隆尼亞致敬》。這裡面濃縮了歐威爾核心、持久的相關成就，按他自己的話來說，「讓政治寫作變成了一門藝術」。

《向加泰隆尼亞致敬》——該書在歐威爾的有生之年每年的銷量大約只有五十本，現在超過一萬本——是一種如何寫國外政治危機、戰爭或者革命的樣板。他親臨那裡，實地考察，做筆記，以身涉險。接著他以第一人稱寫作，並不是因為他要放縱自己，「看，我是多麼勇敢的小海明威」，而是因為這樣確實更真誠。那個「我」讓他的看法偏向性暴露無遺。為了讓人記住這一點，他在該書的結尾告訴讀者：「請注意我的偏見、我對事實的誤解以及因我只從事件的一個角度看問題必然導致的曲解。」

他使用了所有來之不易的寫作手法，一改簡潔、生動的散文風格，運用了比喻、巧妙又富有特色的誇張手法；但他盡量讓所有事實準確無誤。[11] 正如他在稱讚亨利．米勒（Henry Miller）時寫道，「這是獲取真正事實的真正嘗試。」對於歐威爾一些早期作品中事實基礎的所有疑問，他一九三七年之後公開發表和未公開發表的作品表明他追求舊式、經驗主義的真相，與後現代相去甚遠。至關重要的是，這包括有關自己的不太令人愉快的真相。而他特意用最直言不諱的方式披露了它們。

沒錯，他請讀者「跳過」兩章詳細的、充滿首字母的政治披露。戴維森在這方面遵從了歐威爾後來的願望，將它們編成附錄。我認為，他本應該憑藉編輯的判斷忽視這些願望——正如他重印《牧師的女兒》和《讓葉蘭在風中飛舞》那樣。因為這幾章是清晰明瞭、富有激情的政治寫作的精采章節，是一本描述，正如歐威爾所說的「其實是政治戰爭」的著作必不可少的一部分。

9 奇怪的是，該雜誌叫《一九八四》。然而，有人告訴我說這與歐威爾無關，而是指Mac發布的年份。

10 企鵝出版公司基本上採納了該建議；見《歐威爾和政治》（*Orwell and Politics*）（倫敦：企鵝出版社，二〇〇一）和《歐威爾和西班牙》（*Orwell and Spain*）（倫敦：企鵝出版社，二〇〇一）。

11 如果他的事實有錯誤的話，那至少部分原因是在巴塞隆納，一個祕密警察在他住的酒店房間搜查期間，他的所有文件——可能包括他的西班牙戰爭日記——被人拿走了。戴維森提出了引人注目的看法，即這些東西現在可能在內務人民委員會的歐威爾卷宗中，有消息稱，該卷宗在蘇聯檔案館中。

你可以將我所謂的《向加泰隆尼亞致敬》的測試運用到過去三十年間任何敘述明確外交危機——越南、阿富汗、波蘭、尼加拉瓜、南非、盧安達、波士尼亞——的作品中。我肯定讀過二十本有關波士尼亞的著作，但我認為沒有一本真正通過該測試。

他偉大的隨筆橫跨政治和文學。它們探討狄更斯、吉卜林、托爾斯泰、民族主義、反猶太主義、甘地和少年周刊。在〈政治和英語〉一文中，他表明了語言的墮落對於建立和維護糟糕、壓迫的政治有多重要。但是他也表明了我們可以如何回擊權力的濫用者，因為他們正在使用我們的武器：單詞。自由取決於作家保持乾淨的單詞之鏡。在一個媒體操縱嚴重的時代，這比以往任何時候都重要。在其最優秀的文章和信件中，他以自身堅忍不拔的例子向我們說明了作為一個作家要如何參與政治。他選邊站，但還是他自己。他不會讓自己為執政或者追求權力的政黨服務，因為這意味著在一個民主國家要說半真半假的話，在一個獨裁國家要說謊話。他犯過錯，但接著便會改正錯誤。有時，他會和其他人一起加入志願者組織或者參與乏味的委員會工作，維護自由。可是，如果需要的話，他會孤軍奮戰，對抗所有「現在正在與我們的靈魂抗爭、散發著臭味的小小正統說法」。

在〈文學的預防〉（The Prevention of Literature）一文中，他突然寫到了一首古老的復興運動者的聖歌：

敢於做但以理，
敢於孤軍奮戰；
敢於堅定目的，

敢於公之於眾。

他做到了。正如他自己描述狄更斯時寫道，在他作品的背後，你可以看到一張相當憤怒的臉。這就是偉大的歐威爾。我們還需要他，因為歐威爾的作品將永遠流傳。

一九九八年／二〇〇九年

歐威爾的名單

因此還真的有，一九四九年五月四日，喬治．歐威爾那份臭名昭著的「祕密共產主義者」名單的副本進入外交部半公開部門的檔案裡。它就在我面前，裝在一個暗黃色的皮革文件夾中，放在一位外交部高級檔案保管員的辦公桌上。儘管有關這份名單的爭議不斷，但自從一九四九年五月二日，有人根據歐威爾在病床上給親密朋友西莉亞．科萬（Celia Kirwan）的原名單打出該官方副本以來，逾五十四年來，沒有任何未經官方許可的人看過該名單。西莉亞那時剛開始在外交部的信息研究部（IRD）工作，該部門主要從事反共產主義的宣傳。該名單中包含了三十八名記者和作家的名字，四月六日，他在給西莉亞的信中寫道，他們「在我看來是祕密的共產主義者、共產主義的追隨者或有共產主義傾向的人，不應該信任他們是（反共）宣傳者」。

歐威爾的名單兼收並蓄，分為三個部分，分別以「名字」、「工作」和「言論」命名。其中包括查理．卓別林（Charlie Chaplin）、普里斯特利（J. B. Priestley）和演員麥可．雷格烈夫（Michael Redgrave），他們都打著「?」或者「??」，這表明懷疑他們是否真的是祕密的共產主義者或共產主義的追隨者。研究國際關係和蘇俄的歷史學家卡爾（E. H.

Carr）被列為「姑息者而已」。《新政治家》（*New Statesman*）的編輯、歐威爾憎惡的老傢伙金斯利·馬丁（Kingsley Martin）光榮地獲得了額外的評論：「？？完全說他是『祕密的共產主義者』或共產主義的追隨者太不誠實了，但他在所有問題上都堅定地支持俄國。」除了《紐約時報》駐莫斯科的記者沃爾特·杜蘭德（Walter Duranty）和前托派作家艾薩克·多伊徹（Isaac Deutscher）（「同情者而已」）外，還有許多不那麼著名的作家和記者，這些人中的第一個是《曼徹斯特衛報》（*Manchester Guardian*）的工業記者，稱他「可能只是同情者而已。好記者。愚蠢。」

過去十年間，「歐威爾的名單」一直是許多文章的主題，文章的標題相當聳人聽聞，比如「外交部的老大哥」、「社會主義的偶像成了告密者」和「歐威爾的黑名單如何協助祕密服務機構」。所有這種對《一九八四》作者推斷性的譴責基於三種不完整的信息來源：非常私人的筆記本中許多（但並非所有）條目的出版，歐威爾試圖在該筆記本中指出「祕密的共產主義者」和「F.T.」（他對共產主義追隨者的簡稱）；他與西莉亞·科萬來往信件的出版以及七年前外交部信息研究部披露的部分相關檔案。但在FO 1110/189號檔案中插著一張卡片，卡片上說還保留著一份文件，邊上還有一份歐威爾一九四九年四月六日寫給西莉亞的信的副本。

由於女王陛下的政府還煞費苦心地守護著一份歐威爾最後的祕密，直到去年秋天，西莉亞·科萬去世，她的女兒阿麗亞娜·班克斯（Ariane Bankes）在母親的文章中發現了一份名單的副本，隨後邀請我報導這件事，這個問題才告一段落。我們在《衛報》上公布該名單後，我請英國外交大臣傑克．斯特勞公布原名單。[1] 他同意了，「現在名單中的所有信息已經公之於眾」，任何感興趣的人都可以在其相關地方閱讀它，FO 1110/189號檔案存在英國國家檔案館中。

一

這是文本。那背景是什麼呢？一九四九年一月，喬治．歐威爾躺在科茲窩（Cotswolds）的療養院中，肺結核的病情已經非常嚴重，熬不過一年。那個冬天，他費盡最後一份力重打了《一九八四》的整份手稿，這是他發出的悲涼警告，警告如果英國屈服於極權主義可能會發生什麼。他孤獨寂寞，年僅四十四歲便生命垂危，絕望已極，對俄國共產主義的進程非常悲觀，他親身經歷了它的殘忍和背叛，西班牙內戰期間，在巴塞隆納差點丟了性命。在一九四八年二月的布拉格政變中，共產主義者剛剛接管捷克斯洛伐克，當時他們還封鎖西柏林，試圖借此讓該城市屈服。

他認為正在發生一場戰爭，即「冷戰」，擔心西方國家輸掉。他認為，我們正在輸掉的一個原因是民意對蘇聯共產主義的真正本質一無所知。部分原因是，蘇聯在打倒納粹主義中發揮了巨大的作用，人們自然而然地對它心懷感激，因而產生了這種盲目性。然而，這也是一群令人厭惡的天真、多愁善感的蘇聯制度崇拜者、宣誓過的共產黨員、祕密的共產主義者和雇傭的蘇聯間諜的傑作。他懷疑，正是這些人讓他在上一場戰爭的最後一年出版其反蘇聯的寓言故事《動物農莊》變得如此困難。

然而，他也知道，那個時候，真正理想主義的共產主義信奉者開始厭惡他們看到的東西。一些人成了「不靈驗的上帝」的最嚴厲批評者，「不靈驗的上帝」是一本有關共產主義的著名著作的書名，該書於一九五〇年一月歐威爾去世的那個月出版，由亞瑟．凱斯特勒和工黨議員理查德．克羅斯曼（Richard Crossman）聯合編寫，克羅斯曼作序，收錄了凱斯特勒、史蒂芬．斯彭德和依納齊奧．西隆尼（Ignazio Silone）等人的隨筆。這些作家對像歐威爾這樣的反共產主義左翼人士來說至關重要，正如歐威爾自己寫道，他們相信「如果我們想復興社會主義運動的話，摧毀蘇聯的神話必不可少」。在二十世紀四〇年代中期至末期間的某個時候，他開始記私人筆記，在該筆記本中他努力想確定誰是什麼人：徹底的共產黨員、特工、共產主義的追隨者、多愁善感的同情者……

該筆記本（我能夠不受限制地在倫敦大學學院的歐威爾檔案館中查閱）顯示他對這份名單憂心忡忡。上面有用鋼筆和鉛筆寫的條目，還有對一些名字做的紅色和藍色星號標記。總共有一三五個名字，其中十個名字已經被劃掉，要麼因為已經去世了——比如前紐約市長菲奧雷洛．拉瓜迪亞（Fiorello La Guardia），要麼因為歐威爾已經確定他們不是祕密的共產主義者和共產主義的追隨者。比如，歷史學家泰勒（A. J. P. Taylor）的名字被劃掉了，附有歐威爾的評論，還加了加粗的下劃線，「在沃克勞會議上採取了反共路線」，美國小說家厄普頓．辛克萊（Upton Sinclair）也被劃掉了，歐威爾推翻了自己之前對他的評估，評論說：「不。他譴責了捷克政變和沃克勞會議。」史蒂芬．斯彭德（「多愁善感的同情者……有同

1 二〇〇三年六月二十三日的《衛報評論》重印了整份名單。

性戀傾向」）和理查德·克羅斯曼（「完全說他是共產主義的追隨者太不誠實了」）還沒有被劃掉；但這是在《不靈驗的上帝》（*The God That Failed*）出版之前。他對自己的評估糾結不已可以從普里斯特利那一欄中看出來。先是在上面做了紅色的星號標記，後來又用黑色的網線劃掉，接著又在上面畫了一個藍色的圈圈，還打了個問號。

一九四九年二月，給這位消沉、病入膏肓的天才政治作家帶來了一則令人欣喜的個人消息。西莉亞·科萬（姓佩吉特）從巴黎回到了倫敦。西莉亞是一位相當美麗動人、活潑、熱心的年輕女子，和她的雙胞胎妹妹瑪曼因（Mamaine）一樣都在左翼文學圈內活動，後來瑪曼因與歐威爾的朋友亞瑟·凱斯特勒結婚了。歐威爾遇到西莉亞是在一九四五年，當時他們與亞瑟和瑪曼因一起在威爾斯過聖誕節。那一年早些時候，他的第一任妻子剛過世，他孤獨寂寞，有些情緒波動。西莉亞和他很合得來，在倫敦又見了幾面。在他們第一次見面五個星期後的一個晚上，他寫了一封情感真摯的信給她，相當笨拙地提議要麼結婚要麼做他的情人。信的結尾寫道：「晚安，我最親愛的愛人，喬治。」西莉亞溫柔地拒絕他，她後來將它形容成一封「相當模稜兩可的信」，但他們仍然是親密的朋友。一年後，她到巴黎為一家思想評論雜誌工作。

二月十三日，當時他在科茲窩的療養院裡寫道：「最親愛的西莉亞，收到你的信，知道你再次來到英國，非常高興。」「我的新書（就是《一九八四》）出版的時候（我認為大概六月會出），將送一本給你，但我認為你不會喜歡；這真是一本可怕的書。」他希望在「某個時候，或許在夏天」看到她，他最後寫到「非常愛你的喬治」。

比預期的早，三月二十九日，西莉亞到格洛斯特郡（Gloucestershire）來看他，但同時還有一個使命。她在為外交部的新部門工作，試圖對抗來自史達林最近成立的共產黨和工人黨情報局（Cominform）一波波共產主義的宣傳攻勢。他能幫上忙嗎？在他們見面的官方備忘錄上，她記錄著歐威爾「全心全意、滿懷熱情地支持我們的目標」。他說，他自己無法為信息研究部寫任何東西，因為他病得太重，也不喜歡「約稿」寫作，但他推薦了幾個可能這樣做的人。四月六日，他用自己工整、相當精緻的筆跡寫了一封信，又推薦了幾個名字，提供了一份名單：

那些不能當作宣傳者加以信任的人。但是關於這一點，我應該把留在家裡的那本筆記本發給你，如果我把這樣一份名單給你，這份名單必須嚴格保密，因為我認為把某些人說成是共產主義的追隨者有損其名譽。

西莉亞將這封信交給她的上級亞當．沃森（Adam Watson），他評論了一番，接著補充說：

P. S. 科萬女士肯定要在歐威爾先生那邊拿到這份祕密共產主義者的名單。她將「嚴格保密」並在一兩天後發回來。我希望這份名單有理有據。

科萬女士按照指示做了，四月三十日在「卡爾頓府聯排（Carlton House Terrace）十七號的外交部」裡寫道：

親愛的喬治，非常感謝你提供的有益建議。我的部門很想看到它們……他們讓我代話，如果你能讓我們看到你有關共產主義追隨者和祕密記者的名單，他們將非常感激：我們將以最慎重的方式對待它。

她的信的結尾要比他的冷淡：「你永遠的朋友，西莉亞。」至少在FO 1110/189檔案中存的打印版信中是如此。

與此同時，歐威爾請自己的老朋友理查德．李斯（Richard Rees）把那筆記本從蘇格蘭島侏羅山脈遙遠的住所（他就是在這裡寫的《一九八四》）送過來。四月十七日，歐威爾為此感謝他時寫道：

我認為科爾〔即歷史學家G. D. H. Cole〕可能不應該出現在名單上，但要是發生戰爭，我對他就不那麼確定，對拉斯基（Laski）[2]要確定一些……整個東西很難處理，只能靠自己的判斷來做，每個案例都單獨處理。

因此，我們可以想像歐威爾躺在療養院的床上，面容憔悴、痛苦不堪，看著那本筆記本，或許在已經加了紅色星號和黑色網線的普里斯特利的名字上加藍色的問號，想著如果真的與蘇聯開戰，科爾或者拉斯基，克羅斯曼或者斯彭德會採取怎樣的行動，想著一三五個名字中哪些要傳給西莉亞。

收到她的信後，他立即回信，附上一份有三十八個名字的名單：

它不會太轟動，我認為它不會有你的朋友不知道的東西。（請注意提到了「你的朋友」，歐威爾並沒有幻想這封信只會她看到）與此同時，讓可能不太可靠的人上名單，這個主意不錯。如果早一點這樣做，就能阻止彼得．斯莫利特（Peter Smollett）這樣的人慢慢地坐上重要的宣傳位置了，在這些位置上，他們可能給我們帶來許多傷害。即使它成立，無論用的是什麼詞，我覺得這份名單也是非常損害名譽或者誹謗性的，所以說你看完後一定要還給我。

信上寫著「愛你的喬治」。同一天，他又寫信給理查德．李斯：

假如拉斯基擁有一份重要的軍事祕密。他會將它出賣給俄國的軍事情報部門嗎？我覺得不會，因為他還沒有真的決定做賣國賊，他在這方面所作所為的本質也相當清楚。當然，一名真正的共產主義者會交出祕密並且不會有絲毫愧疚感，一名真正的祕密共產主義者也會如此，比如普里特〔議員，D. N. Pritt〕。總體的困難在於確定每個人的立場，每個人都必須單獨對待。

注

2 拉斯基（一八九三—一九五〇），英國政治學家、教育家和政治領袖，費邊主義者，英國工黨領導人之一。——譯令人苦惱的是，有關這個問題的文檔已經無跡可尋。我們知道西莉亞本應該在下一個周日過去看歐威爾；我們知道，五月十三日，他感謝她送了自己一瓶白蘭地。在部裡打了一份副本（該副本現已在FO 1110/189號檔案中）後，如果她再次去看他，那份名單她還了嗎？如果真的又見面了，他們見面的時候說了什麼？接著又發生了什麼？這些名字有交給其他部門嗎？

檔案本身顯示，對於那些名單上的人並沒有採取進一步行動。外交大臣在寫給我的信中宣布了要公開原始的名單，在信中寫道：「對我們記錄的檢查證實該名單是有關歐威爾與信息研究部聯繫的唯一未公開的文件。」但還有許多信息研究部的檔案沒有公開，公開文件中的一部分內容被掩蓋，因為它們包含與情報相關的問題，因此被外交部檔案保管員所謂的「毯子」掩蓋了。無論如何，在檔案中總是只有部分真相。

二

認真地回答這些問題需要判斷信息研究部這個神祕部門的性質。因此，我專心研讀了講述該部門的已出版的文獻，還讀了一些存在英國公共檔案館（Public Record Office）中的檔案。[3]我還與幾位當時在該部門工作的前成員交談過。他們包括指示西莉亞向歐威爾要名單的官員亞當・沃森；研究蘇聯恐怖的資深編年史家羅伯特・康奎斯特（Robert Conquest），他後來與西莉亞・科萬在同一個辦公室裡工作，自己「瘋狂地愛上了」她；人如其名的約翰・克洛克（John Cloake）。

顯現出來的畫面是一個不太明確的組織，有一群截然不同的人摸索著從剛剛結束的對抗法西斯極權主義的戰爭（他們當中大多數人都參與了這場戰爭）中走出來，進入對抗作為戰時英國盟友的共產極權主義的新「冷戰」。與通常稱為軍情六處的祕密情報機構（政府否認它的存在）不同，信息研究部出現在外交部部門的名單中，但並不是所有其官員都能在那兒得到確認。其大部分資金來自「不記名投票」（Secret Vote），是一種政府撥款，用於資助祕密服務機構，不受一般形式的議會審查。一九五一年，外交部內部的一份描述直截了

3 詳細但有偏見的描述是保羅・拉什馬（Paul Lashmar）和詹姆斯・奧利弗（James Oliver）的《英國祕密宣傳戰：一九四八—一九七七》（*Britain's Secret Propaganda War, 1948-1977*）（斯特勞德：薩頓出版社，一九九八）。較短但更加細緻區別對待的是休・威爾福德（Hugh Wilford）的《中情局、英國左翼和冷戰：誰做主？》（*The CIA, the British Left and the Cold War: Calling the Tune?*）（倫敦：法蘭克・卡斯出版公司，二〇〇三）。另見史考特・盧卡斯和莫里斯（W. Scott Lucas and C. J. Morris）的〈英國的十字軍東征：信息研究部和冷戰的開端〉（A Very British Crusade: The Information Research Department and the Beginning of the Cold War），收錄在理查德・奧爾德里奇（Richard J. Aldrich）編的《英國情報、戰略和冷戰》（*British Intelligence, Strategy and the Cold War*）（倫敦：勞特利奇出版社，一九九二）中；菲利普・迪里（Phillip Deery），〈對抗共產黨和工人黨情報局：喬治・歐威爾和信息研究部的冷戰攻勢：一九四八—一九五〇年〉，《工黨歷史》（*Labour History*）No. 73（一九七七年十一月）；《信息研究部：外交部信息研究部的起源和建立：一九四六—一九四八年》（*IRD: Origins and Establishment of the Foreign Office Information Research Department, 1946–48*）（倫敦：外交和聯邦事務部歷史學家的歷史注釋，No. 9，一九九五年八月）以及法蘭西絲・斯托納・桑德斯（Frances Stonor Saunders）在《誰來付代價？中情局和文化冷戰》（*Who Paid the Piper? The CIA and the Cultural Cold War*）中進行了簡明扼要、控告性的闡述。

當地說，「應該注意的是該部門的名字意在掩護其工作的真正性質，對於這點必須嚴格保密」。[4]

起初，那個「真正的性質」主要是收集和概括有關蘇聯和共產主義惡行的可靠信息，將這些信息散布給友好的記者、政客和貿易工會會員，在經濟方面支持反共產主義作品的出版。該部門由工黨外交大臣歐內斯特·貝文（Ernest Bevin）成立，對擁有良好左翼背景的作家特別感興趣。比如伯特蘭·羅素（Bertrand Russell）寫了三本簡短的書，它們的出版受到了信息研究部的資助：《為什麼共產主義必然失敗？》（*Why Communism Must Fail*）、《什麼是自由》（*What is Freedom?*）和《什麼是民主？》（*What is Democracy?*）。據信息研究部的資深人員說，一些作家，像羅素，深知讓他們寫書的出版商（背景圖書公司）受到外交部該半公開部門的支持；其他人當後來得知出版商的資金來源時憤怒不已，比如哲學家布萊恩·馬吉（Bryan Magee），他寫了《民主的革命》（*The Democratic Revolution*）。這種模式與文化冷戰中其他有名的事件如出一轍，比如美國中央情報局資助《邂逅》（*Encounter*）[5]。

顯然，這些作家中較著名者的作品無論如何都會出版，但是信息研究部讓他們的作品獲得了更廣泛的傳播，尤其是在已經受到共產主義統治或者受到共產主義威脅的國外。拿歐威爾的作品來說，該部門支持了《動物農莊》的緬甸語、漢語和阿拉伯語版，委託製作與該書同名、相當粗糙的連環畫（給豬少校畫了列寧的大鬍子，給拿破崙豬畫了史達林的八字鬍，以防頭腦簡單的讀者看不懂意思），還在大英國協的「落後」地區組織放映了由美國中央情報局資助——政治上扭曲——的《動物農莊》動畫電影。

該部門還與英國廣播公司的海外服務部門建立了親密的工作關係。在一份檔案中，我讀到信息研究部的官員試圖向時任英國廣播公司總裁伊恩・雅各布爵士（Sir Ian Jacob）施壓，採用其建議的選詞來描述蘇聯。[6]（一個選詞的例子是：「警察國家。又一個有用的詞組，突出了該制度中有時被忽視但必不可少的一個方面。」）在這件事上，英國廣播公司頂住了壓力，監管信息研究部的外交部官員告訴其下屬不要指手畫腳。

然而，信息研究部的一些特工似乎並沒有僅僅限於使用這些歐內斯特・貝文所謂的「反共產主義宣傳」相對較溫和的手段。他們使用在之前戰爭中為政治作戰執行部（Political Warfare Executive）[7]或者軍情六處工作過程中學到的方法，顯然是試圖通過確認共產主義成員或者據稱的共產主義成員，散播有關他們活動的可怕謠言——或許更可怕的東西，來對抗他們認為已經被共產主義滲透的貿易工會、英國廣播公司或者像全國公民自由理事會（National Council for Civil Liberties）這樣的組織。

因此，我們肯定可以想像，羅伯特・康奎斯特坐在卡爾頓府聯排的一個房間裡，一絲不苟地收集和篩選著東歐政治的信息。在另一個辦公室裡，二戰期間的政治作戰執行部或者軍情六處的前成員可能正在準備某種稍微不那麼謹慎的行動。你在隔壁可以見到富有魅力的專業外交官蓋伊・伯吉斯（Guy Burgess），他在信息研究部工作了三個月，作為蘇聯的特

---

4 詳見FO 1110/383號檔案裡一九五一年的備忘錄。
5 《邂逅》（*Encounter*），英國的一本文學雜誌，已於一九九一年停止發行。——譯注
6 詳見FO 1110/383號檔案。
7 政治作戰執行部，二戰期間，英國的一個顛倒黑白的祕密宣傳機構。——譯注

工，將這邊的所有情況告訴了在莫斯科的上峰。在走廊的另一邊，坐著一位叫費伊（Fay）的年輕女子，不過這只是從一九五二年開始。小說家費伊．韋爾登（Fay Weldon）後來回憶說，當軍情六處的人過來時，會告訴她和她的同事「轉過身去！」這樣這位詹姆斯．龐德式的人物經過走廊的時候就不會被看到了。（「親愛的，那位紳士經過的時候，看牆壁。」）但他們偷偷看了。

隨著冷戰的加劇，早些年的白色宣傳似乎日益被灰色或者黑色宣傳所取代。到了二十世紀五〇年代末期，據當時為英國情報部門工作的人說，信息研究部是外交部中有名的使用卑鄙手段的部門，盡情地誹謗人格、發送虛假電報、在抽水馬桶的位置上放癢癢粉和製造冷戰的惡作劇等……這些在檔案中幾乎找不到，即使與情報相關的檔案最終公布，在那些檔案中也找不到。

所有倖存者都堅持表示，一九四九年歐威爾提供的名字最不可能傳給任何其他部門，尤其是英國的國內安全服務機構軍情五處和負責國外情報的軍情六處。亞當．沃森對我說：「老實說，我不記得我們給軍情五處或者軍情六處說過的任何案例。『你聽說說某某人說誰是祕密的共產主義者嗎？』」然而，正如沃森自己提醒我說，「老年人記性不好」。顯然，沒有人知道確切的情況，比如信息研究部的負責人拉爾夫．穆雷（Ralph Murray）和軍情六處的一位朋友在卡爾頓府聯排附近的遊客俱樂部裡喝白蘭地的時候會輕聲說些什麼。

西莉亞．科萬總是大力維護歐威爾對信息研究部工作的貢獻。二十世紀九〇年代的時候，對他這份名單的懷疑甚囂塵上。馬克思主義歷史學家克里斯多福．希爾（Christopher Hill）說：「我向來知道他是兩面派。」工黨議員傑拉爾德．考夫曼（Gerald Kaufman）在

《標準晚報》（*Evening Standard*）中寫道：「歐威爾也是一位老大哥。」西莉亞．科萬堅持認為：

我認為喬治這樣做是相當正確的……當然，所有人都認為天一亮，這些人就會被槍斃。但在他們身上只會發生一件事，那就是不會請他們為信息研究部寫東西。如今，一些作家稱，信息研究部的反共產主義活動相當於麥卡錫主義政治迫害的英國版。如果是這樣，那麼有人會驚奇，與美國的麥卡錫主義相比，這是多麼的溫和。麥卡錫主義促使亞瑟．米勒寫了《熔爐》（*The Crucible*），查理．卓別林逃回了歐威爾的英國。

想一想名單上的一些人是誰，他們身上發生了什麼。歐威爾在給西莉亞的隨附信件中特別提到彼得．斯莫利特，他指出：「……強烈覺得是俄羅斯特工。非常圓滑的一個人。」彼得．斯莫利特出生於維也納，當初叫彼得．斯莫爾卡（Peter Smolka），二戰期間擔任英國信息部蘇聯分部——歐威爾真理部的靈感來源之一——的負責人。現在，我們又多知道了關於他的兩點信息。第一點是，根據KGB文件中的米特羅欣檔案（Mitrokhin Archive），斯莫利特——斯莫爾卡確實是金．菲爾比（Kim Philby）雇用的一名蘇聯特工，代號為「ABO」。第二點是，幾乎可以肯定他就是那位建議出版商喬納森．凱普出版公司把《動物農莊》當作不健康的反蘇文本，拒絕出版它的官員。當時，英國是如何起訴或者迫害這位蘇聯特工的呢？讓他獲得官佐勳章（Officer of the British Empire）。後來，他成了倫敦《泰晤士報》的中歐記者。在他身上發生的最糟糕的事情似乎是，他關於戰後維也納的那些短篇故事大都被葛拉罕・格林（Graham Greene）吸收到小說《第三個人》裡。在電影中，他開了一個知情人才聽得懂的笑話，觀眾肯定認為有一個酒吧或者夜總會的名字叫斯莫爾卡。

根據米特羅欣KGB的文件，工黨議員湯姆・德賴伯格（Tom Driberg）——「通常稱為『祕密的』支持共產黨的人士，但在我看來不是可靠的支持共產黨的人士」——在莫斯科新都城酒店下面的廁所內與KGB第二總局的一名特工發生了危險的同性戀關係後，一九五六年被雇為無疑是非常不可靠的蘇聯特工（代號為LEPAGE）。然而，他去世的時候是著名的作家和梅爾的布拉德韋爾勳爵（Lord Bradwell of Bradwell-juxta-Mare）。E. H.卡爾、艾薩克・多伊徹、小說家內奧米・密契森（Naomi Mitchison）（「愚蠢的同情者」）以及普里斯特利的事業都很成功，目前據我們所知，沒有受到英國政府的任何阻撓。諷刺意味十足的是，麥可・雷格烈夫在一九五六年根據歐威爾《一九八四》拍攝的電影中擔任了主演。

換句話說，在他們身上都沒有發生不好的事情，連在斯莫利特這樣的人身上也沒有，他身上本應該會發生不好的事情的。可以肯定的是，我們不能得出結論說，那三十八個名字組成的名單中所有不那麼著名的作家和記者都是如此：這需要進一步的調查。至今，我發現的唯一有點像「列入黑名單」的案例是阿拉里克・雅各布（Alaric Jacob），他是一位二流作家，與歐威爾上的同一所私立學校，滿懷憤慨地追求自己的事業。根據英國政治審查的一項研究，阿拉里克・雅各布於一九四八年八月在伯斯（Caversham）加入了英國廣播公司的監控服務機構，但在一九五一年二月「突然被剝奪了編製的權利，這意味著他不能拿到養老金」。[8]他向自己的堂兄伊恩．雅各布爵士抱怨，伊恩．雅各布與信息研究部打過交道，後來成為了英國廣播公司的總裁。阿拉里克．雅各布的妻子艾麗斯．莫利（Iris Morley）——她也出現在歐威爾的名單中——在一九五三年去世後不久，他編製節目和拿養老金的權利就恢復了。

英國廣播公司與信息研究部等半公開的部門和祕密審查其員工的情報部門合作的方式，是英國冷戰中更加陰暗的篇章之一。但是失去兩年英國廣播公司的「編製權」算不上是《正午的黑暗》和一〇一房間的會議。無論如何，沒有證據表明歐威爾的名單與大約兩年後臨時將阿拉里克．雅各布列入黑名單有任何關係。

三

就在歐威爾將名單發給西莉亞的幾個月前，他描述甘地時寫道：「聖人應該總是被判有罪，直到他們被證明是無罪。」現在，歐威爾的法則必須用到自己（英國政治寫作的聖人喬治）的身上。然而，即使所有可能的檔案都公之於眾，一絲不苟的歷史學家權衡所有有關信息研究部、英國廣播公司和其他可以利用的證據，最終也永遠無法證明他「無罪」。或許歐威爾根本不想辯護無罪，而是咆哮「指控的罪責」。這完全取決於指控。

8 馬克．霍林斯沃思（Mark Hollingsworth）和理查德．諾頓—泰勒（Richard Norton-Taylor），《黑名單：政治審查的內幕》（*Blacklist: The Inside Story of Political Vetting*），倫敦：霍加斯出版社，一九八八。

如果指控歐威爾是冷戰分子，那答案顯然是肯定的。歐威爾早在冷戰開始前就是冷戰分子，大多數人還在稱讚我們英勇的蘇聯盟友時，他就在《動物農莊》裡警告蘇聯極權主義的危險了。在《牛津英語詞典》中，他似乎是在英語中使用「冷戰」這個術語的首位作家。他曾在西班牙手拿著槍對抗法西斯主義，被子彈打穿喉嚨。他用打字機對抗共產主義，疲勞過度加速了自己的死亡。

如果指控他是祕密警察的告密者，答案顯然是否定的。信息研究部是一個奇怪的冷戰組織，但一點都不像思想警察。與可怕的天才貝托爾德．布萊希特不同，歐威爾從不相信只要目的正當，可以不擇手段。我們發現他一次又一次對理查德．李斯說，必須單獨對待每一個案例。他反對在英國禁止共產黨。自由維護委員會（他在該委員會中擔任副主席）認為政治審查公務員是不可避免的災禍，但堅持認為相關人員應該由貿易工會代表，必須拿出同謀的證據，受指控的人應該可以互查那些提供對他們不利證據的人。實際上根本不是冷戰期間KGB、軍情五處或者聯邦調查局的方法。他告訴西莉亞，他贊同信息研究部的目標，這並不意味著他將贊同他們後來所採用的方法。

這份名單再次讓我們反思我們對納粹主義和共產主義態度的不對稱性。歐威爾喜歡列名單。一九四二年，在寫給《黨派評論》（*Partisan Review*）的「倫敦通信」中，他寫道，「我認為我至少還能列出一份預備名單」，如果德國人占領英國，這些人將倒向納粹一邊。假設他有這樣一份名單。假設他的祕密納粹分子名單交給了政治作戰執行部。會有人反對嗎？

早該公布的信息研究部的名單還突出了歐威爾的私人筆記本和存在外交部、他發給西莉亞的名單之間的重要區別，這種區別通常都模糊不清。根據不同品味，讀者可能對他筆記本中的條目更加震驚或者更加愉悅。他們在裡面可以感受到古老的殖民警察，間諜的感覺以及大量他富有特色、粗暴的黑色幽默。（他在筆記本的名單中這樣總結來自「收入所得稅部門」的人：那些稅務稽查員是血腥的共產主義者。）但所有作家都是間諜。他們像卡爾頓府聯排中的費伊．韋爾登一樣偷看。他們偷偷地在筆記本中記下東西。

該筆記本觸動我們現代神經的一個方面是其對人的種族分類，尤其是「猶太人？」（查理．卓別林）、「波蘭猶太人」、「英國猶太人」或者「猶太女人」的八種變體。歐威爾一生都在努力克服對自身階級和自己這一代人的偏見，但他從未完全克服這一點。

關於他真正發出的這份名單，仍然最令人不安的是，無論合作多麼微不足道、宣傳多麼「真實」、出發點多麼好，一位作家（現在他的名字已經等同於政治獨立和新聞誠實）是如何捲入與官僚宣傳部門的合作中的。在信息研究部的檔案中，你可以找到我們現在習慣性地形容成「歐威爾式」或者「卡夫卡式」的官僚語言。在FO 1110/189號檔案中，歐威爾親筆信（「親愛的西莉亞……愛你的喬治」）的邊上有一封來自駐莫斯科英國大使館打印的信，開頭是「尊敬的部門」，署名是超現實的「你永遠的朋友，檔案館」。

然而，或許我們不應該感到吃驚，因為歐威爾從內部了解這樣一個世界並從中為其「可怕的作品」獲得素材。儘管《一九八四》是對納粹（即國家社會主義者）和共產主義（即蘇聯社會主義者）——因此有了「英社」（Ingsoc）[9]——極權主義的警告，但許多細節都源於自己在戰時倫敦的經歷和在英國廣播公司工作的經歷，英國廣播公司本身是一個巨

9 「英社」（Ingsoc），《一九八四》中大洋國的極權主義政府所秉持的意識形態。——譯注

大的英國官僚機構，與信息部關係密切，也是原始一〇一號房間的所在地。

所有解讀中最微妙又最受懷疑的部分是歐威爾與西莉亞的關係。在他寫給西莉亞的信中幾乎有一種痛苦的渴望。你從中可以感受到他對一位特別吸引人、熱心和有文化的女子持續不斷的強烈感情。但在至今我們關於他所知道的一切中，你還可以感受到更廣泛的東西：一位病入膏肓的病人更加普遍、絕望地渴望充滿深情的女性的支持。有人回憶了他迅速向西莉亞以及其他兩位或者三位較年輕的女子求婚前三年內的情感波動。困在科茲窩的療養院裡，孤獨寂寞，不願意想自己四十五歲便無法行動，他渴望通過愛一位美麗的女子來應對即將來臨的死亡嗎？

西莉亞儘管仍然是他可靠的朋友，但並沒有與喬治進一步發展。然而，他們關於名單交流後不久，另一位美麗的年輕英國女子（在先前的情感波動中，他也向她求過婚）像西莉亞一樣從巴黎回來，到療養院去看他。索妮亞・布勞內爾（Sonia Brownell）正在從與法國哲學家莫里斯・梅洛—龐蒂（Maurice Merleau-Ponty）的激情浪漫中走出來。歐威爾可能感受到了一些激勵，再次向她求婚了。受到歐威爾有力的出版商弗里德里克・沃伯格（Frederic Warburg）的慫恿，索妮亞接受了。

在《一九八四》中，溫斯頓・史密斯對極權主義官僚制度的抗議是與茱莉亞——這個人物至少部分是以索妮亞為原型的——做愛。在現實生活中，至少從一定程度上來說，是對獲得西莉亞充滿深情的關注的渴望將「歐威爾先生」帶入英國官僚機構的祕密檔案中的嗎？

這種傳記式的推測並不是要淡化他清醒的政治選擇：將那些名字提供給外交部的一個部門。然而，你必須自問如下問題：如果一九四九年三月二十九日，拜訪他的是戴著圓頂禮帽，穿著細條紋衣服的克洛克先生，他會願意發給他名單嗎？但拜訪他的並不是克洛克先生，而是他「最親愛的西莉亞」。

歐威爾想方設法對抗自己最後的敵人——死亡；然而正是他英年早逝讓他獲得了不朽的名聲。鑒於這份名單，猜測如果他沒有死，他會選擇哪條路——會成為《新政治家》特立獨行的左翼聲音嗎？成為《邂逅》雜誌暴躁的老冷戰分子嗎？——很誘人，但都不合理。我們永遠都不會知道。然而，有一點很清楚：他會選擇明確又堅定的政治立場，進而疏遠左翼或者右翼人士，也可能兩者都疏遠。只是他英年早逝才讓所有人可以按自己的方式美化他。他會寫更多的書——可能像他之前的小說和最後的草稿一樣，沒有《動物農莊》和《一九八四》那樣優秀。

我們會多麼喜歡讀他關於建造柏林圍牆、越南戰爭和一九六八年學生抗議的觀點。一九八九年，蘇聯共產主義的老大哥最終崩潰的時候，我在中歐見到八十六歲的他會多麼享受。如今聽到他評論伊拉克戰爭宣傳語言、緬甸持續不斷的不幸或者東尼·布萊爾兩難處境的聲音——由於沒有留下他聲音的錄音，我們想像的聲音只會更加生動——會多精采。但百歲的歐威爾通過其筆記本中的星號標記和叉叉咆哮道：「別傻了。自己解決。」

二〇〇三年

「英國知識分子」是矛盾修辭嗎？

坐在你旁邊的那個人是知識分子嗎？你是知識分子，還是與這個稱號相距甚遠？有一天晚上，我問一位我認為顯然是英國知識分子的時事評論員他是否是知識分子，透過他的眼鏡可以看到一絲驚慌，他回答說：「不，不是！」為什麼不是呢？「因為我害怕患上冒名頂替綜合症（Impostor Syndrome）。」

在其絕妙的新書《思想的缺失》（*Absent Minds*）中，思想史家斯特凡．柯里尼（Stefan Collini）描繪了英國這種否認傳統的悠久歷史。[1] 在其他歐洲國家會被形容成知識分子的人一次又一次否認他們是。柯里尼所謂的「缺失主題」稱，與法國人、波蘭人或者奧地利人不同，我們沒有知識分子。知識分子始於加萊（Calais）。「英國知識分子」是一種矛盾修辭，與「軍事情報」一樣。口頭英語之河承載著厚厚一層有點輕蔑或者諷刺的綽號：書呆子、老學究、風雅之士、女才子、自稱無所不知的人、電視明星、媒體明星、空談階層、聰明過頭的人。修飾語「所謂」總是與「知識分子」這個詞連在一起，就像一個保鏢。引號所表示的諷刺意味並不遙遠。

柯里尼說得很對，這讓我們處在一種虛假的清醒狀態中。與許多其他方面一樣，在這方面，我們並沒有那麼特別，反而比我們自己認為的還像歐洲人。但是作為一個知識分子意味著什麼？柯里尼區分成三種不同的意義。首先是主觀、個人的意義：博覽群書、對想法感興趣、追求思想生活的人。人們說一位朋友或者親戚「有點知識分子的樣子」時，通常指的就是這個意思。（通常這並沒有什麼惡意，彷彿談論無傷大雅的興趣和小缺點一樣。）其次是社會學上的用法：比如，知識分子是一個階層，可能由所有擁有大學文憑的人組成。但這種社會學上的用法在英國從未真正流行過，與在中歐和東歐不同，在那裡，這是標準描述方式的一部分。

最後也是最重要的意義是文化角色的描述。柯里尼試圖替它下一個縝密的定義。在這種意義上，知識分子是指某個人首先在創新、分析或者學術方面獲得了一定的成就，接著利用現有的媒體或者表達渠道參與更廣泛公眾的更廣泛問題，其中一些人隨後成為公認的權威——或者至少說是公認的人物和聲音。幾年前，在一場與捷克知識分子的辯論中，我試圖給知識分子的角色下的定義如出一轍：「這是思想家或者作家的角色，參與公共政策問題的公共討論，參與最廣泛意義上的政治，卻有意不謀取權力。」最後一條標準化的限制條款對我來說似乎非常重要，不過瓦茨拉夫．哈維爾等知識分子不接受這一條，他參與政治並獲得了巨大的權力。

自從二十世紀八〇年代以來，我們開始將這類人形容成「公共知識分子」，這個術語

1 斯特凡．柯里尼，《思想的缺失：英國的知識分子》（*Absent Minds: Intellectuals in Britain*），牛津：牛津大學出版社，二〇〇六。

像「風雅之士」一樣都是從美國引進的。但是如果說「知識分子」是指發揮上述描述的作用的人，那麼「公共知識分子」便是贅述，「私人知識分子」是矛盾修辭。隱士或者隱居者可能「有點知識分子的樣子」，但參與到更廣泛的公眾中是知識分子在這個意義上的一個顯著特徵。有些人或許只有死後才能進入更廣泛的公眾視野，這一事實使情況更加複雜了。只有十一個人參加了卡爾·馬克思的葬禮，但他成為有史以來對政治最富有影響力的知識分子之一。因此，可以說有死後的公眾。

但英國知識分子詆毀或者不接受知識分子這個術語時，他們有時只是在表達英國的經驗主義對各種更為抽象理論化的大陸形式的厭煩而已。這也正是歐威爾在一封私人信件中，將尚─保羅·沙特形容成「一袋風」的原因之一。正如詩人詹姆斯·芬頓（James Fenton）在〈馬尼拉宣言〉（Manila Manifesto）中所說，「我們對法國人說：要麼閉嘴，要麼說有價值的東西（AUT TACE AUT LOQUERE MELIORA SILENTIO）。」「牛肉在哪裡？」是盎格魯─撒克遜人拋給德里達（Derrida）、阿爾都塞（Althusser）或者海德格（Heidegger）的問題。但是這僅僅是不同知識分子傳統之間的衝突而已。此外，通常在英國，思想越偏右的人對知識分子越懷疑。英國的共產主義者會相當愉快地談論「共產黨的知識分子」（這有助於解釋歐威爾厭惡該稱呼的原因），而保守派的歷史學家、記者保羅·強生（Paul Johnson）（如果有知識分子的話，那他就是）寫了整整一本書闡述知識分子有多麼討厭。

顯而易見的事實是，在如今的歐洲，英國是擁有最豐富知識分子文化的地方之一。與知識分子的發源地法國相比，在英國，關於理念、政策和書籍可能有更真實、實質性和創新性的辯論，進入了更廣泛的公眾視野。與塞納河左岸相比，泰晤士河南岸沒有那麼優雅，但更加富有知識分子的生機。

除了美國之外，沒有其他地方擁有如此眾多的智庫。似乎每個月都會有一場文化盛宴，大量的觀眾排隊聆聽許多書呆子和科學家的話。我們擁有歐洲最好的大學，一些英國的學者還成功擺脫了政府強制實施的研究評審工作那可怕、蘇聯式的控制，爭取足夠的時間與更廣泛的公眾分享知識。我們擁有英國廣播公司，尤其是英國廣播公司的電台，通過梅爾文·布拉格（Melvyn Bragg）的《在我們的時代》（*In Our Time*）和安德魯·馬爾（Andrew Marr）的《開啟一周》（*Start the Week*）等節目來幫助他們做到這一點。英國廣播公司總裁馬克·湯普森（Mark Thompson）在展望公司的未來時，再次重申將致力於第一任總裁雷斯（Reith）三腳架的第三只腳：提供教育、信息和娛樂。

我們的商業圖書出版商成功地將嚴肅的作品推廣給更廣泛的讀者群。（我們書店的情況堪憂，但幸運的是總是有亞馬遜。）我們擁有一流的學術期刊：《展望》（*Prospect*）、《泰晤士報文學副刊》（*TLS*）、《衛報評論》（*Guardian Review*）、《倫敦書評》（*London Review of Books*）和 openDemocracy.net 網站等。通過英語和跨大西洋頻繁的文化交流，我們不僅參與到了美國的大辯論中，還參與到整個英語世界的大辯論中。網路和部落格空間為任何試圖想成為（公共）知識分子的人提供了非凡的機會。如果他們說的東西很有趣，公眾將找到他們——而且不僅僅是英國的公眾，還有全世界的公眾。

總而言之：英國知識分子從未這樣良好表現過。因此，他們繼續否認他們存在還重要嗎？可能不重要了。或許這甚至還有助於防護在歐洲大陸的知識分子中有時遇到的那種自我重要性的誇大意義，也可以說防止成為伯納德·亨利－列維（Bernard Henri-Lévy）[2]。讓法國人執著於字詞，我們繼續滿足於實物吧。

二〇〇六年

2 伯納德·亨利－列維，法國哲學家、公共知識分子，寫過三十多本書，包括紐約時報暢銷書《美國眩暈》（二〇〇六）和《左派的黑暗年代：對抗新野蠻主義》（二〇〇〇年），均由蘭登書屋出版。

「我是柏林人」[1]

你年輕的時候，無法想像老人也曾年輕過。隨著你慢慢變老，這就更容易了。我在牛津大學第一次見到以賽亞·伯林的時候，他已經六十多歲了。他是英國最著名的公共知識分子，是偶像人物，戴著厚厚的邊框眼鏡，穿著黑色的三件套，更令人難忘的是他充滿模仿、妙語連珠、滔滔不絕、引經據典的談話，通常會同意與一小群本科生共度一個夜晚。對於一位十九歲的學生來說，他似乎相當於瑪士撒拉[2]——不過在二十五年的親密接觸過程中，我發現，這是一位非常渴望閒談並且擁有閒談天賦的瑪士撒拉。

亨利·哈代（Henry Hardy）精心編輯了伯林在一九二八—一九四六年間的書信集，該書信集展現了伯林年輕時的樣子。[3]他的人生以一系列不斷擴大的圈子展開。第一個圈子

1 原標題為德語「Ich bin ein Berliner」，在西文中，作為地名的柏林（Berlin）與作為姓氏的伯林（Berlin）的拼寫完全一樣。——譯注

2 瑪士撒拉（Methuselah），《舊約》中提到的老人，活了九百六十九歲。——譯注

3 以賽亞·伯林，《飛揚年華：一九二八—一九四六年間的信》（*Flourishing: Letters 1928–1946*），亨利·哈代（編），倫敦：查托&溫達斯出版社，二〇〇四。

是他親密又提供支持的俄羅斯猶太家庭，一九二一年，整個家庭從里加（Riga）移居到英國。有一封早期感人的信，是十九歲的沙亞（Shaya，他當時的名字）寫給精神抖擻、喜歡音樂、追求浪漫的母親瑪麗。她因提心吊膽地與其做生意的父親孟德爾・伯林（Mendel Berlin）生活在一起而感到沮喪，他寫信安慰她（「我知道你的處境不好」）。信的結尾提出了如下勸告：「記住：生活是美好的，無論看上去多麼糟糕，總會好的……」不知道怎麼回事，經歷二十世紀所有恐怖的事情，這仍然是以賽亞的個人信仰，這種完全樂觀、堅信生活的態度是讓他成為如此鼓舞人心的人物的品質之一。

如此深情、忠誠、讓人放心的寫給「爸媽」的信貫穿了整本書，他們經常擔心他的身體和形象。有時，閱讀它們感覺像偷聽私人談話。二十四歲、已是牛津大學新學院講師的他寫道：

> 尊敬的母親：依次回答您的問題：1.我在吃藥。2.我好多了。肚子不那麼痛了。我在注意飲食。3.目前據我所知，我沒有帶走新手帕。我會再看看，但我覺得沒帶。4.我洗了兩次澡！5.指甲等不是很乾淨。我會盡量弄乾淨的。

毫無疑問，瑪士撒拉也有一位愛忙活的猶太母親。哈代在多個地方插入了孟德爾・伯林私下裡對自己兒子相當感人的真實勾勒的片段，寫到以賽亞的時候用的是「你」。

第二個圈子是牛津大學，一九二八年來到該大學讀本科，一九九七年在那裡去世。牛津大學是以賽亞生活的核心——一九四四年，他在華盛頓寫道：「倫敦是天堂，但牛津大學是七重天。」——這些信件向我們講述這樣一個時期：當時牛津大學還自信地自認為是英國乃至世界文化的中心。他讚賞地引用了德國學者恩斯特．羅伯特．庫爾提烏斯（Ernst Robert Curtius）的評論，「英國文化的晴雨表在牛津和劍橋而不是在倫敦」。（如果曾經是這樣的話，現在已經不是了。）戰爭時期，他待在美國，發回的報導說：「與牛津大學相比，哈佛大學是一片沙漠。」

以賽亞的牛津大學與以賽亞的全部世界一樣，總是圍繞著特定的人。他們當中的許多人穿插在行文中，出現在生動簡短的描述、閒談、賀詞和哀悼中，他這樣描述他們：慷慨、詼諧幽默、偶爾發脾氣、充滿生活樂趣。有人告訴我們，他融入了位於「舒適」的小科珀斯克里斯蒂的本科學院的社交生活，參加了每個學生社團，他的房間成了其他學生尋找同伴和聊天的勝地。他交友的天賦一開始就顯露出來了。

一開始，那個社交圈並沒有那麼引人注目，古典主義者為了討生活而加入殖民地服務機構（Colonial Service），他們喜歡想像：「傑里的事業似乎完全定下來。儘管我收到克魯克香克（Cruikshank）發來的有關非洲、有點辛酸的信出乎意料，但我的喜悅之情難以言表。」但他很快地進入更加顯赫、有頭有臉、富裕的上流社會（haute volée），或者正如以賽亞自己所說，「有點邪惡軀體味道的社會」——大概是暗示伊夫林．沃的《邪惡的軀體》（*Vile Bodies*）。有史以來首位猶太學者當選牛津大學萬靈學院的研究員後，他在奧爾德斯．赫胥黎（Aldous Huxley）的陪同下去了劍橋大學，和維克多．羅斯柴爾德（Victor Rothschild）以及他的妻子一起住，後來又坐私人飛機從劍橋大學飛回牛津大學。

以賽亞的第三個圈子：上流社會。起初是英國的上流社會，但很快地擴展出去。晚年的時候，他說「世界上有五百六十七個人，我全認識他們」。然而，他作為觀察家已經夠諷刺的了，不能再說他是一個「勢利者」，「勢利」在文中似乎是一個極具批判性的詞。他擁有無法饜足的欲望和能力（他二十歲出頭的時候已經很明顯），認識非常廣泛的人群，尤其是政治界、外交界、文學界（史蒂芬．斯彭德是他早期認識的重要的終身朋友，伊麗莎白．鮑恩〔Elizabeth Bowen〕是經常聯繫的人）、新聞界、音樂界，當然還有學術界的人。生命快走到盡頭的時候，他似乎真的認識——或者已經認識——「所有人」。這得益於某種交談變色龍的品質（他完全意識到了這一點）——同意每位對話者的觀點，通過慷慨地認同來取悅他們，然後再加一點自己的想法。在描述兩位哲學家和一名女子的緊張三角戀時，他自嘲說：「我還是和往常一樣，微妙、機智地充當全世界的朋友。」在他的晚年，我有時覺得他將它提升成了實用的原則：為了給最多的人帶來最大的快樂，採用變色龍主義是合情合理的。

在這些三十世紀三〇年代的信中，他是一個機智的社會觀察者，寫出了一些引人注目的話：「理查．克羅斯曼正在試圖再次出賣自己的靈魂，但連在那些認為他有靈魂的人當中也找不到買家」；指導本科生「就像在肥皂上點火柴」；「大衛．塞西爾（David Cecil）還是跑進跑出，發出的聲響就像帶著一籠母雞穿過田野」。他的信大談早已不復存在的各類「明星」和「有點邪惡軀體味道的社會」，還採用有意強調和有點聰明年輕人的風格敘述，這有時令人厭倦。萬靈學院的全稱是「忠實逝者的萬靈學院」（The College of All Souls of the Faithful Departed），但有時它感覺是「不成熟逝者的萬靈學院」（All Souls of the Frivolous Departed）。正如他在一封寫給伊麗莎白．鮑恩的信的結尾自嘲所說：「這裡面可能有許多戲劇性的廢話，我覺得自己永遠不會重讀這些信。」

我們沒有聽說太多有關他追求知識的東西，或許這並不令人吃驚，不過可以看到每周四他與佛雷迪・艾耶爾（A. J. Freddie Ayer）、奧斯丁（J. L. Austin）、斯圖亞特・漢普夏（Stuart Hampshire）進行哲學座談會時極其興奮的狀態，以及與史蒂芬・斯彭德的一些愜意的文學交流。一九三五年，在萬靈學院寫給斯彭德的一封信中，他評論了德國詩人斯特凡・喬治（Stefan George）及其一九〇〇年的著作《生活的掛毯》（*Der Teppich des Lebens*）：

我覺得你對喬治的評價很對。我認為他是一個非凡的詩人，有時「生活的掛毯」華麗無比，其他書中的古怪東西也是一樣：至於你引用的段落，我認為他是一個迫害自大狂，他最親密追隨者的任何辯護都不能改變如下事實，即他是一個有著令人厭惡的看法或實際生活模式的人，他毀掉了自己的許多朋友，剝削他們，利用他們，等等，就像華格納（Wagner）有時所做的一樣，不僅像喬治・桑或杜思妥耶夫斯基那樣燒死他們，或者像勞倫斯有時肯定會做的那樣折磨他們（這是不是廢話？），還冷漠地利用他們，不是憑藉他的本性而是憑藉他自認為的身分，或者至少說是憑藉他決定發揮的作用。

更令人吃驚的是，在二十世紀三〇年代的侵擾中，歐洲政治受到的威脅相對那麼少。一九三一年，在一次與史蒂芬・斯彭德一起去薩爾斯堡音樂節最早的每年定期旅行中，他記下了自己「第一次看到真正的納粹黨人——一個大腹便便的傢伙，穿著官方的褐色制服，在他的袖子上有一個紅黑色的卐字，戴著小小的黑羔皮帽，帽子上還繡著銀色的標記」。一九三三年去了羅塞尼亞（Ruthenia）：「五種主要語言、七種次要語言、四條邊境線、美麗又瘋狂的猶太人、小氣的烏克蘭爭吵者。」在萬靈學院的晚餐桌上，回響著安撫希特勒的爭論聲。亞當．馮．特羅特（Adam von Trott）——牛津大學的德國貴族，後來因參與抵制希特勒被處死——在柏林圈內進進出出。但是，關於分崩離析的歐洲世界的大部分地方，聽到的東西就像從學院高牆另一邊繁忙大街上傳來的回聲。

這可能剛好部分反映出以賽亞認為適合寫信的內容，又剛好這些信件倖存了下來，傳到了他的傳記作家亨利．哈代的手中，哈代呼籲所有擁有其他信件的人將信拿出來並開始編輯該書。實際上，為了恰當地閱讀該書，你還需要有邁克．伊格納季耶夫（Michael Ignatieff）關於以賽亞撰寫的優秀傳記。[4] 在其他情況下，以賽亞可能仍然只不過是牛津的一個偉大人物，是當地的傳奇但並不是一個擁有更廣泛重要性的人物，就像他之前的榜樣莫里斯．博拉（Maurice Bowra）一樣，伊格納季耶夫稱，伯林著名的聲音和風格就是模仿博拉，然而，你從中可以看到這是怎麼回事。讓他免受這樣的命運、讓他成為本國和國際重要思想家的是他的更廣泛的三個生活圈子：他的猶太聯繫，與猶太復國主義（Zionism）、巴勒斯坦以及後來以色列的關係；美國（一九四〇年他去了美國）；俄國。

對於我來說，該書披露出了一九三四年以賽亞首次巴勒斯坦之旅驚心動魄的生活。顯然，以賽亞深知自己是猶太人，但人們可以在文中看到，他一邊被完全接受為英國社會聰明的年輕成員，一邊他還是被清楚地定義為「猶太人」。在新學院的晚宴上見到他後，維吉尼亞．伍爾芙（Virginia Woolf）對她的外甥昆汀．貝爾（Quentin Bell）寫道：「有偉大的以賽亞・伯林，從相貌來看是葡萄牙裔猶太人；牛津大學的重要人物；我認為他是共產主義者、吞火者。」

現在，在巴勒斯坦，英國人和猶太人的雙重身分如果不是直接衝突的話，也是處於緊張關係中。他與他父母的俄裔猶太朋友伊札克（Yitzchok）和艾達・沙穆諾夫（Ida Samunov）一起住在耶路撒冷喬治國王大道的潘森・羅姆酒店（Pension Romm），而他的旅遊同伴、萬靈學院的非猶太研究員約翰・福斯特（John Foster）下榻在更豪華的大衛王酒店。以賽亞在一封信中對他的父母解釋：「那裡有些麻煩，所有猶太員工都被突然開除了——勞動力的問題——因此現在猶太人待在那兒不太受歡迎。」一位兒時的猶太朋友非法在「一家巴勒斯坦的報紙」工作。但「今晚我和福斯特與許多年輕的（英國）官員吃飯。伊札克想要我『教育』他們。這個我不會做」。

他一下子在殖民政府裡與牛津的同時代人、朋友坐在一起，一下子又與一位覺得受到可怕壓迫的猶太家庭的朋友坐在一起。他對自己的父母寫道：「然而，氣氛雖然緊張但美妙：猶太人。到處都是猶太人。假期的時候，你可以輕鬆一下：許多希伯來人在耶路撒冷猶太人居住的郊區唱著俗氣的歌，但唱得不是很響，人們在塔爾西姆（Talésim）閒逛等。」然而，「猶太人的觀點與英國人的觀點針鋒相對。關於一般政策的東西比關於小小的粗魯、野蠻和侮辱的東西少。」他還補充說，「英國人是C 3」——指低級的。他給馬里昂（Marion）和費利克斯・法蘭克福特（Felix Frankfurter）寫道，巴勒斯坦的「工作人員都是

4 邁克・伊格納季耶夫，《以賽亞・伯林的一生》（*Isaiah Berlin: A Life*），紐約：大都會圖書公司，一九九八。

公共學校的人——低下的群體——充當的」。「至於猶太人，他們最不尋常又最迷人，我對他們同樣感到不自在，避開他們。」

有點令人驚奇的是，他在英國自稱是「Metic」——這是一個古希臘詞，指住在希臘城的外來人，擁有一定的而不是所有的公民權。正是這種外國性、臨界距離、從未有相當完全自在的感覺，讓知識分子的地位不斷提高。通常，學者和知識分子之間的區別正是在於這種根深柢固的異化。所有知識分子在精神上都是Metic。比如說伯林，他價值多元主義的核心哲學觀點起源於這種經歷和緊張關係，這樣假設似乎是公平的。

伯林在美國的五年多歲月（這占到了該書近一半的篇幅）以最不可能的方式發生了——因為他試圖去俄國。到了一九四〇年的夏天，他的大多數英國朋友要麼在軍隊，要麼在政府部門工作。哈代表示，以賽亞因出生時受傷，左臂無力，無法參軍，又因為他是外國血統，無法進入政府部門。他沮喪不已，給時任外交大臣哈利法克斯勳爵（Lord Halifax）寫了一封信，想在俄國作為一個非正式的文化—政治情報站服務並擔任英國的調查員（「只聽到我說話的俄國人根本不會認為我是外國人」）。該信似乎不是以這種形式發送的，但或許是以相似形式發送的。

大概在同一時間，蓋伊．伯吉斯（Guy Burgess）拜訪他，當時伯吉斯是以品行不端、醉酒聞名的英國外交官，但事實上他是一名蘇聯特工。伯吉斯建議伯林做英國媒體駐莫斯科的隨從，他（伯吉斯）應該陪他先到美國獲取必要的蘇聯文件，然後再去莫斯科。伯吉斯可能覺得以賽亞是他向其祕密蘇聯上峰回報的有用掩護。哈利法克斯勳爵隨後很快簽署了旅遊護照，要求「讓以賽亞．伯林先生通過美國和日本自由地進入莫斯科」。

當時，以賽亞有點契訶夫的樣子，在華盛頓閒坐歎息著「要去莫斯科！」而他不知道的是，約翰·福斯特敦促政府加以阻止後，只有正在旅行的外交官菲茨羅伊·麥克萊恩（Fitzroy Maclean）心急如焚，但實際上巧妙地阻止了伯吉斯不同尋常的計畫。（亨利·哈代精心重建了這個故事。）幸運的是，後來英國情報部門和大使館發現了他的才能。他的任務是報導和試圖影響美國的猶太社區和有組織的勞動力。影響他們就是讓他們更同情英國對抗希特勒的事業，當時，美國沒有參與。他在紐約愉快地向父母寫道：「這裡的猶太人很難對付，但我希望應對他們，讓國王陛下的政府受益。」然而，他同樣善於認識新政華盛頓政府（New Deal Washington）的上層階級，比如艾爾索普兄弟（Alsop brothers）、菲利普（Philip）和凱瑟琳·葛拉罕（Katherine Graham）。他交朋友的天賦有了很好的發揮餘地。

以賽亞從紐約和華盛頓發回來的報導非常豐富生動，甚至引起溫斯頓·邱吉爾的注意，還帶來一個著名片段，當時歐文·柏林（Irving Berlin）[5]應邀出席克萊門汀·邱吉爾（Clementine Churchill）的午宴，接著英國首相開始嘲諷美國的政治，誤以為自己在與寫那些非凡報導的以賽亞·伯林聊天。

哈代在此收入了一個以賽亞報導天賦的例子——一份「美國人對英國人有偏見的東西」的名單，包括從帝國主義、階級制度到「英國人說話不爽快」，不一而足。在美國的英國人用謹慎和保守代替圓滑，不允許自己強烈同意或者不同意美國說話者的觀點，但想說這「非常有趣」。英國外交官將這份名單傳給倫敦的外交部，他將其作者形容成「在英國駐美

5 歐文·柏林，美國作曲家、流行音樂詞作家。——譯注

宣傳部工作的非常聰明的猶太人。這個文件能夠讓人感受到該猶太人的幸災樂禍，他發現另一個種族（哈代在這裡加了『原文如此』）也不討人喜歡——但它是相當高明的，大約有六十%的內容是準確的」。

與此同時，私下裡，以賽亞坦言非常思念英格蘭。（與許多他那一代的英國作家一樣，以賽亞互換使用「英國」和「英格蘭」，但「英格蘭」承載著更多積極的情感。）一九四〇年八月，他在紐約寫信給父母提到：「英格蘭要美麗得多啊。」六個月後，「我希望能在英格蘭」。特別是紐約，他發現很難接受。他後來有些誇張地回憶說：

> 我過去常常站在洛克菲勒大樓（Rockefeller Building）的第四十四層，往下面的大街看，有某種想自殺的衝動。那些亂爬的小螞蟻，多一隻，少一隻，根本沒有關係。不知道怎麼回事，我覺得自己只是個無用的人，芸芸眾生中的一員，沒有任何個性。在華盛頓，我的感覺相當不同。

他努力向總是充滿愛意、關心有加、憂心忡忡的父母隱瞞這種更深的不滿。他總是給他們發電報說：「身體很好。」（因此，書信集的英國版標題就是「身體很好」，遺憾的是，美國版的標題沒有用它。）甚至「請建議把伯林當作身體很好的同義詞」。然而，有一次，他被迫承認：「我必須承認，像昨天我所做的那樣在電報裡告訴你我『身體很好』並不是非常明智或者真實，那是誇張的。」他在紐約醫院裡寫了這封信，當時他得了肺炎，正在慢慢康復。然而，當時，他還總結說：「我的身體基本上沒問題。」

他寫道：「母親會很喜歡美國。開放、有激情、二乘以二等於四的人喜歡肯定或者否定的答案。沒有細微差別。」但以賽亞本人要不那麼肯定得多。他對親密的牛津朋友瑪麗・費雪（Mary Fisher）透露說：「不像我在牛津、劍橋、布盧姆斯伯里（Bloomsbury）甚至愛丁堡等地期待的那樣，沒有社會祕密，也沒有原則上來說無法用明確計畫應對的特別社會迷宮。這非常重要。還完全沒有鹽、胡椒粉和芥末等。」他寫信給馬里昂・法蘭克福特（Marion Frankfurter），給其美國記者更加積極地講述美國：

我自己對這種可怕的清楚和強調有點不舒服：沒有什麼是理所當然的，凡事都用許多非常明確的詞來表述，沒有祕密調料吊人胃口，凡事都實事求是，有時還為此詳細地闡述。但這要比英格蘭或者法國的只見其小和逃避好。審美方面略輸一籌，但在道德方面高人一等。

完美地表達出一個英國人對美國的矛盾態度。

顯然，以賽亞在華盛頓和美國的工作非常出色。他為了生活結交了許多朋友。一九四五年，《時代》周刊刊登了一篇講述其影響力的文章，儘管以賽亞給其老闆亨利・盧斯（Henry Luce）——當然他認識盧斯，因為他似乎認識所有人——發電報，試圖阻止該文章刊登。《時代》周刊用富有特色的帶有連字符的形容詞報導說：

黑皮膚、擁有烏黑頭髮的伯林的主要工作是在美國編輯每周的報導，通過參加漫長的晚宴和雞尾酒會積累報導材料。東道主和客人著迷於他那牛津口音對世界的評論及其精闢性；記者柏林則著迷於他學到的東西。

第二次對於「著迷」一詞的使用值得商榷，至少沒有一些祕密調料。要在孟德爾・伯林真誠、令人感動的評判的基礎上閱讀《時代》周刊的報導，在其家族回憶錄中，孟德爾・伯林用其有點奇怪的俄式英語概括了以賽亞在美國的歲月：

你擴充了自己的個性，開始聯繫牛津學術圈之外更大的世界……獲得了大量的自信。你獲得了政治和外交知識，不會像過去和現在的許多學者一樣輕易被騙了。

他以一位父親關心、愛護的角度做出該評判，在我看來似乎是恰當的。但以賽亞自己相當不安，似乎尤其是因為納粹對猶太人的大屠殺（引人注目的是，它幾乎沒有在文中出現；我指的是大屠殺這樣可怕的事情，並不是這個詞，這個詞後來被廣泛使用）正在自己猶太人和英國人的身分之間製造日益緊張的關係，就像十年前在巴勒斯坦預言的那樣。一九四四年一月，在華盛頓的英國大使館的他寫信給父母說：「猶太問題肯定會在這裡變得日益嚴重，我竭盡全力避開它，但沒有成功，最終一切還是擺到我的桌前，我必須實現外交周旋的奇蹟。」他繼續寫道：所有人都極其友善、富有魅力和有禮貌；這個國家無疑是最大的善良人聚集地，但待在這裡的想法仍然是一個噩夢。歐洲戰爭結束後的第一天，我便可能瘋狂地嘗試回到牛津。然而，在他回到那學院高牆和有祕密調料的安身之處前，他進入自己經歷中最深、最黑暗的圈子：俄國。與契訶夫的三姊妹不同，以賽亞最終真的到了俄國——從一九四五年九月到一九四六年一月，待了四個月。我們從他的其他作品——尤其是令人感動的「一九四五年和一九四六年與俄國作家的會面」——中認識到，伯林世界中的這第六個圈子，擴大、加深和影響了他後來所說和所寫的所有東西，影響甚至比巴勒斯坦和美國還要大。這是他首次也是唯一一次直接體驗到極權統治，這破壞了他那些親近親戚的生活，包括他的叔叔營養學教授列弗或者利奧．伯林（Leo Berlin），他是以賽亞尋找和拜訪的對象。利奧．伯林於一九五二年被捕，被控屬英國間諜的範疇，其中也包括以賽亞。他被審訊和折磨直到他「招認」為止。史達林死後，他被釋放，卻因在街上看到嚴刑拷打他的人而犯心臟病去世。

儘管編輯沒有錯，但本書的俄國部分令人失望。只有幾封信保存下來，也沒有什麼信添加進來。哈代不得不尋找其他資源，重印以賽亞一次列寧格勒之行的官方報告，他兒時就住在列寧格勒。但正如哈代指出的那樣，伯林「有意淡化、實際上有點編造」自己與詩人安娜．阿赫瑪托娃（Anna Akhmatova）的邂逅以及通宵的交談，這對他們兩人都產生了巨大的影響。為了理解這一點，你還必須去讀以賽亞自己的作品、伊格納季耶夫的傳記，當然還有阿赫瑪托娃的〈沒有英雄的詩歌〉，這首詩極富詩意地稱讚了以賽亞，寫這首詩是為了紀念她與他在自己豐坦尼宮（Fontanny Dom）簡樸的公寓裡第一次見面十周年：

> 他不會成為我深愛的丈夫
> 但我們的成就、我和他，

將影響二十世紀。

這與一九二八年科珀斯克里斯蒂學院的閒聊相距十萬八千里。再在華盛頓待上最後幾個月後，當時三十七歲的以賽亞將回到牛津大學的新學院。他寫信給埃夫里爾．哈里曼（Averell Harriman）[6]提到：「在昏暗的休息處，我應該會有些懷舊，但不會對這個世界感到遺憾，我認為我應該不會回憶這個世界。」然而，他也無法完全忘掉它。沙亞變成了以賽亞，那個三十年後我將在另一個學院裡遇到的可以辨別的以賽亞：一個牛津大學的人物因巴勒斯坦－以色列、美國和俄國三個更廣泛的圈子而變得高大，變得獨一無二。

在接下來的二十年中，大概是從一九四六到一九六六年，他將發表大量的作品——不止純粹哲學和專著，還有思想史、傳記和政治理論的講座和隨筆——這將為他作為知識分子的聲譽打下堅實的基礎。他將論證一種複雜、精微、多元主義版本的自由主義——用茱迪絲．史珂拉（Judith Shklar）的完美詞組來說是「恐懼的自由主義」——這種自由主義不是為了「攪亂二十世紀」，而是試圖為這一個世紀的可怕動盪尋找一個文明的答案。他的回答如此微妙、寬容、積極向上，以至於我們當中的一些人仍然會感動地說：「我是柏林人。」

二〇〇四年

6 埃夫里爾．哈里曼，美國富豪，銀行家、船王、外交官。——譯注

事實文學

我一生大部分時間都在邊境工作。晚上、大霧、武裝守衛、緊張的狀態。在柏林，沿著白雪覆蓋的腓特烈大街（Friedrichstrasse）走幾步，穿過散發著霉味的東德關卡，你就從西方世界進入了東方世界。什麼都沒有改變，一切都改變了。或者在米洛塞維奇的塞爾維亞和被解放的科索沃之間沙袋堆成的邊境哨位：面帶稚氣的加拿大士兵溫和地讓你從一個黑暗之地進入另一個黑暗之地。但是政治和文化之間、歐洲大陸和盎格魯勢力範圍之間、學術界和新聞界之間、左翼和右翼之間、歷史和報導之間的邊境也是如此，有時幾乎像時態一樣。

我喜歡穿越邊境，已經披露了很多有關邊境的東西。本文，我想探討事實文學和虛構文學之間的邊境。我故意使用不那麼熟悉的「事實文學」，而不使用英語出版商目錄中的大詞——「非虛構文學」。它存在於波蘭語（「literatura faktu」）和一些北歐語中：在瑞典語中是「facklitteratur」，在挪威語中是「faglitteratur」。「事實文學」：這個詞組優美，同時又包含了關鍵詞——事實。但首先，這個詞組的另一半、那個大詞「文學」是什麼呢？[1]

1 瑞典文學院為紀念一九〇一年首次頒發諾貝爾文學獎一百周年組織了「見證者文學」的研討會，本文由研討會上的講話整理而成。因此，開篇反思了文學的本質和所見所聞。

在我看來，似乎不言自明的是，事實和虛構這兩個相鄰的領域都屬文學，就像法國和德國都屬歐洲一樣。「文學」通常指創造出來的世界。二十世紀繼承了十九世紀優先採用創造性想像的浪漫手法。但誰能說修昔底德（Thucydides）、麥考萊（Macaulay）和尼采（Nietzsche）的作品、喬治．歐威爾的《向加泰隆尼亞致敬》和奈保爾（V. S. Naipaul）的《在信徒中間》（*Among the Believers*）不是文學？無論文學的分界線在哪兒，它都不在這裡。

事實文學和虛構文學的邊境是開放、沒有標記的。一些非常優秀的作家在無意間便跨過了它，就像有人在馬賽馬拉（Masai Mara）旅行跨過邊境一樣——沒有邊境哨位、相同的灌叢帶、相同的塵土、相同的獅子，但突然你已經不在肯亞，而是在坦尚尼亞了。在旅遊大師雷沙德．卡普欽斯基（Ryzsard Kapuściński）的報導中，我們發現了揮之不去的說法，這種說法肯定沒有引起《紐約客》事實核查者的注意。（我隨意翻開他的《伊朗王中王》〔*Shah of Shahs*〕閱讀：「伊朗的什葉派人曾在地下墓穴中生活過八百年。」）在卡普欽斯基的作品中，我們不斷從事實的肯亞穿到虛構的坦尚尼亞，又返回來，但穿越的地方並沒有明顯標記。

保羅．索魯（Paul Theroux）的遊記《火車大巴札》（*The Great Railway Bazaar*）裡充滿了有趣的事件和精采好笑的對話，在結尾處為其嚴格、報導式的準確性作了詳細的辯解。他詳細地描述了四本厚厚的筆記本，在這些筆記本中，他記錄了發生的事情，「記得都是用過去式記的」。他寫道，在這次亞洲的火車之行中，他明白了「遊記和小說的不同之處，在於記錄所見的東西和發現想像出來的東西之間的不同。小說是純娛樂的——我不能像小說一樣重新加工旅行多麼悲哀」。或許是我錯了，但即使四本受到天氣影響的筆記本中包含的文字和那些出版的文字一模一樣也不能說服我，因為記錄的時候就是創作了。

歷史學家西蒙·沙瑪（Simon Schama）鼓舞人心、明確實驗性的《死亡的確定性：無保證的推論》（*Dead Certainties: Unwarranted Speculations*），以一名參加過魁北克戰役（Battle of Quebec）的士兵迷人的目擊敘述開篇。在該書的結尾處，沙瑪透露出那敘述是虛構的，「是根據許多現代的文件構建的」。因此，你終究還是到了坦尚尼亞。沙瑪表示作為講故事和文學的歷史，必須重新奪回它輸給作為科學或者偽科學的歷史的地盤。我完全同意，但從這種特殊的文學手法中並不難得出後現代主義者的結論：任何歷史學家的「故事」和任何其他人的故事一樣好。

有時，文本本身並沒有跨境，但是作家建立的背景跨境了。根據詹姆斯·帕克·斯隆（James Park Sloan）給耶日·科辛斯基（Jerzy Kosinski）寫的傳記，伊利·威塞爾（Elie Wiesel）起初對科辛斯基的小說《彩繪鳥》（*The Painted Bird*）比較冷淡，該小說講述的是戰爭期間，一位猶太的小孩獨自躲在一個波蘭鄉村裡，被反猶太的波蘭農民扔到泥漿坑裡，此後便不再說話。後來，威塞爾從科辛斯基那裡得出結論，該書基本上以科辛斯基自己兒時的經歷為基礎，因此，他稱讚它是「編年史」和「辛酸的第一人稱敘述」。該小說被譽為「證據」——見證者的作品。後來，事實證明科辛斯基從未獨自躲起來過，被扔進泥漿坑或者從此不說話。該作品的聲譽正好毀在建立其聲譽的地方。科辛斯基的自我辯解對我們的目的來說相當有趣。這位小說家說：「我的目標是真理並不是事實，我的年紀已經夠大，足以知道它們的不同之處。」

現在我想為這條開放、標記不清、常常跨越的邊境辯護；這樣的辯護相當困難，與這個時代的精神（「誰關心呢？」「完全是娛樂一下而已」）不符，但當關係到見證者的道德和藝術品質的時候，這種辯護對我來說似乎恰恰是最重要的。

當然，科辛斯基是有道理的。正如文學向邊境的兩邊延伸一樣，真理也是如此。事實和虛構同樣都屬真理的另一塊大陸。你可能會說：「啊，這可是兩種不同的真理。」然而，這正是需要檢查的地方，因為我們說兩者都屬文學是想表明從許多方面來說，這其實是同一種真理，而我認為這是對的。

我們也不應該天真地認為只能在邊境的一邊找到「見證者」。切斯瓦夫·米沃什（Czesław Miłosz）[2]在其一首最著名的詩中寫道：「傷害普通人的你……」

不會有安全感。詩人記得。

你可能會殺他——另一人將出生。

應該記錄言行。

詩人記得：Poeta pamięta！詩歌和小說是見證者文學必不可少的一部分。但我必須表明，任何有意義的見證者概念取決於擁有這條邊境的清晰輪廓並且任何時候你都知道自己站在哪一邊。伊恩·麥克伊旺（Ian McEwan）的小說《贖罪》（*Atonement*）想像了一位小說家快走到生命盡頭的時候，通過說出真相來努力為她在兒時所做的可怕之事贖罪。但由於在小說中，她是這樣做的，沒有人知道什麼是創造的，什麼是真實的。她無法贖罪，因為她在那個創造的世界中是上帝。

「見證人」、「證詞」、「證據」當然還有「事實」等詞在法庭中有明確的位置。與法律中的見證人一樣，文學中的見證者通常也是為了證明一個特定的事實：通常是一個人給另一個人做了某事的事實。在十六、十七世紀的英國，「事實」一詞最常見的意思是「一種惡行或者罪行」。一位十六世紀的權威人士寫道：「他在事實發生的地方附近被絞死了。」（這種用法在英語詞組「事後從犯」〔accessory after the fact〕中保留了下來。在德語中，Tatsache指「事實」，Tatort 指犯罪現場。）當我們說「見證者文學」時，我們首先想到的是見證了人類在其他人類身上犯下的「罪行」，在戰爭、種族隔離、大屠殺或者古拉格中都是如此。

為這條邊境辯護，我們首先必須同意那些愉快跨過邊境的人的許多東西。首先，所有歷史學家、記者和律師都知道，見證人非常不可靠。他們會遺忘、說謊、誇大其詞、讓人困惑。因此，研究《聖經》的學者告訴我們，《聖經》反映了多人見證的猶太法律。耶穌挑選了十二位見證人來見證他的行為。但（正如該例子表明的那樣）即便多人合作也只能非常接近於原始的實際情況。二十世紀九〇年代末，我花了一些時間與目睹科索沃暴行的塞爾維亞人和阿爾巴尼亞人交談。從塞爾維亞人轉向阿爾巴尼亞人，又轉回來，我常常想用著名鄉村

2 切斯瓦夫·米沃什（一九一一—二〇〇四），波蘭著名的詩人、作家，著有《被禁錮的頭腦》、《米沃什詞典》等，一九八〇年獲諾貝爾文學獎。——譯注

調解者，哈伊姆．魏茨曼（Chaim Weizmann）[3]的父親在聽到一方的觀點後據說經常會說的話來對他們說：「從你告訴我的東西來看，我認為你完全是錯的。現在我該聽聽另一方的了；或許你的是對的。」

此外，書寫下來的歷史的證據基礎往往極其單薄。有時，我們只有一位見證人。一九八九年，布拉格天鵝絨革命期間，瓦茨拉夫．哈維爾身邊的一群人在地下魔燈劇院一間奇特的玻璃牆房間裡會面，做重要的決定。大多數時候，我是唯一在場的外人，肯定也只有我一個人拿著一本筆記本，試圖記下他們說的話。我記得當初想：如果我不記下來，就沒有人記下來了。像大多數歷史一樣，它也將像倒入下水道的洗澡水一樣一去不復返。但是這樣寫成的歷史，基礎是多麼脆弱。

當然，在場的其他人將添加自己的回憶。但是回憶有什麼用呢？記憶問題就是見證人問題的核心所在。幾年前，我開始研究自己的斯塔西檔案時，我想：「這是檢驗祕密警察檔案可靠性的完美方法。畢竟，如果我不知道其他東西的話，我知道自己做過什麼，說過什麼。」但是，當我閱讀檔案，與告發我的人和監視我的祕密警察交談後，我發現我連自己的情況也不是很清楚。或者準確地說，我自認為知道的東西不斷隨著每一項新的披露而發生變化。我們不單單會忘記，還會重新記起來。記憶是一個可以重新加工的CD，會受到不斷地加工。而且以一種特殊的方式重新加工：不僅讓我們理解故事，還讓我們感到更加舒服。如果兩個人各自向你描述他們之間的爭論，兩人似乎都有理，難道這不奇怪嗎？

哲學家早就用不同的方法研究過該問題。湯瑪斯．霍布斯（Thomas Hobbes）寫道：「想像和記憶是同一樣東西而已。」尼采最深刻的一句格言說：「我的記憶說『我做過』。

我的傲慢仍然堅定地說，『我不可能做過』。最終記憶讓步了。」叔本華（Schopenhauer）將這歸結為虛榮而不是傲慢。最近，神經科學家邁克．加扎尼加（Michael Gazzaniga）研究左半腦和右半腦不相連的病人後表示，他所謂的「解讀者」明確位於人類的左腦中，負責將我們的經歷串成似乎有意義的故事。簡而言之，我們的大腦中都有一位小說家。名為「記憶」的小說家不停地重新編寫我們稱之為「我的生活」的簡短故事。

然而，這只是我們這條邊境的辯護者必須同意的一半內容，最好繼續前進。假設有那麼一會兒，記憶中沒有自然而然的創新性想像。假設我們能夠完美、公正、科學地記錄真正發生的東西。（隨著攝影機新技術的發展，儘管只用了人類見證人四種感官中的兩種，我們也能夠比以往更接近做到這一點。攝影機沒有嗅覺和觸覺。）即使到那時，我們幾乎還是什麼都沒有——又太多了。為了在巴黎的一個角落裡研究法國大革命五年，你將不得不在屏幕前坐五年。

為了創造事實文學，從許多方面來說，我們都像小說家一樣工作。我們挑選。我們弄清對象，也會模糊對象。我們想像。我們想像阿爾巴尼亞的老婦人對著被謀殺的兒子屍體哭泣會是什麼樣子，或者想像十四世紀的法國農奴會是什麼樣子。沒有豐富的想像，與你寫的人物感同身受，就不會寫出優秀的歷史和報導。我們的人物是真人，但我們通過對他個性的自我解讀，再把他們的性格塑造出來。接著我們談論「米什萊（Michelet）[4]的拿破崙」、

3 哈伊姆．魏茨曼，第一任以色列總統。——譯注

4 米什萊，法國民族主義歷史學家，主要著作有《法國革命史》、《女巫》等。——譯注

「丹納（Taine）[5]的拿破崙」和「卡萊爾（Carlyle）[6]的拿破崙」，因為從某種重要意義上來說，每種拿破崙都是作者的傑作。

有意想像的特性肯定不是僅限於虛構的坦尚尼亞。想像是太陽，照亮兩個國家。但這給我們帶來誘惑。你耳邊有個聲音在低吟，「你知道那個戴著垂邊軟帽的肯亞人真的說了你認為他差點就說出來的有趣之事。寫下來就好。沒有人會知道。看，跨過邊境，有一朵絢爛的花——一個錯失的小說細節將讓整個故事變得生動。衝過去摘它。沒有人會注意的。」我知道這種聲音。我也聽到過它。但是如果我們宣稱要寫事實文學，必須抵制它。

為什麼呢？最重要的是道德原因。描寫現實世界的文字會在現實世界裡產生影響。如果在我的著作《檔案》中，我將一個事實上不是斯塔西告密者的人說成是斯塔西告密者——我差點就這樣做了——那個人可能發現自己的生活就毀掉了。朋友會迴避他，他可能會失去工作，也可能更糟糕。（至少有一名被披露為斯塔西告密者的人自殺了。）更廣泛地說，上一個十年巴爾幹半島的戰爭是由各方所寫的糟糕歷史造就的。正如歷史學家埃里克．霍布斯鮑姆所說：「在顯然不會得罪人的鍵盤上敲出的句子可能就是判死刑。」無論是活著還是去世的受害者，都要在道德上為他們負責。如果我們發現普里莫．萊維（Primo Levi）在《如果這是一個人》（*If This is a Man*）中描述的事件是有意創造或者美化的，我們會有什麼感受，倖存者會有什麼感受？

這些道德原因已經足夠，但還有藝術原因。作家常常跨過這條邊境是因為他們認為其作品將因此提高。報導或者歷史將成為文學。一段一段來說可能是如此。但總體而言，作品檔次就下降了。

我們還需要問：「怎麼做？」（通常這個問題比「為什麼？」更難）鑒於我對見證人的不可靠性、記憶自然而然的創造性和有意想像的必要性所說的一切，該如何判斷什麼時候已經跨過這條邊境？一個簡單的、十九世紀實證哲學家關於科學真理的答案是沒有用的。因為從許多方面來說，事實文學達到的真理與虛構文學達到的真理一樣。如果我們相信人類可能已經按這種方式行動、思考和感覺，這從很大程度上來說是作家藝術和想像的結果。

除了通過所有適用於小說的真理測試外，我認為事實文學還必須通過另外兩項特殊的真理測試：「真實性」和「誠實性」的測試。首先是真實性。那些在文中宣稱是事實的東西真的是事實還是只是——用諾曼．梅勒（Norman Mailer）創造的生動新詞來說——似是而非的事實（factoid）而已？日期、地點、事件、引用。擁有不協調的代號「史密斯」、在我的斯塔西檔案中確認的告密者，真的簽了正式協議作為「非官方的合作者」為祕密警察工作，還是沒有簽？其他一切——原因、動機、後果——嚴格來說都是猜測；這是事實（事實上，我知道「史密斯」確實簽了，因為我研究過原始文件）。許多據稱的事實可以通過外部來證實。歷史的紀律和報導的技術已經為檢驗證據制定了規則和程序，培養了專門的技能。有些甚至稱得上「科學」。（比如，對「史密斯」誓約上墨蹟的分析。）通過這個基本的真實性測試並不能讓一個文本變得真實，但沒有通過測試肯定是不真實的。

然而，大多數時候，尤其是「見證者文學」，他或她描述的地方只有見證者一個人。

5 丹納，法國思想家、文藝評論家和歷史學家，代表著作為《藝術哲學》。——譯注
6 卡萊爾，英國歷史學家，著有《論英雄，英雄崇拜和歷史上的英雄業績》。——譯注

只有他或她的眼睛、良心和想像。如果我們發現見證者在我們知道的東西上是準確的，那我們更有可能在我們不知道的東西上相信他們；但有時，我們知道或能夠檢驗的東西很少。這時什麼測試有效？我能想到的最好方法是相當不科學的誠實性測驗。我們閱讀文本的時候，能感受到作家在努力做喬治．歐威爾稱讚亨利．米勒時所說的「盡可能獲得真正事實」嗎？

對於我來說，這種誠實性的典範是歐威爾自己的《向加泰隆尼亞致敬》。實際上，歐威爾弄錯了一些外部證實的事實——尤其是因為在巴塞隆納，一位祕密警察搜查他的賓館房間期間，他的大部分筆記被偷走了。但我們從不懷疑他在努力實事求是地講述。當我們在該書的結尾看到他為真實性辯解時，他的辯解與保羅．索魯的辯解正好相反。歐威爾用自己努力達到的精采又坦率、對話式的風格寫道：「以防我在本書的前面部分沒有說明這一點，我將在這裡說明：請注意我的偏見、我對事實的誤解，以及因我只從事件的一個角度看問題必然導致的曲解。」實際上，他說，「不要相信我！」——結果我們相信他了。

誠實性體現在語調、風格和表達上。這讓我們回到了為這條邊境辯護的藝術原因。一位作家跨境的時候，你常常可以從內部的風格證據中看出來。舉一個現在臭名昭著的例子：一九九五年，班傑明．威爾科姆斯基（Binjamin Wilkomirski）出版了一本名為《碎片》（*Bruchstücke*）的書，該書聲稱是在納粹死亡集中營中倖存下來的波蘭猶太裔孩子的回憶錄。現在已經不是合理的懷疑而是確定該作者是擁有不幸過去和精神病的瑞士音樂家，原名叫布魯諾．格羅斯金（Bruno Grosjean），他從未靠近過納粹死亡集中營，而是想像自己有那樣的過去，將自己想像成了另一個人。現在閱讀《碎片》，有人會對它以前受到的讚譽吃驚不已。呆板的諷刺（「馬伊達內克並不是操場」）、陳舊的意象（沉默被頭蓋骨爆裂的聲音打破）、粗糙又嚇人的情節（他的父親被一台運輸機推上牆壁，老鼠在女人屍體的肚子上爬）。一旦你知道那材料是作假的，它就令人厭惡。但即使在有人知道這一點前，所有審美的警鐘也應該響起。因為每一頁都充滿了真正虛假的東西。

將該書與真正見證者的偉大著作做一下比較。當然，這些作品在語調和風格上具有很大的不同。然而，許多作品在表達上有一定的共同之處：痛苦、認真而又常常諷刺甚至尖刻的誠實性，從第一行字就能體現出來。比如，與威爾科姆斯基相比，普里莫·萊維的《如果這是一個人》的第一行字是：

我非常幸運，一九四四年才被送到奧斯威辛集中營，那是在德國政府因日益缺乏勞動力決定延長死囚的平均壽命之後；因個人的突發奇想而來的例行的和臨時的延緩殺戮，使集中營裡的情況有明顯改善。

我們怎麼能不相信？

事實並非總是醜陋的。英國詩人克雷格·雷恩說：「我將帶給你事實的美麗。」毫無疑問，這是相當盎格魯－撒克遜的情懷。然而，事實像手工藝品一樣可以是美麗的。在我牛津家裡的白色書架上有兩件東西。一件是圓圓的天然石頭，大約有三英寸高，精緻的灰色中有極淡的粉色點綴，在英國大陸最東北角的鵝卵石海灘——鄧肯斯比海灘（Duncansby Stacks）上經過冰冷海水的沖刷形成了現在的樣子，是我在那裡與家人共度一個心滿意足的下午時撿到的。另一件是參差不齊的柏林圍牆碎片，是砂礫混合物，幾乎算不上是石頭，在其一邊有一塊鮮豔的塗鴉。它們放在那裡，一個粗糙，一個圓滑；一個是非天然的，一個是天然的，面對面，相當鮮明地點綴了白色的書架——事實文學的一首石頭詩。

實事求是對於任何作家來說可能是巨大的約束，但自我約束對藝術至關重要。在這條邊境上，我們應該堅守。

二〇〇一年

第七章

尾聲

大象，泥足

我們房間裡的大象是什麼？是全球資本主義的勝利。民主極富爭議。即便在英國這樣的老牌民主國家，自由也受到了威脅。西方至高無上的地位正在下滑。但所有人都採用了資本主義。美國人和歐洲人採用了它。印度人採用了它。俄羅斯的寡頭和沙烏地的王子採用了它。連中國的共產主義者也採用了它。現在以色列最古老的基布茲成員（平等社會主義最後的最大希望）也投票引入了基於個人表現的不同薪水制度。卡爾．馬克思將在墳墓裡輾轉反側。或許沒有，因為他的一些作品怪異地預測到了我們全球資本主義的時代。他的藥方沒有效果，但他的描述有先見之明。

這是二十一世紀初的大事實，太大，太理所當然，以至於我們幾乎沒有停下來思考這有多麼不平凡。以前不是這樣的。在一九三八年出版的《進化中的社會主義》（*Socialism in Evolution*）一書中，英國社會主義思想家科爾問道：「資本主義能倖存下來嗎？」他的答案是否定的。社會主義將代替它。一九三八年的時候，《曼徹斯特衛報》的大多數讀者可能都這樣認為。

如今，正在提出什麼其他的重大意識形態選擇？烏戈．查韋斯的「二十一世紀社會主義」看上去仍然是本地現象，至多算是區域現象，在石油豐富的國家獲得了最好的實施。在新意識形態的鬥爭中，伊斯蘭主義有時被認為是民主資本主義巨大的競爭對手，但它沒有提供其他經濟制度（除了頗具特色的伊斯蘭財政之外），不管怎麼說，除了穆斯林國家，對其他國家沒有什麼吸引力。與提出系統的其他選擇相比，實際上大多數反全球化人士、另類全球化人士（alter-mondialistes）和環保活動人士在指出全球資本主義的不足上要擅長得多。幾年前，在倫敦五一勞動節的遊行上，有一塊海報上寫著「應該用更好的東西來代替資本主義」。

當然，這裡的定義有問題。俄羅斯或者中國的國企真的採用資本主義了嗎？難道私有制不是資本主義的本質嗎？美國研究資本主義的傑出學術專家、哥倫比亞大學的埃德蒙·菲爾普斯（Edmund Phelps）有一個限制性更大的定義。他認為，歐洲大陸大部分國家所採用的、擁有大量利益相關者的制度並不是資本主義而是社團主義。他表示，資本主義「是一種經濟制度，在該制度中，私人資本可以相對自由地創新和投資，無需國家、社區和地區、工人以及其他所謂社會合夥人的批准」。按照這種定義，世界大多數國家都不是資本主義國家。我發現這限制性太大了。可以肯定的是，我們歐洲擁有多種不同的資本主義，從像英國和愛爾蘭等更加自由的市場經濟體到德國和奧地利等更加協調一致的利益相關者經濟體。

在俄羅斯和中國，有一個從國有到私有的光譜。利益最大化因素之外的其他考慮因素在國有企業的決策過程中發揮巨大的作用，但它們也像國內和國際市場的參與者一樣運營，還日益使用全球資本主義的語言。在二〇〇七年的達沃斯世界經濟論壇上，我聽到俄羅斯天然氣工業股份公司（Gazprom）的亞歷山大·梅德韋傑夫（Alexander Medvedev）為其公司的紀錄辯護說，它是世界上市值最高的五大公司之一，不斷地為其股東——正好包括俄羅斯國家——尋求價值。這至少表明了全球資本主義話語的主導地位。中國是一條非常大的分界線，其公司緩慢地朝我們認為更多而不是更少資本主義行為的方向前進，這要比中國朝民主方向發展清晰得多。

缺少其他清晰的意識形態選擇意味著資本主義未來幾年安全了嗎？遠非如此。過去二十年，全球化資本主義獲得了前所未有的勝利，同時也給自己的未來帶來了新威脅。新威脅並不完全是馬克思指出的著名「矛盾」，但威脅可能更大。首先，過去幾百年的資本主義歷史無法支撐如下觀點：它是一種自動自我修正的制度。正如喬治·索羅斯（他應該知道）指出的那樣，現在的全球市場經常失衡，正逐漸走向更嚴重失衡的邊緣。一次又一次地需要政治、財政和法律修正的有形之手來協助市場的無形之手。越大越難倒。

油輪要比小帆船穩定，但如果油輪的內部防水壁破裂，在暴風雨中，滿載的石油開始左右搖晃，你可能會製造巨大的災難。世界的資本日益像裝在一艘大油輪中的石油，用於阻止它搖晃的內部防水壁越來越少。

另外還有不平等。全球資本主義的一個特點似乎是它給表現好的地方回報多，不僅僅是倫敦市，還有上海、莫斯科和孟買。在一些國家，少數人超級富裕、大多數人仍然超級貧窮，這會帶來什麼政治影響？在更加發達的國家，比如英國和美國，有相當富裕的中產階級，他們的個人生活水平在緩慢改善，可能懶得管一小部分超級富裕的人——他們譁眾取寵的行為刊登在小報上，還能讓他們消遣一下。但是如果許多中產階級的人開始覺得他們沒有跟上讓那些為數不多的基金經理暴富的全球化進程，與此同時又將其中產階級的工作外包到印度，那麼它就會受到強烈反對。看一看美國有線電視新聞網上的婁．多布斯（Lou Dobbs）就能感受到民粹主義和貿易保護主義的論調隨時會來。

不過，最重要的是，有一個無法迴避的兩難處境：這個星球無法維持六十五億人像當今富裕北半球的中產階級消費者那樣生活。在短短幾十年內，我們將耗盡需要大約四億年才能積累起來的石化燃料，從而改變地球的氣候。可持續性可能是一個單調乏味的詞，但它是如今全球資本主義面臨的最大單一挑戰。無論現代資本家多麼花心思地尋找替代技術——他們將很花心思，這將意味著更加富裕的消費者勉強接受靠更少而不是更多的東西生活。

馬克思認為，資本主義出現難以找到商品消費者的問題，因為不斷進步的生產技術能夠大規模地生產商品。相反，它已經成為新製造業的專家：製造欲望。當代資本主義的特點不單單是它為消費者提供了他們想要的東西，還使消費者想要他們提供的東西。正是這一不斷擴張的欲望的核心邏輯在全球範圍內具有不可持續性。可是我們準備拋棄它了嗎？我們可能樂於讓我們的閣樓絕緣，回收報紙，騎自行車去上班，但我們願意接受使用更少的東西，讓其他人使用更多的東西嗎？我願意嗎？你願意嗎？

二〇〇七年

去文明

我們的注意力轉向下一篇頭版報導前，讓我們吸取卡翠娜颶風（Hurricane Katrina）的巨大教訓吧。這一教訓並不是指布希政府的無能、美國對貧窮黑人令人震驚的忽視或者說我們對重大自然災害毫無準備——不過這些也算是教訓。卡翠娜颶風的巨大教訓是我們踩著的文明外殼總是很薄。一震動，你就掉下去，就會像瘋狗一樣亂抓亂刨求生。

你認為在紐奧良幾個小時內發生的搶劫、強姦和武裝恐怖在美好、文明的歐洲永遠不會發生？再想想。在這裡發生過，就在六十年前，在我們這片大陸上都發生過。可以讀一讀大屠殺和古拉格倖存者的回憶錄，一九四四年諾曼．劉易斯（Norman Lewis）對那不勒斯的描述，或者最近重版的一九四五年住在柏林的一位德國婦女的匿名日記。就在十年前，又在波士尼亞發生過。甚至還不是不可抗拒的自然災害的力量。在歐洲發生的都是人為的颶風。

基本點是一樣的：沒有了有組織的文明生活的基本物資——食物、遮風避雨的地方、飲用水、最低限度的個人安全，我們在幾個小時內就會回到霍布斯的自然狀態，一場混戰。一些人有些時候會表現出英勇的團結行為；大多數人大多數時候都在參與為個人和後代生存的殘酷戰鬥。一些人成為短暫的天使，大多數人退化成猿人。

文明一詞最早的一個意義是指作為動物的人類被教化的過程——我認為，我們想通過這個過程實現互相承認人類尊嚴，或者至少說原則上接受這種承認的可取性。（正如奴隸主湯瑪斯·傑佛遜所做的那樣，不過他並沒有身體力行。）有一天，我讀傑克·倫敦（Jack London），遇到一個不同尋常的詞：「去文明」（decivilization）。相反的過程，即人們通過這個過程停止被教化，開始變得野蠻。卡翠娜颶風告訴了我們去文明無時不在的可能性。

連在正常的日常生活中也有暗示。公路上的爭吵就是一個很好的例子。或者想想在等待一班誤點或者取消的深夜航班時的情形。一開始，我們在機場等待區精心守護的個人空間化成了忽隱忽現的團結。互相同情地看一看報紙或者手提電腦的螢幕。說幾句表達沮喪之情或者諷刺性的話。通常這會演變成集體團結更有力的表現，可能指向倒楣的英國航空公司（BA）、法國航空公司（Air France）或者美國航空公司（American Airlines）的檢票員。（找到共同的敵人是讓人類團結唯一可靠的方式。）

但接著有傳言說，在三十七號門登機的另一個航班還有幾個座位。團結迅速瓦解了。天使變成猿人。病人和老弱婦孺在擁擠的人群中被留下。穿著黑色西服、擁有哈佛大學或牛津大學文憑、對餐桌禮儀瞭如指掌的人變成大猩猩，衝過叢林。當他們贏得比賽，拿到登機牌後就回到角落，避開其他人的目光。拿到香蕉的大猩猩。（相信我，我也當過這樣的大猩猩。）這一切只是為了不用在得梅因市的度假賓館中住一晚。

顯然，紐奧良的去文明要嚴重一千倍。我情不自禁地覺得，隨著我們深入二十一世紀，會有更多這樣的事情發生。即將出現的大問題太多了，這可能會使人性退化。最顯著的威脅是氣候變化帶來更多的自然災害。如果這場大災難被像約翰·麥肯等美國政客那樣解釋成是一次——使用他們自己毫無疑問會使用的舊詞——「警鐘」，警告美國人要是美國繼續像沒有明天一樣排放二氧化碳將帶來的後果，那麼卡翠娜颶風將帶來一絲希望。但可能已經太晚了。如果最近的跡象正確的話，西伯利亞的冰蓋和永久凍土層都在融化了，融化本身將進一步釋放天然的溫室氣體，那麼我們可能陷入勢不可擋的急速惡化狀態中。如果真是這樣，如果世界的許多地方受到無法預測的暴風雨、洪水和氣溫變化的折磨，那麼在紐奧良發生的一切似乎就像一次茶話會一樣。

從某種意義上來說，這些也是人為的颶風。但是還有人類對其他人類更加直接的威脅。到目前為止，恐怖襲擊已經引發憤怒、恐懼、公民自由的一些限制以及在關塔那摩監獄和阿布格萊布（Abu Ghraib）監獄的虐待，但它們並沒有導致大規模歇斯底里的表現或者找替罪羊。在世界的冷靜之都倫敦尤其不會這樣。但假設一下我們還沒有看到過的事情。假設一個恐怖組織在一個主要城市引爆了一個髒彈甚或小型的核武器。那會怎麼樣？

從貧窮又人口過多的南半球向富裕的北半球大規模移民的壓力，已經有洪水一般的威力。（無獨有偶，反移民的民粹主義者通常也會用洪水來作比喻。）如果自然或者政治災難再迫使數百萬人移民，有朝一日，事實可能會證明我們的移民控制像紐奧良的堤壩一樣。但即使按目前的移民水平，隨之而來的衝突——尤其是那些穆斯林和歐洲本地人之間的衝突——也極易爆發。我們將仍舊多文明？在一些歐洲人和穆斯林談論對方的方式中，我看到了歐洲新野蠻狀態陰影的來臨。……

因此，不用擔心塞繆爾·杭廷頓的「文明的衝突」。正如一句俄羅斯格言所說，那是很久以前的事情了，已經時過境遷。現在受到威脅的是文明——我們放在沸騰的本性岩漿上的薄外殼，人性也包括在內。紐奧良撕開了一個小孔，透過它，我們看到了總是留在下面的東西。大放縱（Big Easy）向我們顯現大難題（Big Diffcult），那就是保護這層外殼。

用政治說教的模式來說，我們可能要借卡翠娜颶風呼籲認真應對這些挑戰，這意味著世界的大集團和大國——歐洲、美國、中國、印度、俄羅斯、日本、拉丁美洲、聯合國——實現新層次的國際合作。但是，清醒一分析，我們可能會得出更加悲觀的結論：二〇〇〇年的某個時候，文明的傳播達到了一個高點，後代可能只能懷舊和羨慕地回顧。

二〇〇五年

風琴裡的老鼠

在一八一八年的聖誕節前夕，奧地利奧伯恩多夫村（Oberndorf）的助理牧師約瑟夫・莫爾（Josef Mohr）順便拜訪了助理風琴彈奏者法蘭茲・格魯伯（Franz Gruber），他是隔壁村的學校老師。他說，他寫了一首小頌歌。法蘭茲是否可以為他譜合唱和吉他伴奏的曲子？

什麼時候要？

請在今晚前。合唱隊半夜集合的時候要唱。

因此，格魯伯坐下來，迅速寫了幾個字。「平安夜，聖善夜。」

關鍵在這裡：如果聖尼古拉斯（St. Nicholas）的風琴裡沒有老鼠，明天晚上，我們就不會在全世界成千上萬的大教堂、小教堂和家裡聽到這首〈平安夜〉的曲子；這個文本就不會有三百種語言版本，從加泰羅尼亞語（Catalan）到他加祿語（Tagalog）；在密西根州法蘭肯穆斯（Frankenmuth）的布朗納聖誕仙境（Bronner's Christmas Wonderland）[1]裡就不會有十七公尺高的奧伯恩多夫教堂的模型（它旨在紀念聖尼古拉斯的原始教堂）；你就無法花二十九・九九美元買一個通電便能放〈平安夜〉的教堂模型，把它當作「企業的禮物」；這一切都不會發生。

由於風琴裡有老鼠——傳說是老鼠，但可能是大鼠，也可能只是灰塵而已——那台風琴就必須修理了。這將齊勒（Ziller）山谷的風琴製造大師卡爾．穆拉赫爾（Karl Mauracher）引到了奧伯恩多夫村的教堂。他聽到了這首頌歌並將副本帶回了齊勒山谷。在那兒，他演奏或者唱給了賣唱的斯特拉瑟姊妹（Strassers）一家人聽，她們似乎有點像《真善美》（*The Sound of Music*）中的茱莉．安德魯斯（Julie Andrews）那群人。斯特拉瑟姊妹環遊說德語的中歐賣手套和唱歌時，將〈平安夜〉融入她們的表演節目中。

另一對名叫萊納（Rainer）的唱歌姊妹據說在奧地利和俄羅斯的皇帝面前表演新的民間流行曲目，還於一八三九年將它帶到了美國。（在中歐，你在路上遇不上奧地利唱歌姊妹似乎是不可能的。）

因此，〈平安夜〉開始成為世界上最著名的頌歌。可以肯定是，它是相當優美的曲子。歌詞也不錯，至少第一段是如此，不過我對台灣的版本更偏愛一點：

平安夜，聖善夜！
萬暗中，光華射，
照著聖母也照著聖嬰，
多少慈祥也多少天真，
靜享天賜安眠，

1 布朗納聖誕仙境，世界上最大的聖誕用品商店。——譯注靜享天賜安眠。

但讓它變得神奇的是曲子。而它的大部分魅力來自其簡單。法蘭茲．格魯伯只有幾個小時來寫它，接著還要讓合唱隊用新曲彩排，與此同時還要劈柴、給山羊餵奶、拔聖誕鵝的毛，是因為這樣曲子才會這麼簡單？還是因為風琴已經壞了，讓吉他伴奏的音樂必須簡單？還是只是因為他知道現場合唱隊的音樂能力有限？無論是什麼原因，簡單帶來了普及。

然而，可能還有上百種同樣美妙的曲子，同樣也有許多同樣質量的業餘聖誕讚美詩。它甚至可能比披頭四（Beatles）的〈黃色潛水艇〉（Yellow Submarine）還要廣為人知，是什麼讓它成為世界永遠的流行曲目？答案是：風琴裡的老鼠。換句話說：機遇、好運、運氣。或者更準確地說，是一系列幸運的巧合的結果——本著這個季節的慷慨精神，假設你定義的好運延伸到最終獲得布朗納聖誕仙境的企業禮物，這類事情往往如此。

拿破崙早就認識到這一點，眾所周知，他曾向一位引起他注意的高級軍官問道：「他幸運嗎？」馬基維利在《君主論》中指出：「我們所做的事情一半由運氣決定，另一半差不多由我們自己掌握，我認為可能真是如此。」

然而，大多數時候，我們做起事來彷彿我們自己能夠把握的命運程度要大得多。我們覺得，如果有人成功或者富裕，他們肯定特別能幹；如果公司興盛，它們肯定管理有方。此外，我們經常陷入亨利．柏格森（Henri Bergson）所謂的「回顧性決定論的幻覺」中。因為有件事情發生過，所以它必得發生。這肯定是有充足理由的。好像我們無法接受過多的東西由機遇決定的想法。如果是這樣，為什麼要付出那麼多努力？

〈平安夜〉讚美的宗教也有這種洞見：「賽跑並不屬飛快之人，戰爭不屬強者；麵包不屬智者，富裕不屬理解能力強的人，也不青睞擁有技能的人；但所有人都擁有時間和機遇。」然而，基督教提出了另一種更大的模式，根據這種模式，今生的付出，來世將獲得回報。奧伯恩多夫村教堂裡的一件紀念品上，展示著約瑟夫．莫爾在天堂透過一扇窗戶傾聽地球上的孩子在唱他的頌歌。

但是如何承認這個淺顯易懂的真理：一天結束的時候，一半是運氣。這真的這麼難以忍受嗎？發生悲劇是有原因或者沒有原因的想法哪個會更加令人欣慰？是錯誤的基因、惡魔、社會經濟的原因，還是只是機遇問題？如果你知道任何人一半的好運都可以完全歸功於運氣，這樣會讓人更好理解還是更難理解？

當然，好運沒有另一半的努力並不會來。你還必須付出努力。因此，平靜地接受接下來一半會怎麼樣將取決於運氣的事實吧，盡情去寫歌就行了。走一趟，讓朋友為晚上演出的歌寫一首曲子。然後，坐著靜待風琴裡的老鼠。無論怎樣，你總是會擁有那首歌。

二〇〇四年

致謝

我要對他們表示敬意和感謝，他們是《紐約書評》的羅伯特．西爾弗斯（Robert Silvers）和雷阿．海德曼（Rea Hederman）；《展望》的大衛．古德哈特（David Goodhart）；牛津大學聖安東尼學院的瑪格麗特．麥克米倫（Margaret MacMillan）以及其他許多朋友和同事（也包括其他學院的），要特別感謝脾氣超好、超幽默的丹尼斯．萊恩（Denise Line）；史丹佛大學和胡佛研究所的約翰．雷西安（John Raisian）和其他傑出的學者；伊恩．麥克伊旺（Ian McEwan）（他一點一點地剖析事物）；拉爾夫．達倫多夫（本書作為他八十大壽的壽禮獻給他）；思想夥伴東尼．朱特（Tony Judt）；可作為典範的完美主義者亞當．羅伯特（Adam Roberts）；提姆．斯奈德（Tim Snyder），特別感謝在烏克蘭時我們的合作；吉爾．柯勒律治（Gill Coleridge）；大西洋圖書公司的托比．芒迪（Toby Mundy）、卡洛琳．奈特（Caroline Knight）、卡倫．達菲（Karen Duffy）及其優秀的團隊；最重要的是要一如既往感謝爭論，感謝我的父母，是他們讓這一切成為可能。

除了這些特別感謝外，我還要感謝不同國家、不同領域的無數學者、學生、記者、活動人士、專家，感謝他們在特定話題上提供的幫助。一些名字已經在文中和注解中提到，但我想非常真誠地感謝他們所有人。

LINK 14

事實即顛覆——無以名之的十年的政治寫作

Facts Are Subversive: Political Writing From A Decade Without A Name

作　　者　提摩西・賈頓艾許（Timothy Garton Ash）
譯　　者　于金權
總 編 輯　初安民
責任編輯　宋敏菁
美術編輯　林麗華 黃昶憲
校　　對　吳美滿 宋敏菁
發 行 人　張書銘
出　　版　INK印刻文學生活雜誌出版有限公司
新北市中和區建一路249號8樓
電話：02-22281626
傳真：02-22281598
e-mail : ink.book@msa.hinet.net
網　　址　舒讀網 http://www.sudu.cc
法律顧問　巨鼎博達法律事務所
施竣中律師
總 代 理　成陽出版股份有限公司
電話：03-2717085（代表號）
傳真：03-3556521
郵政劃撥　19000691 成陽出版股份有限公司
印　　刷　海王印刷事業股份有限公司
港澳總經銷　泛華發行代理有限公司
地　　址　香港新界將軍澳工業邨駿昌街7號2樓
電　　話　(852) 2798 2220
傳　　真　(852) 2796 5471
網　　址　www.gccd.com.hk
出版日期　2016年 1月　初版
ISBN　978-986-387-081-4

定價　500元

國家圖書館出版品預行編目資料

事實即顛覆——無以名之的十年的政治寫作
／提摩西・賈頓艾許（Timothy Garton Ash）著
于金權譯 --初版． –新北市中和區：INK印刻文學，
2016. 01　面；17 × 23公分. --（Link；14）
譯自：Facts Are Subversive: Political Writing From A Decade Without A Name
ISBN　978-986-387-081-4　(平裝)
1.國際政治 2.言論集
578.07　104027316